数智创新与管理系列丛书

数智创新与管理

魏 江 谢小云 刘 洋 等 著

感谢国家社会科学基金重大项目(23&ZD131)和
国家自然科学基金重大项目(72091312)支持

科学出版社
北 京

内 容 简 介

数字技术和数据要素深刻影响着经济、政治和文化发展。随着数字化改革的深入，社会科学也面临着前所未有的挑战。数智创新与管理是以数智时代的组织创新与管理实践为研究对象，系统研究数智创新的普遍规律和应用方法的交叉学科。本书瞄准数字产业化和产业数字化等国家重大战略需求，聚焦数智战略决策、数字创新创业、数智组织变革、智能财务治理等关键领域，探索数智创新与管理学科发展的新理论、新方法和新路径，并提出了未来数字企业创新与战略面临的新挑战、数智创新与管理各方向研究的新思路等重要问题。

本书可作为工商管理和管理科学与工程等专业的研究生相关课程辅助教材，也可供数字产业的从业者和高层管理者参考。

图书在版编目(CIP)数据

数智创新与管理 / 魏江等著. -- 北京：科学出版社, 2024. 12. -- （数智创新与管理系列丛书）. -- ISBN 978-7-03-079661-5

Ⅰ. F272.7

中国国家版本馆CIP数据核字第2024K81J77号

责任编辑：陈会迎 / 责任校对：姜丽策
责任印制：赵 博 / 封面设计：有道设计

科 学 出 版 社 出版
北京东黄城根北街 16 号
邮政编码：100717
http://www.sciencep.com

北京中科印刷有限公司印刷
科学出版社发行 各地新华书店经销

*

2024年12月第 一 版　开本：720×1000 1/16
2025年 6 月第二次印刷　印张：13 1/4
字数：268 000
定价：160.00 元
（如有印装质量问题，我社负责调换）

作者简介

魏江，教育部长江学者特聘教授，浙江大学求是特聘教授，浙江财经大学校长，浙江大学全球浙商研究院院长，浙江大学数智创新与管理学科带头人，兼任国务院学位委员会工商管理学科评议组成员、教育部高等学校工商管理类学科专业教学指导委员会委员、教育部科技委管理学部委员、浙江省政协委员、浙江省人民政府咨询委员会委员。

长期从事创新管理和战略管理研究，主持国际合作项目、国家社会科学和自然科学重大项目等80余项，提出"非对称创新""数据基础观"理论及"数字创新""数字战略"理论框架，获得省部级及以上教学、科研、案例奖励30余项，成果引用率连续10多年处于国内管理学界前列。

谢小云，浙江大学教授，浙江大学管理学院院长，浙江大学人力资源与战略发展研究中心主任，兼任第六届全国工商管理专业学位研究生教育指导委员会委员、中国信息经济学会"数智组织与战略创新"专业委员会主任委员、中国管理现代化研究会管理案例研究专业委员会副主任委员、中国管理研究国际学会教育委员会主席，四本中外学术期刊主编或编委。先后获得国家级教学成果奖一等奖、省部级优秀科研成果奖一等奖等荣誉。

刘洋，浙江大学研究员、博士生导师，国家级青年人才，国家社会科学基金重大项目首席专家，浙江省自然科学基金杰出青年科学基金项目获得者。现任浙江大学社会科学研究院院长助理，浙江大学企业组织与战略研究所副所长，中国统一战线理论研究会浙江研究基地秘书长。研究方向为创新与战略管理，特别聚焦于制造企业的创新战略、国际化战略、ESG战略、数字创新战略等。获得国家级教学成果奖一等奖、高等学校科学研究优秀成果奖青年奖、浙江省哲学社会科学优秀成果奖一等奖等20余项成果奖励，入选技术追赶领域全球最高产学者榜单。

前　言

　　数字技术的颠覆式创新和数字产业的风起云涌，深刻影响着社会、经济、政治和文化的发展。我们已经观察到，数智时代整个经济社会开始向数字化、网络化、智能化等方向不断推动，组织与组织之间、组织与人之间、人与人之间、人与机器之间等的关系正在被重新界定。显然，这些变化一定会引致管理学科和管理理论的重新建构，管理学科的基本理论、基本认知、基本方法都面临深层探索，亟须大家协作来构建数字管理学科的理论体系。

　　在此背景下，浙江大学响应新发展阶段国家和区域战略需求，谋划并设立了"数字社会科学会聚研究计划"，试图以中国数字化转型实践为背景，聚焦未来数字经济、数字管理、数字社会、数字政府等全新问题，打造会聚型研究团队，搭建高峰学科平台，通过经济学、管理学、法学、新闻传播学、计算机科学、数学等交叉融合与会聚造峰，加快构建"大文科"创新发展模式，形成数字经济、数字创新、数字治理、数字法治、数字传媒五大板块的学科体系、学术体系，进而以数字方法论形成数字社科新的世界观、方法论和学科语言，构建浙江大学特色学科自主知识体系，为解决中国式现代化进程中面临的问题贡献浙江大学的力量。

　　浙江大学管理学院作为国内最早推动管理学科发展范式转型的研究机构之一，早在2018年就启动跨学科团队建设，组建了"数智组织与战略"战略性学科团队，随后于2021年成立了数智创新与管理交叉学科，发挥浙江大学综合学科的优势，与能源工程学院、计算机科学与技术学院、机械工程学院、建筑工程学院、医学院等协同，开展管理、信息、医学、能源等"管信医工"跨学科融合创新。目前，浙江大学管理学院的交叉学科已经发展出了硕士项目(包括专业学位)、博士项目(包括工程博士)和国际合作DBA(doctor of business administration，工商管理博士)项目，还组建了"数智创新与管理"联合实验室，系统布局并研究数智创新与管理的内在理论体系和方法体系。浙江大学"数智创新与管理"交叉学科的建设目标有三：第一，以我国企业数字化转型实践为背景，以我国数字经济组织的创新与管理实践为研究对象，系统总结数智创新与管理的基本规律，探索数智创新与管理理论；第二，通过嵌入浙江大学管理学院"商学+"教育生态系统，以管理学为基础，与工程科学、数据科学、人文科学等互补，培养引领数智经济发展的高层次、复合型科研和实践领军人才；第三，以"立足浙江、服务国家、嵌入全球"的发展战略为指导，服务数字经济发展的相关政策制定，支撑浙江"数字经济"一号工程，推动数字长三角一体化建设和"数字中国"建设等国家战略落地，最终打造全球领先的数智创新与管理研究高地。

本专著是"数智组织与战略"战略性学科团队历时两年的研究而合作完成的。战略性学科团队成员在承担国家自然科学基金重大项目、重点项目和面上项目，国家自然科学基金国家杰出青年科学基金项目和优秀青年科学基金项目，以及国家社会科学基金重大项目研究过程中协同探索、持续突破，提出了系列新理论和新方法，可以说是"数智组织与战略"战略性学科团队建设和"数智创新与管理"交叉学科建设的里程碑作品，希望本专著能为从事相关领域研究的学者和学生提供指引性参考。

第 1 章为总论。该章提出了数智时代企业管理新场景：产业组织形态重构与关系行为重塑、企业组织重构及其与个体关系重塑、宏观—中观—微观经济治理重构。由于数字技术和数据要素发展，推进了个体、组织和经济系统的快速变迁，企业行为、创新逻辑和管理理论也随之改变，因此，该章概述了数字战略、数智决策、数智组织、数字创新、数智服务、数字创业与智能财务七个方面的研究前沿，以期为读者提供理论发展概貌，也为本书各章节撰写提供了"理论缺口"和实践需求的指引。

第 2 章为数字战略。数字战略是企业利用数字技术更优地配置数字资源来创建和实现新的数字能力、打造数字化组织、为客户创造需求、获取持续竞争优势的战略体系。该章提出，数字战略的本质在于寻求和获取竞争优势，其战略的顶层逻辑与传统战略是一致的，但由于数字技术发展和数据要素涌现，企业在构建竞争优势时，追求的规模经济效应、范围经济效应和速度经济效应发生了逻辑变化，特别是由于数据要素本身的非竞争性、使能性和生产消费统一性，数字企业战略形态也发生了相应变迁。该章还提出，企业之间的竞争正从单个企业之间的竞争向生态系统之间的竞争转变，从零和竞争向非零和竞争演变，需要从生态竞争和平台竞争视角，再造数字企业战略及实施具体框架。

第 3 章为数智组织。数智组织借助先进的技术和数据驱动的方法，致力于提升组织效率、创新力和决策能力，并重新塑造组织的边界和与员工的关系。数智组织呈现出去边界化、去中心化、网络化和数字化的新结构特征。在数字化转型浪潮中，数智组织驱动了人效分析（people analytics）的崛起、快速组队（teaming）的兴起、组织模式的变革，重塑了组织运行模式、组织身份边界和用工模式。在人际互动与人机协同、组织的身份与边界、组织与员工关系等方面发生深刻变革，呈现出"个体数字嵌入—团队在线协同—组织动态架构"的特征。数字化技术的快速发展推动了数智组织在动态环境中的高效协同、智能决策和持续创新，使其在激烈的市场竞争中保持领先地位，为未来的组织管理带来了新的可能。

第 4 章为数字创新。该章把数字创新界定为创新过程中采用信息、计算、沟通和连接技术的组合，并由此带来新的产品、改进生产过程、变革组织模式、创建和改变商业模式等，具有收敛性和自生长性。数字创新包含数字技术、创新产出和创新过程三个核心要素，呈现创新主体虚拟化、创新要素数字化、创新过程动态化、创新组织平台化四大特征。该章把数字创新分为数字产品创新、数字过程创新、数字组织创新和数字商业模式创新，分析了数字创新的动力体系、价值体系、研发体系、过程体系、支撑体系和赋能体系。数字创新生态是数字创新发展的终极形态，数字平台会吸引越来越多的参与者参与到数字创新活动中，推动数字创新的迭代和衍生，形成架构完整、有效赋能、独立自治的创新生态系统。

第 5 章为数字创业。该章把数字创业界定为组织或个体通过使用数字技术来有效获取、处理、分发和应用数字信息和数据要素，寻求和利用数字产业化和产业数字化的机会，实现整合资源、构建团队、创造价值的过程。数字创业具有数字创业机会、数字创业资源、数字创业者、数字技术基础四大要素。数字技术的数据同质化、可重新编程性和可供性等独特特征，为数智时代的创业者带来了新的机会识别、资源获取和价值创造方式，数字创业活动涌现出数据驱动、市场导向、交互延展和动态涌现的全新特点。

第 6 章为数智服务。该章提出数智服务是运用数字化、网络化、智慧化技术来优化和改进服务流程，提升服务决策智能化程度、提高服务效率和个性化精准度，最终创造价值、提升服务质量和用户体验的现代服务形式。数智服务由技术基底层、业务逻辑层和用户交互层三层基础架构构成。在此基础上，数智技术通过劳动要素的智慧赋能、劳动资料要素的数智变革、劳动对象要素的数字拓展来推动现代服务业中生产力三要素的发展与变革，优化升级现代服务业。数智服务的管理创新过程涉及数智服务的产品定位、场景设计、流程规划、人机协同、服务触点整合以及服务生态构建等多个关键环节。

第 7 章为智能财务。智能财务是将以人工智能、大数据、云计算、区块链等为核心的信息科技和数字资源与会计和财务管理相融合，通过构建或利用数字化服务平台和智能化管理决策支持系统，提升会计和财务管理的效率和效果，拓展和实现会计财务职能及其战略价值。该章认为智能财务包含专业引领、数据赋能、场景融合和实现路径四个要点，涉及效率导向、价值创造、技术驱动和数据智能四个方面，并由此催生了新产业、新业务和新模式，对会计理论、财会职能职责、财会组织方式、财会业务流程、财会工具手段等方面产生重大而深刻的影响。

第 8 章为数字平台治理。该章提出，数字平台快速发展为我国企业重塑全球竞争优势提供了历史新机遇，同时也诱发了排斥竞争、抑制创新与损害社会福利等负面效应，认为数字平台治理具有"双刃剑"效应。该章进一步分析了数字平台企业在垄断要素、生产方式、业务结构、影响后果等方面呈现出新特征，如产业组织新特征导致垄断要素数据化，产业结构新特征导致垄断市场融合化，产业竞争新特征导致垄断方式生态化，数字平台垄断产生复杂后果。该章把平台企业垄断划分为数据锁定需求型垄断、资本锁定需求型垄断、数据控制渠道型垄断、资本控制渠道型垄断和多元复合型垄断五种形态，认为平台治理应考虑不同类型垄断的特点，治理标准应从同质性向差异化转变、治理方式应从通用化向多元化转变、治理主体应从单一性向协同化转变。

第9章为数智创新与管理方法。该章提出，以人工智能特别是通用人工智能为代表的数智技术快速发展，催生了新的科学研究范式、组织管理方式。该章进而提出自动化与增强悖论下人类和自动化之间的复杂关系是理解数智技术影响组织管理甚至科学研究范式的底层逻辑。该章还分析了人工智能辅助决策、智能组织设计、智能营销、人工智能与创新、人工智能与战略等数智赋能管理变革的具体方法，强调管理学研究要关注自动化与增强悖论，有助于处理好人工智能在提高效率和保留人类创造力、决策能力之间的复杂平衡。

第10章为数智创新与管理：新挑战与研究方向。该章是对数智创新与管理理论的研究展望，认为数字经济仍在加速发展，未来企业创新与战略管理理论还在加速建构，因此，该章依据数智时代"产业—企业—个体"结构演化趋势、"产业—企业—个体"三层次治理体系重构方向，提出数智创新与管理实践面临的四大挑战：数智企业如何保护知识产权、数智企业如何制定国际化战略、企业如何进行数字化转型升级、数字平台"垄断"如何应对。该章还提出了数字创新与战略管理的可能研究方向：数字知识产权保护战略、数字全球化战略、企业数字战略、数字治理战略、数字行为战略。

本专著是战略性学科团队成员通力合作完成的。魏江教授、谢小云教授、刘洋研究员负责本专著的设计、统筹和合成。各章节具体分工如下：魏江教授完成了第1章和第10章，并分别与杨洋研究员合作完成了第2章，与苏钟海博士合作完成了第4章，与杨佳铭博士合作完成了第5章、第8章；谢小云教授完成了第3章；应天煜研究员完成了第6章；陈俊教授完成了第7章；刘洋研究员和金铎博士完成了第9章。齐莹博士后、潘启承博士生等配合做好合稿和编辑工作。此外，要感谢战略性学科团队的其他老师参与了专著写作过程的多次交流和讨论，为本专著提供了建设性意见。最后，要感谢学科与科研中心的张冠宇配合笔者做好写作过程中的沟通工作。

本书是导论性成果，旨在形成相对完整的"数智创新与管理"学科体系。根据计划，我们团队成员将持续推出系列成果，每个成员将聚焦各自研究方向，以专著形式不断把学术成果呈现在读者面前。我相信，通过共同努力，我们一定可以建构起中国特色的"数智创新与管理"学科体系，形成具有浙江大学风格的学术体系、知识体系和话语体系，为中国数字经济发展做出我们的贡献。

魏 江

2024 年 6 月

目 录

第1章　总论 ··· 1
  1.1　数智时代企业管理新场景的提出 ······································· 1
  1.2　数智时代产业组织理论新命题 ·· 2
  1.3　数智创新与管理研究综述 ·· 5
  1.4　数智创新与管理学科体系架构 ·· 12
  参考文献 ··· 14

第2章　数字战略 ··· 19
  2.1　数字战略基本概念 ·· 21
  2.2　数字战略的经济效应 ·· 25
  2.3　数字战略的竞争优势 ·· 29
  2.4　数字战略方案 ·· 33
  参考文献 ··· 40

第3章　数智组织 ··· 43
  3.1　数智技术驱动的组织管理新兴实践 ································· 45
  3.2　数智组织的特征 ··· 50
  3.3　数智组织架构 ·· 54
  3.4　数智组织管理新视野 ·· 60
  参考文献 ··· 65

第4章　数字创新 ··· 71
  4.1　数字创新概念 ·· 72
  4.2　数字创新类型 ·· 74
  4.3　数字创新体系 ·· 76
  4.4　数字创新生态 ·· 81
  4.5　数字创新前沿 ·· 85
  参考文献 ··· 86

第5章　数字创业 ··· 90
  5.1　数字创业扑面而来 ·· 91
  5.2　数字创业的独特内涵 ·· 93
  5.3　数字创业机会识别 ·· 99

5.4 数字创业价值创造……103
参考文献……108

第6章 数智服务……113
6.1 数智服务概念……115
6.2 数智服务的基础架构……118
6.3 数智技术赋能服务的机理与路径……123
6.4 数智服务的管理创新……126
参考文献……130

第7章 智能财务……132
7.1 智能财务发展背景……133
7.2 智能财务概念……135
7.3 会计创新与财务智能化……140
7.4 数智时代财务职业道德……147
7.5 智能财务研究前沿……150
参考文献……152

第8章 数字平台治理……155
8.1 数字平台治理的"双刃剑"效应……156
8.2 平台企业的产业特征解析……157
8.3 数字平台的垄断特征认识……158
8.4 平台企业的垄断逻辑重构……160
8.5 平台反垄断的治理逻辑重构……165
参考文献……170

第9章 数智创新与管理方法……173
9.1 方法框架：自动化与增强悖论……173
9.2 数智赋能管理变革……176
9.3 数智时代的管理研究方法……181
参考文献……183

第10章 数智创新与管理：新挑战与研究方向……189
10.1 数智时代"产业—企业—个体"结构演化三个猜想……189
10.2 "产业—企业—个体"三层次治理体系重构……191
10.3 数智创新与管理实践面临新挑战……194
10.4 数字创新与管理未来研究方向……197

第1章 总　　论

本章提要：数字浪潮席卷而来，致使企业管理场景与管理实践发生颠覆性变革，亟须建立"数智创新与管理"新兴交叉学科，来回应数智时代的产业组织与管理的新命题。本章按照"情境建构—命题提出—理论综述—学科发展"的逻辑，阐释了数智时代企业管理新场景、产业组织理论新命题、数智创新与管理最新研究进展，提出了数智创新与管理学科建设目标，聚焦数字创新创业、数智组织变革、智能财务决策等领域，探索学科发展的新理论、新方法和新路径。

1.1　数智时代企业管理新场景的提出

几百年来，产业组织实践和理论在缓慢演化中改良，基本轨迹不外乎对科层结构的修修补补，对企业和市场交互空间的紧紧松松，对组织与个体利益博弈的进进退退，直到数字技术革命到来。数智时代，传统科层几乎被颠覆了，企业与市场的边界持续衰减，组织与个体的雇佣关系走向了边缘，社会组织结构日渐为数字所统治。不破不立，既然传统已破，新知就需建立。

回溯20年前互联网泡沫破灭之时，大众怎么也想不到数字技术对老百姓生活会有这么大的影响。直到淘宝和天猫映入普通百姓眼帘，大家才发现互联网竟然如此彻底地改变了消费方式，尤其是阿里巴巴造出"双十一"时，大众为之狂欢，当然，部分人也一直为这样的"狂欢节"而忧虑。2020年开始，"狂欢节"不再狂欢，平台流量不再井喷，饱受诟病的电商平台悄无声息地进化了商业模式，通过建构产品创新中心，赋能中小微企业创新，系统产生"裂变"效应：依托数字平台强大的数字基础设施，激发了数据、算法和算力的强大力量，释放出巨大的市场能量。

一个平台企业可以同时赋能数量千万级的新品、百万级的创业，这是传统组织和个体所无法想象的；一个网红一年可以带来几百亿元的销售流量，这种KOL（key opinion leader，关键意见领袖）的能量之前是无法想象的；虚拟网络社区所喷涌出来的各类无序行为也是传统社会组织不能企及的。那么，平台企业同时赋能巨量参与者的底层组织逻辑是什么？如何激发平台更大的"裂变"效应而又不偏离正确方向？数字技术发展在推动经济组织重构过程中如何规范组织与个体的关系？如何在社会组织格局剧烈变迁的时代保护个体的基本权利和自由？这些问题的答案不仅仅是对数字组织演化现象的诠释，更是对未来经济组织和社会组织走向的认知。

本书旨在提出数智时代企业创新与管理的新理论命题，具体涉及数智企业内部的个体、组织与公司之间的关系，以及企业内部战略、决策、创新、创业、服务、财务等全方面的工作。数智企业是嵌入在经济结构、产业结构和产业组织等场景中的，要揭示数智企业创新与管理的新实践和新理论，需要把握数字经济的市场结构、组织结构新走向，重构数智时代"产业组织—企业组织—员工个体"三层次关系与治理体系逻辑，较系统地解析经济组织甚至社会组织变革的底层规律性问题，才能为数智创新与管理学科提出新命题和新体系。为此，本书从数智时代的产业组织理论切入来解析场景变迁。

1.2 数智时代产业组织理论新命题

要认识数智时代产业组织理论，不妨把经济学层面的科技进步和社会学层面的组织变迁结合起来。科技进步是生产力发展的表征，目前最具活力的无疑是数字技术，社会组织变迁则表征为生产关系演变，目前最具活力的是数字组织。与过去任何一次产业革命一样，新兴生产力发展与传统生产关系之间的矛盾冲突也到了前所未有的程度，因为每次巨大的科技进步必定会挑战稳定的社会结构，自然就会引致社会组织对科技进步的强烈抵抗。科技总是要进步的，社会组织最终也是要重构的，因此，对经济组织变迁的分析是有利于对社会变迁的理性认知的。

1.2.1 第一类命题：产业组织形态重构与关系行为重塑

改革开放以来，7亿多农民的生产力得到解放，快速形成了全球最庞大的个体户群体，产业组织也随之快速演变，从工厂到企业、公司，再到集团和今天的生态平台，可以说，我国产业组织演变是全世界主要经济体中最快的。伴随产业组织的演变，企业规模也是以10倍速放大，如果20世纪80年代营收破千万元的企业被叫作大企业，20世纪90年代则是突破到十亿元级规模，而到21世纪初百亿级的才能叫大企业，直到现在千亿元级规模的涌现。

收入规模扩张与组织规模扩张不是简单的线性关系，而是非线性变迁，本书将产业组织形态的变迁路径概括为"原子式结构—小分子结构—大分子结构—生态结构"，原子式结构就是中小微企业和家庭作坊，小分子结构如大中型企业、分子公司型企业，大分子结构则如多个分子团组成的集团型企业，生态结构典型的如"平台+微粒"的数字平台。四阶段组织结构演变是产业组织内部权力关系和利益关系不断调整的结果，对于产业组织来说，追求利润最大化是根本动力，随着内部边际治理成本和外部边际交易成本的"双下降"，必然引致经济组织的产业边界、组织边界、地理边界不断突破，法人意义的企业之间、企业与从属组织之间、组织与个体之间的关系被放松了约束,结果是产业组织越来越大。

按照产业组织经济学原理,我们需要厘清生态型产业组织的以下基本理论问题:在形式多样的数字产业组织中,其内部要素及关系有什么共性规律?数字产业组织通过什么结构形态实现成员间关系固化和强化?在新型关系和结构形成过程中,内部组织和个体的行为呈现什么新特征?这三个基本问题涵盖了产业组织构成要素、关系和结构问题,产业组织之间的竞争和合作行为问题,产业组织内部的行为特征问题,组织系统协同和治理体系问题等。

1.2.2 第二类命题:企业组织重构及其与个体关系重塑

企业组织理论的研究主要聚焦在科层结构与扁平结构的选择、集权与分权的选择、领导与下属关系的选择、组织和个体权力结构的选择、正式组织与非正式组织之间的平衡等问题,这些研究基本遵循"要素—关系—结构"逻辑或者"动机—行为—绩效"逻辑,前者的焦点是组织,后者的焦点是个体,然后,两者各自把问题再拓展到组织与组织、组织与个体之间的关系。在管理学层面,对企业内部组织或者个体的研究都蕴含一个基本假设:关系和行为是发生在组织边界内部的,如果跳出科层组织边界去分析组织间关系或者组织与个体的关系,那就超越了管理学的范畴,进入到产业经济学或者社会学理论范畴了。

企业组织内部会出现多层次、多样化的子组织,这是工业时代分工的必然结果,现有几乎全部经济组织和社会组织的底层逻辑都是分工。可是,数智时代高度分工的逻辑被改变了,融合正成为趋势,生产融合、知识融合、学科融合、产业融合等正成为高频词汇。在融合时代,生态型和平台型组织具有独特魅力,这些组织内的个体人员或内部自组织力量越来越强,科层控制力日渐式微,个体从组织内"固定功能的螺丝钉"走向"自由行走的花",个体与组织的关系从控制走向合作,企业与市场的关系从交易走向价值共创共生。

为此,需要理论上厘清企业组织边界及其与市场的关系,厘清组织融合和劳动融合下个人分工、组织分工新机理,厘清边界开放下企业组织与社会组织的同构和异构的平衡,厘清个体从长期的岗位锁定中解放出来后的行为动机的变迁,厘清个体从固定劳动中解放后新型组织化、身份化、价值化的机理。以上这些问题包含了内部结构理论、组织社会化理论、组织行为理论、个体行为动机理论、人际关系理论等,解析好这些理论不仅有利于推动经济组织和社会组织的正向健康发展,还有利于社会更美好,人民生活更幸福。

1.2.3 第三类命题:宏观—中观—微观经济治理重构

数字技术生产力的发展推动生产关系的变革,也会反映在数字经济体系(宏观)、数字产业体系(中观)和数字组织体系(微观)之间关系的重构上。首先,从宏观与中观经济关系看，随着数字产业化和产业数字化发展，产业边界趋向模糊甚至消亡，统计学意义上的产业部类和产业门类已无必要，数字经济体系与数字产业体系也走向融合，如现在统计数字经济对 GDP 的贡献就显得没有多少意义。其次，再看数字产业体系与数字企业之间的关系，数字企业平台化和生态化发展的必然结果是数字企业成为局部的产业体系，数字平台企业周边的参与者数量达到十万、百万级，本身就是产业体系，现在所提出的"数字产业集群"，就是以平台企业为焦点的产业体系。再次，即使观察更加微观的企业组织与个体之间的关系，随着数据逐渐成为生产要素，机器将取代人成为"生产者"，个体和小组织群落自然会演变成市场交易主体，个体直接参与产业体系的重构，导致个体、企业和产业之间的边界也日渐模糊。最后，认识到宏观、中观和微观三层次研究焦点及其相互边界融合格局，我们需要重构三层次经济治理体系。

第一，从宏观经济政策看，长期以来宏观治理政策制定的底层理论逻辑是建立在工业时代的经济运行规律基础上的，到了数智时代，宏观政策的手段从调整市场交易关系、资源配置关系转向调整产业政策，甚至转向直接干涉企业组织，这种变化从过去几年对平台经济的整顿中可以直接反映出来——国家直接把宏观调控政策施力到几个寡头垄断企业上了。

第二，从中观产业政策看，由于数字产业早就突破了产业边界，几乎很难再聚焦边界清晰的某类数字产业，出台的政策当然就会引致整个产业体系被严重影响。以平台经济规制为例，政府接连出台产业政策、反垄断政策、税收政策、财政政策、融资政策等整顿平台经济，结果对农业、制造业、服务业等都产生较大影响。这个过程说明，以传统的经济学逻辑来调控新兴产业，可能会伤及一大片的"无辜"产业，不利于数字经济的发展。

第三，从微观企业角度看，出现了"几个企业代表一个产业"，或者"一个平台代表几十万甚至上百万企业的利益"的情况，从全球市场范围看，对平台企业的严厉整顿，带来对整个产业在全球的话语权和经济全球竞争力的破坏的结果。

概括地说，数字产业呈现出新型产业形态，数字组织表征新型产业组织形态，数字组织内的个体呈现出新型行为特征，因此，需要对数字经济、数字产业和数字组织各自内部及其相互关系的治理体系进行重构，从"产业—企业—个体"三层次梳理数字经济治理的规律，从理论上回答清楚数智时代新型市场交易关系、资源流动和配置规律，数字经济情境下的产业组织理论与宏观经济理论的关系，人的劳动从传统生产关系中解放出来后的流动规律和价值规律，数字产业链、创新链和供应链之间的耦合关系。

解决以上理论问题十分迫切，因为这些课题直接关系到对数字平台企业的正确认识，直接关系到对新型市场结构中垄断与反垄断行为的正确认识，直接关系到修订出符合数智时代特点的产业制度、市场制度、贸易制度。只有建立起与时俱进的宏观—中观—微观经济逻辑及其治理体系，才能避免持续出现"未来已来，但过去未去"的认知障碍，避免出现不合时宜的政策法律与南辕北辙的条例，给数字企业提供一个基于长期主义的生存和发展空间。

1.3 数智创新与管理研究综述

前面分析了数字技术和数据要素发展推进了个体、组织和经济系统的快速变迁，企业作为数智时代的市场主体，其全部行为也会随着改变，那些建立在后工业时代的创新管理理论也就随之改变，此时，需要学术界从学理上建立新的创新管理理论来指导实践发展。数智创新与管理学科涵盖数智战略决策、数智创新创业、数智组织变革、智能财务治理等众多领域，为了把握数智创新与管理学科的发展格局和未来走向，本章结合现有理论研究和本书各个领域研究成果做综述，以期为读者提供本书的理论全貌。理论前沿的综述来自对以《经济研究》《管理世界》、Academy of Management Review、Journal of Operations Management 和 Academy of Management Journal 等为代表的权威期刊所发表的成果的概要梳理。具体地，本章围绕数字战略、数智决策、数智组织、数字创新、数智服务、数字创业与智能财务七个方面分别进行研究综述。

1.3.1 数字战略研究概述

数字战略是指通过利用数字技术和配置数据要素，创建新的数字能力、打造数字化组织，作用于公司业务组合、业务单元发展和客户需求导向，产生新竞争优势的战略体系。数字战略涉及数字资源、数字能力和数字组织三个关键概念，其中数字资源是企业获得竞争优势的基础，数字能力是企业充分发挥能动性实现数字价值的手段，数字组织是支撑数据资源和数字能力价值发挥的核心载体。

战略是通过创造差异性来维持企业竞争优势的，数字战略本质仍在于创造企业的独特优势。由于数字技术和数据要素的凸显改变了数字战略的具体形态，数据要素的非竞争性、使能性和生产消费统一性导致数据资源管理产生显著变化。数据作为关键生产要素，具有网络效应、迭代创新、零边际成本和规模收益递增四大特性，改变了产业组织边界和内部组织边界。

数据要素、数字技术和数字能力改变了数智时代公司层、业务层和职能层的战略形态。在公司层战略形态上，企业竞争从基于独特的内部资源和能力优势，转向更好地连接和利用外部资源与能力优势；企业间竞争从单个企业间产品竞争，升级到企业之间共创共生的生态竞争。在业务层战略形态上，由于数据要素的流动性、可编程性和可供性，提高了业务扩张空间和业务组合协同的可能性，企业间不再是单一业务的竞争，而是业务系统之间的竞争，平台化和网络化产业组织使得业务竞争越来越依赖于多业务协同。在职能层战略形态上，去中心化和去中介化的平台组织和网络组织的出现，改变了传统生产过程的科层结构，数字组织转化为网络化、平台化组织架构。

数据要素和数字技术的出现改变了企业资源观、能力观理论。首先，数据资源具有自生长性、时效性、交互性和动态性等特性，相对于传统资源要素特征，它可以利用数据附加值、边际价值递增性构建进入壁垒，利用数字资源动态性、数据网络效应来获取竞争优势(Agarwal et al., 2023)。其次，数字能力相较于传统组织能力，呈现出高度动态性，数字企业的信息化能力、迭代能力成为竞争力关键，数字能力改变了企业价值创造、价值获取和竞争模式(刘洋等，2020；Blichfeldt and Faullant, 2021)。最后，数字组织成为支撑数据资源和数字能力价值发挥的核心载体。数字组织具有架构扁平化、边界模糊化和动态化三个特点，因而，数字化生态组织和平台组织成为竞争的核心力量，改变了产业系统中参与者之间的竞争合作关系、新创组织的进入时机(Toh and Agarwal, 2023)、生态进入方式(Zhu and Liu, 2018; Chi et al., 2022)、与合作伙伴价值共创模式(Hein et al., 2019)、生态资源获取与赋能方式等(缪沁男等，2022)。

1.3.2 数智决策研究概述

大数据、人工智能等技术的普及推动了管理决策向数智范式转变，数智决策过程的信息情境、决策主体、理念假设、方式方法等也发生深刻变化，决策思维正从"有限理性"和"满意结果"发展到"极限理性"和"最优选择"。数智决策是指通过使用机器学习方法，利用数据和模型，构建并持续改进具备高度预测力和决策支撑力的智能系统，就未来趋势做出判断的过程(郭迅华等，2023)。数智决策通过实时有效的大数据感知和解析来实现知情决策，采用更加主动和全面视角，面向未来可能发生的场景，主动进行情景推演与态势预测，数智决策应用于决策制定、分析、实施和反馈全过程(曾大军等，2021)。

从管理场景看智能决策系统，其由大数据、算法、算力和人机交互四个要素构成。第一，大数据是决策基础。大数据具有速度快、容量大、种类多、密度低、价值高等特点，为智能决策提供了丰富的数据源(何赛克等，2023)。第二，基于大模型的决策算法。大模型拥有数十亿甚至数千亿参数与复杂计算结构，基于海量大数据训练学习后，可以将文本数据、图像数据、音频数据等结构数据转化为具备计算性与推理性的知识，是智能决策系统的大脑与核心规则。第三，依托算力基础设施。算力是集合了信息计算力、网络运载力、数据存储力的新型生产力，算力基础设施是为智能决策系统提供服务的载体(夏子叶，2024)。第四，人机协同决策。原先采集信息、传递信息、做出决策等由人工完成的活动，部分由智能决策替代，通过人机协同训练模式的智能决策系统充分发挥人与机器二者优势。

从依据和方式看，数智决策呈现以下特征。第一，给定条件下的自动化决策。数智决策依据算法对全样本数据进行即时分析，自动生成可供参考的决策方案。第二，全流程决策响应。数智决策基于大数据驱动，更加注重数据全方位性、生产流程系统性、各环节交互性、多目标问题协同性，决策从线性、分阶段过程向非线性过程转变，线性模式转变为各管理决策环节和要素相互关联反馈的非线性模式。第三，人机协同决策。数智技术激发了数智决策发展，虽然目前数智决策仍处于弱人工数智阶段，随着新一代人工智能的发展，情感价值与伦理道德判断能力将可能通过人机协同，共同作用于决策结果。

从应用场景看，智能决策主要聚焦在决策方法、人机协同决策、数智决策新型模式三个视角。第一，智能算法成为支撑数智决策的基础。数智决策趋向利用数智技术做因果性分析、数智预测、数据驱动优化、数据可视化，衍生出人机协同决策(何贵兵等，2022；张志学等，2024)、算法决策(罗映宇等，2023)、人类决策等方法和底层支撑技术。第二，数智技术催生了人机协同决策范式。人工智能等数智技术由辅助工具演变为工作伙伴，参与组织多领域决策(Vinuesa et al.，2020；Scassellati and Vázquez，2020)。人机协同决策研究主要聚焦在人与机器的替换或增强关系(Raisch and Krakowski，2021)、机器学习对组织学习的影响(Balasubramanian et al.，2022)、数智技术对企业运营和组织的影响(Baum and Haveman，2020；Leavitt et al.，2021)、人机协同决策效果及影响因素等问题上。第三，数智决策新型模式不断涌现。数智技术提供了强大的计算能力，实现了业务流程优化的数字化、智能化，采购需求分析的自动化和精准化，物流管理的自动化，出现了超大规模复杂决策系统，涉及多个决策主体、客体、政治、经济、文化等。

1.3.3 数智组织研究概述

数智技术改变了经济组织间关系逻辑、经济组织间竞争逻辑、数字创新创业的底层逻辑。数智组织是基于数智技术构建的组织，是赋能外部生产者和消费者进行价值共创、共同开发服务和内容的一系列数字资源的组合(Constantinides et al.，2018)。数智组织定义包含三个要素：①数智技术，包括大数据、人工智能、云计算、虚拟现实技术等；②组织主体，包括平台所有者、互补者(生产者)和消费者(使用者)；③组织活动，即建立在数智技术应用基础上的行为。

数智组织类型多种多样。比如，基于功能分类，数智组织分为交易型、社交型和创新型。其中，交易型组织是为交易双方提供的平台，如淘宝、美团、滴滴等；社交型组织是为用户提供内容创造与社会交流以增强相似观点的平台，如微博、抖音等；创新型组织是为应用程序的开发者提供服务的数字技术基础平台，如安卓平台、iOS 平台等。

数智组织具有四大特征。第一，分层模块化。由于数据同质化、可重新编程性和可供性等特性，数智组织呈现出分层模块化架构。在模块化架构中，复杂系统中的元素被分解为单独的更小子系统，这些子系统在一定程度上相互独立且相互依赖。第二，自生长性。数智组织允许各类元素在系统内进行组装、重组、扩展和重新分配(Nambisan et al.，2018)，实现各个子系统的自组织、自驱动、自成长。第三，低搜寻成本和交易成本。数智组织受地理和时间因素限制小，利用数智技术将不同地区和时区的参与者连接在一起，快速进行信息交互，极大地降低了参与者的搜寻成本和交易成本。第四，网络效应。数智组织是双边或多边网络平台，具有网络效应，系统价值取决于参与该系统的参与者数量(Katz and Shapiro，1986)。

对数智组织理论的研究涵盖经济、技术、组织和战略等视角。①经济视角。数智组织被视为双边或多边市场，关注市场不同方面的相互依赖、网络效应、平台竞争(McIntyre and Srinivasan，2017；Panico and Cennamo，2022)，具体从市场力量、网络外部性、兼容性和竞争优势来展开组织内活动(Katz and Shapiro，1986)。②技术视角。采用技术视角的研究者把数智组织看作技术系统，关注组织技术架构设计与架构评估(Kapoor et al.，2021)，认为数智组织是一个由可延伸的代码库组成的稳定软件系统，为与其连接的模块提供核心功能和标准接口(Tiwana et al.，2010)。数智组织至少包括模块、接口和平台架构三个构成要素，其中，模块是一种连接到平台上旨在增加平台功能的互补软件子系统；接口是一组平台预先定义并提供给模块调用使用的编程函数；平台架构是数字平台独有的、指导平台各方面设计的连接框架。③组织视角。数智组织被界定为由众多组织构成的新型组织形式，由技术架构和对参与者的治理机制组成，重点探究组织内部权力分配、控制、治理机制等(Cascio and Montealegre，2016；Kretschmer et al.，2022)。平台治理被视为由一系列总体规则、约束和诱因组成，平台所有者开发并利用这些规则、约束和诱因，协调和部署共同专业化能力，以解决市场摩擦。④战略视角。该视角探究数智组织竞争优势的驱动因素、发展路径、竞争策略、价值创造活动等(McIntyre and Srinivasan，2017；缪沁男和魏江，2022)，认为数智组织内各参与者特别关注进入平台时机、平台功能、互补者价值共创能力等(Saadatmand et al.，2019；Rietveld et al.，2020)，数智组织通过不同策略撬动参与者资源为用户创造不同的价值。

1.3.4 数字创新研究概述

数字创新是指创新过程中采用数字技术及由此带来新产品、新流程、新组织以及商业模式变革等(刘洋等，2020)，其本质是利用数字技术对生产要素进行新组合或产生新生产函数(闫俊周等，2021)。数字创新涉及三个核心要素：一是数字技术如大数据、人工智能、云计算、虚拟现实技术等的创新；二是产品创新、过程创新、服务创新和模式创新等各种创新产出的变化；三是对数字技术应用和改进的过程创新(刘洋等，2020)。魏江和刘洋(2021)把数字创新的特点概括为创新主体虚拟化、创新要素数智化、创新过程智能化、创新组织平台化四大特征。

学者对数字创新类型划分基本相同，例如，闫俊周等(2021)将数字创新分为数字产品创新、数字服务创新、数字过程创新、数字组织创新、数字商业模式创新。魏江和刘洋(2021)把数字创新分为四类：①数字产品创新，是指利用数字技术重塑的具有智能化、连接性和成长性特性的新产品，智能化强调产品基于传感器、处理器、存储器等物理部件，可以对使用数据进行实时抓取；连接性强调嵌入处理器、传感器、软件等让各类物理和数字部件以及各类参与者之间建立连接(Zheng et al.，2020)；成长性强调新一代数字技术向各行业的深度渗透和持续改进(肖静华等，2020)。②数字过程创新，是指数字技术应用改变了原有创新流程，如应用数字技术实现加工流程的自主优化，消费者参与产品创造过程，使用智能互联技术更敏捷地对消费趋势做出响应。③数字服务创新，是指在数字技术发展和应用过程中产生的新服务，如融合线上线下渠道，以数字化、智能化方式给用户提供跨时空的精准服务。④数字模式创新，是指数字技术改善甚至重构了现有的商业模式，包括合作共生、价值共创等。

对数字创新机理的研究主要围绕数字创新前因、数字创新过程以及数字创新产出、机制和绩效展开。首先，对数字创新前因的研究包括数字基础设施、数字平台及生态系统等，数字基础设施是支持企业或者产业运行的基本数字技术、组织结构、相关服务设施，数字平台及生态系统涉及技术管理视角(Gawer，2014)、产业组织视角(Helfat and Raubitschek，2018)、战略管理视角(Miric et al.，2019)，聚焦数字平台或生态系统的构建、演化与治理(孙永磊等，2023)。其次，对数字创新过程的研究，如魏江和刘洋(2021)提出启动过程、开发过程、应用过程三阶段。最后，对数字创新产出、机制和绩效的研究。数字创新产出包含产品创新、流程创新、组织创新、商业模式创新；数字创新机制包括分布式创新和重组创新(Svahn et al.，2017)；数字创新绩效包括组织运营效率(Porter and Heppelmann，2014)和财务绩效(Boland et al.，2007)。

1.3.5 数智服务研究概述

数智技术改变了服务性质、运营方式(刘欣和谢礼珊，2024)、客户服务体验、客户与服务商关系，服务业正经历着数智化转型(杜建刚等，2022)。广义看，数智服务是指基于数智技术和智能互联产品提供的服务，如大数据分析服务、云计算服务、物联网服务等(陈岩等，2020)。狭义看，数智服务是物理产品与数字增值服务的组合，企业提供以感知性和连接性为核心的个性化、动态化、数字化服务解决方案(Dreyer et al.，2019)。目前，数智服务已广泛应用于金融业、餐饮业、医药业、制造业、销售业、通信业、旅游业等多个行业。

数智服务具有以下特征。第一，机器自主性。人工智能技术应用可使人工制品像人类一样自主地感受、思考和行动，无须客户干预(Santos et al.，2016)。第二，自动化。数智服务将人从简单、重复的服务工作中解放出来，具有服务流程自动化特性。第三，大规模个性化。基于物联网技术和人工智能，能够全方位收集用户数据，自主跟踪捕获客户偏好、态度，精准推送满足大规模个性化需求。第四，自主学习性。智能对象能够处理丰富的输入流，并随时间持续进行信息交互和迭代学习(Schuetz and Venkatesh，2020)。第五，外部赋能。商家需求的多元化要求企业提供定制化服务，如通过 SaaS(software as a service，软件即服务)第三方服务市场赋能服务业数字化转型。第六，服务无边界化。数智服务突破了传统服务的时空限制，融合线上线下渠道，为用户提供跨时空的精准服务。

在对数智服务机理的研究上，现有文献突出在服务支撑、人机互动、道德伦理等方面。在服务支撑方面，强调人工智能、机器人是底层支柱，关注数智服务过程中人机互动和道德伦理基础。在人机互动方面，认为人机互动已成为数智服务模式的主流，数智服务超越了单纯的买卖关系，进而从顾客和员工视角探索了数智服务过程中人机互动带来的影响(Kim et al.，2019；de Bellis and Johar，2020；Choi et al.，2020；刘欣等，2021；王海忠等，2021)。在道德伦理方面，数智服务引发的道德伦理问题需要数智治理，一方面可以提升服务效率和客户消费体验，另一方面要控制数据泄露、隐私侵犯、降低人类社会技能等风险(吴心钰等，2021)。

1.3.6　数字创业研究概述

数字创业是指企业通过使用各种数字技术来支持数字信息有效获取、处理、分发和消费，追求机会、整合资源、构建团队、创造数字价值的创业过程，其本质在于把握机会(周文辉和阙琴，2022；郭润萍等，2023；Leong，2023)。目前，学者主要从领域发展、创业过程、创业结果、资源要素、手段要素、主体要素等视角对数字创业进行内涵界定。总体来说，数字创业包括三个核心要素：①数字技术，它是信息、计算、沟通和连接技术的组合，如互联网、大数据、云计算、人工智能、区块链等技术；②创业过程，数字创业强调创业过程中数字技术的应用；③创业要素，数字技术改变了创业机会开发、资源获取、创业团队认知与互动的底层逻辑，数字创业要素包括数字创业机会、数字创业资源、数字创业团队和数字创新四个方面。

数字创业呈现四大特征。第一，机会涌现性。数字技术涌现实现了数字产业化和产业数字化，创业机会前所未有地出现，创业者越来越年轻化。第二，创业集群化。产业组织呈现出平台化、生态化趋势，平台快速提供创业资源和创业需求，让创业者大量汇聚在数字平台所提供的生态系统中。第三，生态资源赋能。平台除了提供创业机会、创业需求外，更是提供了创业所需要的人力资源、生产要素、数据要素，数字平台和数字生态成为"资源聚宝盆"。第四，创业过程虚拟化。虚拟社区、孪生世界、线上交互，让创业过程越来越快捷高效，创业活动越来越扁平。

对数字创业机理的研究包括数字创业前因、数字创业要素、数字创业过程等。首先，学者强调数字技术和数字平台/生态系统是数字创业的关键支撑条件。数字技术的应用改变了创业过程中创业机会开发、资源获取和创业团队认知与互动的底层逻辑。其次，对数字创业要素的研究包括数字创业机会、数字创业资源、数字创业团队等，其中，数字创业机会包括数字技术与产品、服务重构创造的市场、新场景下出现的新应用机会；数字创业资源是以虚拟化和实体化形式存在与存储的创业资源；数字创业团队不单限于实体人，也包括机器，呈现人机共生、无定形数字化身特征。最后，数字创业支撑包括数字平台/生态系统，其中，创业平台为平台上的创业企业提供丰富的资源和机会(周文辉和阙琴，2022)，使我们可以从授权赋能和技术赋能两个方面探究数字平台/生态系统对数字创业的影响。

1.3.7 智能财务研究概述

智能财务是一种新型的财务管理模式，它基于先进的财务管理理论、工具和方法，借助于智能机器(包括智能软件和智能硬件)和人类财务专家共同组成的人机一体化混合智能系统，通过人和机器的有机合作，去完成企业复杂的财务管理活动(刘勤和杨寅，2018)。智能财务是一种业务活动、财务会计活动和管理会计活动全功能、全流程智能化的管理模式(刘岳华等，2013；高宏亮等，2005)。智能财务主要涉及三个要素。第一，智能财务共享平台，这是基于业务与财务相融合的平台，是智能财务的基础。第二，智能管理会计平台，这是基于商业智能(business intelligence，BI)的平台，是智能财务的核心。第三，智能财务平台，这是基于人工智能的平台，代表着智能财务的发展。

智能财务包括三个方面特征。第一，共享平台化。智能财务的共享平台化是核心基础，由此实现从财务会计到业务和管理会计、业财管共享的公共平台。第二，业财管协同化。平台共享化能实现业财管个性化职能的深度协同，既满足客户驱动的需要，又能够实现企业内部各职能围绕客户展开。第三，人机一体化。人机一体化是人和智能机器相互协调配合，形成人机一体化混合智能系统。人机一体化混合智能系统有助于促进业财管自动化程度的不断提升、提供技术和管理的支持、提高管理决策及时性。

智能财务研究聚焦于财务共享、业财融合及数智技术与财务系统融合三方面。在财务共享方面，它是智能财务建设水平的关键因素，通过区块链、云计算等数智技术为财务共享提供强大支撑，基于数智技术实现财务处理的标准化、集中化、流程化和信息化，大幅减少财务人员需求。在业财融合方面，依托大数据、互联网、云计算等数智技术的发展，实现财务与业务的实时连带，实现业务财务的深度一体化，如刘如吉（2024）探究了业财融合创新优化策略与方法，王艳（2024）提出业财融合实践具体路径。在数智技术与财务系统融合方面，以机器人流程自动化、知识图谱、神经网络、人脸识别、自然语言理解等为代表的人工智能技术，在会计领域得到广泛应用，如基于指标建立体系构建卷积神经网络模式能够提升财务预测判断准确性、可靠性；再如，基于 AI（artificial intelligence，人工智能）+IT（information technology，信息技术）能够实现财务预算、核算、共享、报表、资金、税务等智能化管理。

1.4　数智创新与管理学科体系架构

党的十九大报告提出建设数字中国①。习近平总书记在中共中央政治局第二次集体学习时强调要"构建以数据为关键要素的数字经济"②。《中华人民共和国国民经济和社会发展第十四个五年规划和2035年远景目标纲要》第五篇"加快数字化发展　建设数字中国"中强调，"迎接数字时代，激活数据要素潜能，推进网络强国建设，加快建设数字经济、数字社会、数字政府，以数字化转型整体驱动生产方式、生活方式和治理方式变革"。数字技术和数据要素深刻影响着经济、政治、社会和文化发展。随着数字化改革的深入，社会科学也面临着前所未有的挑战，无论是基本理论、基本认知，还是基本方法都面临深层次重构，亟须重新认识管理科学的系统论、认识论和方法论，对新发展阶段、新发展理念和新发展格局有深刻洞察。

数智创新与管理学科的战略目标在于，瞄准数字产业化和产业数字化、数据要素化和数据产业化等国家重大战略需求，打造全球数字变革背景下数智管理学科高地，在数字创新创业、数智组织变革、智能财务决策等关键领域展开研究，探索数智创新与管理学科发展的新理论、新方法和新路径，形成中国特色自主知识体系。数智创新与管理学科要探索的学术前沿问题包括四大方面。

---

① 《习近平：决胜全面建成小康社会　夺取新时代中国特色社会主义伟大胜利——在中国共产党第十九次全国代表大会上的报告》，https://www.gov.cn/zhuanti/2017-10/27/content_5234876.htm，2017-10-27。

② 《习近平：审时度势精心谋划超前布局力争主动　实施国家大数据战略加快建设数字中国》，http://cpc.people.com.cn/n1/2017/1210/c64094-29696484.html，2017-12-10。

第一,探索数智时代管理发展的新场景。数字技术席卷全球,人与物理世界组成的二元空间正逐步向由人、物理世界、智能机器、虚拟信息世界组成的四元空间延伸。新的四元空间里,生产力和生产关系都将发生深刻变革,突出表现在:①人类智能与机器智能加速互动融合,促进人类社会从主客体之间的单一关系转变为主体系统与客体系统之间的多元关系。②物理世界与数字信息世界将加快互动融合,数字技术洪流正逐步瓦解传统企业的组织边界、行业边界,加快跨部门的数据共享、流程再造和业务协同,促进生产要素、行业结构和产业生态的变迁和重构。③人机共生的系统与虚实叠加的系统将加快互动融合,人工智能、5G、云计算、大数据等数字技术将实现深度结合,形成人机共生的新智能系统和虚实叠加的新交互系统,为企业和产业积累数字资源、掌握数字能力、抢占发展制高点提供了机会。为此,要深刻揭示管理世界变化背后的规律,为管理学科发展提供前沿场景。

第二,探索数智创新与管理学科发展新认知。数智管理思维和行为变化建立在对新场景认知的基础上。从本体论看,数智创新与管理学科是建立在创新管理知识重组优化、管理理论变革升级的共同认知基础上的,如实施数字战略就是要有机整合各类数字资源,以数字技术等知识革新与理论突破赋能企业产品或服务创新。从认识论看,数智创新与管理学科是关于各项管理活动的生态化衔接、管理任务的网络化分配等规则的共同认识,如实施数字战略就是要以数字化方式贯通基础研究、应用研究、产业转化等环节,将数字创新成果融入企业业务迭代与组织发展过程中。从方法论看,数智创新与管理学科是关于研究方法运用、创新步骤革新等规程的共同认识,如实施数字战略就是要在企业研发过程中融合实验观察、数学模型、仿真模拟、数据挖掘等研究方法,建构新的数字能力与数字化生态。

第三,探索数智创新与管理学科发展新方向。目前,数智创新与管理学科将围绕数智战略与决策、数智创新与创业、数智组织与变革、智能财务与治理等展开研究。具体地,各个方向的研究焦点概括如下。

(1)数智战略与决策方向:以数字技术和数据要素为关键因素,来揭示对产业组织、企业组织发展方向的影响,包括数字经济环境变量、数智组织能力和资源、公司战略和业务战略选择、商业模式创新、人机交互决策、大数据决策模型等具体领域。该领域的研究视野,从传统工业经济转向数字经济逻辑,从分工体系转向融合体系逻辑,从单一企业边界转向生态组织边界逻辑,建立数字战略新范式。在智能决策上,重构人工智能对博弈论的作用范式,协同综合博弈论、人工智能等成果,构建以演进理性为基础,包含人机交互的博弈理论框架和决策方法。

(2)数字创新与创业方向:聚焦数字技术、数据要素和数智生态对企业创新与创业行为的影响,运用复杂网络理论、数字生态系统理论、创新创业理论,考察数智创新创业的动力、能力和绩效，探索数智产业组织新生态下的新行为，建立政府、数字平台、参与者等多方互补的创新生态系统，揭示中国独特的制度情景下数字创新创业的过程机制和治理机制，进而考察数字创新创业对经济增长的作用机制。

(3) 数智组织与变革方向：在数字技术、人机协同场景下，以人与组织基本行为为研究对象，系统研究人机交互行为、组织与管理变革、组织行为等普遍规律和应用方法的交叉学科。该领域的研究视野，从对人的研究转向对人机交互的研究，从一元世界转向多元空间的行为规律研究，从管理学科内部向管理、工程、心理、计算机等跨学科边界延伸，建构微观层面实验方法、跨学科工程方法相融合的系统研究方法。

(4) 智能财务与治理方向：大模型、大数据已经改变了金融投资、财务管理、公司会计的传统范式，在新一代人工智能背景下，筹资决策、投资决策、经营决策从传统以人为主体转向人机交互模式。尤其是数据成为生产要素，经济增长方式也发生了革命性变化，数据要素市场和资本市场交互正在创造新的金融体系和财务管理体系。从宏观层面，数字货币的出现推动了货币经济、金融理论与区块链理论的融合，亟待探索智能财务的新理论、新方法和新治理。

第四，探索数智创新与管理研究的新方法。新学科范式需要研究方法变革，数智创新与管理学科将在研究方式、研究工具和研究组织上做探索。在研究方式上，将采用大数据驱动研究新范式，依托大数据模型构建新的理论研究方法论体系。在研究工具上，依托大数据处理中心实现管理学科与计算机、医学、数学和工程等的交叉融合，建立数据模拟仿真平台、联合实验室等，推进跨学科合作研究。在研究组织上，深化政产学研合作，与政府、企业合作搭建数据库平台，共享数据库资源，打通政务云和企业云，为企业、政府和区域数智化发展提供系统解决方案。

参 考 文 献

陈岩, 张李叶子, 李飞, 等. 2020. 智能服务对数字化时代企业创新的影响[J]. 科研管理, 41(9): 51-64.

杜建刚, 赵欢, 苏九如, 等. 2022. 服务智能化下的顾客行为：研究述评与展望[J]. 外国经济与管理, 44(3): 19-35.

高宏亮, 殷建红, 胡伟. 2005. 财务业务协同对利益相关者的影响：从价值链会计视角研究[J]. 会计研究, (11): 32-35.

郭润萍, 韩梦圆, 李树满. 2023. 客户导向、创业学习与数字化新企业机会迭代[J]. 科学学研究, 41(9): 1661-1670.

郭迅华, 吴鼎, 卫强, 等. 2023. 机器学习与用户行为中的偏差问题：知偏识正的洞察[J]. 管理世界, 39(5): 145-159, 199, 160-162.

何贵兵, 陈诚, 何泽桐, 等. 2022. 智能组织中的人机协同决策: 基于人机内部兼容性的研究探索[J]. 心理科学进展, 30(12): 2619-2627.

何赛克, 张培杰, 张玮光, 等. 2023. 大模型时代下的决策范式转变[J]. 中国地质大学学报(社会科学版), 23(4): 82-91.

刘勤, 杨寅. 2018. 智能财务的体系架构、实现路径和应用趋势探讨[J]. 管理会计研究, 1(1): 84-90, 96.

刘如吉. 2024. 大数据时代的业财融合研究[J]. 财会学习, (5): 31-33.

刘欣, 谢礼珊. 2024. 是喜还是忧?服务机器人角色对员工幸福感的双路径影响机制: 基于服务接待业人机互动情境的定性和定量研究[J/OL]. https://kns.cnki.net/kcms2/article/abstract?v=8pq0kR8SZyW1873sCsI0lyDItx_iZdwGaRskxYNjJqpIjFi14XnCjjcqXETQNiyDQyDe6O0j21ggmEMneXqab-LT72MdoK6kDMy5Pk9zkw9vqVgIlfwJOA==&uniplatform=NZKPT&language=gb[2024-03-14].

刘欣, 谢礼珊, 黎冬梅. 2021. 旅游服务机器人拟人化对顾客价值共创意愿影响研究[J]. 旅游学刊, 36(6): 13-26.

刘洋, 董久钰, 魏江. 2020. 数字创新管理: 理论框架与未来研究[J]. 管理世界, 36(7): 198-217, 219.

刘岳华, 魏蓉, 杨仁良, 等. 2013. 企业财务业务一体化与财务管理职能转型: 基于江苏省电力公司的调研分析[J]. 会计研究, (10): 51-58, 97.

罗映宇, 朱国玮, 钱无忌, 等. 2023. 人工智能时代的算法厌恶: 研究框架与未来展望[J]. 管理世界, 39(10): 205-233.

缪沁男, 魏江. 2022. 数字化功能、平台策略与市场绩效的关系研究[J]. 科学学研究, 40(7): 1234-1243.

缪沁男, 魏江, 杨升曦. 2022. 服务型数字平台的赋能机制演化研究: 基于钉钉的案例分析[J]. 科学学研究, 40(1): 182-192.

孙永磊, 朱壬杰, 宋晶. 2023. 数字创新生态系统的演化和治理研究[J]. 科学学研究, 41(2): 325-334.

王海忠, 谢涛, 詹纯玉. 2021. 服务失败情境下智能客服化身拟人化的负面影响: 厌恶感的中介机制[J]. 南开管理评论, 24(4): 194-206.

王艳. 2024. 智能财务时代的业财融合研究[J]. 财会学习, (3): 17-19.

魏江. 2023. 数字产业组织之体系逻辑重构[J]. 中国软科学, (9): 22-29.

魏江, 刘洋. 2021. 数字创新[M]. 北京: 机械工业出版社.

魏江, 刘嘉玲, 刘洋. 2021. 新组织情境下创新战略理论新趋势和新问题[J]. 管理世界, 37(7): 182-197, 13.

吴心钰, 王强, 苏中锋. 2021. 数智时代的服务创新研究: 述评与展望[J]. 研究与发展管理,

33(1): 53-64.

夏子叶. 2024. 数智化时代的决策范式变革[J]. 科技促进发展, 20(1): 78-83.

肖静华, 胡杨颂, 吴瑶. 2020. 成长品: 数据驱动的企业与用户互动创新案例研究[J]. 管理世界, 36(3): 183-205.

闫俊周, 姬婉莹, 熊壮. 2021. 数字创新研究综述与展望[J]. 科研管理, 42(4): 11-20.

张志学, 华中生, 谢小云. 2024. 数智时代人机协同的研究现状与未来方向[J]. 管理工程学报, 38(1): 1-13.

周文辉, 阙琴. 2022. 数字平台创业如何突破机会资源的双重约束?[J]. 科学学研究, 40(5): 896-905.

曾大军, 李一军, 唐立新, 等. 2021. 决策智能理论与方法研究[J]. 管理科学学报, 24(8): 18-25.

Agarwal S, Miller C D, Ganco, M. 2023. Growing platforms within platforms: how platforms manage the adoption of complementor products in the presence of network effects[J]. Strategic Management Journal, 44(8): 1879-1910.

Balasubramanian N, Ye Y, Xu M. 2022. Substituting human decision-making with machine learning: implications for organizational learning[J]. Academy of Management Review, 47(3): 448-465.

Baum J A C, Haveman H A. 2020. Editors' comments: the future of organizational theory[J]. Academy of Management Review, 45(2): 268-272.

Blichfeldt H, Faullant R. 2021. Performance effects of digital technology adoption and product & service innovation – a process-industry perspective[J]. Technovation, 105: 102275.

Boland R J, Jr, Lyytinen K, Yoo Y. 2007. Wakes of innovation in project networks: the case of digital 3-D representations in architecture, engineering, and construction[J]. Organization Science, 18(4): 631-647.

Cascio W F, Montealegre R. 2016. How technology is changing work and organizations[J]. Annual Review of Organizational Psychology and Organizational Behavior, 3: 349-375.

Chi Y, Qing P, Jin Y J, et al. 2022. Competition or spillover? Effects of platform-owner entry on provider commitment[J]. Journal of Business Research, 144: 627-636.

Choi Y, Choi M, Oh M, et al. 2020. Service robots in hotels: understanding the service quality perceptions of human-robot interaction[J]. Journal of Hospitality Marketing & Management, 29(6): 613-635.

Constantinides P, Henfridsson O, Parker G G. 2018. Platforms and infrastructures in the digital age[J]. Information Systems Research, 29(2): 381-400.

de Bellis E, Johar G V. 2020. Autonomous shopping systems: identifying and overcoming barriers to consumer adoption[J]. Journal of Retailing, 96(1): 74-87.

Dreyer S, Olivotti D, Lebek B, et al. 2019. Focusing the customer through smart services: a literature review[J]. Electronic Markets, 29(1): 55-78.

Gawer A. 2014. Bridging differing perspectives on technological platforms: toward an integrative framework[J]. Research Policy, 43(7): 1239-1249.

Hein A, Weking J, Schreieck M, et al. 2019. Value co-creation practices in business-to-business platform ecosystems[J]. Electronic Markets, 29(3): 503-518.

Helfat C E, Raubitschek R S. 2018. Dynamic and integrative capabilities for profiting from innovation in digital platform-based ecosystems[J]. Research Policy, 47(8): 1391-1399.

Kapoor K, Bigdeli A Z, Dwivedi Y K, et al. 2021. A socio-technical view of platform ecosystems: systematic review and research agenda[J]. Journal of Business Research, 128: 94-108.

Katz M L, Shapiro C. 1986. Technology adoption in the presence of network externalities[J]. Journal of Political Economy, 94(4): 822-841.

Kim S Y, Schmitt B H, Thalmann N M. 2019. Eliza in the uncanny valley: anthropomorphizing consumer robots increases their perceived warmth but decreases liking[J]. Marketing Letters, 30(1): 1-12.

Kretschmer T, Leiponen A, Schilling M, et al. 2022. Platform ecosystems as meta-organizations: implications for platform strategies[J]. Strategic Management Journal, 43(3): 405-424.

Leavitt K, Schabram K, Hariharan P, et al. 2021. Ghost in the machine: on organizational theory in the age of machine learning[J]. Academy of Management Review, 46(4): 750-777.

Leong D. 2023. Opportunity-as-hologram: real or artificial in entrepreneurship[J]. Asian Academy of Management Journal, 28(2): 421-448.

McIntyre D P, Srinivasan A. 2017. Networks, platforms, and strategy: emerging views and next steps[J]. Strategic Management Journal, 38(1): 141-160.

Miric M, Boudreau K J, Jeppesen L B. 2019. Protecting their digital assets: the use of formal & informal appropriability strategies by app developers[J]. Research Policy, 48(8): 103738.

Nambisan S, Siegel D, Kenney M. 2018. On open innovation, platforms, and entrepreneurship[J]. Strategic Entrepreneurship Journal, 12(3): 354-368.

Panico C, Cennamo C. 2022. User preferences and strategic interactions in platform ecosystems[J]. Strategic Management Journal, 43(3): 507-529.

Porter M E, Heppelmann J E. 2014. How smart, connected products are transforming competition[J]. Harvard Business Review, 92(11): 141.

Raisch S, Krakowski S. 2021. Artificial intelligence and management: the automation-augmentation paradox[J]. Academy of Management Review, 46(1): 192-210.

Rietveld J, Ploog J N, Nieborg D B. 2020. Coevolution of platform dominance and governance strategies: effects on complementor performance outcomes[J]. Academy of Management Discoveries, 6(3): 488-513.

Saadatmand F, Lindgren R, Schultze U. 2019. Configurations of platform organizations: implications for complementor engagement[J]. Research Policy, 48(8): 103770.

Santos J, Rodrigues J J P C, Silva B M C, et al. 2016. An IoT-based mobile gateway for intelligent personal assistants on mobile health environments[J]. Journal of Network and Computer Applications, 71: 194-204.

Scassellati B, Vázquez M. 2020. The potential of socially assistive robots during infectious disease outbreaks[J]. Science Robotics, 5(44): 1-2.

Schuetz S, Venkatesh V. 2020. Research perspectives: the rise of human machines: how cognitive computing systems challenge assumptions of user-system interaction[J]. Journal of the Association for Information Systems, 21(2): 460-482.

Svahn F, Mathiassen L, Lindgren R. 2017. Embracing digital innovation in incumbent firms: how Volvo cars managed competing concerns[J]. MIS Quarterly, 41(1): 239-254.

Tiwana A, Konsynski B, Bush A A. 2010. Research commentary-platform evolution: coevolution of platform architecture, governance, and environmental dynamics[J]. Information Systems Research, 21(4): 675-687.

Toh P K, Agarwal S. 2023. The option value in complements within platform-based ecosystems[J]. Strategic Management Journal, 44(2): 576-609.

Vinuesa R, Azizpour H, Leite I, et al. 2020. The role of artificial intelligence in achieving the sustainable development goals[J]. Nature Communications, 11(1): 233.

Zheng P, Xu X, Chen C H. 2020. A data-driven cyber-physical approach for personalised smart, connected product co-development in a cloud-based environment[J]. Journal of Intelligent Manufacturing, 31(5): 3-18.

Zhu F, Liu Q. 2018. Competing with complementors: an empirical look at Amazon.com[J]. Strategic Management Journal, 39(10): 2618-2642.

第 2 章 数 字 战 略

本章提要：数智时代的企业战略该如何谋划？当数字化转型、数字产业化、产业数字化、智能制造、数据产业等概念不断萦绕耳边，数字战略已成为高管考虑的优先级问题。如果细究这些新名词，有的产生于科技进步，有的产生于要素发展，有的产生于组织变革，新名词并不一定意味着新战略，数字战略也并不意味着原先战略的失效，更不意味着全新的商业思维。本章围绕数字战略是什么、与传统战略有何区别、如何实施数字战略三个问题展开，并以九阳等企业的数字战略为例证，阐述了数字战略基本概念、数字战略的经济效应、数字战略的竞争优势和数字战略方案等基本内容。

案例聚焦 2-1

抖音逆袭快手

作为短视频市场元老级别的存在，快手一直在资源和用户群体方面占据绝对优势。2014 年起，短视频市场开始火爆，西瓜、美拍、秒拍等短视频平台纷纷涌入，却依然没有撼动快手的霸主地位。或许正是由于这份底气的存在，2011 年以来，快手的产品形态基本没有变化，界面十分简洁，首页只有"关注""同城""发现"三个标签，没有视频分类，也没有对视频内容的详细介绍，甚至"去标签化"成为快手与其他短视频平台最大的不同。

抖音的出现打破了快手独霸的局面。抖音快速逆袭快手，靠的就是传统的差异化战略。抖音瞄准一二线城市的年轻用户群体的需求来设计产品，通过与快手在用户定位上的区分（表 2-1），成功实现逆袭。并且，与快手主张平等地记录每个人的生活不同，抖音主要通过培养 KOL 以及

表 2-1 抖音与快手的差异

比较维度	抖音	快手
产品 slogan（口号）	记录美好生活	记录世界记录你
产品定位	专注年轻人的音乐短视频社区平台，帮用户打造刷爆朋友圈的模型短视频	记录和分享大家真实生活的平台
用户主要分布	广东、江苏、浙江等沿海地带	山东、河北、河南等内陆地区
视频展示方式	沉浸式体验	瀑布流展示

与明星网红捆绑签约等贴标签行为来吸引大量年轻用户。

资料来源：《抖音逆袭快手，差异化战略的胜利？》，https://www.sohu.com/a/225546160_417694，2018-03-14。

案例聚焦 2-2

九阳：小家电，大数据

九阳一直专注于健康饮食电器的研发、生产和销售，从发明全球第一台豆浆机到如今涉足破壁料理机、电饭煲、电压力锅、面条机等数十种全品类小家电，从1延伸到N，实现了细分领域创始者到小家电领域领导者的蜕变。

小家电行业的市场变化很快，用户群体的需求变化也很快，竞争十分激烈。尤其是在营销方面，消费者很容易就有了新的购买触点和触媒习惯，给传统销售渠道的分流带来很大的挑战。这带给九阳的思考是，如何通过数字战略来应对新时代年轻用户的需求挑战。于是，九阳开始积极实施数字化转型，通过大数据来快速了解年轻消费群体对产品的需求和痛点、对产品设计的独特喜好，还针对年轻消费者广泛使用的新型内容渠道进行品牌营销覆盖，积极铺开线上渠道和新型社区团购渠道。九阳还会通过门店和自营线上社交裂变活动、直播平台品牌广告投放工具等触点，引流到店，通过会员中台和各种数字化工具，完成消费者在店内的消费转化，将信息回流至会员中心实现数据更新，进一步完善消费者的标签画像，为推动"人货"精准匹配打下基础。由此，九阳实现了电商触点、商业触点和社交触点多面多角度的触点网络，构建起企业、渠道和消费者的多线沟通桥梁。

这些敢于尝试、勇于试错和创新的背后，是九阳对数字战略的引进和变革，九阳整个管理层都参与数智化转型，董事长、总裁等决策层都参与各个数字化项目，自上而下推动整个公司的数字战略变革。管理层制定了九阳整体数智化的"一点两面三端四化"战略规划，并将数智化转型变革实施分为三大阶段，第一阶段是消费者数据的数智化，第二阶段是智能企划和供应链智能补货协同系统，第三阶段是实现智能化决策，通过数字化能力来推动智能化决策的能力提升。

为实现上述目标，九阳积极搭建数据中台。九阳积累了30年的大量用户数据，但之前这些原始数据是分散且碎片化的，标签画像系统体系也尚未完善。如何盘活这些沉睡的数据资产，挖出这些数据中蕴含的"富矿"？九阳应用阿里云为其打造的中台，融合线上线下全域消费者数据，通过OneID技术统一识别和整合，构建了消费者数据的标准和规范，完成全域消费者数据整合，并将其充分运用到精准营销决策中。在数据中台的帮助下，九阳沿着消费者的体验旅程和关键场景，精心设计出运营策略，最终提升了营销精准率。未来九阳还可以基于这种能力，建立用户标签和营销效果的动态迭代，构建不同产品组合的精准营销。

资料来源：《九阳股份：小家电，大数据，精准营销圈粉新生代》，https://www.aliyun.com/about/research/case?id=981234，2022-07-01。

2.1 数字战略基本概念

2.1.1 数字战略的本质

战略是指企业试图创造和获取价值的一系列相互依赖的活动，主要在于回答两个问题：如何制胜？在哪里制胜？要把握战略的本质，在于界定三个关键问题（Porter，1996）。一是创造一种独特的、有利的定位。竞争战略就是创造差异性，即有目的地选择一整套不同的运营活动以创造一种独特价值组合。战略定位的实质就是选择与竞争对手不同的运营活动，包括产品和服务种类定位、客户需求定位和客户接触途径定位。二是在竞争中做出取舍。取舍实际上就是在各种运营活动互不兼容时，选择应该做什么。企业做出取舍的原因有三：企业形象或名誉的前后不一致、运营活动的不一致、内部协调管理的不一致。三是在企业各项运营活动中建立战略配称。战略的成功需要对各项活动统筹兼顾，在企业各项运营活动中建立战略配称，包括三个层面：运营活动或职能部门与总体战略之间的简单一致性、各项活动之间的相互强化、超越具体活动之上的"投入最优化"。

数字战略作为企业进入数智时代的战略模式，是指数智时代，企业利用数字技术更优地配置数字资源来创建和实现新的数字能力，打造数字化组织，为客户创造需求，获取持续竞争优势的战略体系。数字战略的本质仍在于寻求和获取竞争优势，与传统战略模式没有根本性变化（魏江，2018）。数字企业利用数字技术和数据要素，创造企业资源和能力的独特性，为客户创造与众不同的产品和服务价值。数字战略的本质说明，数字技术并不能直接给企业带来战略优势，而是提高企业的运营效益，企业采用数据资源并没有改变战略本质，而是通过获取和配置数据资源去创造独特的竞争力。

虽然数字战略本质没有变化，但数字战略形态和路径发生了深刻变化。在数智时代，数字技术改变了整个企业的价值创造方式，数据要素改变了资源配置方式，数字经济体系改变了经营者的思维方式。简单地说，数字战略对比于传统战略，本质不变，但形式和路径发生了改变。具体地说，两者之间呈现以下区别。

(1) 战略思维的变化。工业时代的企业战略是相对静态的，企业、产业和区域的资源配置和流动的高成本，限制了产业边界、组织边界、市场边界的突破，而数智时代这些边界被打破，竞争逻辑被改变。比如，企业面临的潜在竞争者威胁可能是行业外的跨界竞争，或者是行业内竞争者通过改变客户行为、参与者之间价值分配方式来完全颠覆行业。再比如，竞争从基于传统的资源锁定式竞争，转向资源共享、价值共创性竞争，出现了产业生态系统之间的竞争。

(2) 资源能力的变化。传统战略范式下，企业竞争优势源于内部资源和组织能力，"内因是根本，外因是条件"，企业强调眼睛向内，构筑自身独特的资源门槛和流动壁垒，构建我有而他人没有的能力。在数字战略范式下，企业的数据资源是可以流动的，企业能力是可以开放的，企业强调内外无界融合，构筑起共生共荣、价值共创共享的生态系统。比如，特斯拉把整个智能汽车的标准和数据都开放，为生态系统内的所有参与者赋能，通过构筑强大的生态系统来构筑竞争优势。再比如，拼多多通过为生态社区内的消费者提供社交网络，为客户群落提供让渡价值来实现共同成长。

(3) 战略行动的变化。传统战略范式下，产品和服务的供给者与需求者之间存在着一定的地位不平等，生产过程以标准化和规模化为特点。数字战略范式下，数据要素的产权模糊性，使得消费者、数据提供者和数据使用者成为要素价值的重要决定者，因为数字技术推进了生产者和消费者之间的身份转换，产品生产与消费之间呈现出自激励、自协同等特性。数字技术的可供性更是导致生产过程被拆分为独立的操作模块，数字连接为价值网络中各个模块之间的协调分工和合作提供支撑，产品生产过程由集中化和规模化向个性化和模块化转变。

2.1.2 数字战略形态

1. 公司层战略

数字技术让行业和地理边界愈发模糊，竞争不再是基于如何充分利用和发挥内部资源与能力优势，而是转向如何更好地连接和利用外部的资源与能力。首先，数字技术打破了原有的产业边界。数字平台这一组织形态依托于数字创新，不再被桎梏于某一特定行业，而是在任何一个领域都可大展身手，打破产业条件的界限，实现全新的价值组合。其次，数字技术的连接功能让企业的地理边界变得模糊。在数字连接的支持下，企业逐渐摆脱对临近区域内员工的依赖，借助社交媒体的低进入门槛和用户友好界面，与全球各地的多样化利益相关者连接，快速实现地理范围的扩张。最后,数字技术让企业间竞争从产品竞争升级到商业模式竞争和生态竞争。数字企业间竞争基础是互利共生,生态间竞争不再是单个商业模式之间的竞争,而是一套动态连接、协作的商业模式间的竞争,如阿里巴巴、腾讯、美团等电商巨头间的竞争。

2. 业务层战略

数字技术通过改变企业竞争优势基础和促使价值创造过程模块化两方面来影响企业业务层战略。一方面,数字技术和数据要素改变了企业竞争优势基础和优势建立方式。数据资源的属性降低了企业对资源的控制程度,扩大了企业资源获取的范围,打破了原有资源获取边界。主动为参与者的创新和创业活动进行赋能成为平台生态系统保持核心竞争优势的重要方式。这些数字平台竞争优势的建立不再局限于特定的产品和服务竞争,而是通过迭代创新来争夺稀缺的用户时间,并将这些资源快速变现(熊鸿儒,2019)。另一方面,企业平台化和网络化的组织架构,使价值创造过程呈现出模块化的趋势。企业可通过模块化的产品架构将创新任务分解成离散组件,以此来降低任务分工的复杂性,促进企业内部各模块的并行创新。此外,数字连接能够为有效地协调任务分工和合作提供支撑,产品生产过程得以由集中化和规模化向分散化和模块化转变。

3. 职能层战略

数字技术对企业的影响主要为研发过程透明化、个性化,组织架构网络化、平台化,任务分工和协调数字化,以及治理主体和治理模式多元化。第一,数字技术让企业研发过程透明化、个性化。数字技术带来的创新要素数字化和创新过程智能化,使数字化企业的任务架构体系愈发透明,去中心化和去中介化的平台组织与网络组织的出现,也改变了传统生产过程中的科层结构。第二,数字技术让企业组织架构网络化、平台化。数字技术通过连接虚拟世界和现实世界,使得精准预测消费者偏好成为可能,数字连接为企业以网络化方式实现多主体价值共创提供了支持。数字技术使原有的科层式组织架构转化为平台化组织架构(Gawer,2014),使得企业能够组织各类参与者围绕稳定的产品系统进行创新。第三,数字技术让企业任务分工和协调数字化。传统组织形态和层级结构已无法适应日益变化的市场环境。企业需要思考如何把最好的、最合适的、能给企业带来核心竞争力的数据资源或数字技术传递给合适的人,从而做出正确的战略决策。第四,数字技术让企业治理主体和治理模式多元化。数字技术颠覆了传统组织形态,重塑了企业竞争方式,也带来了全新的治理问题。企业需要思考如何通过数字技术赋能生态内参与者参与到治理活动中，全面提升生态的竞争优势。

2.1.3 数据要素与数字战略

数智时代，数字战略本质并没有变化，但战略形态发生了改变。那么，数据要素是如何改变企业战略的形态呢？本节从资源、技术和产权这三重视角，对数据要素的特征进行分析，围绕非竞争性、使能性和生产消费统一性三个特征，对数据要素如何影响企业战略展开阐释。

(1)资源视角。数据要素具有非竞争性，不同组织及个体可以在不损害他人利益的前提下使用同样的数据要素(唐要家和唐春晖，2020)。我们可以理解为数据就像太阳能一样，你享受到的阳光并不会因为别人的享受而减少一丝温暖。

(2)技术视角。数据要素具有使能性(王建冬和童楠楠，2020)。一项数据及其相关技术要素投入使用后，可以使得现有技术能力得以改进和提升，为要素使用者节约熟悉技术机理的时间，更好地进行衍生创新和迭代创新创造了条件。

(3)产权视角。数据要素具有生产消费统一性(杨慧玲和张力，2020)。数字技术支持生产者和消费者自由转换身份，数字化生产与消费之间呈现出自激励、自协同等特性。例如，在Steam等游戏平台上，每个消费者都可以根据自己的特长和喜好进行再创造，而这种用户创造的产品还可以在平台上进行售卖。

基于以上三个特征，数据要素主要会通过以下四个方面对企业战略产生影响。

(1)网络效应。网络效应是指一种产品或者服务的价值会随着其用户数量的增加而增大。数智时代，以往创造竞争优势的土地、劳动、厂房等资源可能迅速贬值，而网络效应则是数智时代企业价值创造和保持竞争优势的强力"护城河"(陈冬梅等，2020)。

(2)迭代创新。数字技术的同质性和可重新编程性使数字资源具有可供性，为不同组织和个体利用同样的数字资源来实现迭代创新和衍生创新提供了支撑。

(3)零边际成本。由于数据产权节点模糊、供给无限等特点，企业可以几乎零成本进行无数次复制、转移和储存，且在这个过程中数据没有损耗，这使得数据的边际成本几乎为零。零边际成本和非竞争性使数字经济具有显著的规模经济和范围经济特征。

(4)规模收益递增。由于数据使用的非竞争性、零边际成本和数据开发应用所具有的强外溢性，数智时代的生产函数呈现出规模收益递增的特点(唐要家和唐春晖，2020)。

2.1.4 数字战略逻辑框架

企业战略的本质是保持和提升持续竞争优势，这一点在数智时代并未发生变化，而是在公司层、业务层和职能层上的战略形态发生巨大变迁。基于前述数字战略本质和战略形态分析，本节试图建构以数字战略本质、战略经济学逻辑、数字竞争新范式、数字战略路径为核心内容的数字战略逻辑框架(图2-1)，来统领后面各个小节的讨论内容，从战略管理核心逻辑、战略形态、战略组织、战略实施等模块系统回答数字企业数字资源配置、数字能力构建、数字化组织打造的时代命题，揭示数智时代企业的生态竞争规律。

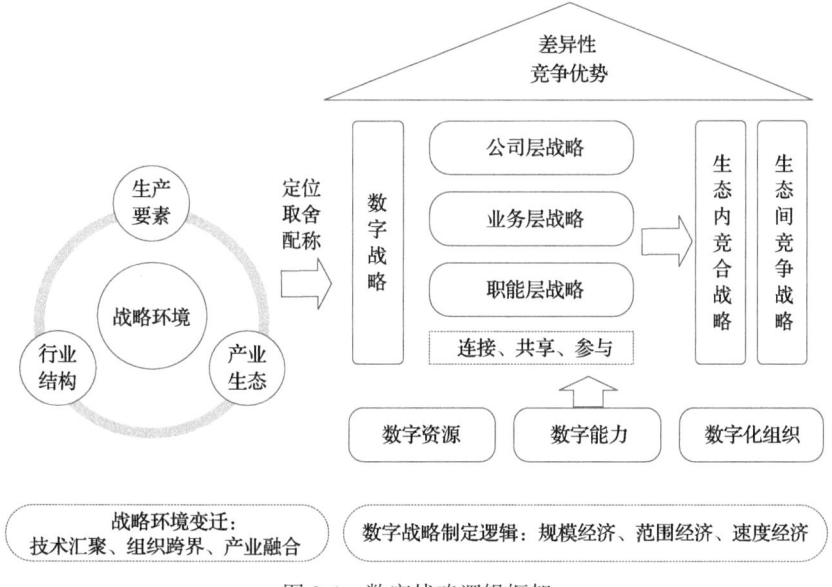

图 2-1 数字战略逻辑框架

2.2 数字战略的经济效应

2.2.1 规模经济效应

追求规模经济是企业获得竞争优势的重要战略之一(Christensen，2001)。《新帕尔格雷夫经济学大辞典》中对规模经济的定义为"考虑在既定技术条件下，生产一单位单一或复合产品的成本，如果在某一区间生产的平均成本递减，那么就可以说有规模经济"。规模经济分为供给端规模经济和需求端规模经济(Porter，2008)。供给端规模经济是生产规模的扩大带来平均成本的下降，需求端规模经济则是需求规模的扩大带来平均价值的提升。

1. 供给端规模经济

数智时代，数据成为一种新型生产要素，也成为调控其他生产要素的重要媒介，为企业实现规模经济带来了新的路径。

首先，数据作为一种生产要素，助力员工提升生产效率。企业可以通过对生产端数据的聚合，改进生产流程，大幅提升企业的生产效率。一方面，企业可利用数字软件和智能设备，记录员工情况，及时发现问题，调整任务分配；另一方面，企业通过将生产和管理流程数字化，促进员工间的协调沟通，削弱由企业规模扩大带来的管理效率下降等问题。

其次，数据还可以助力机器生产效率提升。许多制造业企业进行了数字化转型，致力于打造智慧工厂来提升机器生产效率。这些企业会将工业制造主要过程进行数字化，由此产生大量数据，通过传感器搜集的数据跨时空传输到企业内部部门和外部工业云中，将内部各部门和外部合作伙伴相连接，最后利用数据将人、机、货相匹配，通过智能化手段提高生产效率。在该过程中，企业利用人工智能进行机器学习和深度学习，对原有采集的数据进行重用，反复进行模型测算和改进，使得数据价值越来越大，不仅可以帮助企业预测未来趋势，还可以帮助企业及时、精准地优化自身生产、仓储、物流配送和管理。

最后，数据还可以调控其他生产要素。数字企业可以通过数字化手段，将消费者需求进行分类、整合和标准化，并在生产环节进行人、机、货自动匹配，实现生产定制化，保持供给端规模经济。

2. 需求端规模经济

需求端规模经济主要表现为网络效应。网络效应存在边界，受到地理环境、政策制度、语言文化等外部环境因素和平台内部自身治理规则等的影响。网络效应强度指的是随着使用某一产品或服务的用户数量增加，该产品或服务的价值也随之增加的程度。无论是数字平台企业还是非平台企业都可以利用网络效应，通过提升网络效应强度和防御力来帮助企业实现可持续竞争优势。具体来看，平台型企业可以通过提高用户转换成本和提高用户间交互转换成本来提升网络效应的防御力和战斗力（表2-2）。对没有构筑数字平台的企业，一方面，通过参与数字平

表 2-2　数字平台企业建立可持续竞争优势的网络效应

成本	概念	策略
提高用户转换成本	用户为了使用竞争性平台并获得相同价值，不得不承担高额的货币或非货币成本，用户的转换成本较高	制定有关规则
		提供独特服务
		协同多网络
提高用户间交互转换成本	用户与平台内其他参与者建立交互关系后，需要花费较大成本在竞争性平台建立相似交互关系，用户间交互转换成本较高	增加需求精准匹配功能
		建立用户间信任
		小心"去中介化"风险

资料来源：Hagiu 和 Wright（2021）

台，利用平台网络效应获得收益；另一方面，则通过数字技术收集消费者数据，利用数据网络效应获得收益，享受网络效应，创造竞争优势。

2.2.2 范围经济效应

范围经济概念最先是由 Teece（蒂斯）在 1980 年提出，并被引入战略领域。当企业生产多个产品的成本低于分别生产每个产品时，范围经济就产生了。尽管范围经济暗含了企业尝试最大限度地利用现有资源，降低生产成本的做法，但范围经济重点关注企业经营范围，包括企业所生产的产品种类扩张，以及产品销售范围扩张，在相同资源和设施的条件下，为客户提供更多元的产品和服务。范围经济的实现有两个限制因素：一是只有特性相同或相近的产品才能共用设备、技术等资源条件，实现成本优势；二是企业业务范围扩张常常是通过一体化运行、多样化生产来实现的，这对组织管理提出了新挑战。

数字战略下的范围经济是如何发挥作用的呢？首先，数智时代的范围经济实现前提约束被进一步放宽，企业不再需要依赖产品本身的相关性来共享核心专长，而是通过致力于提高企业的数字化水平，借助平台和数据等要素的共享、信息技术媒介，提升产品间数字相关性，实现范围经济。其次，范围经济的范围和边界进一步扩大，数字生产要素不同于传统要素的关键在于"非竞争性"，数据资源可以同时给多方使用，使得范围经济的实现范围进一步扩大。最后，传统范围经济可能带来的管理协调难题也因为数字技术和数字化工具的赋能而逐渐淡化，进一步扫清了范围经济的扩张障碍。

接下来，我们从产业范围和地理范围两个角度来解析数智时代的范围经济，探索数字技术嵌入如何帮助企业突破传统范围经济"业务高度相关"的条件限制，如何克服范围不断扩张带来的"管理难题"，助阵企业应用数字技术带来的全球化范围经济。

1. 产业范围经济

数智时代，企业通过数字化驱动新功能开发、平台企业间用户溢出两方面效应开疆扩土，实现"赢者通吃"。首先，数字化可以驱动新功能开发。数字技术本身所具有的数据同质化和可重新编程性，使得企业可以无缝衔接到多种外部服务，产生范围经济效应。企业可以通过收集用户数据、借助 AI 等数字技术形成完整用户画像，精准定位用户潜在需求，发现创新机会。此外，企业还可以将不同来源的数据聚合到统一的测试平台，通过共享平台和信息技术媒介，建立起产品服务间相关性，助力范围经济实现。其次，数字化带来的辐射逻辑有效推动用户溢出。竞争企业往往以技术基础架构为依托，以核心平台为圆心向外辐射，通过用户溢出，实施向不同行业、产品、服务和功能包络的战略，不断发展新平台，占领新市场。

2. 地理范围经济

除了突破业务范围限制，地理范围的限制也被逐渐瓦解。数字技术的数据同质化和可重新编程性加速了数据等关键要素的跨境流动，使得数据共享和流动变得更加可及，大大降低了地理距离相关的生产成本，帮助企业克服国际化过程中的"外来者劣势"和"局外人劣势"，助力企业轻资产地实现全球化。一方面，构建产品矩阵，打破"外来者劣势"。数字经济推动企业通过构建具有模块化架构特征的数字平台促进供需双方交互、共同创造价值(McIntyre and Srinivasan，2017)。许多平台企业天生具有分享属性和用户创造价值属性(Gu et al.，2016)，通过积累用户数量、增强用户黏性，帮助企业更高质量地改善和提升服务水平，促进平台内价值创造活动的开展，吸引更多用户进入正向促进的良性循环。另一方面，借助社交之力，打破"局外人劣势"。社交平台具备时效性高、互动性强等独特优势，并作为天然的数据信息源，帮助企业在推出新产品时有效整合、提取用户行为信息(Heavey et al.，2020)，将分散的需求聚合，更好地开发出符合当地用户口味的新产品。当然，数字企业也可以通过提升社交维度，创造更具活力的用户生态系统，对东道国现有的网络形成高维打击，打破"局外人"困境。

2.2.3 速度经济效应

速度经济由著名的企业史学家小艾尔弗雷德·D.钱德勒在他的著作《看得见的手》中提出。钱德勒认为，速度经济可以理解为因迅速满足市场需求而带来超额利润的经济。快速提供各类产品和服务意味着企业不仅能够降低成本，还可以依靠时间优势快速满足顾客需求，获得先发优势，实现全球范围内高速成长。在数智时代，速度经济效应更加凸显，在需求端，消费者需求呈现日益多样化和多维度趋势；在供给端，创新者的研发呈现出专业化和分散化趋势，使速度经济成为企业快速满足市场需求、实现比较优势的基础。数字化浪潮带来的一个显著结果是模块化架构得到越来越多的应用，模块化的系统可以简化问题、提升专业化水平、激发创意，帮助企业实现速度经济。

1. 创新模块化与速度经济

模块化的创新模式在越来越多行业中成为主流。其核心作用是提升创新速度和程度。通过提高专业化程度，在内部问题解决和外部知识搜寻的过程中更具针对性，能够更快速地提供新产品和新服务，并在某方面做得更加极致。此外，创新模块化还为速度经济的获得增加另一种可能机制，合作各方只需知道对方完成任务的结果，无须了解完成过程，避免创新合作过程中知识泄露，提升组织合作创新意愿和产品创新速度。

2. 营销模块化与速度经济

数字化背景下，市场分析和市场满足实现分离，企业可以将市场分析工作交给外部数字平台完成，商家通过外部平台分析结果来开展具体的营销活动，大大降低了营销活动的门槛，增加了市场拓展的机会。企业只需要根据外部平台提供的用户需求分析结果，专注于加速产品迭代、加快生产销售、提高资金周转效率，助力打造速度经济。

3. 生产模块化与速度经济

企业生产活动依赖于固定的机器设备，因而企业能否快速反应、提供市场所期待的新产品取决于企业可调配的内外部设备能否满足生产需求。随着数字化的逐渐深入，企业对消费者的各种需求进行不断解构，精准地将货单需求与内外部生长线进行匹配，充分利用每一条生产线，提升企业生产线的使用率，缩短生产进程，加快对市场需求的响应速度，最终实现速度经济。

数字化除了帮助各个功能的模块化外，模块间组合对速度经济实现也起到很大的推动作用。具体来看，一是帮助企业实现低成本快速迭代。例如，PlayStation 为像 EA SPORTS 这样的互补企业提供低成本迭代创新的场所，只要与 PlayStation 协同，FIFA 等游戏的开发成本和开发周期便能大大降低和缩短。二是帮助企业对新技术进行快速反应。亚马逊等电商平台会不断优化检索算法，对商家提出新要求，电商与平台间模块的高度协同能够帮助商家对新要求进行快速响应，改变其原有产品策略，提高创新速度。

2.3 数字战略的竞争优势

相比于传统情境，数字战略的本质依旧是保持和提升企业竞争优势，然而，在数字化背景下，企业竞争优势来源已发生变化。本节主要从数字产业、数字资源、数字能力和数字模式四个方面来分析数字战略的竞争优势。

2.3.1 数字产业分析

经典战略框架认为企业竞争优势的主要决定因素之一就是行业结构。数字技术赋能产业呈现跨界融合特征，还出现新的价值创造模式，这为数字企业竞争优势获取和维持注入了新鲜血液。首先，数字技术赋能下，各类要素和资源突破边界限制实现自由流动和共享，企业通过聚合不同的数据来满足更多需求，推动组织跨界和产业融合，新的产业生态随之诞生。其次，数字化工具的不断发展为企业挖掘消费者潜在需求、实时赋能供应商提供了支持，使得供应链趋向扁平化、生态化。同时，数字技术的发展孕育出消费者的新需求，为其提供了成为合作伙伴的机会，塑造生产消费新生态。数字产业生态强调共赢共创，形成共生、互生、再生的利益共同体。在这样的生态中，企业竞争优势不追求"为我所有"，而是"为我所用"，有效地与外部资源发生连接，从而实现价值共创。在数字产业生态转型和消费者需求不断升级下，企业战略定位和取舍也有了新的选择，数字化为企业战略配称提供了新工具，助力企业获取和维持竞争优势。

2.3.2 数字资源分析

数字资源是将计算机技术、通信技术及多媒体技术相互融合而形成的以数字形式发布、存取、利用的信息资源总和。数字化使得资源具有了互联、聚合的属性，赋予数字资源自生长性、时效性、动态性和交互性四个特性（Hagiu and Wright, 2020）。

传统的战略理论认为资源需要具备价值性、稀有性、不可模仿性、不可替代性才能成为竞争优势的基础（Barney, 1986），但是数字资源打破了上述属性要求。首先，数字资源本身并不具备价值，其价值由使用者赋予；其次，数据库内的数据具有差异性，但可能发挥相似作用，因此数字资源不一定具备稀有性；再次，数字资源可以被多次复制，轻易就能被模仿；最后，数字资源的可替代性针对不同的使用者和相关数据可能不同。

数字资源可以通过以下几种方式来发挥价值并创造竞争优势。第一，利用数据的附加价值。企业售卖商品后，除获取商品本身价值外，还获取商品背后的数据价值。基于大量用户的数据反馈，企业能够挖掘用户需求，升级优化商品，获得更高价值。第二，利用数字资源使用的边际价值递增特点。有些企业整合用户数据进行预测分析，当达到一定精度时，继续提高需要海量数据的支撑。此时，拥有数据越多，产生误差概率越小，为企业创造的价值越高。第三，构建进入壁垒。如果企业拥有其他企业所必需的数字资源时，则可以在行业内获得中心位置并构建进入壁垒，维持竞争优势。第四，利用数字资源的动态性。相较于传统资源，数字资源可以实时获取并帮助企业优化服务，提高竞争力。第五，利用数据网络效应。一个数字产品用户越多，公司可以从中获取越多的数据信息从而改善产品与服务，获得更强大的竞争力。

2.3.3 数字能力分析

海量数据的背后潜藏着巨大价值，数字能力便是这"点石成金"的金手指，是企业充分挖掘数据价值、获取竞争优势的关键战略能力。数字能力被定义为能使企业整合数字资产和商业资源，利用数字网络来创新产品、服务、流程，为客户创造价值的组织能力(Annarelli et al., 2021)，也是企业获取、管理和利用数字资源并将其转化为竞争优势的能力(Annarelli et al., 2021; Ekman et al., 2021)。与传统组织能力相比，数字化企业的信息能力、迭代能力在帮助企业获取竞争优势的过程中尤为关键。

1. 信息能力

信息能力包含获取、聚合、分析等对数字资源进行管理的能力。在数据的收集阶段，数字化企业开发符合自己独特需求的算法，并在实践中不断优化算法以提高其与企业的契合度。企业通过建立自己的数据库、筛选有用的数据并进行清洗和结构化整合，存入数据库中进行计算和学习，进而转化为企业独有的资源优势。

2. 迭代能力

迭代能力指快速重构数字资源、实现数字资源全新组合的能力，帮助企业高效识别市场机会、满足市场需求。从迭代逻辑区分，迭代能力分为外部迭代和内部迭代。外部迭代指一个基础产品进入市场后不断迭代，通过用户检验，总结经验，提升认知，降低试错成本，准确捕捉用户需求。这种模式相比瀑布流开发更适应高速变化的数智时代。内部迭代则是对企业内部设备、算法等进行迭代，使之更符合企业独特需求，以增强获取、管理信息的能力。

数字能力通过改变价值创造模式、价值获取模式和竞争模式这三个方面，帮助企业获取和维持竞争优势。第一，改变价值创造模式。数字化能力强调以共享、动态的数字资源为核心，整合网络中不同参与主体来共创价值(Verhoef et al., 2021；胡宇辰等，2023)，价值创造不再是企业的内部活动，而是与外部伙伴共同创造的活动。此外，数字能力不仅能赋能企业快速获取内外部海量数据进行分析和迭代学习，不断优化升级产品服务，还可以充分挖掘数据附加价值，提供基于数据的产品服务，巩固其在生态系统中的地位。第二，改变价值获取模式。数字能力可以赋能企业采用和实施更为多样化、多层次的商业模式，企业不仅能从价值链中获益，还可以从范围更广的价值网络中获取价值。超额利润源也从传统的管理好"具有所有权的资源"转变为管理好"具有控制权的资源"。第三，改变竞争模式。数字能力的核心目标是使企业迅速适应复杂性和不确定性商业环境，保持可持续性竞争优势(胡宇辰等，2023)。数智时代的企业竞争模式不再囿于低成本、差异化，而是通过构建生态系统来实现竞争优势。换言之，数智时代，企业的竞争不仅靠其提供的产品和服务，更靠其构建的生态系统。

2.3.4 数字模式分析

本节分别讨论数字资源和数字能力如何带来竞争优势，事实上，无论是数字资源还是数字能力都嵌入在组织当中，数字战略实施需要企业改变组织模式和结构来进行配称。因此，本节将对组织维度下的数字模式展开简单讨论，将数字化组织定义为为适应高度不确定环境打造出的、灵活的、拥有数字能力的组织结构。具体来看，组织维度下的数字模式主要有以下几个特点（忻榕，2020；陈春花，2018）。

1. 市场组织平台化

传统经济中，企业拥有明确的组织边界、固定的组织形态、稳定的科层结构。随着虚拟信息空间的出现，以双边平台、多边平台、生态社区、创新社群等为代表的新组织依靠虚拟现实技术，显示出强大的创新生命力（魏江和刘洋，2021）。平台组织和网络组织的创新协同改变了传统生产过程的标准化和规模化特征，更多体现个性化的意愿和参与，用户参与和共同创造变得越来越普遍。

2. 组织延伸至产业链上下游

越来越多的组织突破产业链上下游边界，连接了生产、物流、销售等环节上的各类企业。由于竞争方式的改变，各类组织需要更加高效协同，组织之间的边界变得更加模糊。

3. 组织结构扁平化

在传统企业中基本采用分工明确的科层制组织形式，为了适应新的数字模式，许多企业选择打破部门界限，以提高协调运营效率。这种扁平化模式撤销了中间管理层，以协作的优势赢得市场主导地位。

4. 项目团队动态化

数字化组织不再是"自上而下"，而是"自下而上"催生。在外部快速变化的用户需求下，具有多元专业知识背景的成员会根据市场需求动态变化快速组成敏捷的项目团队，团队内的工作协同将围绕目标而非职位展开。

数字模式促进企业竞争优势获取主要有以下几个途径。第一，基于已有数据资源进行合理规划。利用组织的数字化工件，对组织流程和资产进行数字化，推动传统组织向数字化组织转型。第二，构建数据平台以盘活现存资源。企业可以利用组织内部的数据平台，打破信息孤岛，降低员工的访问交流成本，提高反馈效率，激活数据价值，从而提高竞争力。第三，寻找新机遇来拓展数字化边界。通过在组织内部持续地数字化，积极寻找行业内外部数据整合的机会，通过增强企业的数据编排能力寻求新机遇。

2.4 数字战略方案

传统竞争大多都是关于产品特性和成本的激烈竞争，而在数字世界，游戏规则已经发生改变，竞争不再是"你死我活"的输赢之争，也不再依赖老式"一对一"直接竞争，而是生态系统中既相互依存、相互促进，又相互竞争的复杂关系。那么，企业应该如何根据新的游戏规则来创造并维持竞争优势地位呢？本节将从数字战略制定、数字战略路径、数字基础设施、数字战略推进四个方面展开阐述。

2.4.1 数字战略制定

数字生态系统从根本上改变了企业竞争形态，企业开始摒弃独立竞争思维，拓展组织界限，融入拥有共同价值主张的数字生态系统，通过与系统内其他参与者互动，为用户创造更多价值，共同扩展市场份额。生态系统中的企业形成相互依存、相互促进又相互竞合的关系。生态竞争不再是传统的直接竞争，没有固定的竞争领域，也没有永久的竞争对手。相反，它充满了不断涌现的价值机会和拓展的生存空间。现在，各行各业都涌现出各种各样的生态系统，每个生态系统中聚集了无数参与企业。仔细观察可以发现，即使在同一生态系统中，不同企业也占据不同位置，扮演不同角色，采用不同战略来追求自己的目标。因此，数字生态系统竞争战略可以分为两种类型：生态内竞合战略和生态间竞争战略。

1. 生态内竞合战略

一个数字生态系统中的"种群"可以划分为系统缔造者和系统参与者两大类。系统缔造者是提供底层数字基础架构及相关服务，并履行系统的维护与治理职能的焦点企业，构筑了支撑系统不断演化、不断扩张的底层技术根基和上层制度大厦。系统参与者是利用系统缔造者所提供的数字基础设施开展互补式创新的企业，通过整合生态系统中的数字资源，实现自身的能力提升和价值创造。

（1）系统缔造者的退与进。系统缔造者面临创造公共利益和获取私人利益的冲突。为确保生态繁荣和成长，系统缔造者除了对参与者行为进行基于制度的治理来提高系统价值输出能力外，还需要通过对生态环境进行扫描，识别出潜在威胁者，并采取相应行动，或是"亲自下场"，直接进入互补品市场与参与者展开竞争。

（2）系统参与者的和与争。系统参与者为了整个生态系统的有序运转而相互合作，助力系统扩张，形成包容性的协同创新网络，甚至将内部核心资源开源，为共创价值贡献力量。由于资源始终处于相对有限状态，参与者间的竞争依旧无可避免。因此，参与者们还要为自身的生存与发展而相互竞争，发挥各自数字资源配置能力，吸引用户注意力以瓜分价值。

2. 生态间竞争战略

数字企业的竞争从一对一逐渐演变为企业群组之间的对抗，尤其是生态系统之间的竞争。生态系统的发展可分为三个阶段——构建、成长和稳定，每个阶段的竞争重点和逻辑都不同，因此，不同阶段的数字战略的制定也会有所不同。在构建阶段，重点在于打破已有在位生态系统的壁垒，主要通过释放生态价值信号和降低参与者进入壁垒来构建自己的生态，或是通过蚕食在位生态系统的空间，直接参与其他生态系统的方式来获取竞争优势。在成长阶段，生态间竞争的重点就是兼顾规模和效率，进一步吸引潜在参与者，设计可行的生态架构，通过赋能参与者的方式将生态做大做强。在稳定阶段，生态系统实现了规模优势，进入了"守业"阶段，如何让生态"焕发新生"是这一阶段的重要目标。为了更好地激发生态系统的创新，需要积极培育生态内的信任，建立起一套标准化的知识编码体系，同时树立起生态主的权威来保证生态持续发展的动能和后劲。

2.4.2 数字战略路径

数字化的特性促使企业更容易构建多种合作生态并实现快速演进。在构建数字战略时，企业需要解决一些基本的战略问题，这需要从职能层面开始贯彻数字战略思维，将数字战略理念具体化为实际的职能行动。数字战略要求整个企业接受和应用数字化思维，这对企业核心的研发职能机构提出了数字化研发和数字化架构的挑战。

研发一直是企业在竞争中生存的基石。越来越多的企业正在研发创新中融合数字技术，通过流程自动化、智能供应链、智能制造、线上平台等方式实现数字化研发。数字技术的独特性也改变了传统研发的基本逻辑。传统研发往往是封闭、耗时长、投入高、风险大的，新产品难以精确满足用户需求，开发成功率低；在数字化研发过程中，数字技术的自增长性增强了技术、资源和流程的互联性，研发环节更加透明，研发过程的边界逐渐模糊，带来许多创新机会。数字化研发组织呈现出柔性化、网络化特征，以及项目式、联合式、混沌式三种组织形式。

强大的 IT 系统、智能软件、机器人技术和大数据正深刻改变着传统商业模式，颠覆整个行业(Vey et al., 2017)。传统企业在数字化浪潮中必须快速适应环境变化，调整业务战略以抓住数字化带来的机遇，确保自身生存。外部商业环境和用户需求的快速演化迫使组织调整内部结构，以更好地支持新的数字产品、服务、流程和业务管理。因此，管理者必须调整组织形式，构建数字化架构，增强组织边界的灵活性。数字化组织架构与传统组织架构相比，呈现出整体扁平化、内部决策分散化，以及组织边界模糊、网络生态化等特征。数字化组织结构通常包括战术型、支撑型、通用型和常态型四种类型。此外，数字孪生正成为传统企业转型的关键策略之一,并得到广泛采纳(Parmar et al.,2020)。

2.4.3 数字基础设施

数字基础设施是构筑数字经济的坚实底座。随着数字技术的深度渗透,政府、企业等多方主体数字化转型的加速发展,以通信网络、大数据中心、云计算、人工智能等为代表的数字基础设施,也开始像传统的水、电、公路等基础设施一样,逐渐成为社会生产、生活的关键要素。从企业层来看,数字基础设施是企业数字化转型的重要手段,也是企业数字战略实施的重要保障。企业数字基础设施是指以数据创新为驱动、以通信网络为基础、以数据算力设施为核心的基础设施体系。企业数字基础设施通过汇聚各方数字资源,构建全方位的数字体系,让数字资源存得了、流得动、用得好,最终将数字资源转变为数字资产。

在实施数字战略之前,组织需要先明确组织层面的数字基础设施能否支持企业各层级数字战略的顺利实施。一方面,要确保算力能够支撑新的数字架构的流畅运行;另一方面,要通过引入智能技术以助力内部网络、数据中台等迈向更高的智能化。通过算力和智能技术的保障,最终实现数字基础设施更宽、更深连接的目标,保障数字战略的顺利实施。因此,为了更好地适应数字战略需求,企业需要对组织内部数字资源进行重组,提升内部数字能力,重构内部数字架构。接下来,我们根据对现实业界的观察,从数字化架构的角度来对企业数字化转型的不同阶段如何打造数字基础设施展开讨论。

1. 战术型组织架构

战术型组织架构是指企业在部分组织单元有针对性地使用数字技术,以高效的工作方式实现目标的架构模式(图 2-2)。在这一阶段,数字化仍处于业务边缘,只有少数业务单元的员工才会接触数字化工具,组织是推行数字化转型的活跃生产力,要避免数字化工具投入和使用之间的割裂性,只有使用了数字化工具的部门,其运行效率才会有所提升,这容易造成部分业务单元出现孤岛效应。这种模式是布局数字化应用战略的第一阶段,在刚进军数字化市场的组织中较为常见。该模式通过对部分单元部分模块的数字化,在不改变企业原先运作流程的情况下提高效率,因为无须设计新的业务运作方式,对数字基础设施的要求也相对较低,只要确保基本网络能与数据中心连接,且企业拥有基础的算力保证即可实现。该模式最为常见的应用就是一些快消类企业对数字营销等技术的采纳与运用,以及银行业推出在线自助服务等流程的更新等。

2. 支撑型组织架构

支撑型组织架构是指企业设立专门的数字化部门或平台支撑发展其他业务单

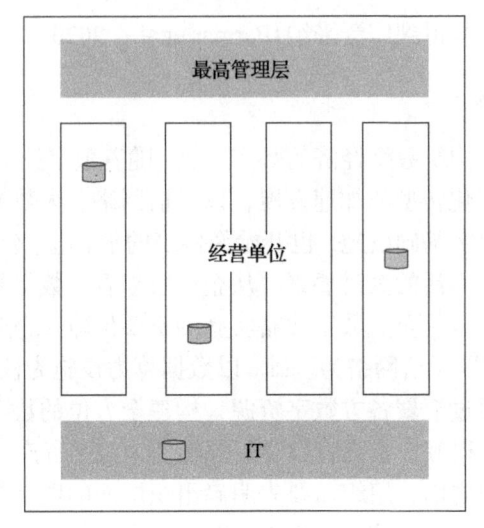

图 2-2 战术型组织架构

图中小圆柱体表示部分经营单位中部分模块进行了数字化

元的架构模式(图 2-3)。企业数字化部门或平台通过应用某些单元零星生产数字化工具,整合数字化战略和相应技能,支撑其他业务单元发展。在这一阶段,公司将数字化战略视为优先事项,在内部各个业务部门间进行相互协作。通常,这种结构能使组织更有效地感知市场、寻找数字化机会,能支持业务部门间的数字化交流。在支撑型模式下,数字团队部门会授权管理层来使用数字技术、改造组织结构,打破单个业务单元的孤岛效应。这一模式下,不同经营单元间需要建立惯

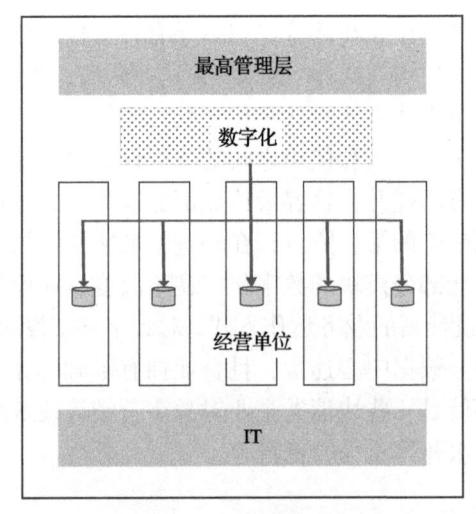

图 2-3 支撑型组织架构

图中小圆柱体表示各业务单元均有数字化模块,这些模块通过专门的数字化部门或平台连接

例化的数字连接，因此对数字基础设施的连接功能提出了更高的要求，企业要开始进一步深化迭代自己的数据库系统和数据接入标准，以便更好地接入、存储、计算、管理不同经营单元产生的数据。该类数字化结构很适合需要快速推出并迭代创新技术、产品和工作方式的组织。因为专门的数字化中心可以灵敏感知到市场需求，从而判断是否推进或者叫停新的产品或技术项目，促进各部门间的组织协作。

3. 通用型组织架构

在通用型组织架构下，数字技术主要被用于所有部门间信息沟通共享和知识分享（图2-4）。在这种架构下，数据科学、创新和快速原型设计等共享能力可以使组织在数字技术和工作方式上自给自足，不必总是依赖一个中心团队。管理层鼓励员工对成果的所有权下放，并允许大家不断学习和适应职业环境的变化。

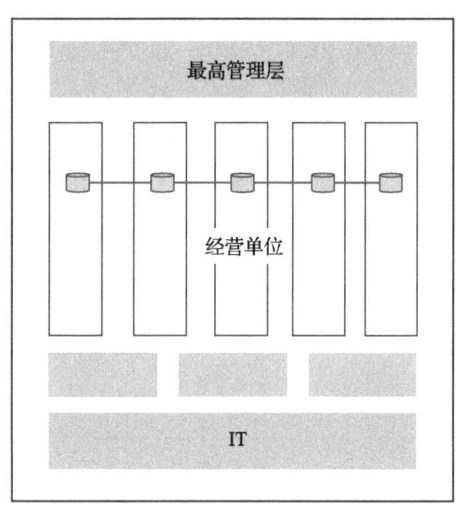

图 2-4　通用型组织架构
图中小圆柱体表示各业务单元均有数字化模块，这些模块通过数字技术连接

基于这种模式运作的组织在数字转型战略已到位的企业中比较常见，领导层和员工都深刻理解数字化对组织的意义所在，因此会在创新、数据分析和变革等能力上进行着重培养。为消除不同部门之间的僵化分歧，使多个部门紧密合作，组织会创建一个包含技术、营销和财务部门负责人的"跨职能团队"，定期就某一特定主题召开专题会议，如关于物联网，各部门负责人要深入讨论会议主题，再把研究成果渗透到其他组织层面。在这一阶段，随着组织架构的数字化程度的进一步深化，企业数字基础设施也开始进一步完善，尤其是在数据全生命周期（采集、存储、运算、管理、使用）的横向融合上，通过对生产存储叠加轻量化备份和管理

特性，拓展分析和存储场景，完善储备云备份、数据分级等功能，实现从热到冷的数据全生命周期的存储整合(中国信通院，2019)，以更好地服务不同经营单元对不同数据在不同使用场景的需求。

4. 常态型组织架构

在常态型组织架构下，数字技术深度嵌入在每一个业务单元和日常业务活动中(图2-5)，此时，距离建立一个真正灵活的、对各个层面变化做出快速反应的企业已是临门一脚。数字技术成为日常工作生活的一部分，不再需要类似支撑型的数据信息中心集中化团队，在整个组织运行的血液中都已经流淌着"数字化基因"，可以根据业务需求动态组建和解散员工。

图2-5　常态型组织架构

常态型组织架构是在通用型组织架构的基础上的更进一步数字化后的形态，该模式一般是"天生数字化"企业常见形式。数字化技术不仅实现了部门间信息沟通共享和知识分享，并且所有业务部门和职能部门的数字化联通都能在最大程度上减少数据传递遗失，提高功能间耦合运转效率。较为常见的是平台组织中各类数据中台，在沉淀了重用功能模块后提高了前台对客户需求快速反应的能力，后端持续供给后台职能服务。在这一组织架构下，企业的数字基础设施也将相应达到比较完善的程度。在充足的算力和智能化支持下，能够具备保障数字资产全生命周期的支撑能力，能够构建全方位的数据安全体系，实现数字资源横向和纵向的融合与协同，真正实现打造开放的数字生态环境的愿景，最大限度地实现数据资源的价值。

2.4.4 数字战略推进

数字化架构如何转型？数字战略如何推进？构建数字孪生是大部分传统企业可以学习借鉴的思路，超过六成企业在采纳数字化工具(Parmar et al., 2020)。数字孪生是一种物理产品在虚拟空间中的数字模型工具，包含了从产品构思到产品退市全生命周期的产品信息。这个"数字化的双胞胎"不仅与真实世界中的"孪生兄弟"——产品规格、几何模型、材料性能、仿真数据等信息形似，还能数字化模拟产品的实际运行，通过安装在产品上的传感器反馈回来的数据，反映产品运行状况，乃至改变产品状态。具体来看，可以从以下三个方面来设计推进。

1. 基于已有数据资源进行合理规划

数字化布局的第一步是审视组织目前手中已有的数字工件，其中包括组织、供应商及互补者拥有的传感器、连接、数据和分析模型等。在全面考虑组织内部所有资产、流程和交互情况后，再开始创建数字孪生的初始实体模型，主要包含三个方面：首先，用信息模型呈现组织已有的传感器、流程流和分析模型；其次，场景模型可以模拟这些数字工件在不同场景内的预测数值；最后，用影响模型来对比分析数字工件之间的相互关联和内在影响因素。

2. 构建数据平台以盘活现存数据资源

传统组织借助信息化和数字化工具已积累了大量数据资源。然而，要盘活数据是个人没有办法解决的问题，即这些数据都被封闭在各自独立的组织单元中，信息孤岛效应使得数据资源能量难以释放。为了将数据联通，构建起组织内部数据平台则显得尤为关键。打造一个联通各业务单元的数据平台供内部员工访问，可以降低沟通交流成本，提高信息反馈效率。为了最大效用利用好平台数据资源，组织需要保持一定的对外开放度，当组织想获得外部互补者或供应商的创新服务时，需要保证合作伙伴对内部数据平台的无障碍访问。当然，此类数据资源所有权归属第三方时，组织应严格遵守相关法律和保护措施，避免未经法律和技术授权而擅用数据产生违法行为。

3. 寻找新机遇来拓展数字化边界

在组织内流程和资产持续数字化方面，开辟新的数字化疆域来发掘机会潜能不容忽视。这涉及将组织内部分数字化或根本没有数字化的资产和流程继续数字化，形成配套的"数字孪生"，关注行业领域中所有其他类型的资产、流程及交互上的数字化，确保组织生成的数据流与内外部数字孪生的信息、情境、影响模型相兼容。随着多方参与者将数字孪生交互并联，多重数字工件和数字基础设施为组织创新提供新的机遇。例如，组织可以更积极运用所连接的物理对象生成的数据来改进产品或服务；寻找能够整合行业内数据、跨行业合并数据的机会；用非关键性数据的交易增强组织对数据的洞察力，从而创造价值；通过构筑企业的编排数据能力来寻找新的数字化机会等。

参 考 文 献

陈春花. 2018. 陈春花：数字化时代组织管理的新逻辑[EB/OL]. http://nsd.pku.edu.cn/sylm/gd/257991.htm[2018-07-23].

陈冬梅, 王俐珍, 陈安霓. 2020. 数字化与战略管理理论：回顾、挑战与展望[J]. 管理世界, 36(5)：220-236, 20.

胡宇辰, 胡勇浩, 李劼. 2023. 企业数字化能力：研究述评与展望[J]. 外国经济与管理, 45(12)：34-51.

唐要家, 唐春晖. 2020. 数据要素经济增长倍增机制及治理体系[J]. 人文杂志, (11)：83-92.

王建冬, 童楠楠. 2020. 数字经济背景下数据与其他生产要素的协同联动机制研究[J]. 电子政务, (3)：22-31.

魏江. 2018. 魏江：冷静，别被大数据忽悠了！[EB/OL]. https://www.mbachina.com/html/zju/201812/174331.html[2018-12-02].

魏江, 刘洋. 2021. 数字创新[M]. 北京：机械工业出版社.

魏江, 杨洋, 杨佳铭. 2021. 数智时代营销战略理论重构的思考[J]. 营销科学学报, 1(1)：114-126.

忻榕. 2020. 企业数字化的这5项基本能力，再不修炼就晚了[EB/OL]. https://cn.ceibs.edu/new-papers-columns/19074[2020-06-24].

熊鸿儒. 2019. 熊鸿儒：对数字经济时代平台竞争的几点认识[EB/OL]. https://www.sohu.com/a/337802201_619341[2019-08-16].

杨慧玲, 张力. 2020. 数字经济变革及其矛盾运动[J]. 当代经济研究, (1)：22-34.

中国信通院. 2019. 数据基础设施白皮书2019[EB/OL]. http://www.cbdio.com/image/site2/20191121/f42853157e261f407ace44.pdf[2019-11-21].

中兴通讯. 2023. 数字基础设施技术趋势白皮书[EB/OL]. https://www.zte.com.cn/content/dam/zte-site/res-www-zte-com-cn/white_paper/Digital-Infrastructure-Technology-Trends-cn.pdf[2023-07-12].

Adner R, Puranam P, Zhu F. 2019. What is different about digital strategy? From quantitative to qualitative change[J]. Strategy Science, 4(4)：253-261.

Alfred D C. 1977. The Visible Hand: The Managerial Revolution in American Business[M]. Cambridge: Harvard University Press.

Annarelli A, Battistella C, Nonino F, et al. 2021. Literature review on digitalization capabilities: co-citation analysis of antecedents, conceptualization and consequences[J]. Technological

Forecasting and Social Change, 166(3): 120635.

Barney J B. 1986. Strategic factor markets: expectations, luck, and business strategy[J]. Management Science, 32(10): 1231-1241.

Christensen C M. 2001. The past and future of competitive advantage[J]. MIT Sloan Management Review, 42(2): 105-109.

Costello K, Omale G. 2019. Gartner survey reveals digital twins are entering mainstream use[EB/OL]. https://www.gartner.com/en/newsroom/press-releases/2019-02-20-gartner-survey-reveals-digital-twins-are-entering-mai[2019-02-20].

Ekman P, Röndell J, Kowalkowski C, et al. 2021. Emergent market innovation: a longitudinal study of technology-driven capability development and institutional work[J]. Journal of Business Research, 124: 469-482.

Gawer A. 2014. Bridging differing perspectives on technological platforms: toward an integrative framework[J]. Research Policy, 43(7): 1239-1249.

GDS Insights. 2021. What is digital leadership? – definition, examples, skills, qualities[EB/OL]. https://gdsgroup.com/insights/marketing/blueprint-for-digital-leadership/[2021-04-10].

Gu R, Oh L B, Wang K L. 2016. Multi-homing on SNSs: the role of optimum stimulation level and perceived complementarity in need gratification[J]. Information and Management, 53(6): 752-766.

Hagiu A, Wright J. 2020. When data creates competitive advantage[J]. Harvard Business Review, 98(1): 94-101.

Hagiu A, Wright J. 2021. How defensible are Zoom's network effects?[EB/OL]. https://platformchronicles.substack.com/p/how-defensible-are-zooms-network[2021-02-01].

Heavey C, Simsek Z, Kyprianou C, et al. 2020. How do strategic leaders engage with social media? A theoretical framework for research and practice[J]. Strategic Management Journal, 41(8): 1490-1527.

Liu H F, Ke W L, Wei K K, et al. 2013. The impact of IT capabilities on firm performance: the mediating roles of absorptive capacity and supply chain agility[J]. Decision Support Systems, 54(3): 1452-1462.

McIntyre D P, Srinivasan A. 2017. Networks, platforms, and strategy: emerging views and next steps[J]. Strategic Management Journal, 38(1): 141-160.

Parmar R, Leiponen A, Thomas L D W. 2020. Building an organizational digital twin[J]. Business Horizons, 63(6): 725-736.

Porter M E. 1996. What is strategy?[J]. Harvard Business Review, 74(6): 61-78.

Porter M E. 2008. The five competitive forces that shape strategy[J]. Harvard Business Review, 86(1): 78-93, 137.

Teece D J. 1980. Economies of scope and the scope of the enterprise[J]. Journal of Economic Behavior & Organization, 1(3): 223-247.

Verhoef P C, Broekhuizen T, Bart Y, et al. 2021. Digital transformation: a multidisciplinary reflection and research agenda[J]. Journal of Business Research, 122: 889-901.

Vey K, Fandel-Meyer T, Zipp J S, et al. 2017. Learning, development in times of digital transformation: facilitating a culture of change and innovation[J]. International Journal of Advanced Corporate Learning, 10(1): 22-32.

第3章 数智组织

本章提要：在数字化转型浪潮的推动下，数智技术正以前所未有的速度融入组织管理的各个方面。随着企业通信与协作工具对业务流程和沟通协作活动的在线化，个体开展工作的时空边界被打破，其工作模式和角色发生了深刻的变革(Aroles et al., 2021)。基于特定任务或协调需求的线上工作团队的快速组建也逐渐成为趋势。这些线上项目团队不仅需要团队成员能够快速形成协同力量，高效地完成特定任务，同时也表现出高度的虚拟性与动态性(Dibble and Gibson, 2018; Edmondson and Harvey, 2017)。这种趋势不仅影响了团队运作的方式，也进一步改变了组织架构的根本逻辑。组织架构和人员关系逐渐向在线化发展，结构扁平可视，最终形成了一种去中心化的、透明可见的组织内部运行模式。

在数智时代背景下，个体、团队和组织层面的互动与协作正在经历重大演变，这种演变催生了全新的组织形态——数智组织。本章第一节将首先介绍数智技术驱动了哪些组织管理新实践，探讨数字化如何为组织创造新的价值和机会；第二节将深入挖掘数智组织的特征，了解它们与传统组织的不同之处；第三节将具体介绍数智组织的架构，从不同层面揭示其具体内涵与表现；第四节将从更长远的视角审视数智组织管理，展望其为现代组织带来的新视野和可能性。

案例聚焦 3-1

数智时代的组织变革：打破边界，重塑未来

在数智时代的推动下，企业的组织管理正经历着前所未有的深刻变革。这些变化不仅在提升工作效率和协作水平方面展现出显著优势，更在根本上改变了组织架构的逻辑，逐步形成去中心化、透明可见的运行模式。个体、团队与组织层面的互动与协作正在快速演变，催生了数智组织这一新型组织形态。以下将通过两个领先企业案例，展示企业如何利用数智技术赋能组织。

作为中国时尚鞋服行业的龙头企业，百丽时尚早已实现业务数据化，并在各个业务系统中积累了大量完整的业务数据。通过数据治理-数据字典项目以及对大模型技术的应用，百丽时尚进一步推进了企业向智能化转型，将业务、管理和技术有机融合，实现了业务体系、组织体系以及员工工作模式的全面数智化。在此基础上，百丽时尚与滴普科技合作，

成功实施了丽影洞察项目。该项目将数据颗粒度细化到单品层面，详细呈现单个商品订货、到货、铺店、上柜、销售、调出、下架的全生命周期经营细节，能够在几秒内完成海量数据的多维度复杂计算复盘。更为关键的是，百丽时尚携手滴普科技基于分析师专业知识以及全链路数据，进一步训练了基于大模型的丽影补货系统，从而使得不论是公司管理者、商业分析师还是门店的业务人员都能够基于自然语言交互的方式快速、高效、全面地掌控经营状态，并且即时决策。通过大模型 AI 技术的赋能，百丽时尚实现了业务流程和决策的智能化，并基于人与大模型 AI 的紧密协同，从底层改变了高层管理者的决策方式以及一线业务人员的工作模式。由此，百丽时尚有效提升了企业的决策效率和业务协同，形成了企业的数智大脑，推动业务的可持续增长和组织的不断进化。

全球知名智能全景影像品牌影石 Insta360 借助钉钉旗下的 Teambition 项目管理工具，构建敏捷团队。Teambition 为影石 Insta360 提供了简洁易懂、可视化的统一作业平台，打破了信息孤岛，帮助企业实现在需求、任务和 Bug（漏洞）上的统一管理。此前，影石 Insta360 APP（application，应用程序）的需求记录在本地文档，研发任务靠口头传递，Bug 依托其他平台管理，导致版本从提测到上线需要三周时间，迭代周期和进度难以控制。Teambition 的引入改变了这一局面，研发团队通过"产品 Brief——业务价值评审——技术可行性评审——Ready 需求池"的工作流，实现了需求的精细化管理，项目进展清晰可见。数字平台将所有人的工作量化、模糊的任务可视化，使开发进度透明易于消化，无论项目多复杂，都能让团队高效运转。最终，Teambition 使影石 Insta360 的版本迭代时间从三周缩短至三天，实现了双周一迭代的目标。这一颠覆性变化得到了公司上下的广泛认可。

这些企业的成功实践表明，数智技术不仅是提升企业管理效率的工具，更是重塑企业运营模式的核心驱动力。数智技术的应用，使企业能够打破信息孤岛，实现数据的高效整合与利用，从而在激烈的市场竞争中占据主动地位。数智组织通过精准的数据分析和智能化的决策机制，能够迅速响应市场变化，优化资源配置，提升整体竞争力。未来，深度融合数智技术并积极转型为数智组织的企业，将更有可能在复杂多变的商业环境中实现可持续发展和长期成功。

3.1 数智技术驱动的组织管理新兴实践

在数字化转型的浪潮中,组织凭借先进的数智技术和数据驱动方法,逐步实现了高效、创新和智能决策的管理模式。本章将从三个关键领域探讨数智组织的新兴实践:人效分析的崛起、快速组队的兴起以及组织模式的变革。首先,人效分析的崛起极大地提升了企业人力资源管理的精度和效率。通过协同办公平台实现全链路数据记录和实时分析,企业能够更精准地进行人员效能的诊断和配置,打破传统管理系统的隔离,实现数据的全面整合和智能化决策。其次,快速组队的兴起使企业能够更加灵活地应对市场变化和复杂任务。在现代数字经济背景下,临时项目团队和流动团队成为应对动态环境的有效手段。企业通过数字化协作平台,实现了跨部门、跨地域的高效团队组建和协作,显著提升了项目执行力和创新能力。最后,数智技术驱动的组织模式的变革推动了自组织(self-organizing)的发展。技术的进步为广大员工的自组织活动提供了必要的支持,使员工能够更快速地响应市场需求,提升了组织的敏捷性和竞争力。自治组织、自管理组织和全在线组织(location-independent organization)等新型组织类型正在逐渐取代传统的层级结构。通过对这三个方面的深入探讨,本章将展示数智组织在数字化情境下的显著特征和实践案例,揭示其在人际互动、人机协同、组织身份与边界以及组织与员工关系等方面的深刻变革。

3.1.1 人效分析的崛起

在数智时代,一大批协同办公数字平台(如钉钉、企业微信、飞书、WeLink等)涌现,将通常在线下组织的业务流程、员工管理、组织关系和人际互动过程映射到线上虚拟空间,逐步形成全链路大数据驱动的组织运行模式。在数智技术的支撑下,企业人力资源管理的方式也发生了巨大改变。人效分析和管理从传统的职能式、功能性、指挥型内部管理向注重数据赋能、智能决策的新模式转变。运用海量全面的数据进行人员效能的分析诊断,人员配置的辅助决策已成为企业人力资源管理的核心任务,成为推动业务稳健增长的关键战略要素。

人效分析,即由循证(evidence based)、定量化(quantitative)、数据驱动(data driven)三部分构成的人力资源管理(谢小云等,2021),是一项重要的组织管理工作,帮助组织利用数据分析方法从员工数据中提取信息和洞见以辅助人才管理决策(Boudreau and Cascio,2017;Leonardi and Contractor,2018),保障组织业务的顺畅运行和可持续发展。近年来,各工作协作平台的出现协助管理者实现了大量丰富的实时数据整合,涵盖了包括组织、团队以及内部个体各个层面的信息,打破了传统人力资源管理系统与市场分析、顾客服务、生产管理等其他信息系统之间的隔离，解决了传统人效分析中数据滞后、不准确乃至缺失的问题，并进一步基于对人际互动过程的捕捉弥补了以往人效分析在团队运行模式预测和干预方面的不足。

数智时代下，人效分析实践的数据基础和分析范围体现出三个关键特征：全链路、全网络和实时性（谢小云等，2021）。具体来说，全链路指的是将组织内个体的工作行为、过程和结果等全量数据进行实时记录和整合，实现业务流程、人员关系和互动等多维度特征属性的分析。全网络指的是对组织内个体嵌入的所有人际、群际互动网络进行全方位捕捉、分析和可视化，以提供更全面准确的数据支持。实时性指的是数据基础和解决方案能够随着个体行为和组织活动的展开而实时更新与迭代，解决传统人效分析中数据滞后和失准的问题。这三个关键特征贯穿了人效分析与业务之间的联系，从而将真正的"数据驱动"的新型人效分析变为可能，即真正实现"激活个体—盘活团队—赋能组织"。

人效分析能够记录员工的全链路工作活动，并全面刻画工作网络，使管理者科学、高效地识别关键人才，合理任用和发展。这些关键人才被视为企业的核心竞争力，能帮助企业应对挑战、抓住机遇，实现可持续增长。为了识别、培养和留住关键人才，单靠工龄、教育水平和专业技能等静态数据是不够的。通过大数据、云计算和人工智能技术，组织可以实时分析和可视化员工的社会网络，更精准地识别和配置关键人才。研究表明，关键人才通常位于组织活动的中心位置，其他成员围绕他们工作。在组织在线化时代，员工的工作活动和关系网络变得更加明显和可分析。这使管理者可以基于个体网络特征、节点特征、节点间联结特征及联结内容等多重网络指标，精准识别关键人才。在此过程中，需考虑个体在网络中的位置和重要性，以及教育经历、工龄、正式职位等节点特征。通过应用自然语言处理（natural language processing，NLP）技术处理脱敏后的节点间联结内容，可以识别与组织战略目标和关键业务相关的主题词，从而判断中心位置人员是否为关键人才，并为他们打上动态专长标签。这种方法使管理者能够多维度了解员工的贡献和影响力，更好地配置他们在组织中的角色和位置。

新型人效分析将极大地助力组织的人才管理决策的制定，使其在竞争激烈的现代环境中持续增长和创新。谷歌、百思买、宝洁以及赛思科等公司，正积极应用人效分析来制定它们的人才管理决策。例如，IBM（International Business Machines Corporation，国际商业机器公司）人力资源部门与 Watson 合作开发了员工离职倾向预测系统，该系统能够预测哪些员工有离职意向，哪些员工正在寻找其他的工作机会，而且预测准确度高达 95%[①]。利用此系统，公司就可以及时和

---

① "IBM artificial intelligence can predict with 95% accuracy which workers are about to quit their jobs"，https://www.cnbc.com/2019/04/03/ibm-ai-can-predict-with-95-percent-accuracy-which-employees-will-quit.html，2024-08-27。

员工讨论加薪、奖金、补贴等办法，进而商讨出双赢的对策。人效分析作为一种实现"人的数字化"的方法，还能将合适的人才与适合他们的岗位相匹配，从而激发个体员工的潜力，使其能够充分发挥自己的创造力和才能。这一举措将员工置于价值创造的中心，赋予他们自主创新的能力，并通过深入了解管理队伍、专业队伍和关键人员来推动组织的发展。这种新型人效分析将带来持续的创新和业务增长，使组织在瞬息万变的环境中保持竞争优势。

3.1.2 快速组队的兴起

数字经济背景下，随着数字技术的飞速发展和新型就业模式的出现(Bechky，2006)，团队构建和管理方式正在经历重大变革。随着现代工作环境的变化和全球化加速发展，企业逐渐认识到，传统稳定的组织结构难以应对灵活敏捷的外界需求。哈佛商学院的知名学者 Edmondson 于 2012 年提出了快速组队的概念，她认为现代组织中的团队越来越多地呈现出因需求变化而快速形成、重组和解散的趋势。快速组队强调临时组建团队，根据具体任务需求迅速集结具备相关技能和知识的成员，以应对特定问题。呼应这一思想，企业开始广泛采用临时的、流动的项目团队来应对不断变化和高度不确定的外部商业环境(Gibson and Gibbs，2006；Matusik et al.，2019；Valentine et al.，2017)。

从产品开发、信息系统与软件开发到服务交付等许多情境中，组织中的大量复杂任务往往由项目团队来完成(Edmondson and Nembhard，2009)。而在这些快速组建起来的项目团队中，团队成员通常有着差异化的专业技能背景和角色分工(Mathieu et al.，2017；Puranam，2018；Worren and Pope，2024)。在法国，一个由包括法国电力公司、微软和施耐德电气在内的16个跨国公司、政府机构和组织组成的联盟，成功将巴黎郊区伊西莱穆利欧(Issy-les-Moulineaux)改造成了一个智慧社区。通过有效的团队策略和治理模式，这些团队共同应对挑战，实现了生态可持续性、高科技和宜居性的目标(Edmondson et al.，2016)。该项目因其在创新和绩效方面的卓越表现，赢得了多项国际大奖。在 Airbnb(爱彼迎)，管理者也通过建立跨部门的产品团队来优化其灵活性，这种模块化的团队架构是 Airbnb 成为一个科技巨头的同时依然保持创业最初信念的关键。每个产品团队中没有层级之分，也没有所谓的主角，每个人都有同样的资格参与到数据、设计、开发和产品工作中[①]。

上述基于快速组队思想而涌现的临时项目团队通常也面临着人际协同与项目

---

① "The power of the elastic product team—Airbnb's first PM on how to build your own"，https://review.firstround.com/the-power-of-the-elastic-product-team-airbnbs-first-pm-on-how-to-build-your-own/#step-5-rally-teams-quickly-and-scrap-them-when-necessary，2024-08-27。

及时性挑战。这是因为团队成员一般缺少充分的互动来了解彼此，团队本身也缺少类似层级制的正式协同结构；此外，部分专家成员还将同时参与多个团队。这些因素极大增加了团队协调的复杂性。而快速组队之所以能有效应对上述挑战并在现代组织中取得成功，核心原因之一在于数字协作平台的支持。这些平台提供了实时的沟通和协作工具，使全球范围内的团队成员能够摆脱时空限制进行高效协作。此外，随着人工智能的飞速发展，越来越多的数字化协作平台借助 AI 工具赋能更为高效的团队构建和协作过程。Zoom 作为全球领先的办公协作平台，通过在平台中集成 AI 助手①，推动员工在全球范围内的高效协作，特别是在远程和混合工作环境中展现出极高的适应性和灵活性。在应对 2020 年新冠疫情带来的远程办公需求激增挑战时，Zoom 迅速组建了跨部门团队，整合技术开发、客户服务和市场推广等方面的资源，通过 Zoom 平台进行高效协作和实时决策，快速推出多项新功能，满足全球用户的需求。

3.1.3　组织模式的变革

随着数字经济的崛起，组织模式也正在经历深刻的变革。快速的信息流和突飞猛进的技术发展所带来的变革，对传统僵化的管理层级构成了明显的威胁。当环境或客户需求快速变化时，组织和员工需要更快地做出反应，从而避免错失机会（Ancona et al., 2002; Martin et al., 2013）。这些趋势推动了灵活自主的"自组织"模式的涌现，催生了自治组织、自管理组织、全在线组织（Bernstein et al., 2016; Steinberger and Wiersema, 2021）等多种组织类型，这些组织类型逐渐取代了传统的层级结构。这类组织强调去中心化、团队自我管理和动态适应性，使员工能够更快速地响应市场变化和客户需求。同时，这些模式还依赖于技术的进步，如协作软件和管理平台，为其运行提供了必要的支持（Bernstein et al., 2016; Lee and Edmondson, 2017）。接下来，本章将介绍自组织模式及其代表性的新兴组织类型。

自组织是指一个系统中的个体或组成部分，通过相互作用和协作而不是集中的指导或控制，产生有序和协调的行为。由于在线化和数智技术的驱动，个体直接面向组织，他们拥有更广泛、实时的信息资源和动态连接，他们的工作角色变得更加灵活，工作活动也呈现出自组织的特性（Steinberger and Wiersema, 2021）。与上述思想相呼应，自管理组织（self-management organization）在组织管理领域引起了广泛的关注。这种组织强调团队的自治和自组织能力，为员工提供更大的自主权。在自管理组织中，团队成员参与决策制定、任务分配和目标设定，建立起平等和协作的工作氛围（Lee and Edmondson, 2017）。自管理组织鼓励员工积极参

---

① "Zoom unveils AI-powered collaboration platform, Zoom Workplace, to reimagine teamwork"，https://news.zoom.us/zoom-unveils-ai-powered-collaboration-platform-zoom-workplace-to-reimagine-teamwork/，2024-08-27。

与决策过程，发挥个人的创造力和聪明才智。通过强调团队的自组织能力，自管理组织促进了团队的创新和灵活性的提高，提高了员工的参与度和工作效能。当团队实现自组织后，员工自发地进行工作，他们之间合作默契，工作效率高，更容易取得成果。团队成员拥有成就感，更愿意继续为实现组织目标而努力，从而形成良性循环，使得管理者的工作变得更为轻松。

合弄制（holacracy）作为自组织模式下的一种典型组织类型，在20世纪70年代到80年代就已经在欧洲、美国、日本等地区出现。美国企业家布赖恩·罗伯逊（Brian Robertson）于2007年在其著作《重新定义管理：合弄制改变世界》中首次提出合弄制管理体系，即在整个组织中，领导和决策权分配给各个下属团队。目前，全球有上千家公司正在实践合弄制，包括中国的数十家公司。Brian Robertson在创立和管理一家软件开发公司时，深感传统企业管理模式的局限与弊端，于是创造性地提出并实践合弄制，"一种用于组织管理和运营的全新方法"，其目的在于打造反应敏捷、充满活力、面向未来的高效企业组织。在合弄制中，组织内的各个层级都享有自主权和责任，打破了传统的垂直管理结构。这种变革鼓励员工积极参与决策和管理过程，旨在提升工作满意度和创造力（Bernstein et al., 2016）。在这一模式下，领导者的角色也发生了转变，他们不再是单纯的指挥者，而更像是引导者和支持者，而他们的职责是激发团队成员的自我管理能力，促进团队的发展和创新。

合弄制组织强调的是员工的自主性和主动性，而全在线组织则更关注在缺少物理办公场所的情况下，地理位置分散的员工如何借助数字协作平台开展有效协同。全在线组织是一种完全分散的组织形式，没有固定的办公地点，员工可以在全球任何地方工作（Rhymer, 2023）。这种模式突破了时间和空间的限制，通过技术媒介的支持实现协作和合作。全在线组织采取了异步和实时两种协作模式。异步模式强调使用文档化的方式进行交互，保证信息的透明度并促进组织层面的协作。实时模式则试图模拟传统办公室环境，广泛使用在线会议和即时沟通工具。全在线组织的兴起为员工提供了更大的灵活性和自由度，激发了全球范围内的人才参与。当然，这也带来了跨文化和跨时区管理的挑战。

3.1.4 小结

数智技术的应用已经深刻改变了组织管理的实践。首先，人效分析将管理逐渐从传统的职能式、功能性、指挥型内部管理，转变为数据赋能、智能决策的新模式，通过全链路、全网络和实时性的数据管理，提升了人力资源的配置效率和决策质量。其次，快速组队等灵活的组织形式，使企业能够迅速应对市场变化和复杂任务，实现了团队的高度动态性，进一步提升了组织的敏捷性和创新能力。数智技术驱动的组织管理新实践还重新定义了组织的运作模式，催生了自组织模式的涌现和发展。

在此背景下，接下来的章节将深入探讨数智组织的特征，特别是人际互动和人机协同、组织的身份与边界以及组织-员工关系等方面的深刻变革。

3.2 数智组织的特征

数智组织借助先进的技术和数据驱动的方法，致力于提升组织的效率、创新力和决策能力，并重新塑造组织的边界及与员工的关系。在数智时代，人际互动已经超越了传统的面对面交流，转向通过各种数字工具和平台进行。这种新的互动方式，使得人机协同成为组织中不可或缺的一环。人类与机器的紧密合作，为组织带来了前所未有的机遇和挑战。随着数字化的深入推进，组织的身份和边界变得愈发模糊。员工不再仅隶属于某一个团队，而是可以同时参与多个项目团队，并在项目之间快速流转。这种多团队身份在科技、金融等知识密集型行业中尤为普遍，使得组织的身份和边界更加开放，呈现出高度的灵活性和动态性。同时，"灵活用工""外包平台"等用工模式的崛起，改变了传统的雇佣关系，组织-员工关系被深刻重塑。接下来，本节将分别从人际互动和人机协同、组织的身份与边界、组织-员工关系三个方面对数智组织的关键特征展开详细阐述。

3.2.1 人际互动和人机协同

传统的组织模式依赖于人际互动来完成各种任务和决策，员工之间的沟通、协作和关系建立在日常的工作交流和团队合作中。然而，随着人工智能和机器学习技术的突破，机器不仅能够执行预设的任务，还能通过数据分析和模式识别进行自主学习和决策(Brynjolfsson and McAfee, 2014)。强大的机器已经能够承担并胜任复杂的任务(Brynjolfsson and McAfee, 2014; Parker and Grote, 2022)，实现了"人机协同式工作模式"的普及。在这种模式下，机器不仅作为工具，更作为合作者与人类共同完成复杂任务(Brynjolfsson and McAfee, 2014)。一项涉及12个行业的1075家公司的调查结果显示，采用人机协同式工作模式的公司在所有受访公司中实现了最显著的业绩提升(Wilson and Daugherty, 2018)。这种协作模式不仅提升了生产力，还通过优化决策和增强创新能力，推动了整个组织的数字化转型。而这种人机协同的普及正引发深刻的变革。

在工业与制造业中，机器的作用不再局限于对部分生产流程的自动化，而是实现了对人类智能的增强。因此，智能机器的角色也逐渐从单纯作为工具转变为作为人的合作者(谢小云等，2021；Raisch and Krakowski, 2021)。从效益的角度来看，人机协同式工作模式因其"1+1>2"的智能增强潜力，被越来越多的组织所采纳。在先进的制造场景中已经出现了新型操作工人——操作员4.0以及全息感知智联的自主智能机器等新的工作角色(Romero et al., 2016)。人机交互已从最初的单人-单机物理直接交互发展到人机物虚实融合的系统协同。

在知识密集型服务业中，随着人工智能技术特别是生成式人工智能的迅猛发展，人机协同被广泛应用，其水平得到了显著提升。智能助手和生成式 AI 工具能够协助员工进行复杂的任务，从内容创作到数据分析，再到客户服务，大大提高了工作效率和准确性。微软 Teams 平台引入了 AI 助手 Cortana，帮助用户管理日程、设置提醒、处理电子邮件等，通过自然语言处理技术实现与用户的互动。算法和智能体甚至还可以协同员工进行创造性工作。例如，ChatGPT 等生成式人工智能(artificial intelligence generated content，AIGC)工具已经在许多行业中展现出其作为人类合作者的潜力。这些工具可以辅助人类进行内容创作、客户服务和数据分析等复杂任务，显著提高工作效率和准确性。然而，这也对员工提出了新的技能和适应能力要求。Jia 等(2024)的研究表明，人工智能在特定情况下可以增强员工的创造力，通过提供智能反馈和支持，帮助员工更好地完成任务。这种协同模式不仅提高了个体的工作效率，还激发了创新潜力。Tong 等(2021)的研究进一步揭示了人工智能反馈对员工行为可能产生的"双刃剑"效应。它既可以提高员工的积极性和创造力，也会在某些情况下产生压力和适应性问题。因此，人机协同不仅要求员工具备一定的技术素养，还需要组织提供适当的支持和培训，以便员工能够充分利用人工智能带来的优势。

3.2.2 组织的身份与边界

数智技术的迅猛发展，尤其是在线协作工具和数据分析平台的普及，使得团队成员能够超越地理和时间的限制，实现高效协作。通过钉钉、Slack 和 Microsoft Teams 等平台，团队可以随时随地共享资源，实时沟通，打破传统的团队边界。在快速组队的灵活组队模式下，临时项目团队、流动团队等类型团队的成员分布在全球各地，即时集结并通过在线平台协同工作，员工个体同时参与多个项目，其身份不再局限于某一个团队，极大地改变了组织的运作方式。数智技术的应用再加上灵活敏捷的组织模式，不仅突破了传统组织的边界限制，还为团队的动态开放发展提供了强有力的支持。成员身份从单一走向多样，团队边界从传统静态、稳定、清晰，向着动态开放的趋势发展，成为数智组织的关键特征之一。

数智组织场景下，组织的身份与边界动态发展最具代表性的案例是快闪组织(flash organization)——一种由在线众包员工快速组成的，可重组重构的组织类型(Valentine et al.，2017)。这种组织将组织设计理论与智能计算相结合，基于算法构建角色、团队和组织层级结构等，使得组织内部结构可视化和可编辑，并借助它们来雇佣员工并指导他们工作。这些各领域的人才来自众包平台，通常需要在短时间内集结，通过高效协作完成复杂项目，并在项目完成后迅速解散。信息技术的进步使快闪组织在许多行业变得切实可行。依托数字化平台和在线协作工具，快闪组织能够迅速集结全球专业人才，高效完成特定任务。Valentine 等 (2017) 认为，快闪组织打破了传统的工业时代劳动力模式，利用全球网络化劳动力市场，灵活组装和调整团队成员。他们团队甚至在一个 Web 平台 Foundry 上设计、构建并落地实践了自己的快闪组织。具体而言，他们在设计好组织的结构图后，通过 Upwork 平台（自由职业者众包平台）向合适的自由职业者发出邀请，一旦雇佣完成（由 Foundry 自动处理），项目领导者便通过 Slack（在线协作平台）进行实时交流，分配任务并跟进项目进展。组织结构图可以根据实际需要进行更新和调整，接纳新增职位和工作者等。由于来自不同地区的成员在项目开始前通常没有合作经历，且成员的增加和流失往往依据项目需求而不可控，快闪组织对谁是团队成员的界定并不像传统组织那样清晰。

快闪组织的出现和发展，表示组织身份和边界更加模糊，也更加动态和开放。在科技、金融等知识密集型行业广泛存在的、灵活的、流动的临时项目团队与流动团队等团队形式 (Bechky, 2006; Edmondson and Nembhard, 2009)，也同样体现了组织身份和边界的拓展与演变。由于市场的动态需求，组织不得不将有限的人力资源分配到一系列迅速组建的团队中。这些团队不是独立存在的，而是相互交错、关联的，具有流动性、重叠性和分散性等特征 (Mortensen and Haas, 2018)。对于成员个体来说，他们通常跨越多个部门，卷入到多个项目团队内。

员工不可避免地参与多团队工作的现象被称为"多重团队身份"(multiple team membership)。在这样的情况下，团队成员可能对谁被正式认定为团队成员存在不同的理解。个人可能依据不同的互动模式或身份认同标准来判断团队成员资格，而这些认知差异进一步加剧了成员身份的模糊性 (Mortensen, 2014)。并行参与多个团队工作的成员数量或比例越高，团队间的人员重叠就越大。同时，由于流动团队的成员不断加入和离开 (Dibble and Gibson, 2018)，团队成员的心智模型需要频繁更新 (Matthews, 2018)。这种高频率的变化不仅增加了对团队凝聚力的挑战，也使得现有成员难以始终保持对团队构成的清晰认识。此外，新成员通常在未经过正式介绍的情况下直接投入工作，进一步加剧了对谁是团队成员的不确定性。不同成员在不同时间点对团队构成的理解可能存在差异，导致团队成员对彼此身份的认知产生分歧。这些因素共同作用，加剧了员工对于团队成员身份和范围的不确定性，导致团队边界的模糊化和动态开放。

3.2.3 组织-员工关系

随着大数据、人工智能等数字技术的应用，过往的生产方式与组织形态被极大颠覆，进而冲击到传统用工模式与就业方式。"新就业形态""灵活用工"等概念不断涌现。在这些新型的用工关系中，工作者摆脱传统的"组织人"身份，与组织松散相连。企业通过算法管理打破了时间和空间的限制，为工作者提供了工作的自主性与灵活性，从而提升了其工作满意度(Mulcahy，2017)。特别地，这种自主性与灵活性的优势不仅仅体现在单一组织、单份工作上。由于数字化技术、在线协作工具、远程办公对地理空间制约的突破，工作者往往能够在同一时间窗口内同时服务于多个企业或组织，或者同时承担传统"组织人"与自由工作者的身份。这一情境下，工作者被赋予了更多的自主性与灵活性，有助于其更高效地进行多项目与多身份协同管理(Sessions et al.，2020)。数智组织场景下的算法管理正深刻塑造着组织-员工关系。

区别于传统组织，数智组织呈现出去边界化、去中心化、网络化和数字化的新型组织结构特征。在这类组织中，传统封闭组织视角下的人力资源管理与组织控制(organizational control)(Cardinal et al.，2017)的基石——正式雇佣关系逐渐淡化，这使得传统组织管理手段面临着失效的威胁。基于数字化沟通技术和算法技术的算法管理(刘善仕等，2021；Lee I and Lee K，2015；Möhlmann et al.，2021)应运而生，成为该场景下主要的组织管理手段。

不同于传统的雇佣关系，数智组织情境下，相当一部分企业的员工与组织之间更多地依赖于灵活的合作模式，而不是传统的固定合同。尽管这种灵活性使员工能够逃离传统官僚制度的束缚，但算法管理下的数字技术却带来了新的控制方式，员工的工作受到严格的算法监控和规范。这种"灵活合作-严格管理"的矛盾为新的组织-员工关系带来了严峻的挑战。例如，在外卖服务行业，平台算法对外卖骑手的强监控和约束引发了广泛讨论，骑手为追求高效而导致的交通违法和伤亡事件频发(Vallas and Schor，2020)。2020年，一篇名为《外卖骑手，困在系统里》的文章在社交网络上引发了巨大反响，外卖骑手的困境首次得到广泛关注，平台型企业也因此面临社会伦理和道德的严峻考验。

近年来，随着如 Upwork 等知识外包平台的兴起，软件开发和其他专业服务的外包或众包成为未来组织用工的重要来源。Upwork 作为全球知名的自由职业者平台[①]，通过在线平台连接企业与专业人才，提供从软件开发、设计到市场营销等多种服务。知识外包平台的崛起不仅改变了企业的用工模式，也推动了组织结构的进一步扁平化和去中心化。企业不再需要雇佣大量全职员工，而是可以根据项目需求，灵活组建临时团队。这种模式提高了资源利用效率，降低了固定成本，并使企业能够快速适应市场变化。例如，微软与 Upwork 平台合作，推出 MS Office 365 工具包[②]，帮助企业雇主通过平台管理合作、雇佣自由职业者。许多自由职业者使用 Upwork 平台与雇主公司联系，从事涉及微软技术的项目，如开发人员使

---

① Upwork 官网：https://www.upwork.com/。

② "Check out a sample of the 241 MS Office 365 jobs posted on Upwork"，https://www.upwork.com/freelance-jobs/ms-office-365/，2024-08-24。

用微软的 SharePoint 软件构建企业内部网。有了这些新工具，公司可以更容易地找到专门从事微软相关项目的自由职业者，并能更快地聘用他们[①]。这类外包平台将企业与全球的专业人才连接起来，从而推动组织用工模式的变革。它们不仅为企业提供了灵活的用工解决方案，也为工作者创造了更多的职业发展机会。在未来，随着技术的不断进步和平台的不断优化，知识外包和众包将成为越来越多企业的重要选择，进一步推动数智组织的发展与创新。

3.2.4 小结

数智组织通过整合先进技术和数据驱动的方法，重塑了组织运行模式、组织的身份边界和用工模式。人机协同已成为常态，机器不仅辅助人类工作，还作为合作伙伴参与复杂任务，极大地提升了生产力和创新能力。在线协作工具和灵活用工模式的普及，打破了传统的地理和时间限制，使团队能够高效协作。员工可以灵活参与多个项目，突破传统团队边界，赋予组织更大的灵活性和动态性。知识外包平台的兴起改变了传统的组织-员工关系，使企业能够根据项目需求灵活招募人才，组建团队，减少对全职员工的依赖，提高资源利用效率。这不仅为企业提供了灵活的用工解决方案，也为员工创造了更多的职业发展机会。

3.3 数智组织架构

随着外部竞争环境的日益激烈和不确定，传统的、基于正式组织架构的内部结构设计模式开始显露出其固有的局限性。在数字化和智能化的环境下，数智组织的架构在个体、团队和组织三个层面上都发生了深刻的变革。首先，个体通过使用信息通信技术和数字工具，能够打破时空限制，随时获取任务相关信息，并保持与组织的持续连接。其次，集成式数字平台的应用加速了团队的在线协同，通过快速组建和解散线上项目团队，高效应对内外部的动态变化和复杂协作需求。最后，组织设计通过全量数据的集成和分析，实现了动态结构调整和优化，提升了业务流程和资源配置的效率。这些变革共同构建了灵活、高效、智能的数智组织，体现出"个体数字嵌入—团队在线协同—组织动态架构"的特征。接下来，本节将分别从个体、团队和组织三个层次展开阐述数智组织架构的具体内涵与表现。

---

① 《262 亿美元收购领英后 微软与零工经济先驱 Upwork 合作》，https://mp.weixin.qq.com/s/6BtECRv7DKWLWJJpHgvBZA，2024-08-24。

3.3.1 工作设计与角色

随着集成式数字平台对业务流程和沟通协作的全面在线化，个体开展工作的时空边界被打破，其工作模式和角色发生了深刻变革。传统组织中的个体工作角色通常采用自上而下的设计方式。在在线化情境下，数字平台将分散的组织成员连接起来，使内部信息能够即时传递到每个个体；同时，个体的工作活动被全方位记录和追踪，实现了持续的数字连通(Leonardi and Treem，2020)。在这种模式下，个体的工作角色不再仅由静态的工作描述和岗位职责定义，而是利用广泛、即时的信息资源和动态连接，变得更具灵活性和适应性。特别是随着大语言模型的进步，AI协作工具的介入重新定义了员工的工作角色，提供了更加开放灵活的人机协作方式。

最新研究发现，人工智能可以通过序贯分工的方式在组织内部协助员工，从而让员工表现出更高的创造力(Jia et al.，2024)。AI负责处理初始、结构化和重复性的任务，而员工则专注于高层次的问题解决。这种角色分配下的人机协同能够提高员工在回答顾客问题时的创造力，从而提升销售业绩。尤其是对于技能水平较高的员工，这种效果更加显著(Jia et al.，2024)。通过合理的工作设计，可以将AI擅长的初始和结构化任务(如数据处理和基本客户查询)交给AI来处理，从而减轻员工的重复劳动负担。AI能够高质量地完成初始任务，减少后续任务中的错误和负面影响，同时也让员工在处理高层次任务时享有更大的自主性和责任感，进而提升他们的内在动力和创造力。这样一来，员工便可以专注于需要创造力和解决复杂问题的任务。

2023年11月，OpenAI推出了GPTs(GPT store)功能，该功能使普通用户能够通过简单操作创建类似于ChatGPT的自定义机器人[①]，甚至将其分享并收费。任何人都可以轻松地构建自己的GPT，而无需编码知识。2024年4月，钉钉正式推出AI助理市场(AI agent store)，首批上线超过200个AI助理，涵盖企业服务、行业应用、效率工具、财税法务、教育学习、生活娱乐等多个领域[②]。诸如用友、携程商旅等SaaS企业纷纷将自家AI助理上架。比尔·盖茨也称未来各行各业的人都将拥有一个AI助理，这将彻底改变人机交互方式，并颠覆整个软件行业[③]。AI助理不仅为企业管理者提供了全新的工具，还为员工的工作角色带来深刻变革。员工如今可以通过构建和培训自己的AI助理，实现更高效的工作方式。这种变革使得员工充分利用自组织能力，利用AI助理整合资源，完成任务等。随着AI助理的介入，员工的工作方式和角色将逐渐演变，从被动执行者转变为主动的

---

① "Introducing the GPT store"，https://openai.com/index/introducing-the-gpt-store/，2024-04-11。
②《重磅更新！钉钉AI助理市场上线》，https://mp.weixin.qq.com/s/47cwWckCWnp6BToFU0CELg，2024-04-18。
③ "Bill Gates predicts everyone will have AI personal assistant in 5 years, reality to 'change completely'"，https://www.ndtv.com/world-news/bill-gates-predicts-everyone-will-have-ai-personal-assistant-in-5-years-reality-to-change-completely-4574382，2024-05-20。

资源整合者和决策者，推动着工作流程的进一步优化和创新。

3.3.2 团队与社会过程

在集成式数字平台的推动下，组织在线化趋势正在加速发展。为了持续响应组织内外部的动态变化和复杂协作需求，快速组建并在任务完成后快速解散的在线项目团队已经成为数字化转型浪潮中现代组织的基本运作单元。通过数字平台，如钉钉、Teams，团队成员可以跨越地理和时间的限制，实现高效协作。在线平台支持实时沟通、资源共享和任务管理，使团队能够快速组建和解散，从而应对快速变化的市场需求和复杂任务。在新冠疫情期间，钉钉帮助许多企业实现了远程办公，确保了业务的连续性和团队的高效运作。

数智组织中的团队运行与社会协同过程离不开数字协作平台的赋能。钉钉推出的 Teambition 应用在敏捷研发和迭代管理中发挥了重要作用。通过 Teambition，团队能以需求任务为中心进行协同办公，整合需求文档、技术文档、测试用例和计划等资料，形成完整的研发流程[①]。Teambition 的迭代规划和进度同步功能使团队成员能够清晰了解任务进展，及时解决开发中的障碍和风险。通过需求评审、技术评审和代码评审（code review）等环节，团队能够确保产品的高质量交付。例如，影石 Insta360 利用 Teambition 推动敏捷研发[②]，实现了从项目提测到上线仅需三天，大幅缩短了迭代时间。这一变革使得研发效率显著提升，得到了公司上下一致的认可，成为其数字化转型中的重要里程碑。Teambition 为企业提供一站式项目管理平台，支撑产品、研发、运营、组织协同等领域的工作需求，帮助团队实现过程可视化和即时的信息反馈（Zhang et al., 2011），如图 3-1 所示。

由于任务目标动态性和成员的高流动性，整个企业中的团队结构可能是错综复杂、相互交错的。Spotify 作为全球领先的音乐流媒体服务提供商，采用了一种新型的团队结构设计。Spotify 的员工被组织成小型的自组织团队，称为"小队"（squad），见图 3-2。Spotify 模式支持团队"自治"。每个小队都有自己的使命，都可以自主选择适合的敏捷框架，自主决定如何最好地完成任务。"小队"之上又组成"分会"（chapter）、"协会"（guild）和"部落"（tribe），这样的组织结构确保团队之间步调一致，有助于信息的传递和交流。这种工作设计使得 Spotify 能够更好地利用其员工的技能和兴趣，同时也使得组织能够更快地适应和响应市场的变化[③]。

[①]《No.5-Teambition 产研团队如何用 Teambition 跑敏捷》，https://alidocs.dingtalk.com/i/p/nb9XJl7k8dxRPGyA/docs/3mzaPNMZ6jkJqlar75ZAVYLDwXq4Ky1r，2024-08-24。

[②]《No.7-Insta360 影石：推动敏捷改造让研发效能翻倍提升》，https://alidocs.dingtalk.com/i/p/nb9XJl7k8dxRPGyA/docs/3mzaPNMZ6jkJqPzAYeM3VYLDwXq4Ky1r，2024-08-24。

[③] "Scaling agile @ Spotify with tribes, squads, chapters & guilds"，https://blog.crisp.se/2012/11/14/henrikkniberg/scaling-agile-at-spotify，2024-08-24。

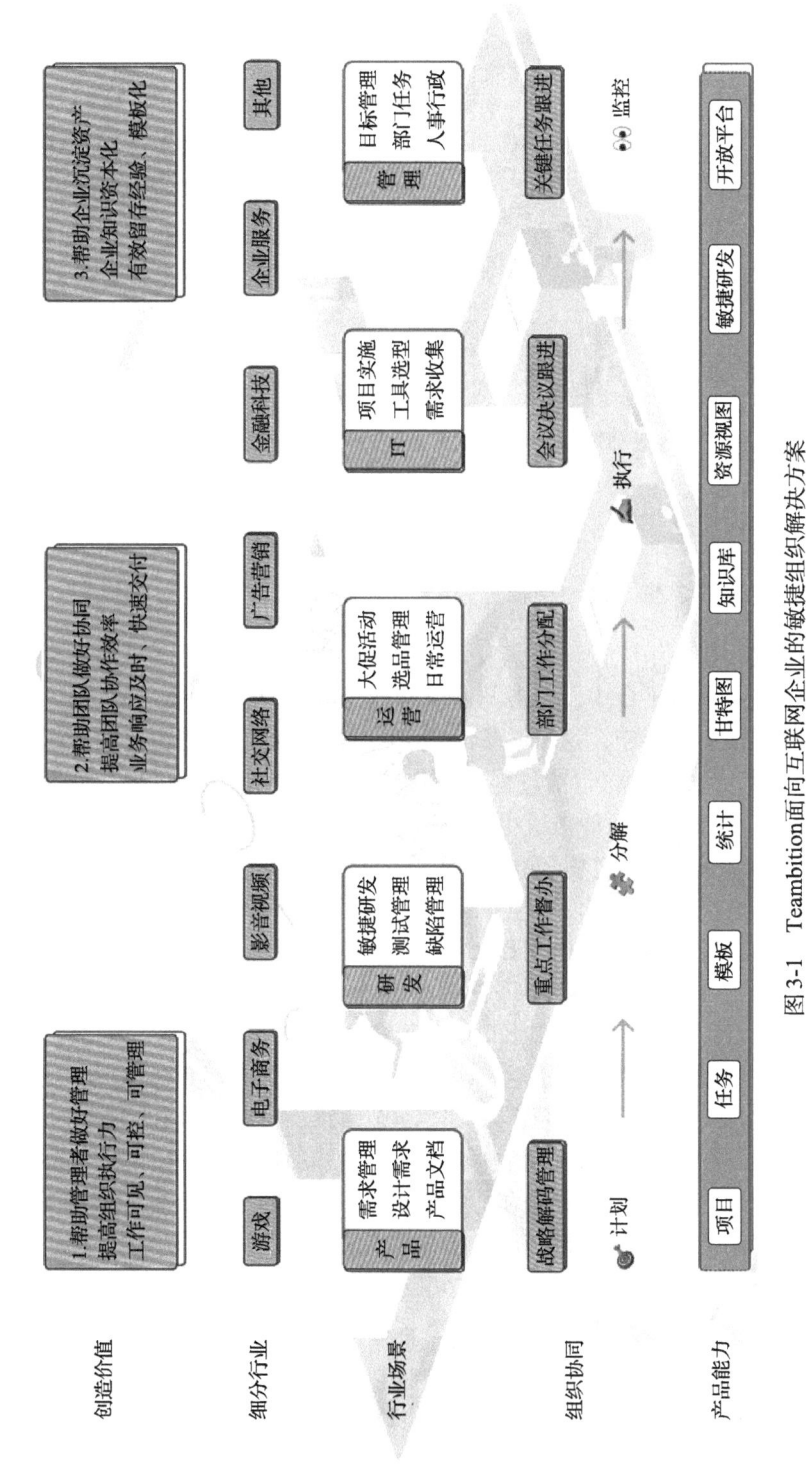

图 3-1 Teambition 面向互联网企业的敏捷组织解决方案

资料来源：https://alidocs.dingtalk.com/i/p/nb9XJI7k8dxRPGyA/docs/Obva6QBXJIwxNZoMOC3nazEGN8n4qY5Pr

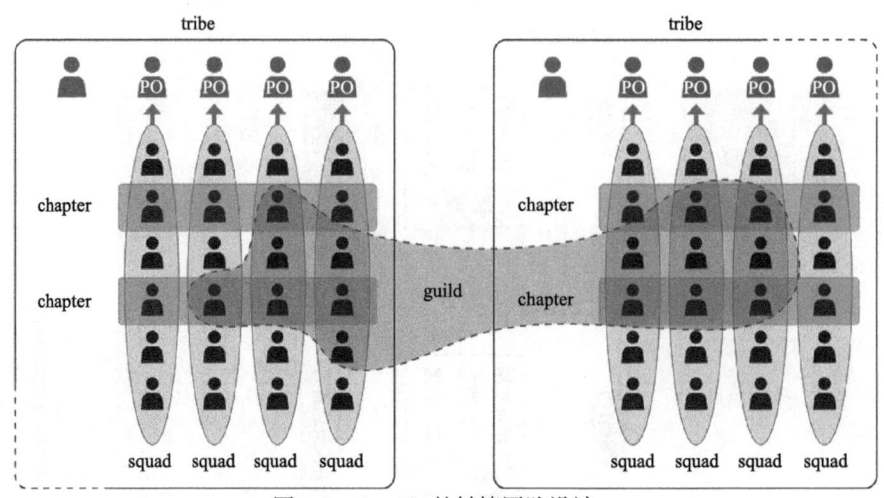

图 3-2 Spotify 的敏捷团队设计

PO 表示 product owner，产品负责人

3.3.3 组织设计与变革

在数字化时代的组织设计中，人力、财务、物资、事务等各方面的全量数据被集成到组织的数字平台中，业务与业务之间、人与业务之间以及人与人之间的连接与互动变得更加紧密，这进一步改变了组织架构的底层逻辑。数智组织通过采集物理世界的全量数据（包括过程数据和结果数据），将物理世界的数据与管理数据进行深度融合[①]，从而冲击了组织架构的底层逻辑，催生了更加动态的结构调整、组织学习和资源编排过程（谢小云等，2022a）。动态的结构调整冲击了传统组织架构设计的底层逻辑，促使产生更为灵活和动态的设计思路。

在传统的组织场景中，组织架构通常是相对稳定的，基于明确的层级关系和固定的职责分工。然而，随着组织在线化实践的推进，组织架构的重塑迎来了新的机遇和挑战。在线化后，员工之间的交流时间、频率以及内容可以转化为数据，并被系统后台记录和分析。基于这些丰富的数据，组织能够实时捕捉和分析员工交流的网络内部结构、人员关系与互动等动态信息。这些关系和结构在数字化平台上得以清晰地可视化，使管理者能够更好地理解和把握组织内部的实际运行状况。随着组织成员在线上系统中的规模化协作，组织内部逐渐涌现出基于密切交互的非正式社会网络。相比于线下组织中通过顶层设计构建的正式架构，这些基于互动数据而涌现的非正式社会网络能够更真实地反映出组织内部的实际运作结构（谢小云等，2022b）。这种新的可视化方式和互动模式为组织提供了前所未有的

---

① 《拥抱变化，智胜未来——数字平台破局企业数字化转型》，https://mp.weixin.qq.com/s/zZ8am4UwsteJK5vcSmJAGg，2019-04-16。

洞察力，使其能够更准确地识别和理解员工之间的真实关系和互动模式。在此基础上，在线组织可以根据实时捕捉到的互动数据，进行组织架构的动态调整。这种调整不仅有助于促进组织内部的有效协调，还能够提高组织的整体效能。通过动态调整架构，组织可以更灵活地应对内外部环境的变化，优化资源配置，提升决策效率，增强创新能力。这种基于数据驱动的动态组织架构调整，标志着组织管理从传统的静态模式向更加灵活和动态的模式转变。通过不断监测和分析组织内部的非正式网络，管理者可以及时识别并解决潜在问题，优化组织流程，提升员工的协作效率和满意度，从而推动组织持续发展和进步。

钉钉作为国内智能移动办公的领先企业，率先在实践中践行了基于数据驱动的动态组织架构。早在2018年，钉钉就提出"五个在线"的战略，包括组织在线、沟通在线、协同在线、业务在线和生态在线[①]。组织在线就是其中关键的一环。组织在线的核心理念是通过在钉钉平台上系统性地呈现组织架构，实现扁平化和可视化，从而最终形成去中心化、没有层级阻碍的组织内部协作过程。具体来说，钉钉通过其平台将企业的组织架构数字化，员工可以在钉钉中清晰地看到整个组织的结构、各个部门和团队的组成以及人员的具体职责和角色。这种数字化和可视化的呈现方式，使组织内的沟通和协作更加透明和高效。管理者和员工能够随时访问和了解组织架构的变化，无须依赖传统的层级汇报和信息传递方式。通过这种方式，组织能够更快速地响应市场变化和内部需求，提高决策效率和执行力。此外，钉钉的组织在线功能还通过数据驱动的分析工具，帮助企业实时捕捉和分析员工之间的互动和沟通模式。管理者可以利用这些数据洞察，及时调整和优化组织结构，确保资源的最优配置和协作的最大化效果。通过这种动态调整，企业能够持续优化内部流程，提升整体运营效率。

通过组织在线，钉钉不仅帮助企业实现了组织结构的数字化和可视化，还推动了企业内部的文化变革。去中心化的协作模式鼓励更多的员工参与到决策和创新过程中，打破了传统的层级壁垒，使工作环境更加开放和包容。这种新的协作模式不仅提升了员工的工作积极性和创造力，还为企业带来了更强的竞争力和创新能力。借助计算社会科学相关的理论与算法，组织还得以构建广大员工线上协同的非正式社会网络，并据此识别非正式网络与正式社会结构间的"异构"情况，从而实现组织正式架构的适应性动态调整。

3.3.4 小结

数智组织架构在个体、团队和组织三个层面上均经历了深刻变革。在个体层面，数字工具打破了时空限制，实现了持续连接和即时信息获取。有了人工智能

---

① 《阿里钉钉CEO陈航："五个在线"激发员工创造创新力》，https://www.sohu.com/a/237549650_114731，2018-06-24。

的协作辅助，工作角色更加灵活、适应性更强。在团队层面，集成式数字平台加速了在线协同，团队能够快速组建和解散，高效应对动态变化和复杂需求。在组织层面，全量数据的集成和分析推动了组织结构动态调整和优化，提高了业务流程和资源配置的效率。这些变革共同构建了灵活、高效、智能的数智组织架构，体现出个体的数字嵌入、团队的在线协同以及组织的动态架构特征，最终推动企业的整体效率和创新能力不断提升。

3.4 数智组织管理新视野

随着数字化技术的迅猛发展，算法管理、智能化协作平台以及第四范式与数字孪生技术的应用，正在悄然改变组织管理的方式，数智组织迎来新的机遇。算法管理通过大数据和人工智能技术，实现了业务流程的优化和决策的智能化，提升了管理效率和精准度。智能化驱动的在线协作平台则通过集成各种数字工具和生成式人工智能，推动了组织内部和跨部门的高效协同与创新。与此同时，第四范式和数字孪生技术为复杂组织的在线化和智能化管理提供了强有力的支持，使组织能够通过数据驱动的方法实现更高效的资源配置和实时决策。本节将深入探讨这些新视野中的关键要素，分析其对数智组织管理的深远影响。

3.4.1 算法管理与经理人领导力

随着数字化技术的快速发展，算法正在成为推动管理革新的关键因素。算法既可以看作一种基于统计模型或决策规则自主决策的计算公式，无须明确的人工干预；也可以看作一系列操作指令的集合，它指导计算机按照精确的步骤和规则进行操作以完成特定任务，使组织有能力利用人工智能解决产品创新、业务流程管理等复杂问题(刘善仕等，2021)。算法技术正在改变组织管理工作的方式，组织管理者越来越多地依赖算法技术来进行决策和优化业务流程。这些算法技术能够处理大量的数据，提取关键信息，并提供精确的预测和洞察，从而为管理者提供更有效的决策支持。

首先，算法技术在组织管理中提供了更高效的数据分析和处理能力。相较于可能消耗大量时间和人力的传统手动分析方法，算法技术能够迅速处理和分析大数据，揭示其中隐藏的模式和趋势。这使得管理者能够更准确地了解组织的运行情况，识别问题和机遇，并及时采取相应的措施。比如，网约车平台如 Uber 和滴滴出行利用调度算法来管理有限的车辆资源，以满足司机和乘客的需求(Rosenblat and Stark, 2016)。此外，一些企业还利用算法进行游戏化任务设计，对员工的适当行为进行实时反馈与奖励，提升员工的工作积极性。这些例子充分展示了算法在提升管理效率方面的积极作用。其次，算法技术也引导着组织管理向自动化和智能化的方向发展。例如,人力资源管理可以通过算法技术自动筛选简历、智能匹配候选人和预测员工绩效等,从而提高招聘和人才管理的效率。在供应链管理方面,亚马逊和沃尔玛等企业通过算法技术优化物流和库存管理,降低成本并提高产品的交付速度。最后,算法技术还可以用于预测市场需求、优化定价策略、实施个性化推荐等,从而进一步提升组织的竞争力和运营效率。如 Netflix 和亚马逊就利用算法进行用户行为分析,通过个性化推荐提高用户体验和留存率 (Cavallo,2018;Gandomi and Haider,2015)。

然而,随着"算法管人"实践的逐步展开,一些企业可能在追求效率的过程中,无意间忽视了人的价值,引发了一系列挑战和问题。对于算法管理的优缺点,我们需要进行深入、全面的审视。在某些情况下,企业可能会过度沉迷于工具理性,过度依赖算法,忽略了数字化技术引入后,组织内部变化的协调和适应问题。过度的控制可能会使得算法管理与员工福祉背道而驰,进而产生负面影响。例如,2019 年外媒 The Verge 曝光了一份文件[①],文件显示亚马逊内部已经构建了一套 AI 系统,可以追踪每一名物流仓储部门员工的工作效率,统计每一名员工的"摸鱼"时间,然后以"工作效率过低"为由解雇了 900 多名员工。这一决策过程完全由算法执行,全程没有人为干预。在这种情况下,算法对员工的决策过于冷酷,缺乏对人的理解和尊重。又如,在外卖行业,算法驱使下的外卖员被卷入一场竞赛,不得不追求更高的效率,甚至违反交通规则,威胁生命安全(苏逸和莫申江,2022)。

算法管理也深刻地改变了员工的人际互动,尤其是领导与下属之间的互动关系。算法管理通过智能算法优化资源配置、任务分配和绩效评估等流程(Kellogg et al.,2020)。任务分配和绩效评估的自动化减少了主管与员工之间的直接互动,转而依赖于算法的推荐和决策。决策过程的算法化使得许多决策过程被算法接管,从市场预测到产品开发,越来越多的关键决策由数据驱动的算法来执行,这减少了员工与员工以及员工与领导之间的讨论和协商。此外,由于许多日常任务和决策由算法完成,员工间的直接沟通减少,更多的交流发生在与算法系统的交互中。员工与机器的互动越来越多,与同事的直接交流越来越少。这种变化使得员工需要持续适应与机器协同工作,培养与算法互动的能力,确保工作流程的顺畅和高效。

经理人应当在利用算法技术提高管理效率的同时,保持对员工的人文关怀。领导应着眼于平衡技术与人的关系,确保算法决策透明、公正,并留有人工干预的空间。经理人需培养员工的数字化能力,鼓励人与算法协作,关注员工的心理健康和职业发展,避免因过度依赖算法而忽视员工的价值和福祉。通过这样的综合管理,经理人可以实现技术驱动的高效管理与员工满意度的双赢局面。

[①] "Morgan Lewis",https://cdn.vox-cdn.com/uploads/chorus_asset/file/16190209/amazon_terminations_documents.pdf,2024-08-24。

3.4.2 智能化驱动的在线协作平台

伴随着数字化技术的日新月异，企业数字化变革的实践经历了数码化→数字化→数字化转型三个阶段(谢小云等，2022b)。以大数据、云计算和人工智能等技术为基础，在线协作平台协助企业将全链路业务流程和人际协作活动移至线上，塑造了"组织在线化运行"的趋势。在线协作平台具备社交媒体的特性，包括信息共享、沟通、协作和社交网络等(Leonardi and Vaast，2017)。这些平台的开放性和信息生成特性可以促进组织内部的信息流通，但同时也可能带来对员工和管理层监视和控制的潜在增强。在在线化情境下，分散的组织成员通过线上数字平台相互连接，组织内部的信息可以即时、快速地传递给每一个个体。同时，个体的工作活动也被全方位记录和追踪，实现了持久数字连通的工作模式。在这种模式下，个体的工作角色不再仅仅由工作描述、岗位职责静态定义，而是通过更广泛、即时的信息资源和动态连接，实现更加灵活的角色设定和自组织的可能性。

随着生成式人工智能的迅猛发展，智能化驱动的在线协作平台正成为企业管理和协作模式创新的核心工具，推动企业迈向更加智能和高效的未来。生成式人工智能利用先进的算法和大数据分析，能够生成高质量的文本、图像、音频等内容，从而极大地提高了信息处理和决策的效率。通过将 AI 技术融入在线协作平台，企业不仅可以实现业务流程的自动化和优化，还能通过智能分析和预测，为管理决策提供强有力的支持。这些智能化功能包括自动数据处理、实时分析和智能建议等。

通过引入 AI 助理和大模型技术，在线协作平台帮助组织显著提升了团队协同与管理的智能化水平。例如，钉钉的 AI 助理通过自然语言处理技术，能够自动安排会议、智能分析会议纪要、提供项目进度实时反馈，并根据历史数据预测项目风险和提出解决方案。这些功能不仅提高了工作效率，还增强了团队协作的精准性[1]。类似地，Zoom 的 AI Companion 帮助用户准备工作日程、总结会议要点、生成会议记录，并提供个性化的工作建议，提升了团队的生产力和协作效率。Microsoft Teams 的 Copilot 功能[2]在会议管理中提供实时信息和见解，从会议聊天和记录中提取关键信息，帮助用户更全面地了解会议内容。此外，Webex 的 AI Assistant 通过生成对话摘要、提供建议响应，显著提升了客服效率和效果，并通过检测客服人员的疲劳状态，提供实时的休息和培训建议，确保客服人员能够以最佳状态工作。在工业领域，Siemens 与 Microsoft 合作推出的 Siemens Industrial

---

[1] "Zoom unveils AI-powered collaboration platform, Zoom workplace, to reimagine teamwork"，https://news.zoom.us/zoom-unveils-ai-powered-collaboration-platform-zoom-workplace-to-reimagine-teamwork/，2024-05-21。

[2] "AI-powered collaboration with Microsoft Teams"，https://www.microsoft.com/en-us/microsoft-365/blog/2024/03/26/ai-powered-collaboration-with-microsoft-teams/，2024-08-24。

Copilot 利用生成式 AI 技术[①],帮助用户快速生成、优化和调试复杂的自动化代码,显著缩短仿真时间,提升生产效率。这些案例展示了 AI 助理和大模型技术在数智组织中的应用,不仅优化了业务流程和资源配置,还促进了组织内外部的高效协同和创新发展,使组织能够更好地应对复杂多变的市场环境,保持竞争优势。生成式人工智能引入在线协作平台使得组织的信息传递和人员协同变得更加高效和精准,有力推动了数智组织的发展和演变。

3.4.3 第四范式与复杂组织的数字孪生

在数字化时代,大数据、人工智能等技术的飞速发展正在推动着组织管理的深刻变革,为管理科学研究开辟了新的领域和工具(Brynjolfsson and McAfee,2014)。在当前的科学研究环境中,多学科的交叉和融合已经成为趋势,这迫切需要管理科学与计算科学在研究议题、理论体系、工具方法等方面实现深度融合和知识更新。科学研究的第四范式是数据驱动的研究范式(图 3-3),这种范式强调通过整合和分析大规模数据集,利用先进的计算能力和算法来揭示数据中的模式、规律和关联(Bell et al.,2009)。在管理科学领域,第四范式的理念提供了一种全新的途径,利用大数据和计算能力来改进管理决策和实践。数字孪生技术作为第四范式的重要工具,能够构建物理实体的虚拟模型,通过数据收集与分析,优化虚拟模型并指导实际运行,从而赋能复杂组织的在线化和智能化管理。

第一范式:科学实验 → 第二范式:理论科学 → 第三范式:计算科学 → 第四范式:大数据科学

图 3-3 科学研究的四个范式

在第四范式的框架下,数字孪生技术成为实现复杂组织在线化的重要工具。数字孪生是指利用数字技术构建物理实体的虚拟模型,并通过数据收集与分析,以优化虚拟模型同时指导物理实体的运行(Tao et al.,2018)。在这一模式下,组织的各种要素和活动可以在虚拟空间中实时映射和记录,从而为组织的运行提供精确的数据支持和智能化的管理决策。例如,阿里巴巴利用大数据和人工智能技术进行精准的市场预测和客户画像,从而提高了其业务运营的效率和效果(Mayer-Schönberger and Cukier,2014)。利用数字孪生技术对组织内的人力、财务、物资和业务等各个要素进行实时记录,并在虚拟空间中展现形象,可以帮助我们还原和理解组织运行过程中涌现的组织架构、业务流程和人际互动等多维度特征,以及它们的演化发展过程。

[①] "Siemens and Microsoft partner to drive cross-industry AI adoption",https://news.microsoft.com/2023/10/31/siemens-and-microsoft-partner-to-drive-cross-industry-ai-adoption/,2024-10-31。

沉淀在虚拟空间中的全链路数据，可以通过智能分析和动态建模，进一步引导组织的实践活动。这一步骤突破了传统的组织管理模式，实现了对业务运营和组织管理等各环节的全链路在线映射，从而达到了组织内部业务运营和组织管理之间的高效协同。在线组织可以借助于存储在虚拟空间中的全链路系统数据，进行数据智能分析和动态建模，以解决组织管理中的各种问题。在数据驱动的在线组织管理的推动下，线下组织能够快速有效地制定相应决策，并推进相关方案的落地执行。同时，随着线下实践的进行，会有新的要素更新和沉淀，如人员流动、资源消耗、业务流程更新等，这些要素的更新将实时映射到线上组织中，进而驱动虚拟空间中全链路数据集的更新，以动态调整后续数据分析中的参数设定和模型构建。

通过全链路数据记录和动态建模，数字孪生技术不仅可以优化业务流程，还能在虚拟空间中模拟和预判各种管理决策的效果，提升组织的整体效率和竞争力。第四范式的理念和数字孪生技术的结合，为复杂组织的在线化和智能化管理提供了强大的工具和方法。这不仅优化了业务流程和资源配置，还促进了组织内外部的高效协同和创新发展，使组织能够更好地应对复杂多变的市场环境，保持竞争优势。

3.4.4 小结

算法管理通过大数据和人工智能技术优化业务流程和决策，提高了管理效率和精准度。然而，过度依赖算法可能产生忽视员工福祉等问题，领导者需要在广泛应用数智技术的同时保持对员工的人文关怀，确保算法决策的透明、公正，并保留人工干预的空间。智能化驱动的在线协作平台集成了各种数字工具和生成式人工智能技术，增强了组织内部甚至跨组织的高效协同与创新。这些平台不仅实现了业务流程的自动化和优化，还通过智能分析与预测，为管理决策提供强有力的支持，提升了企业的运营效率和竞争力。第四范式相关的理论和数字孪生技术为复杂组织的在线化和智能化管理提供了强有力的支持。借助数智技术，组织得以实时开展经营活动数据的收集与分析，通过全链路数据记录和动态建模，管理者能够在虚拟空间中模拟和预判各种管理决策的效果，优化资源配置和决策的效能，从而提升组织的适应能力和创新能力。

总的来说，数智技术的快速发展推动了数智组织在动态环境中的高效协同、智能决策和持续创新，使其在激烈的市场竞争中保持领先地位，为未来的组织管理带来了新的可能。

参 考 文 献

刘善仕, 裴嘉良, 钟楚燕. 2021. 平台工作自主吗? 在线劳动平台算法管理对工作自主性的影响[J]. 外国经济与管理, 43(2): 51-67.

苏逸, 莫申江. 2022. 谁来助我与算法共舞: 算法管理中的领导力[J]. 清华管理评论, (5): 101-107.

谢小云, 何家慧, 左玉涵, 等. 2022a. 组织在线化: 数据驱动的组织管理新机遇与新挑战[J]. 清华管理评论, (5): 71-80.

谢小云, 魏俊杰, 何家慧, 等. 2022b. 排兵布阵: 组织在线化时代人才分析的新实践[J]. 清华管理评论, (Z2): 96-105.

谢小云, 左玉涵, 胡琼晶. 2021. 数字化时代的人力资源管理: 基于人与技术交互的视角[J]. 管理世界, 37(1): 200-216, 13.

Ancona D, Bresman H, Kaeufer K. 2002. The comparative advantage of X-teams[R]. MIT Sloan Management Review.

Aroles J, Cecez-Kecmanovic D, Dale K, et al. 2021. New ways of working (NWW): workplace transformation in the digital age[J]. Information and Organization, 31(4): 1-11.

Bailey D E, Faraj S, Hinds P J, et al. 2022. We are all theorists of technology now: a relational perspective on emerging technology and organizing[J]. Organization Science, 33(1): 1-18.

Bell G, Hey T, Szalay A. 2009. Beyond the data deluge[J]. Science, 323: 1297-1298.

Bechky B A. 2006. Gaffers, gofers, and grips: role-based coordination in temporary organizations[J]. Organization Science, 17(1): 3-21.

Bernstein E, Bunch J, Canner N, et al. 2016. Beyond the Holacracy hype: the overwrought claims—and actual promise—of the next generation of self-managed teams[J]. Harvard Business Review, 94: 38-39.

Bessen J. 2019. Automation and jobs: when technology boosts employment[J]. Economic Policy, 34(100): 589-626.

Boudreau J, Cascio W. 2017. Human capital analytics: why are we not there?[J]. Journal of Organizational Effectiveness: People and Performance, 4(2): 119-126.

Brown S A, Dennis A R, Venkatesh V. 2010. Predicting collaboration technology use: integrating technology adoption and collaboration research[J]. Journal of Management Information Systems, 27(2): 9-54.

Brynjolfsson E, McAfee A. 2014. The Second Machine Age: Work, Progress, and Prosperity in a Time of Brilliant Technologies[M]. London: WW Norton Company.

Cambria E, White B. 2014. Jumping NLP curves: a review of natural language processing research[J]. IEEE Computational Intelligence Magazine, 9(2): 48-57.

Cardinal L B, Kreutzer M, Miller C C. 2017. An aspirational view of organizational control research: re-invigorating empirical work to better meet the challenges of 21st century organizations[J]. Academy of Management Annals, 11(2): 559-592.

Cavallo A. 2018. More Amazon effects: online competition and pricing behaviors[R]. National Bureau of Economic Research.

Dibble R, Gibson C B. 2018. Crossing team boundaries: a theoretical model of team boundary permeability and a discussion of why it matters[J]. Human Relations, 71(7): 925-950.

Edmondson A C. 1999. Psychological safety and learning behavior in work teams[J]. Administrative Science Quarterly, 44(2): 350-383.

Edmondson A C. 2012. Teaming: How Organizations Learn, Innovate, and Compete in the Knowledge Economy[M]. Hoboken: John Wiley & Sons.

Edmondson A C, Harvey J F. 2017. Extreme Teaming: Lessons in Complex, Cross-Sector Leadership[M]. Bingley: Emerald Publishing.

Edmondson A C, Harvey J F. 2018. Cross-boundary teaming for innovation: integrating research on teams and knowledge in organizations[J]. Human Resource Management Review, 28(4): 347-360.

Edmondson A C, Moingeon B, Bai G, et al. 2016. Building smart neighborhoods at Bouygues[C]. Harvard Business School Case.

Edmondson A C, Nembhard I M. 2009. Product development and learning in project teams: the challenges are the benefits[J]. Journal of Product Innovation Management, 26(2): 123-138.

Gandomi A, Haider M. 2015. Beyond the hype: big data concepts, methods, and analytics[J]. International Journal of Information Management, 35(2): 137-144.

Gebert D, Boerner S, Kearney E. 2010. Fostering team innovation: why is it important to combine opposing action strategies?[J]. Organization Science, 21(3): 593-608.

Gevers J M P, Rispens S, Li J. 2016. Pacing style diversity and team collaboration: the moderating effects of temporal familiarity and action planning[J]. Group Dynamics: Theory, Research, and Practice, 20(2): 78-92.

Gibson C B, Gibbs J L. 2006. Unpacking the concept of virtuality: the effects of geographic dispersion, electronic dependence, dynamic structure, and national diversity on team innovation[J]. Administrative Science Quarterly, 51(3): 451-495.

Gilson L L, Maynard M T, Jones Young N C, et al. 2014. Virtual teams research: 10 years, 10 themes, and 10 opportunities[J]. Journal of Management, 41(5): 1313-1337.

Gupta P, Woolley A W. 2018. Productivity in an era of multi-teaming: the role of information dashboards and shared cognition in team performance[R]. The ACM on Human-Computer Interaction.

Hsu C W, Lin C J. 2002. A comparison of methods for multiclass support vector machines[J]. IEEE Transactions on Neural Networks, 13(2): 415-425.

Jia N, Luo X M, Fang Z, et al. 2024. When and how artificial intelligence augments employee creativity[J]. Academy of Management Journal, 67(1): 5-32.

Kantor J, Streitfeld D. 2015. Inside amazon: wrestling big ideas in a bruising workplace[EB/OL]. https://jourdain.design/_next/static/media/AmazonCase.62c1f3f05463e792.pdf[2024-06-12].

Kellogg K C, Valentine M A, Christin A. 2020. Algorithms at work: the new contested terrain of control[J]. Academy of Management Annals, 14(1): 366-410.

Kirkman B L, Mathieu J E. 2005. The dimensions and antecedents of team virtuality[J]. Journal of Management, 31(5): 700-718.

Lee C, Huang G H, Ashford S J. 2018. Job insecurity and the changing workplace: recent developments and future trends in job insecurity research[J]. Annual Review of Organizational Psychology and Organizational Behavior, 5(1): 335-359.

Lee I, Lee K. 2015. The internet of things(IoT): applications, investments, and challenges for enterprises[J]. Business Horizons, 58(4): 431-440.

Lee M Y, Edmondson A C. 2017. Self-managing organizations: exploring the limits of less-hierarchical organizing[J]. Research in Organizational Behavior, 37: 35-58.

Leonardi P M, Contractor N. 2018. Better people analytics[J]. Harvard Business Review, 96(6): 70-81.

Leonardi P M, Treem J W. 2020. Behavioral visibility: a new paradigm for organization studies in the age of digitization, digitalization, and datafication[J]. Organization Studies, 41(12): 1601-1625.

Leonardi P M, Vaast E. 2017. Social media and their affordances for organizing: a review and agenda for research[J]. Academy of Management Annals, 11(1): 150-188.

Levy S. 2021. In the Plex: How Google Thinks, Works, and Shapes Our Lives[M]. New York: Simon Schuster.

Lyons T F. 1971. Role clarity, need for clarity, satisfaction, tension, and withdrawal[J]. Organizational Behavior and Human Performance, 6(1): 99-110.

Margolis J. 2020. Multiple team membership: an integrative review[J]. Small Group Research, 51(1): 48-86.

Marks M A, Mathieu J E, Zaccaro S J. 2001. A temporally based framework and taxonomy of team processes[J]. Academy of Management Review, 26(3): 356-376.

Martin B C, McNally J J, Kay M J. 2013. Examining the formation of human capital in entrepreneurship: a meta-analysis of entrepreneurship education outcomes[J]. Journal of Business Venturing, 28(2): 211-224.

Mathieu J E, Hollenbeck J R, van Knippenberg D, et al. 2017. A century of work teams in the Journal of Applied Psychology[J]. Journal of Applied Psychology, 102(3): 452.

Matthews G. 2018. Cognitive-adaptive trait theory: a shift in perspective on personality[J]. Journal of Personality, 86(1): 69-82.

Matusik J G, Hollenbeck J R, Matta F K, et al. 2019. Dynamic systems theory and dual change score models: seeing teams through the lens of developmental psychology[J]. Academy of Management Journal, 62(6): 1760-1788.

Mayer-Schönberger V, Cukier K. 2014. Big Data: A Revolution That Will Transform How We Live, Work, and Think[M]. Boston: Houghton Mifflin Harcourt.

Miles S. 2017. Stakeholder theory classification: a theoretical and empirical evaluation of definitions[J]. Journal of Business Ethics, 142(3): 437-459.

Möhlmann M, Zalmanson L, Henfridsson O, et al. 2021. Algorithmic management of work on online labor platforms: when matching meets control[J]. MIS Quarterly, 45(4): 1999-2022.

Mortensen M. 2014. Constructing the team: the antecedents and effects of membership model divergence[J]. Organization Science, 25(3): 909-931.

Mortensen M, Haas M R. 2018. Rethinking teams: from bounded membership to dynamic participation[J]. Organization Science, 29(2): 341-355.

Mulcahy N. 2017. Entrepreneurial subjectivity and the political economy of daily life in the time of finance[J]. European Journal of Social Theory, 20(2): 216-235.

O'Leary M B, Mortensen M, Woolley A W. 2011. Multiple team membership: a theoretical model of its effects on productivity and learning for individuals and teams[J]. Academy of Management Review, 36(3): 461-478.

O'Reilly C A III, Tushman M L. 2013. Organizational ambidexterity: past, present, and future[J]. Academy of Management Perspectives, 27(4): 324-338.

Parker S K, Grote G. 2022. Automation, algorithms, and beyond: why work design matters more than ever in a digital world[J]. Applied Psychology, 71(4): 1171-1204.

Puranam P. 2018. The Microstructure of Organizations[M]. Oxford: Oxford University Press.

Raisch S, Krakowski S. 2021. Artificial intelligence and management: the automation-augmentation paradox[J]. Academy of Management Review, 46(1): 192-210.

Rapp T L, Mathieu J E. 2019. Team and individual influences on members' identification and performance per membership in multiple team membership arrangements[J]. The Journal of Applied Psychology, 104(3): 303-320.

Rasmussen T, Ulrich D. 2015. Learning from practice: how HR analytics avoids being a management fad[J]. Organizational Dynamics, 44(3): 236-242.

Retelny D, Robaszkiewicz S, To A, et al. 2014. Expert crowdsourcing with flash teams[R]. The 27th Annual ACM Symposium on User Interface Software and Technology.

Rhymer J. 2023. Location-independent organizations: designing collaboration across space and time[J]. Administrative Science Quarterly, 68(1): 1-43.

Romero D, Bernus P, Noran O, et al. 2016. The operator 4.0: human cyber-physical systems adaptive automation towards human-automation symbiosis work systems[R]. Production Management Systems.

Rosenblat A, Stark L. 2016. Algorithmic labor and information asymmetries: a case study of Uber's drivers[J]. International Journal of Communication, 10: 27.

Sandra D, Segers J, Giacalone R. 2023. How organizations can benefit from entrainment: a systematic literature review[J]. Journal of Organizational Change Management, 36(2): 233-256.

Sessions H, Nahrgang J D, Newton D W, et al. 2020. I'm tired of listening: the effects of supervisor appraisals of group voice on supervisor emotional exhaustion and performance[J]. Journal of Applied Psychology, 105(6): 619-636.

Steinberger T, Wiersema M. 2021. Data models as organizational design: coordinating beyond boundaries using artificial intelligence[J]. Strategic Management Review, 2(1): 119-144.

Tang C S, Zimmerman J D, Nelson J I. 2009. Managing new product development and supply chain risks: the boeing 787 case[J]. Supply Chain Forum, 10(2): 74-86.

Tao F, Cheng J F, Qi Q L, et al. 2018. Digital twin-driven product design, manufacturing and service with big data[J]. The International Journal of Advanced Manufacturing Technology, 94: 3563-3576.

Tong S L, Jia N, Luo X M, et al. 2021. The Janus face of artificial intelligence feedback: deployment versus disclosure effects on employee performance[J]. Strategic Management Journal, 42(9): 1600-1631.

Townsend A M, DeMarie S M, Hendrickson A R. 1998. Virtual teams: technology and the workplace of the future[J]. Academy of Management Perspectives, 12(3): 17-29.

Tripp J F, Riemenschneider C, Thatcher J B. 2016. Job satisfaction in agile development teams: agile development as work redesign[J]. Journal of the Association for Information Systems, 17(4): 267-307.

Valentine M A, Retelny D, To A, et al. 2017. Flash organizations: crowdsourcing complex work by structuring crowds as organizations[R]. The 2017 CHI Conference on Human Factors in Computing Systems.

Vallas S, Schor J B. 2020. What do platforms do? Understanding the gig economy[J]. Annual Review of Sociology, 46(1): 273-294.

Wilson H J, Daugherty P R. 2018. Collaborative intelligence: humans and AI are joining forces[J]. Harvard Business Review, 96(4): 114-123.

Worren N, Pope S. 2024. Connected but conflicted: separating incompatible roles in organizations[J]. Academy of Management Review, 49(1): 6-31.

Zhang X J, Venkatesh V, Brown S A. 2011. Designing collaborative systems to enhance team performance[J]. Journal of the Association for Information Systems, 12(8): 556-584.

Zhou S, Valentine M, Bernstein M S. 2018. In search of the dream team: temporally constrained multi-armed bandits for identifying effective team structures[R]. The 2018 CHI Conference on Human Factors in Computing Systems.

Zuboff S. 2019. Surveillance capitalism and the challenge of collective action[J]. New Labor Forum, 28(1): 10-29.

第4章 数字创新

本章提要：数字创新包括数字技术创新和数字赋能创新两大类，前者是数字技术本身的突破并由此带来的价值创造过程，后者是数字技术和实体经济结合后实现的数字赋能创新活动。数字创新广受关注，本章提出了数字技术的本质和特征，以及数字创新的内涵、特征和类型，并提出了数字创新的具体开发步骤、传统企业在数字技术赋能后的数字商业模式创新思路。进一步地，本章解构了数字创新的组织体系和生态体系，阐述了如何搭建数字平台、如何吸引赋能互补者、如何利用用户参与实现数字创新的思路。数字技术出现后，引致产业创新体系发生剧烈变革，到处涌现数字创新生态系统，为此，本章从生态系统视角出发，阐述了数字创新生态、创新系统建构以及创新成长路径，提出了数字创新生态系统的治理机制。本章系统地提出了数字创新的学理框架和实践体系，希望为企业在数智时代实现数字创新提供实操指南。

案例聚焦4-1

突围：创新找死 VS 不创新等死

数字创新是经济转型升级的必然选择。然而，伴随企业经营内外部环境呈现超乎以往的不确定性，企业创新似乎陷入了进退两难的境地："创新找死，不创新等死！"那么，企业创新必然是一项高风险的活动吗？数智时代的企业又该如何规避创新风险？让我们来看看两个领先企业的创新实践。

青岛酷特智能股份有限公司由服装传统制造企业——红领集团改组成立，通过引入大量数字化设备对生产流程进行改造，将企业科层组织变革为二维网格组织，最终将传统的流水线批量制衣企业改造成为大规模流水线定制企业，构建了数据驱动的C2M（customer to manufacturer，从消费者到生产者）制造体系。此模式下，消费者可以根据引导视频自主测量和上传自身的身材数据，自主拖拽式选择服装模块（版型、颜色、袖型、领型、口袋、刺绣、纽扣等），设计出自己想要的服装，在数据驱动的打板、裁剪、缝纫、钉扣、刺绣、熨烫等生产设备和大量数字化辅助设备的支持下，青岛酷特智能股份有限公司7天内就可以交付一件高品质的定制西服，帮助消费者达成"所想、所见即所得"的服装定制。

青岛雷神科技股份有限公司由三名"85后"在海尔赋能下于2013年9月成立,雷神产品创新的成功是其深挖消费者需求、与消费者持续深度互动的结果。首先,雷神创始人通过论坛、贴吧、微博等先后收集了3万多条消费者的差评数据,通过整理分类和深度挖掘,找到消费者对于游戏笔记本的深层次诉求,开发了初代产品。其次,通过提供公测样机以邀请专业媒体、贴吧"大神"、雷神吧主等开展产品测试,并开辟游戏直播、线下粉丝见面会等渠道,邀请消费者进行互动体验,筛选出各种场景中具有影响力、号召力的消费者代表,借由这些代表性消费者的反馈,准确掌握目标消费者群体的需求,持续推进产品迭代并取得产品创新的成功。

这些领先企业聚焦需求开展需求拉动式创新,极大地规避了传统"拍脑袋"式创新的市场化风险。此种转变的背后,是大量数字技术的应用,使得企业有能力去接入及与消费者互动以收集后者的需求数据,从大量市场数据中挖掘出市场需求,这种基于确定需求的创新必然能够取得商业化的成功。换言之,有效运用数据和数字技术开展创新,应该是数智时代企业创新成功的不二法门。

4.1 数字创新概念

到底何谓数字创新?这是展开数字创新探讨首要明确的概念基础。对此,本节聚焦数字创新的概念介绍,着重阐释数字创新的定义与内涵、数字创新的基本要素以及数字创新的特征,为后续展开式数字创新的深入探讨奠定概念基础。

4.1.1 数字创新内涵

数字创新是指在创新过程中采用信息、计算、沟通和连接技术的组合,并由此带来新的产品、改进生产过程、变革组织模式、创建和改变商业模式等。

现有文献就数字创新特性基本达成共识:第一,数字创新具有收敛性。数字创新使得产业边界、组织边界、部门边界其至产品边界等变得模糊且重要性降低(Nambisan, 2017)。例如,整合了数字技术和传统物理实体产品的智能产品突破了原有产品使用范围,新的数字化产品边界不再明确(Porter and Heppelmann, 2014)。第二,数字创新具有自生长性。自生长性指由于数字技术是动态的、可自我参照的、可延展的、可编辑的,数字创新可以持续地不断改进、变化(Yoo et al., 2012; Ciriello et al., 2018)。最典型的例子就是APP等数字产品可以根据用户的反馈及运营过程中出现的各种问题进行实时迭代创新。

4.1.2 数字创新要素

数字创新包含三个核心要素：数字技术、创新产出和创新过程。

(1)数字技术。大数据、云计算、区块链、物联网、人工智能、虚拟现实技术等数字技术，本质上都是信息、计算、沟通和连接技术的组合。数字技术本质上包含信息数字化和处理数据两部分，其内涵有两个本质特征：数据同质化和可重新编程性(Ciriello et al.，2018；Yoo et al.，2010)。数据同质化特性是指数字技术把所有声音、图片等信息均操作为二进制数字 0 和 1 进行处理，在这个操作化过程中，具有二进制特征的数据被同质化处理。可重新编程性是指数字技术使得对数据进行处理的程序同样作为数据进行存储和处理，这一性质使得对程序的编辑或重新编程变得更加容易(Yoo et al.，2012)。这两个本质属性使得数字技术具有可供性，即不同的组织和个体可以利用同样的数字技术来实现不同的目的(Yoo et al.，2010)。

(2)创新产出。数字创新产出包含运营效率和组织绩效。在运营效率方面，在产品、过程、组织和商业模式创新中使用数字技术均可大幅提升运营效率。第一，数字产品具有监测、控制、优化和自动四大功能，而控制、优化和自动三类功能可以显著提升企业运营效率(Porter and Heppelmann，2014)。第二，信息、计算、沟通和连接等数字技术的组合改变了创新流程和组织形式，提升了组织运营效率(Nambisan，2002)。第三，基于数字技术的商业模式创新是数字技术为客户创造价值的重要方式，数字商业模式创新也可提升组织运营效率(Amit and Zott，2001)。在组织绩效方面，第一，数字产品创新能为客户创造新的价值(Yoo et al.，2010)，数字创新的自生长性意味着随着时间累积，数字创新产品还可以催生新的创新，为组织长远绩效带来正向影响(Boland et al.，2007)。第二，数字过程创新和数字组织创新可以提升企业动态能力和组织效率(Karimi and Walter，2015)。第三，数字商业模式创新改变了企业价值创造和价值获取的方式，企业能够灵活应对环境变化进而实现卓越绩效(Li et al.，2018；Teece，2018；Henfridsson et al.，2018)。

(3)创新过程。数字创新过程和一般创新过程的关键区别在于，它强调创新过程中对数字技术的应用。一般创新过程涵盖从创意产生、研究开发到商业化等各个边界清晰的子环节(Desouza et al.，2009)，而数字创新过程则是各个参与主体之间的动态交互过程。参照 Desouza 等(2009)以及 Kohli 和 Melville(2019)的研究，数字创新过程可以区分为数字创新启动过程、数字创新开发过程、数字创新应用过程三个阶段。数字创新启动过程是企业通过识别数字创新机会并为数字创新做准备的过程(Wang and Ramiller，2009)，涵盖制定数字战略、架构数字资源、提升数字创新能力和构建数字创新导向的文化。数字创新开发过程则是企业将启动阶段产生的创新想法发展成为一个可以应用的数字创新的过程(Kohli and Melville，2019)，涵盖设计逻辑、开放式创新、情景交融和持续迭代。数字创新应用过程则是企业开发出的数字创新的应用过程，这涉及系列复杂的组织变革(Kohli and Melville，2019)，包括变革价值创造过程、重新定义价值网络、组织架构变革。

4.1.3 数字创新特征

传统企业组织和产业组织形态正在向平台型、生态型等新型组织演变，引致企业和产业创新体系的革命性变迁，使得数字创新呈现出四大特征。

(1)创新主体虚拟化。创新生态系统中的主导者和参与者在线上实现交互，个体和组织两类创新主体之间的合作模式日显多样性、可塑性、虚拟化，为整个知识产权制度、创新伦理责任、成果共享制度带来了全新挑战。

(2)创新要素数字化。大数据、云计算、人工智能、区块链等技术正在改变人流、物流、知识流、资金流和信息流，推动创新要素流动方向和流动速度发生革命性变化，为企业创新提供全新的边界条件。

(3)创新过程动态化。人机交互和深度学习正在改变创新过程，平台组织和网络组织的创新协同正在使线性创新成为过去，创新合作者之间的创意交互、流程重构、商业共创正在为产业创新提供全新空间。

(4)创新组织平台化。依靠虚拟现实技术，虚拟信息空间大量涌现，以双边平台、多边平台、生态社区、创新社群为代表的新型创新组织，充分显示出强大的创新生命力，从科层结构到网络结构，从封闭创新到开放创新，从计划性创新到涌现式创新，正在颠覆创新组织形态。

4.2 数字创新类型

按照创新产出的类型，我们把数字创新区分为数字产品创新、数字过程创新、数字组织创新和数字商业模式创新。

4.2.1 数字产品创新

数字产品创新是指开发包含了数字技术的新产品。数字产品创新主要包含两大类：纯数字产品创新和数字技术与物理部件相结合的产品(即智能互联产品)创新。

(1)纯数字产品创新。纯数字产品是如 APP 等只有数字技术所支持的产品，人们利用纯数字产品购买商品、与朋友聊天、获取新闻、打开或关闭家中电灯、办公或娱乐等。全球一半以上的人口都是互联网用户，数字产品已成为人们与世界沟通的主要手段。例如，上海陆金所信息科技股份有限公司推出了采用人工智能算法的智能化理财产品，从用户实际操作和数据出发，客观了解用户的风险承受能力与风险偏好态度，为其提供个性化理财方案。

(2) 智能互联产品创新。智能互联产品是数字技术与物理部件结合后的产出。例如，小米与雀巢怡养合作推出了"雀巢怡养小米 MIUI 智能营养健康平台"，用户通过小米智能穿戴设备记录健康数据后，平台依靠大数据和科学算法为用户提供个性化营养报告和膳食建议。在这个智能互联产品中，物理部件只是其中的一部分，其中包含了操作系统、应用软件、用户交互系统等，并和云端数据进行连接，形成了一个新的产品系统。

要进行数字产品创新，企业应该至少特别关注：数字产品创新需要数字技术基础设施的支持、在数字产品创新过程中要特别关注不同数字资源的整合和重组、数字产品创新过程要与组织的战略产生协同。

4.2.2 数字过程创新

数字过程创新是指数字技术（即信息、计算、沟通和连接技术的组合）的应用，改善甚至重构原有创新的流程框架。数智时代，创意产生、产品开发、产品试制与制造以及物流和销售等环节都可能被数字技术所颠覆。

数字仿真、数字孪生技术等数字技术的应用能够推进企业研发过程的创新，使企业研发成本大大降低；物联网技术的支持使得企业生产流程各环节变得十分透明；客户通过虚拟计算环境（virtual computing environment，VCE）参与产品构思、产品设计和开发、产品测试、产品营销和传播以及产品支持等价值创造活动；3D 技术的使用让不同的参与者在不同的时间和地点可以参与创新过程。

数字过程创新中，企业需要关注两个方面：一是数字过程创新的时间和空间边界变得模糊，换句话说，由于数字技术引进，很多传统时间和空间限制变得不再重要；二是数字过程创新中往往会涌现出许多衍生创新，这些衍生创新对于企业实现数字创新的范围经济尤为重要，但却往往会被忽略。

4.2.3 数字组织创新

数字组织创新是指企业运用数字技术重构企业的组织结构和治理结构，数字技术能够推进企业组织创新，也能促成产业组织创新。

(1) 企业数字组织创新。传统企业组织有明确的组织边界、固定的组织形态、稳定的科层结构和标准的绩效体系，这些特征是企业同时追求外部交易成本和内部控制成本最小化而演化出来的结果。数字技术的发展正在改变科斯经济学的假定，组织间交易费用可能趋向于零，内部科层治理成本则可能呈现指数上升，这就逐渐瓦解了科层组织的优势，使企业组织的边界走向消亡。大数据、云计算、人工智能等技术使得交易双方的信息越来越对称，组织从科层控制走向民主治理，组织结构从垂直走向扁平。"企业是平的"，组织平面内的个体从雇员向合作者演变，组织之间从竞争者向合作者演变，形成全新的协同创新组织形态。

(2)产业数字组织创新。产业组织反映了产业内企业间的市场关系,表现为企业间垄断与竞争所形成的市场结构,产业组织同时也表征了产业内同类企业相互联结的组织形态。在数字技术影响下,产业组织涌现了新的形态,其中以平台组织为内核的生态型经济体为典型。平台组织周边围聚百万级、千万级规模的各类不同行业的中小微企业,形成了以平台领导者为网络核心节点的生态系统之间的竞争。在平台组织内部,领导者搭建了平台,通过网络效应在周边集聚了上千万的买卖双方,平台领导者自身也可能会参与买卖。平台互补者则通过提供互补产品与服务、互补资源与能力,为整个生态系统赋能。

特别需要强调的是,数字组织创新和组织文化密切相关,仅仅改变组织流程和组织结构还远远不够,组织还需要塑造适合于数字创新的文化。

4.2.4 数字商业模式创新

数字商业模式创新是指数字技术(即信息、计算、沟通和连接技术的组合)嵌入改变企业的商业模式。商业模式描述了企业价值主张、价值创造和价值获取等活动连接的架构,数字技术的嵌入可以改变企业价值创造与价值获取方式,进而改变其商业模式。传统企业如何进行数字商业模式创新?不外乎数字增强、数字拓展、数字转型(Li, 2020)。

(1)数字增强。不改变现有商业模式,而是通过数字技术来增强企业与客户以及其他利益相关者之间的交流和互动。现阶段大部分的中国企业采用这样的方式。

(2)数字拓展。采用数字技术来拓展现有的商业模式。例如,数字技术可以帮助企业拓展到新的市场细分中去,拓展市场分销渠道等。例如,《经济观察报》在原有纸质报纸售卖渠道的基础上,逐步开始实行付费购买数字出版物的模式,增加了新的销售渠道。

(3)数字转型。通过数字技术来整体改变现有的商业模式。例如,海尔推出用户全流程参与体验的 COSMOPlat 平台,让用户全链条参与设计研发、生产制造、物流配送、迭代升级等环节,从根本上改变了传统家电制造企业的商业模式。

4.3 数字创新体系

数字创新是企业运用数据和数字技术开展创新的完整体系,本节聚焦数字创新从无到有的过程,阐释数字创新的动力体系、价值体系、研发体系、过程体系、支撑体系和保障体系,勾勒出一个完整的数字创新体系图景。

4.3.1 数字创新动力体系

数字创新为传统企业的破茧重生提供了一条可行道路,当审视企业数字创新的动力来源,我们总结了驱动数字创新的"五力体系"。

(1)数据搜寻力。传统企业首先需要找寻各种结构化与非结构化的数据,如产品数据,即从设计、建模、工艺到测试、维护、变更等的数据;再如价值链数据,即从客户、供应商到合作伙伴等的数据;再如运营数据,即从采购、生产到库存、计划等的数据。在如今的大规模定制和网络协同发展的时代,大数据只会被有心人搜寻。

(2)数据分析力。大数据具有规模性(volume)、多样性(variety)、快速性(velocity)等显著特点,只是增加几台服务器显然解决不了问题。从数据管理、数据挖掘、可视化分析到预测性分析,传统企业迅速构建一整套数据分析能力。重新配置资源成立一个与各部门紧密合作的独立部门必不可少,该部门可以为企业基于数据的决策提供组织支撑。

(3)敏锐洞察力。大数据可以呈现事实,但却不等于提供智慧。大数据知道客户需要什么,但是仍需管理者敏锐的洞察力来为客户面临的问题提供一整套的解决方案:如何便捷、低价地为客户面临的亟须解决的问题提供一整套解决方案是由管理者敏锐的洞察力所决定的。

(4)资源组合力。管理者意识到,哪怕是同样的资源,不同的组合方式也有可能产生不同的效果。这是一个搭积木的游戏:管理者需要对所拥有的所有资源有充分的认识——这正是成熟企业所具有的优势,而后通过拼接不同的资源类型,形成不同的能力,通过适当调整,形成具有体系的价值创造流程。

(5)容错文化力。正如对所有创新都应该保持耐心一样,尽管有着大数据的支持,企业组织需要构建起对数字创新尝试的容错文化。或许管理者应该将更多的精力放在学习、适应调整以及创新战略更新上,而不是紧盯着失败,正是这一次次的尝试才为传统企业奠定重生的机会。

4.3.2 数字创新价值体系

利用数字技术对海量数据进行分析,为企业组织提供数字创新的机会,但是其得到的是"真正的机会",还是"伪装的死胡同",需进一步甄别。企业需要对自身的价值体系进行审视,以确认自身能够开展何种数字创新,本节总结了企业组织开展数字创新需要反思的三大维度的价值体系问题,为企业组织开展数字创新奠定基础。

(1)价值主张:让数据而不是客户说话。客户往往不知道自己真正需要什么,而与之关联的数据知道。挖掘公开的、私人的客户属性数据和行为关联数据,让数据告诉企业组织客户有什么问题需要解决。根据这些,企业组织可以进一步分析如何便捷、低价地为客户提供解决方案,识别出"真的"数字创新机会。

(2)价值创造:让价值主张得以实现。当企业组织确定了客户价值主张的相关活动后，接下来的关键问题是如何保障价值主张得以实现。企业组织拥有的资源很重要，但是不同资源类型的组合往往有着不同的效果。保障客户价值主张得以顺利实现，企业组织需要认真思考：公司所有关键资源的组合方式有哪些？不同的组合方式能够构建哪些独特的能力？公司有对资源的调整能力吗？公司能在保持效率的同时兼顾柔性吗？

(3)价值获取：让数据在价值系统中流动。获取价值是企业组织进行数字创新的最终目的，当企业组织在某个确定的价值系统中时，它的价值获取取决于：企业在价值系统中处于什么位置？企业在价值生态系统中规则制定的话语权有多大？如何保障数据有效地在价值生态系统中流动？企业组织需要借助数字技术去介入价值体系的价值创造活动，只有掌握数字创新价值系统中的数据以及数据流动的各种规则，才能更为有效地从价值系统中获取价值。

4.3.3 数字创新研发体系

用户/使用者是数字创新研发体系中的重要角色，用户生成内容(user generated content，UGC)可以帮助平台所有者和互补者获取大量信息和知识，促进研发。从创新价值链理论视角出发，基于用户生成内容的数字研发包括创意发现、创意实施和创意扩散三个过程(Hansen and Birkinshaw，2007)。

(1)创意发现。创意发现是企业基于用户开展数字研发的第一阶段，这个阶段用户扮演创意贡献者角色(Zhu et al.，2017)，主要通过信息共享、创意生成和创意筛选等三种活动来影响企业研发。信息共享指用户共享关于市场需求、技术进步等信息和知识的讨论可以帮助企业判断产品创新方向。创意生成指用户通过发帖、评论或者参加创意竞赛等方式，直接为企业提供产品创新方案。创意筛选则指基于用户间相互监督和评价的自治过程，以自主组织的投票活动和话题讨论等来帮助企业筛选出最有潜力的创意。

(2)创意实施。创意实施是企业基于用户开展数字研发的第二阶段。这个阶段，用户扮演价值共创者角色(Zhu et al.，2017)，通过解决问题和创意合成等活动来影响企业创新。解决问题指特殊用户(如丁香园网站的医生等)为普通用户解决疑问或提供产品解决方案，并通过分享产品信息、产品使用体验及推荐与评估产品等来传播产品创新相关知识。这里的特殊用户可以是深度参与社区的企业研发人员，也可以是领先用户。创意合成则指部分用户在重组、修改或整合他人贡献的知识的基础上，提出产品、服务或流程创新的方案。通过创意合成，数字创新的衍生创新也得到了不断迭代。

(3)创意扩散。创意扩散是企业基于用户开展数字研发的第三阶段，用户扮演产品试用者角色(Kim et al.，2008)，通过意见表达、口碑传播等活动来影响企业研发。意见表达指用户作为新产品的早期试用者，对新产品的特点、性能、质量等多方面进行深度测评。口碑传播则指用户间的持续交互促进了相互间信任，激励社区成员用户自发地成为公司新产品或服务的"传道者"。

4.3.4 数字创新过程体系

在数智时代，尽管很多企业都已经意识到数字创新的重要性，然而为何真正能够进行数字创新的企业却寥寥无几、少之又少？从启动数字创新到真正产出数字创新产品的企业更是凤毛麟角。究其原因，企业组织无法通过实施创新的传统规则和步骤去安排数字创新。我们总结了企业组织克服企业高管、组织安排和组织文化的阻力，成功开启数字创新的四大步骤。

(1) 制定数字战略。数字战略是企业利用数字资源进行价值创造的战略，是企业宏观层次的战略，而非职能层面的战略。如果仅仅把数字战略作为一个具体职能层面的战略，那么数字创新很难得以成功。事实上，企业进行数字创新之前，需要把握外部数字经济发展趋势和自身的组织条件、资源禀赋，制定一个被整个组织接受的数字战略至关重要，因为数字战略明确了数字创新的愿景、行动纲领和具体策略。有了数字战略引领，组织成员才能够充分交流数字创新活动，深入理解并实施启动数字创新活动。

(2) 架构数字资源。大数据、人工智能、万物互联技术(移动互联、物联网)、分布式技术(云计算、区块链)、安全技术(生物识别、加密、量子技术)已经深刻改变了整个商业生态。因此成功实现数字创新的企业需要把握这些新兴技术，优化支撑业务的市场设施。所以，架构数字资源对数字创新至关重要，而对数字资源的全面理解，有助于充分认识组织内外潜在的、可数字化的资源和信息。

(3) 提升数字创新能力。在架构数字资源的基础上，企业需要构筑数字创新能力。由于各行各业的数字环境日新月异，组织为了避免被数智时代淘汰，需要持续搜索和更新自己的数字创新能力。数字创新要求企业具备三项重要的能力：识别公司内外部数字环境中与创新相关机会的数字环境扫描能力，识别、吸收和使用外部知识的吸收能力，利用现有数字资源开发外部数字资源的双元能力(罗兴武等，2023)。

(4) 构建数字创新导向的文化。启动数字创新阶段，组织还需构建一系列数字创新导向的文化，因为数字创新相比传统创新有更高的风险，需要更包容的风险承担文化；数字技术的可延展性和高流动性，使得数字创新产品仍需接续迭代创新，故要构建允许创新试验的文化；数字创新给予组织即兴机会，需要构建组织即兴和学习的文化；数字创新是开放性的创新活动，需要组织分享和分权决策的文化来激发团队和个体的活力。

4.3.5 数字创新支撑体系

数字创新背后几乎都是平台组织在支撑。所有手机 APP 都基于苹果 iOS 平台、谷歌安卓平台等，人们日常生活离不开的淘宝、微信、微博等也是平台。2020 年全球市值最高的十家公司里有至少八家是和数字平台密切相关的，包括苹果、微软、Alphabet、亚马逊、Facebook、阿里巴巴、腾讯、Visa 等。

平台是连接两个或多个群体、提供双方或多方的一种组织形态，其通过满足群体需求从中获利。平台本身并不会直接参与价值创造过程，而是为平台周边参与者进行核心价值创造提供必不可少的物理空间或虚拟空间。因此，平台组织的核心竞争力并不在于传统的人力资源、财务资源等，而在于平台用户资源与平台组织的数字技术能力。

(1) 平台用户资源。平台组织提供了一套能够激发市场中多边用户参与互动的规则，伴随一方参与者的数量突破临界门槛，平台网络效应就会被激发，即平台产品或者服务价值与参与者数量之间的正向循环就会产生。正是由于网络效应的存在，平台组织得以在数字世界中生存和发展，先激活网络效应的平台组织往往能实现赢者通吃。

(2) 数字技术能力。即使平台组织率先成功地激发出网络效应，其也不能"高枕无忧"，由于数字技术的存在，平台组织的跨界成本越来越低，看似毫不相关产业的企业，可能也会一夜之间成为对手。曾经面向同样用户群体，"生死与共"的合作伙伴也可能会因此而互相发起进攻，对在位平台组织形成"挤出效应"（陈威如和余卓轩，2013）。

可见，平台组织竞争同样面临高不确定性：一方面，平台遵循着"快速做大"的原则，激活网络效应的先入者在竞争中有着巨大的优势；另一方面，数字技术发展使得早期进入者随时面临着被颠覆的窘境（Jacobides et al.，2018）。

4.3.6 数字创新保障体系

为成功实现数字创新，需要保障数字技术创新完成市场化的"惊险一跳"。数字创新的商业化非常复杂，涉及企业多个维度的适配，我们认为，企业至少要做好三方面的保障。

(1) 变革价值创造过程。数字技术改变了企业价值创造的方式，如在社交媒体中，在线平台可以让客户深入参与组织的对话和交流，产生更多的数据（包括客户使用习惯数据、组织内部各价值链环节的数据等），这为组织改变价值创造提供了基础。组织需要成立专门的部门进行数据分析，帮助企业快速提升运营效率，明确客户价值需求。

(2)重新定义价值网络。数字技术的嵌入应用对企业组织的一个很直接的影响就是可以减少企业组织内部之间的交流成本,这也意味着要重构企业价值网络结构。数字技术尤其是数字平台的嵌入,会产生创新网络效应,让组织能够有效地将更多的创新互补者吸引进入企业创新体系,与焦点企业一起创造价值。

(3)变革组织架构。数字创新需要组织架构的持续变革,把数字技术与特定使用情境相结合,要求跨部门协同。阿里巴巴的中台架构就具备适应数字创新的高度动态性。

4.4 数字创新生态

数字创新生态是数字创新发展的终极形态,基于数字平台的独特属性和特征,数字平台所有者会吸引越来越多的参与者参与到数字创新活动中,推动数字创新的迭代和衍生,最终形成架构完整、有效赋能、独立自治的创新生态系统。

4.4.1 数字生态形成

生态系统作为一种新型的治理结构,有别于其他科层或市场组织形态的关键优势及独特之处在于提供了一种结构,使得经济学强调的生产和/或消费的互补性得到控制和协调,而不需要纵向一体化。生态系统正是因为具有某些标准或基本要求,允许互补者保持一定的独立性——自行决定产品设计、定价等,又具备整体性——在复杂的产品或服务生产中与其他组织相互依存(Jacobides et al., 2018)。

数字创新企业基于生态系统的两类互补性选择不同的扩张路径来建构数字创新生态:独特互补性和超模互补性(Jacobides et al., 2018; Teece, 2018)。独特互补性是指"A 没有 B,其就无法发挥功能",其中 A 和 B 可以是特定项目、步骤或活动。独特互补性可以是单向的,即活动或组件 A 需要特定的活动或组件 B,但反之不然;也可以是双向的,即 A 和 B 都需要彼此才能发挥作用。超模互补性是指"A 越多,则 B 更有价值"。A 和 B 可以是不同的产品、资产或活动,超模互补性同样可以是单向的,也可以是双向的。

基于生态系统内的互补关系差异,平台企业可以采取两类扩张路径构建数字生态系统:弥散扩张型和聚焦收敛型。弥散扩张型是指先超模互补性,再独特互补性。海尔依托 HOPE(Haier open partnership ecosystem,海尔开放创新平台)构建企业创新生态系统。选择从用户需求出发抢占家电行业各分支领域中的技术高地,"弥散式"地建立起技术超模互补性,随后再围绕关键技术进行分解,并寻找外部供应商进行独特互补。

聚焦收敛型是指先独特互补性,再超模互补性。聚焦收敛型的扩张路径就与前文完全不同,典型案例是万向集团公司。万向集团公司在构建创新生态系统时,会根据产业发展需求先构建技术独特互补性，完成关键核心技术的"包围式"战略布局，再围绕各核心技术进行边缘产业技术拓展，从而建立起相关技术的超模互补性。

4.4.2 数字生态架构

数字生态系统具有明显的复杂性，这种复杂性可以分为结构复杂性和行为复杂性(Tiwana，2013)。结构复杂性指生态内各个部分的相互作用复杂，行为复杂性指生态内各个利益相关者的行为难以预测和控制。数字生态系统的复杂性不仅会导致生态的平台所有者难以把握生态内各个部分的作用过程，也会使生态参与者难以理解生态的技术结构和参与方式，对生态的创新造成挑战。故数字生态系统的平台所有者需要设计一个架构以管理结构复杂性，并设计一套治理机制以管理行为复杂性。

数字生态架构通过两个基本功能——分块和集成管理结构复杂性(Tiwana，2013)。架构分块指数字生态系统的形式和功能被分解成子系统，它定义了哪些子系统和功能位于核心组件库，哪些位于组件库外，它们是否可以分离。数字生态架构分块可以降低平台复杂性，将复杂系统分解成具有特定功能的子系统，提高对复杂系统的认知。架构分块使得各子系统的设计师只需了解自己系统的内部结构，无须考虑其他子系统如何工作。

系统集成是指平台所有者与模块开发者之间在开发过程中进行协作。架构分块使得开发者能够根据自身特长对各个子系统进行独立设计和管理，但最终各平台的各子系统需要与平台核心相连接，彼此交互形成整体。集成涉及平台与模块之间的集成、模块与模块之间的集成。良好的平台架构需要在确保平台与模块、模块与模块之间围绕目标有效协作的同时，降低这个过程中的集成成本。

数字生态通过两大机制——去耦合化和接口标准化管理行为复杂性。去耦合化是通过封装设计过程来实现的(Baldwin and Clark，2000)，封装就是将可能发生变化的内容放在一起封装起来，对外提供固定的信息。数字生态内部模块的信息通过封装被隐藏，只有数字生态的平台开发者才知道内部结构运作细节。对于其他模块开发者，其细节是一个黑箱，他们只看到数字生态平台对外所提供的必要信息，并通过接口进行访问。相同逻辑也适用于外部模块开发者，他们可以通过封装将内部细节信息隐藏，只提供与数字生态交互相关的必要信息。

标准接口是平台与模块之间的一个协议，指定了模块与平台之间基本的技术交互规则。对于模块开发者，接口是模块获取平台内部资源和服务的唯一途径。数字生态的接口不仅确保了平台与模块之间的交流，也约束了交流方式。标准接口的设计规则要求既要保证接口的稳定性，也要保证其通用性(Tiwana et al.，2010)。稳定性可以使在不同时间加入平台的模块开发人员对接入信息做出相同的假设，而无须验证这些假设。通用性意味着接口能够连接多个模块，不限制模块的差异性，保证数字生态的多样性和灵活性。

4.4.3 数字生态构型

数字创新生态系统通常存在一个或多个核心主体，一般也是生态系统的建造者和运营者，如苹果创新生态系统中的苹果公司、阿里生态圈中的阿里巴巴集团，它们利用独有的竞争优势与其他组织建立复杂的合作关系。核心主体的目标、行为以及参与生态活动得到的反馈将会对创新生态系统的运行和治理产生重要影响（Zahra and Nambisan，2011），也决定了数字生态的不同构型。

（1）高山型。高山型数字创新生态系统指生态系统的核心主体是单一企业，企业根据自身所处的行业和技术创新的需求直接与合作伙伴开展合作，成立以企业自身为核心的创新生态系统。高山型数字创新生态系统普遍会出现行业内核心技术资源集中于某家或某几家企业的情况，这些企业可以凭借对资源的垄断或类垄断形式围绕自己成立数字生态系统，其余组织通过提供辅助性资源支持来参与价值创造活动。这种构型的数字生态系统的焦点企业对技术挖掘、研发和商业化全过程具有主导权，其对系统的控制强度相对较高，通过内部控制带动整个行业技术发展，促进系统内每个参与者的价值创造和获取进程，实现系统繁荣。

（2）竹林型。竹林型数字创新生态系统是指由一家或多家企业牵头，与几个关键组织建立联盟式的创新合作关系，产生了抱团的"竹林效应"，再围绕创新联盟成立由整体联盟共同治理的创新生态系统。"竹林效应"就是指在互联网环境下，高速发展的企业就像竹子，可以如一夜春笋一般地长大。但是单棵竹子的生命周期是很短的，很难对外部环境的变化及时做出改变，就如同有很多互联网公司的生命周期都不长，死于战略或资源滞后，但是竹子的优势是什么呢？它具备形成竹林的速度，一旦竹子抱团形成竹林，新的竹笋不断产生，自身弹性不断增强，很快一个能够应对外部风险的联盟就能成立，抗风险能力也呈指数级提升。

（3）蓄水池型。在蓄水池型数字创新生态系统结构中，发挥核心作用的是搭建技术平台的焦点企业，数字平台就像一个蓄水池，把活跃在生态系统中的各个参与者和创新要素拢在一起，搭建一个自由交互的平台，外部组织可以深度参与进去，内部部门可以直接通过平台与外部组织建立合作关系。焦点企业除了直接参与创新活动外，更多的是系统的维护者，通过平台建设和运作维持，为众多创新参与者进行交互提供稳定持续的环境，以参与者目标和价值的实现为己任，推动生态系统和产业发展并从中受益。

通过对上述三种主要结构类型的总结，可以清楚看到在这三种结构类型中焦点企业的重要性是不断下降的，但是这并不是说在蓄水池型中核心企业不重要，而是更强调其发挥的参与者和服务者的角色作用，焦点企业在搭建完成数字创新生态系统后就不再进行过多的干预。企业在选择成立或参与数字创新生态系统时，一定要根据自身条件具体情况具体分析，牢记"没有最好的，只有最合适的"。

4.4.4 数字生态赋能

赋能是数字创新生态创造价值的重要机制，数字生态基于平台类型差异可以区分为交易型数字平台生态和创新型数字平台生态，这两者对生态参与者的赋能存在明显差异。

(1) 交易型数字平台生态及其赋能卖家。交易型数字平台多为双边市场平台，核心企业通过创建数字化的中介场所，直接连接买卖双方群体，促进交易的达成。交易型数字平台在扮演"连接者"的角色的前提下，还需要扮演"赋能者"的角色，通过构建完善的基础设施，帮助商家更好地进行产品创新和服务创新，不断地为消费者提供独特的使用价值。

交易型数字平台生态主要通过三大策略赋能参与者。其一，完善服务链条，赋能商业模式创新。通过引入各种服务商，将仅包含交易关系的双边平台逐步转变为蕴含多种复杂关系的多边平台甚至是商业生态系统，完善交易服务链条，推动商业模式创新。其二，完善数字功能，赋能运营模式创新。通过完善平台数字功能，基于IT技术的可配置功能，进一步助力商家进行运营模式创新。其三，打造大数据池，赋能产品创新。打造"大数据池"，通过数据产品助力商家进行供应链创新和产品/服务创新。

(2) 创新型数字平台生态及其赋能互补者。创新型数字平台也称技术平台，这一类平台就像是创新引擎一样，为生产者提供核心技术架构，确保在这架构之上来创造新的产品、拓展平台的核心功能并延伸到终端用户，为客户提供更具有价值的产品和服务。创新型数字平台与交易型数字平台最大的差异就是平台的主要价值来自平台自身的计算能力和数据处理功能。创新型数字平台通过连接不同的互补者，同时促进互补者之间的交互，为用户提供更加完整的解决方案。

创新型数字平台生态系统中的平台公司为了能够有效地赋能互补者，通常会进行自我限制，与互补者区别功能定位、划清边界。这些平台公司专门负责一些创新的基础架构设计，并开放给所有的互补品生产商，来确保互补产品和产品系统的互补协同。换言之，创新型数字平台生态的平台企业通过为互补者开放更多的技术架构和接口，允许互补者在平台上进行更多的交互和联动，基于信息和数据资源共享与开放社区生态优化，推动互补者创新，拓展平台的功能以提高对用户的吸引力。

4.4.5 数字生态治理

为确保整个数字生态系统健康有序地运行，治理主体需要采取有效的治理机制。治理机制往往表现为一套制度设计，通过这些制度设计来促进参与者的有效创新协同，提升创新生态系统的创新产出及市场竞争力。然而选择合适的治理机制对于数字创新生态系统来说并非易事：不仅需要约束参与者的行为，让他们不至于偏离谁太远；还需要给参与者足够的空间，激发他们的创新活力(Jacobides et al.，2018)。数字创新生态系统的实践涌现出三类核心的治理机制。

(1)控制机制。数字创新生态系统的构建往往围绕一个明确的目的，为了不偏离这个目的，需要生态系统的焦点企业采取一系列控制机制，常见的控制机制包括合同约束、成员管理、联合制裁等。合同约束是一种最为常见的控制机制(Wareham et al.，2014)，参与者之间签订的正式协议，能够确保参与者按照协议的内容来活动，减少参与者对自身利益受损的顾虑。成员管理最有效的措施是设定准入规则，即数字创新生态系统的焦点企业基于"质量和数量"的权衡(Bercovitz and Tyler，2014)，从源头上筛选符合生态需要的个人、团队或公司进入生态(Thomas and Autio，2018)。联合制裁是指创新生态系统内的参与者成立非正式组织或内部协调组织的方式，共同对违反规则的成员进行处罚，以规范参与者行为。

(2)激励机制。为了让数字创新生态系统能够顺利实现自身目的，焦点企业需要采取措施来鼓励参与者积极进行合作并投入资源，收益分配、产权激励和非物质激励是较为常见的激励方式。收益分配是一种直接的激励方式，即焦点企业通过给予参与创新的成员企业相应的物质回报，鼓励参与者进行创新。产权激励是一种更为直接的激励方式，从根源上保障了参与者的利益，是高不确定性环境下行之有效的事前激励形式。非物质激励则是回应异质性诉求参与者的激励形式，并不是每个数字创新生态系统的参与者都以获取物质回报为主要目的。

(3)协调机制。在特定数字创新生态系统中，焦点企业和众多的参与者有他们自己的动机、业务目标和行业逻辑，所以焦点企业需要对参与者行为进行协调，以达成数字创新生态系统目标。信任机制、声誉机制及决策共享是典型的协调方式。信任机制是广被关注的治理机制(Boudreau，2010)，企业不确定性环境下相信合作伙伴不会损害共同利益，从而愿意面对风险与对方进行合作。声誉机制则是指焦点企业通过长期积累的良好声誉，让参与者更愿意加入生态，而参与企业声誉也能让其获得其他参与者的帮助。决策共享则是焦点企业通过出让部分决策权而获得参与者对生态的认可，决策共享可以提升生态的公平性和可信度，并整合参与者在特定领域的知识优势(Nambisan and Sawhney，2011)。

4.5 数字创新前沿

至今，数字创新研究不仅在纵深方向上取得长足发展，在横向拓展上也取得令人瞩目的进步。本节尝试从数字创新生态系统形态变迁视角归纳总结数字创新的三大前沿：企业数字创新生态、嵌套型数字创新生态、数字创新创业生态。

(1)企业数字创新生态。随着数字技术的繁荣和在产业企业中的影响更加深远，越来越多的企业有能力围绕自身核心业务建构起数字创新生态。企业创新生态系统是焦点企业以自身为核心主体，利用数字技术提供核心组件和边界资源，赋能各类参与者协同创新、价值共创共享的创新生态系统。在企业创新生态系统中，焦点企业基于独特的价值主张与优势的创新资源，通过自己对于技术产业发展的理解以及商业合作关系的建立，以共同的利益追求、资源共享、价值实现为手段吸引创新参与者的加入，实现整个生态系统的创新价值最大化（Scaringella and Radziwon, 2018; Prashantham, 2020）。企业创新生态系统的参与者们相互协调、共生演化，虽然个体会自生长、自发展、自消亡，但系统在一定时期内仍处于相对稳定的动态平衡，实现自组织和自循环（魏江等，2023）。

(2)嵌套型数字创新生态。嵌套型数字创新生态是数字创新生态的又一前沿。在焦点企业构建数字创新生态中，诸多参与企业在数字赋能下，同样获得了围绕自身业务构建数字创新生态的能力。比如，在大型企业主导的数字创新生态中，互补企业围绕其自身形成数字创新生态解决方案，打造了镶嵌于主导数字创新生态系统的共生型生态系统（苏钟海等，2024）。在焦点企业构建的数字创新生态中，越来越多的参与者会构建起其自身的数字创新生态，参与者相互之间的复杂互动关系，引致焦点企业与参与企业所构建的数字创新生态整体上呈现了嵌套现象，即嵌套型数字生态系统（魏江等，2021）。

(3)数字创新创业生态。数字技术进步使得创新生态系统和创业生态系统的边界交叉重合，所涵盖的要素及其内涵也趋同一致，创新和创业实践的现实重叠性不断提高。理论研究上，伴随着研究学者逐渐意识到创新与创业的紧密关系，如创新要通过创业的方式进行转化才能对经济产生影响（González-Pernía et al., 2015），创业试验是将创新转化为经济活动和经济增长的核心机制（Lindholm-Dahlstrand et al., 2019），一些学者开始将创新创业作为整体进行考察，这推动了创新生态系统与创业生态系统的研究迈向创新创业生态系统的融合。创新创业研究不再割裂地看待创新和创业，而是转向关注创新和创业的紧密关系（Jelonek, 2015; Schmitz et al., 2017）。无论是数字创新和数字创业实践的现实使然，还是数字创新和数字创业研究的理论发展需要，数字创新生态和数字创业生态都在朝着融合方向发展，并最终形成了数字创新创业的全新生态。

参 考 文 献

陈威如，余卓轩. 2013. 平台战略：正在席卷全球的商业模式革命[M]. 北京：中信出版社：88-89.

罗兴武，张皓，刘洋，等. 2023. 数字平台企业如何从事件中塑造数字创新能力：基于事件系统理论的钉钉成长案例研究[J]. 南开管理评论, 26(4): 234-247.

苏钟海, 魏江, 张瑜, 等. 2024. 创业企业构建共生型生态系统机理研究[J]. 科学学研究, 42(8): 1685-1694, 1770.

魏江, 刘嘉玲, 刘洋. 2021. 新组织情境下创新战略理论新趋势和新问题[J]. 管理世界, 37(7): 182-197, 13.

魏江, 王颂, 等. 2023. 企业创新生态系统[M]. 北京: 机械工业出版社.

Amit R, Zott C. 2001. Value creation in E-business[J]. Strategic Management Journal, 22(6/7): 493-520.

Baldwin C Y, Clark K B. 2000. Design Rules: The Power of Modularity[M]. Cambridge: MIT Press.

Bercovitz J E L, Tyler B B. 2014. Who I am and how I contract: the effect of contractors' roles on the evolution of contract structure in university-industry research agreements[J]. Organization Science, 25(6): 1840-1859.

Boland R J, Jr, Lyytinen K, Yoo Y. 2007. Wakes of innovation in project networks: the case of digital 3-D representations in architecture engineering and construction[J]. Organization Science, 18(4): 631-647.

Boudreau K. 2010. Open platform strategies and innovation: granting access vs. devolving control[J]. Management Science, 56(10): 1849-1872.

Ciriello R F, Richter A, Schwabe G. 2018. Digital innovation[J]. Business & Information Systems Engineering, 60(6): 563-569.

Desouza K C, Dombrowski C, Awazu Y, et al. 2009. Crafting organizational innovation processes[J]. Innovation, 11(1): 6-33.

González-Pernía J L, Jung A, Peña I. 2015. Innovation-driven entrepreneurship in developing economies[J]. Entrepreneurship & Regional Development, 27(9/10): 555-573.

Hansen M T, Birkinshaw J. 2007. The innovation value chain[J]. Harvard Business Review, 85(6): 121-130, 142.

Henfridsson O, Mathiassen L, Svahn F. 2014. Managing technological change in the digital age: the role of architectural frames[J]. Journal of Information Technology, 29(1): 27-43.

Henfridsson O, Nandhakumar J, Scarbrough H, et al. 2018. Recombination in the open-ended value landscape of digital innovation[J]. Information and Organization, 28(2): 89-100.

Jacobides M G, Cennamo C, Gawer A. 2018. Towards a theory of ecosystems[J]. Strategic Management Journal, 39(8): 2255-2276.

Jelonek D. 2015. The role of open innovations in the development of e-entrepreneurship[J]. Procedia Computer Science, 65(12): 1013-1022.

Karimi J, Walter Z. 2015. The role of dynamic capabilities in responding to digital disruption: a factor-based study of the newspaper industry[J]. Journal of Management Information Systems,

32(1): 39-81.

Kim J H, Bae Z T, Kang S H. 2008. The role of online brand community in new product development: case studies on digital product manufacturers in Korea[J]. International Journal of Innovation Management, 12(3): 357-376.

Kohli R, Melville N P. 2019. Digital innovation: a review and synthesis[J]. Information Systems Journal, 29(1): 200-223.

Li F. 2020. The digital transformation of business models in the creative industries: a holistic framework and emerging trends[J]. Technovation, 92/93: 102012.

Li L, Su F, Zhang W, et al. 2018. Digital transformation by SME entrepreneurs: a capability perspective[J]. Information Systems Journal, 28(6): 1129-1157.

Lindholm-Dahlstrand A, Andersson M, Carlsson B. 2019. Entrepreneurial experimentation: a key function in systems of innovation[J]. Small Business Economics, 53(3): 591-610.

Nambisan S. 2002. Designing virtual customer environments for new product development: toward a theory[J]. Academy of Management Review, 27(3): 392-413.

Nambisan S. 2017. Digital entrepreneurship: toward a digital technology perspective of entrepreneurship[J]. Entrepreneurship Theory and Practice, 41(6): 1029-1055.

Nambisan S, Sawhney M. 2011. Orchestration processes in network-centric innovation: evidence from the field[J]. Academy of Management Perspectives, 25(3): 40-57.

Porter M E, Heppelmann J E. 2014. How smart connected products are transforming competition[J]. Harvard Business Review, 92(11): 64-88.

Prashantham S. 2020. New ventures as value cocreators in digital ecosystems[J]. Industrial Management & Data Systems, 121(1): 111-122.

Scaringella L, Radziwon A. 2018. Innovation, entrepreneurial, knowledge, and business ecosystems: old wine in new bottles?[J]. Technological Forecasting and Social Change, 136: 59-87.

Schmitz A, Urbano D, Dandolini G A, et al. 2017. Innovation and entrepreneurship in the academic setting: a systematic literature review[J]. International Entrepreneurship and Management Journal, 13(2): 369-395.

Teece D J. 2018. Profiting from innovation in the digital economy: enabling technologies standards, and licensing models in the wireless world[J]. Research Policy, 47(8): 1367-1387.

Thomas L D W, Autio E. 2018. Ecosystem value potential: an organizational field perspective[J]. Academy of Management Proceedings, (1): 17112.

Tiwana A. 2013. Platform Ecosystems: Aligning Architecture, Governance, and Strategy[M]. San Francisco: Morgan Kaufmann Publishers.

Tiwana A, Konsynski B, Bush A A. 2010. Research commentary-platform evolution: coevolution of platform architecture governance and environmental dynamics[J]. Information Systems Research,

21(4): 675-687.

Wang P, Ramiller N C. 2009. Community learning in information technology innovation[J]. MIS Quarterly, 33(4): 375-709.

Wareham J, Fox P B, Cano Giner J L. 2014. Technology ecosystem governance[J]. Organization Science, 25(4): 1195-1215.

Yoo Y, Boland R J, Jr, Lyytinen K, et al. 2012. Organizing for innovation in the digitized world[J]. Organization Science, 23(5): 1398-1408.

Yoo Y, Henfridsson O, Lyytinen K. 2010. Research commentary—the new organizing logic of digital innovation: an agenda for information systems research[J]. Information Systems Research, 21(4): 724-735.

Zahra S A, Nambisan S. 2011. Entrepreneurship in global innovation ecosystems[J]. Academy of Marketing Science Review, 1(1): 4-17.

Zhu F, Iansiti M. 2012. Entry into platform-based markets[J]. Strategic Management Journal, 33: 88-106.

Zhu J J, Li S Y, Andrews M. 2017. Ideator expertise and cocreator inputs in crowdsourcing-based new product development[J]. Journal of Product Innovation Management, 34(5): 598-616.

第 5 章 数 字 创 业

本章提要： 数字技术的数据同质化、可重新编程性和可供性等独特特征，为数智时代的创业者带来了新的机会识别、资源获取和价值创造方式，数字创业活动涌现出数据驱动、市场导向、交互延展和动态涌现等全新特点。本章围绕数字创业的基本内涵、独特要素、行为逻辑、内在机理四个方面展开，提出了数字创业机会、数字创业资源、数字创业者与数字技术等四要素。进而本章依次分析了数字创业机会从何而来、数字创业者如何构建网络、数字技术嵌入下价值共创如何实现、数字创业资源如何编排四个关键问题。本章提出了数字创业者通过开发与利用数字技术，赋能数字创业机会的快速识别，并持续与数字生态内多元主体开展价值共创的企业创业行动逻辑与价值创造范式。

案例聚焦 5-1

字节跳动的精彩故事

成立于 2012 年 3 月的字节跳动，旗下拥有今日头条、抖音、TikTok、西瓜视频、Lemon8 等数字产品。以海量数据资源与先进智能算法为基石和动力，字节跳动在美国、东南亚、日本等全球多个国家和地区获得了现象级成功，也被《经济学人》杂志认为是中国科技公司中进行海外化最成功的案例。据《金融时报》(*Financial Times*)报道，字节跳动 2022 年的税息折旧及摊销前利润(earnings before interest, taxes, depreciation and amortization, EBITDA)同比增长 79%，达到约 250 亿美元，首次超过腾讯的 239 亿美元和阿里巴巴的 225 亿美元，一跃成为全球第一的独角兽公司。凭借着强劲的"算法+内容"运营模式，字节跳动用了 11 年时间，成长为当下中国最赚钱的互联网公司之一。

无独有偶，Open AI、Netflix、亚马逊、大疆等成功的"颠覆者"均是通过将数字技术与创业实践充分结合，将数字技术嵌入至其全新市场机会的识别、评估和利用的过程，进而赋能其在数字化浪潮中的生存发展。快速且持续地激发数字技术与数据要素的叠加效应，这无疑成为这些企业制胜的关键法宝。

毋庸置疑，数字创业既是数字技术发展的产物，也是数据要素价值化的具象展示。这种全新的创业实践集中展示了数字技术深度渗透至企业生存与发展的各个环节，推动了创业机会"聚变"与"裂变"的动态过程。那么，数字创业从何而来？"新"在哪里？数字企业和在位的传统企业又应如何把握这种全新的创业机会？为了回答这一系列问题，本章围绕数字创业的内涵特征、内在机理等方面展开深入探讨，集中展示数字创业的独特魅力及其蕴含的无限可能。

5.1 数字创业扑面而来

5.1.1 "谁在做"：数字技术背景创业者的普遍涌现

数字技术的迅猛发展驱动着社会生产方式的深度变革，创业者面临前所未有的机遇。例如，随着电池技术的不断改进，电动汽车市场迅速崛起，特斯拉等企业开创了高性能电动汽车市场，其他制造商也跟进推出各种电动车型，由此带来电动汽车的充电基础设施建设，构成新的市场机会，涉及电池充电站、充电器和充电管理系统等领域。再如，数字技术改变了娱乐行业。诸如 Netflix 的流媒体平台通过提供在线视频内容，创造了庞大的市场，不仅改变了传统电视和电影业务，还催生了原创内容制作、内容许可和视频分发技术等新的市场机会。

值得注意的是，新技术本身并不能构建数字创业机会，机会构建的主体一定是具有足够数字能力、利用数字技术、整合数字资源的数字创业者或数字创业团队。相较于传统创业者，数字技术驱动的数字创业者和创业团队往往具备较高程度的数字创业知识和数字创业能力(Tumbas et al., 2018)。基于此，数字创业的个体和团队充当了将数字技术和数据资源由创业的边缘性要素转变为核心性要素的身份和角色(Koellinger, 2008)，他们不仅深度参与到新企业的战略规划和实施过程中，且以其强大的数字创业思维和能力，对识别和开发数字创业机会保持高度敏感(Boojihawon and Ngoasong, 2018)，迅速整合资源，推动创业企业的创立和成长。还比如，每日互动作为专业的数据智能服务商，构建了"数据积累—数据治理—数据应用"服务生态闭环，为互联网运营、用户增长、品牌营销、公共服务等各行业客户以及政府部门提供丰富的数据智能产品、服务与解决方案。可见，数字技术使得创业者能够最大限度地突破资源和能力限制，通过利用大数据分析、社交媒体、云计算和智能制造等数字技术，将其数字技术背景与潜在的商业机会融合进而实现数字创业与全新的价值创造。

5.1.2 "做什么"：多元企业对数字技术的广泛应用

大数据、人工智能、区块链等新兴数字技术发展为企业提供了全新的价值内容与价值传递路径，越来越多的创业者通过自主构建或依托某个强大的数字企业快速识别数字需求，基于数据开发行业定制化抑或通用性的数字解决方案，快速打破了"新生者劣势"，产生了一个又一个的创业"奇迹"。IT桔子数据显示，截至2024年，中国人工智能领域的独角兽公司共有102家，其中，2023年的新晋独角兽有10家，生成式人工智能及大模型相关公司有4家。再如，智谱AI诞生于2019年，源于清华大学计算机系知识工程研究室，其研发的大语言模型GLM-130B是2022年亚洲唯一入选斯坦福评测的全球主流大模型。2023年10月，智谱AI宣布已累计获得超25亿元人民币融资。该轮融资完成后，估算，智谱AI的估值达到15.38亿美元。

数字技术及其驱动的创新创业活动，使得创业边界更加模糊。首先，企业可以受益于新技术以较低成本开发数字创业产品并创造价值。其次，数字企业的创业结果具有流动性，即数字技术创新推动的创业产品或服务的范围、功能和价值即使在创业概念实施后仍在不断演化（Yoo et al.，2012）。最后，随着数据要素赋能大企业创业底层逻辑变革，传统企业也在数字化浪潮之下寻求"第二增长曲线"。例如，海尔、吉利集团等基于数字技术纷纷展开内部创业。此外，通过培育与孵化这种基于数字技术而实现的创业活动和创业项目，可以间接帮助企业在用户认知中建立起新的数字化关联印象，成为提升企业的品牌价值和市场影响力的新工具。

总体来看，数字技术改变了多元企业开展创新与创业的既有范式，涌现出数字创业者与传统创业者分别主导的集群化、生态化、平台化创业，其组织内部各微观主体基于数字技术共同开发和创造价值，彼此之间既相互依赖又各自独立，创造了宏大的数字经济规模。

5.1.3 "如何做"：数字平台对创业活动的全面赋能

数字创业通常以数字平台的建立和运营为基础，数字创业者可以基于互补模块的开发而嵌入强大的平台生态系统，以利用数字基础设施与数字网络效应识别数字创业机会（Srinivasan and Venkatraman，2018；王节祥等，2021）。通过与主导平台构建连接，创业者可以深度吸收和快速转化平台在渠道、技术、市场等多个维度的赋能，进而实现快速成长。概括地说，数字技术的迅猛发展极大地推动了以数字平台企业为代表的新型组织形态在各个领域的崛起。

在平台型创业生态系统中，平台所有者与嵌入其中的创业者并非控制与被控制关系抑或扁平的市场交易关系，而是一种基于独特互补性而形成的松散耦合关系，并以"平台输出赋能—创业者吸收反哺"为生态内价值活动的主要模式。典型的例子是，对于苹果、谷歌等技术平台的移动应用开发者，无论是拥有强大资源基础的大企业，还是几人组成的初创公司甚至在校高中生，都可以受益于苹果所开发的多样且高效的开发者工具，将他们心中的奇思妙想转化为能够改变世界的数字产品，反哺苹果生态并使其保持竞争优势的可持续性。

总体来看，数字平台的出现为数字创业个体和团队带来无可比拟的机会和资源集聚优势。平台所有者能够利用数字技术来开发和控制平台内外部的多元化资源，以前所未有的规模对各类资源进行数据同质化转化、编辑和分发(Yoo et al.，2012；邢小强等，2019)，引发大量基于平台的跨边界连接与合作，从而创造价值(Gawer，2022)。例如，三一重工通过搭建工业互联网平台，建立三一众创孵化器，通过与在孵企业相互赋能，推动传统工程机械行业的数字创业。同时，平台能够高效促进低摩擦冲突的双边或多边市场交易，通过激发与强化同边与跨边网络效应来聚集海量用户，具有快速增长及赢家通吃的特征(Eisenmann et al.，2006；Hagiu and Wright，2015)。因此，数字平台正在从根本上改变企业识别机会与价值创造模式，全面赋能创业活动，成为激发数字创业活力的重要力量(Parker et al.，2016)。

5.2 数字创业的独特内涵

数字创业者可利用数字技术获取和整合海量数据资源，促进与多方参与者的价值共创(Sahut et al.，2021；Zaheer et al.，2019)，完成对潜在互补资源的前摄识别与高效整合。例如，小未科技创始人王军敏锐地察觉到智能家居市场的瓶颈：各种产品缺乏有效互联性，消费者渴望一个数字平台，能够整合和智能控制所有设备。因此，小未科技确定了构建智能家居生态圈的发展方向，致力于打造感知用户需求、提供个性化智能服务的全屋智能家居系统产品。围绕智能门锁的功能和使用场景，小未科技精心梳理产品需求、进行研发设计、制定生产制造业务逻辑，持续实现对基础功能模块的迭代与拓展。

由此，本节的目的是揭示数字创业的本质。数字创业的提出究竟是"改弦易张"还是"旧瓶新酒"？回答这个问题之前，我们首先应明确数字技术的内涵与属性特征，只有将数字技术的属性特征映射至组织和个体的创业行为，数字创业的内涵与边界才能逐渐清晰。

5.2.1 数字创业概念界定

数字技术是指信息、计算、沟通和连接技术的组合(Bharadwaj et al.，2013；刘洋等，2020)，具有数据同质化、可重新编程性、可供性三个本质属性特征(Ciriello et al.，2018；Yoo et al.，2010，2012；刘洋等，2020)。首先，数据同质化是指数字技术能将各种形式信息(如声音和图像等)转化为数字 0 和 1，这一操作过程实现了信息的同质化转化。其次，可重新编程性是指数字技术使得对数据进行处理的程序同样作为数据进行存储和处理，这一性质使得对程序的编辑或重新编程变得更加容易(Yoo et al.，2012)。比如，工业自动化控制系统根据不同的生产需求进行灵活调整，通过重新编程实现对控制系统逻辑、参数或运行方式的调整，以适应不同的生产需求。数字技术的可重新编程性，为创业活动的自主开展与迭代创新提供了肥沃土壤。最后，可供性是指不同的组织和个体可以利用同样的数字技术来实现不同的目的（Yoo et al., 2010）。数字技术的可供性不仅体现在技术的先进性和功能性上，更体现在灵活适应不同应用场景和用户需求的能力上，使得创业者能够更加灵活地适应市场变化和用户需求，在竞争激烈的市场中更具优势，为创业者提供了更大的市场和更多的商业机会。

立足于数字技术的定义与特征，我们从创业主体、创业资源、创业机会三个核心要素出发，提出数字创业主体是指组织或个体通过使用数字技术来有效获取、处理、分发和应用数字信息和数据要素，寻求和利用数字产业化和产业数字化的机会，实现整合资源、构建团队、创造价值的过程。该过程的独特性表现在三个方面：数字技术赋能机会、创业过程高度压缩、创业要素快速耦合。首先，数字技术正在以前所未有的规模完成对各类资源的数据同质化转化、编辑和分发（Yoo et al., 2010），形成独特的数据网络效应和创业机会。其次，数字创业强调创业过程中数字技术的应用，由数字技术和数据要素建构起数字平台体系和技术基础设施体系，创业者就可以利用平台和生态的"辐射"力量，快速实现资源组合、机会组合和行为协同，推动创业过程的简化与创业效率的增进。最后，数字技术在创业过程的广泛应用改变了传统创业过程的线性流程，各类创业者可以利用数字技术基础设施，在最短的时间内汇聚起人才、资金、技术、市场、客户，由此改变了创业资源获取、创业团队认知互动等过程的底层逻辑。

5.2.2 数字创业与技术创业

明确了数字创业的内涵，接下来回答，与传统技术创业活动相比，数字创业"新"在哪里？事实上，数字创业在广义上被视为数字技术与创业实践的整合产物。与传统技术创业活动相比，数字创业活动的开展基础是产业组织的平台化、生态化发展，这既改变了技术创业机会的分布规律，也改变了技术创业活动原有的"单打独斗"模式。数字创业的特殊性在于，由数字技术发展引致的数字平台组织、数字生态系统、数字基础设施不再仅仅是一个个被利用的技术要素，而是创业的特殊要素。当数字技术转化为数字组织交互平台、人机交互平台和人际交互平台，就形成了基于数字技术的创业生态系统。通过嵌入这样的生态系统，数字创业者从中捕捉机会、获取资源、接受赋能，为创业者在产业数字化与数字产业化过程中，提供了大量快速涌现的创业机会。

传统情境下，技术创业活动主要涉及创新技术的初始研发与迭代更新，创业者往往需要依靠其技术优势来完成企业的初始构建，通过有效的市场化战略与持续的技术更新，为企业构建长期竞争力打下基础。数字经济情境下，数字创业者受益于技术的数字特性，无须在产品研发过程中持续投入高昂成本，可以在多样化主体互动过程中不断发现新的创业机会，以识别和满足碎片化和个性化的用户需求，持续地对原始产品进行改进和更新。

此外，对于依靠数字平台来开展创业的组织或个人而言，数字创业可以理解为企业与数字平台等数字基础设施提供者不断进行交互，实现创业机会识别与开发的过程。数字创业者不再局限于那些具有技术优势的"高精尖"群体，而是展示出一种多层次性的特点。数字创业者既可以是那些拥有丰富资源禀赋与市场影响力的大企业，也可以是基于社交媒体、直播平台等数字平台而实现创业机会的识别与开发的用户个体。数字创业者可以借助数字平台和生态系统的力量快速实现目标客户的搜寻与匹配，在生态场域内构建起独特的竞争优势。这一过程中，创业者无须开发基础架构和研发成本的迭代投入，而是将有限精力集中于产品服务的适配开发上，因此，数字创业产品能够在虚拟社区、孪生世界、线上交互中，最大限度地打破时空局限，实现快速、低成本传播，让创业过程日渐高效、创业机会持续涌现。

传统创业与数字创业的本质区别在于，后者将数字技术视为一种关键的创业要素，这一要素的特殊作用可以概括如下。

(1) 机会涌现化：机会无处不在，创业者、资源和客户汇聚交互，数字平台会源源不断地为创业者提供互补要素、辅助要素、产品服务等。一旦平台企业发展成为商业生态，各种创业机会涌现在创业者面前。

(2) 创业机会化：数字技术创造了创业机会，数字技术和数据要素可以通过精准推送、精准营销、需求营造，数字技术可以为创业者创造机会，而不再是传统创业模型中创业者去寻找机会。

(3) 创业资源化：数字技术和数据要素通过汇聚各类资源，根据机会需求实现要素资源化。由于人、资金、信息、数据、技术、客户、供应商都汇聚在数字平台上，数字平台可以通过数字技术实现创业需求和资源供给的匹配。比如，支持创业者实现拼凑式创业，实现创业资源主动汇聚在创业活动周边。

5.2.3 数字创业的独特要素

在数字技术与数据要素叠加作用下，创业过程与价值创造逻辑不断被重塑(Nambisan et al., 2017; Zaheer et al., 2019)，这种颠覆性情境的出现源于数字技术嵌入后所诱发的创业要素改变。那么，接下来分析数字创业的要素构成。

Timmons 等(2003)提出的经典创业过程模型强调了创业机会、资源和创业团队三个关键构成要素，且这三类要素的配置处于高度动态平衡的过程(图 5-1)。其中，创业机会是构成创业过程的核心要素，创业的核心是发现和开发机会，并利用机会进行创业活动。资源是创业过程的必要支持。创业团队是创业过程中发现和开发机会、整合资源的主体,是创业企业关键组成要素。创业活动一般始于创业机会,在组成创业团队后取得必要资源,创业计划才得以顺利实施。

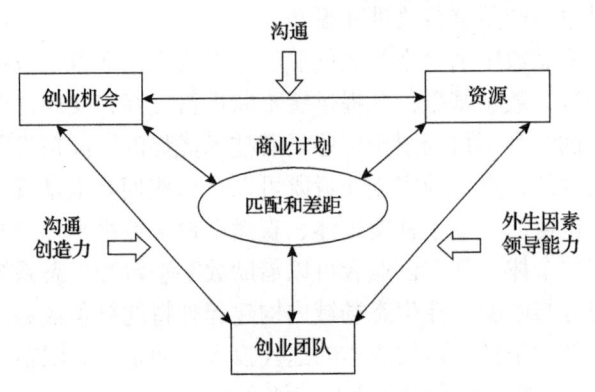

图 5-1 Timmons 创业过程模型

在数字创业的内涵分析中,已经提出了数字技术发展新情境下,数字创业所展现的一系列新特征对于创业过程中各类要素(如创业资源等)赋予了全新内涵,重塑了经典创业过程模型,数字技术成为要素市场和产品市场的基础设施,可以持续为创业者带来机会,因此,需要把数字技术构成的平台生态作为创业的核心要素,这个是之前传统创业模型中不存在的。由此,我们把创业要素由以往的三要素扩展为四要素,即创业机会、创业资源、创业者、数字技术(图 5-2)。接下来分析解构数字创业四要素对数字创业的作用机理。

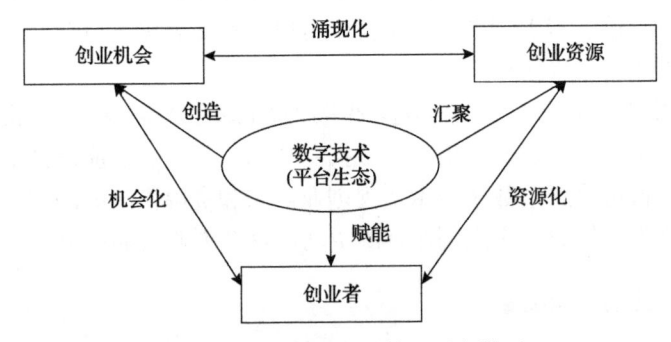

图 5-2 数字创业的独特四要素模型

1. 数字创业机会要素

数字技术催生了新产业、新业态、新模式,创业机会空前涌现。相对于传统创业机会通常来源于个体先前经验、新技术、新知识与新市场机会,注重主观能动性,数字创业机会的来源侧重于对行业或者市场的分析,包括数字技术与产品、服务重构创造的市场,用户参与导致的创新,以及新场景下出现的新应用机会。

本章将数字创业机会定义为那些融合了数字技术的各类商业机会,包括数据要素、商业模式变革带来的商业机会,呈现出创新性、迭代性、生态性、交互性等特点。

数字创业过程中,数字技术首先改变了创业者的机会识别方式。借助数字技术,创业者能够与多方参与者更为广泛地互联互通,使创业者在与多种参与者互动过程中更容易获得知识与信息,快速识别潜在市场需求和发掘新的创业机会,开展创业实验与学习(Huang et al.,2017;Paul et al.,2023)。其次,数字技术改变了创业者的机会利用方式。数字技术提供了远程协作与数字沟通的工具,使得全球范围内的团队协作沟通成为可能,创业者可以在全球范围内利用和开发创业机会。此外,数字技术还改变了创业者与客户的交互方式,使创业者可以通过数字技术与客户进行直接互动,提供及时、个性化的在线服务,以更好地满足客户需求、提升用户体验。

2. 数字创业资源要素

传统创业资源主要涉及运营型资源和知识型资源,创业者需利用自身社会关系网络以资源拼凑的方式对手头受限的资源进行整合利用与价值开发。在数智时代,数字平台企业、在线社区、数字生态系统等全新组织形态作为创业资源的全新载体,通过市场辐射与资源赋能的方式为数字创业活动提供了人力资源和传统的生产要素,还提供了具有虚拟性、低成本复制性和主体多元性的数据要素。数字创业资源相较于传统创业资源更为丰富,是以虚拟化和实体化形式存在和存储的创业资源。数据要素成为数字创业的核心资源,涉及产品数据、行业数据、市场数据等。数字技术极大地改变了创业者的创业资源获取、配置与利用方式,主要体现在资源获取和资源配置两个方面。

一是资源获取。数字技术强化了创业者资源可获得性。数字技术的关联性使创业者能突破地理、行业等限制,在全球范围内搜寻和获取各类资源、创意与投资(Zahra and Nambisan,2011)。例如,Kickstarter等众筹系统可以帮助创业企业在全球范围内获取资金、知识等创业资源。借助数字技术,创业者可以与多种类型参与主体实现有效沟通与互动,扩展资源利用范围,并赋予资源新的利用方式(Amit and Han,2017)。由此,数字创业弱化了"地域边界假设""集聚效应"假设,创业活动不再受到空间地域的局限,创业活动的展开基础也从基础网络形态,演化为更为复杂和更加开放的数字平台企业主导的生态系统。

二是资源配置。数字技术提高了企业的资源整合成本与资源配置效率。具体地,企业在收集大量异质性数据的基础上"给养"人工智能算法的开发,进而形成"数据网络效应"。这使得企业能够以低成本测试创新产品与服务,进而为用户提供更加个性化与精准的服务,提高资源配置和价值创造的能力。例如,女装品牌伊芙丽一直在全力构建全链路数字化系统。一方面,利用天猫平台开放的消费者数据给用户画像,从中寻找规律抓到流行点,利用大数据勾画出客户的喜好。另一方面,在线下实体店,物联网技术及时反馈每个款式的转化率;在工厂流水线,数据采集器跟踪每一道工序,从而精准把控市场,让生产的每一件衣服都能找到合适的主人。

3. 数字创业者

作为数字创业的行为主体,数字创业者主要是自主构建或依托数字平台企业开展商业活动。数字创业者是数据价值激发的主要聚合者和支持者,这些组织或个体表现出明显的自组织与流动性趋势,尤其是随着数字孪生、人工智能等数字技术的升级,虚拟世界成为新的创业场地,创业者具体表现出以下几个全新特征。一是创业民主化。创业组织不同于传统科层制组织架构,出现了以个体为中心的网络组织,使组织架构和合作网络走向扁平化,还可以虚拟团队或平台型组织的形式实现线上线下联动。比如,现在出现的大量开放社区,不管是做游戏的、做音乐的还是做设计的,大家来去自由、合作自由、组织自由,越来越为年轻人所喜欢。二是创业集群化。数字创业组织出现集群化特征,使大量创业者汇集在数字平台构建的生态系统中。在数字创业组织中,数字技术跨越组织边界搭建起创业平台乃至创业生态,不断扩张企业参与创新创业的方式和触及范围,并在组织边界之外开展与本企业相关联的创业活动,吸纳更广泛、更多样且不断发展的创业参与主体,形成开放共生的数字创业生态。三是创业生态化。除了面向终端需求的产品和服务创业,还涌现出公司风险投资、公司衍生创业、孵化器或加速器创业等,焦点企业不断拓展平台网络,搭建创新创业生态系统等(张玉利等,2021),各类跨行业边界的创业持续涌现。

此外,数字技术还赋予创业团队新内涵,在创业团队变化上也出现三个趋势。一是团队松耦合化。数字技术的开放性和可编程性使创业主体由"预定义、目的明确的个体或团队"转变为"弱预设性、模糊性的个体或团队",即创业者可以来自世界各地,也可以在创业活动的任何阶段加入,将原本单一的流程转变成多主体共同参与创造的过程。二是团队人机共生。数字技术改变了创业新空间,将人工智能、区块链、5G、数字孪生、虚拟现实、先进计算等新一代信息技术集大成的元宇宙创业,可以将分散在全球的创业者汇集在虚拟世界中,使数字创业团体呈现人机共生、无定形的数字化身特征。三是决策科学化。创业团队借助数字技术在虚拟世界中对创业决策进行模拟和试验,减弱有限理性和信息不对称的约束。数字技术在虚拟世界为创业团队实现高效协同与互动提供技术支撑(贾建锋和刘梦含,2021)。例如,华润创业的数字化团队借助数字化技术促进线上应用服务和线下渠道的紧密关联,助力华润创业升级数智时代消费体验。

4. 数字技术要素

数字技术作为一种数字创业的核心要素,促进了创新产品开发、生产过程改进、组织模式变革以及商业模式的创建和改变等(刘洋等,2020;Nambisan,2017),其出现与效能发挥也对 Timmons 创业模型内涵进行了有益补充。数字技术诱发的企业创新过程挑战了企业产品与服务原有的边界、机制、过程和结果之间关系的基本假设,改变了产品与服务特征、功能与逻辑(Yoo et al.,2012;Nambisan,2017)。具体呈现以下特点。

一是产品特性。数字技术可以嵌入到企业传统产品与服务,扩展了其边界和应用场景,赋予其自演化、自生长属性(刘洋等,2020;Sahut et al.,2021)。在功能方面,数字技术具有可编辑性,可以使数字技术与在位企业知识相关联并通过数字元素之间的重新组合,赋予产品新功能,以满足顾客的新需求。

二是创业逻辑。数字技术应用使创新过程中时间与空间的边界发生改变,有可能颠覆企业产品体系架构以及原有创新流程框架。例如,美的借助数字技术推进了智能制造的跨越式战略变革,构建了人与智能系统交互学习的模式,驱动了智能化创新。

三是商业逻辑。数字技术通过改变企业价值创造、价值获取方式来重塑商业模式(Yoo et al.,2012)。因为数字资源构成了数字创新组成模块,在位企业通过组合创新可以拓展数字资源的创造路径,并创造新的价值主张,重新定义其价值网络并创新商业模式。

5.3 数字创业机会识别

依托数字技术建立全新价值网络,创业者可以利用多价值环节、多元行业广泛地创造价值,创业机会属性与分布也相应地发生了颠覆性改变。对于数字技术创新者,可以利用数字技术和数字思维,从 0 到 1 构建起创新的商业模式与颠覆性价值主张。对于数字技术利用者,可以利用数字技术赋能,实现传统价值链与生产模式创新。本节对数字创业机会如何被发现和被利用进行分析。

5.3.1 数智时代的创业机会发现

创业机会指在市场中发现的能满足某种需求并具备经济价值的潜在商业机会。企业对于创业机会的开发和利用是实现价值的关键,融合数字技术的可供性,数字创业机会具有数据驱动、市场导向、交互延展、动态涌现四个显著特征(Grégoire and Shepherd,2012;郭海和杨主恩,2021),具体如下。

(1)数据驱动。数据已经不再仅仅是企业的附属品和业务衍生品,而是开发数字创业机会的宝贵资源。以今日头条为代表,数字创业实践已发生了根本性的变革，数字创业者不再依赖传统的需求预测和供给组合的方式来寻找新的商机，创业者只需要通过深入挖掘客户行为数据，随时可以在虚拟数字生态空间中发现新的创业机会(郭海和杨主恩，2021)。

(2)市场导向。数字创业机会大多离不开对用户大数据的挖掘，或发现用户尚未满足的需求，或开发新的用户需求。由于数字技术赋予的灵活性和大规模数据分析的应用，数字创业产品和服务的定位变得更为准确，可以快速实现创业机会的开发和迭代(余江等，2018)。

(3)交互延展。数字平台和生态系统的崛起使得数字创业机会不再局限于单一创业者的头脑中，而是多主体可以在同一个生态系统中相互交互、共享资源和合作创造价值。这种开放性的生态系统使得多主体之间的互动与合作被不断激发并持续强化，既加快了创新速度，更推进了新想法的孵化和市场延展，因此，数字创业机会呈现高度开放性和流动性，吸引多主体参与数字创业，使多主体间产生高度协同(Karami and Read, 2021)。

(4)动态涌现。数字创业过程强调新数字技术和模式的动态发展，关注市场用户、竞争者和其他互补方之间关系的动态演变，使得更多元的参与者参与创业，相互在互动中持续涌现新机会，以不断满足碎片化和个性化的用户需求(Grégoire and Shepherd, 2012)。未来，海量数据要素化，将持续涌现巨大商机，为各行各业数字创业提供独特机会和洞察力。

大量研究和实践案例表明，数字创业机会可以是客观存在而被创业者发现的，这涉及对市场、技术和社会趋势的敏锐洞察，以及对未满足需求的识别。例如，拼多多在电子商务领域发现了下沉市场蕴藏着的巨大商机。事实上，数字创业机会之所以可以被发现，最根本的一点在于这些机会通常已存在于市场需求，创业者可以利用数字之力分析市场、观察行业趋势和竞争情况，由此找到合适的切入点实现创业。例如，将物联网技术与健康医疗领域结合，创造出智能健康管理解决方案。数字创业者可以开发智能健康设备，如智能手环、智能体重秤等，通过收集用户的健康数据(如心率、睡眠情况等)，结合人工智能算法，提供个性化的健康管理建议。又如，在农业领域，数字创业者可以利用传感器数据和智能决策系统，通过收集植物的生长数据(如土壤湿度、光照情况等)，提供精细化的农业管理解决方案，从而提高农产品的产量和质量。一般而言，在传统产业或商业模式的数字化转型过程中蕴含着大量的数字创业机会，而这些机会极容易被那些具有丰富行业知识和技术诀窍的传统在位企业所识别。

5.3.2 数智时代的创业机会共创

除了主动探寻进而发现数字创业机会，也有更多案例表明，数字创业机会可以是由创业者主动构建(constructed)出来的，尤其是创业机会的共同创造已成为无法避免的趋势(Karami and Read，2021)。研究表明，数字创业机会往往是在与利益相关者共同观察、协作行动过程中产生的(Karami and Read，2021)，这就对创业者的数字产业思维、数字资源整合能力提出了更高要求。更关键的是，数字创业机会的创造并非锚定于"特定的机会"，而更可能是一种动态创造的"机会集"。例如，阿里巴巴创建的"双十一"购物节，苹果创造了智能手机的庞大市场需求。由于数字创业机会往往伴随着高度不确定性，在数字机会被利用之前，市场仍是空白的。因此，对于数字创业者和创业团队而言，特别是那些颠覆性的新进入者，更可能对数字创业机会进行主动且连续的共创。

创业机会共创指创业者与利益相关者在互动、合作、反复讨论中，共同影响市场各要素和产品竞争的过程。利益相关者与创业环境对数字创业机会的形成至关重要，而不仅仅是独立于创业者的情境因素。在生态系统视角下，数字创业者与广泛的利益相关者群体展开互动，利用互动涌现的偶发事件，与利益相关者共同塑造创业机会。例如，在抖音平台内，创业者、客户与投资人通过15秒的视频及简短的评论文字，快速交流各自想法，不断迭代出新机会。根据网络结构不同，数字创业者可以采取以下两种策略进行多主体机会共创(图5-3)。

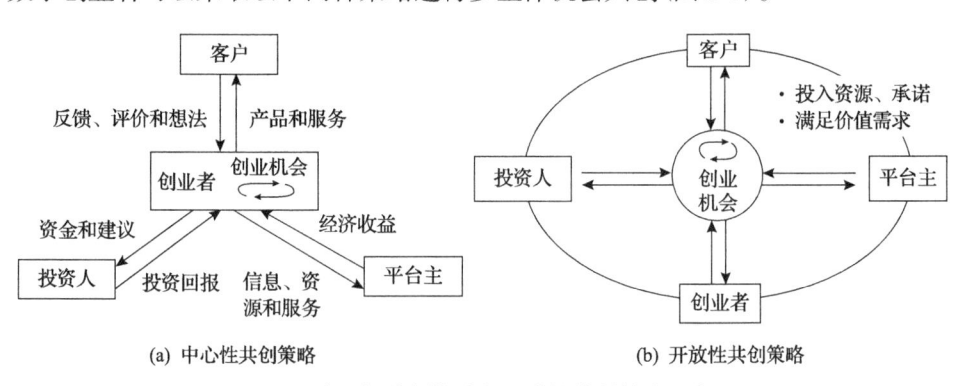

图 5-3 中心性共创策略与开放性共创策略示意图

第一种是中心性共创策略。该策略是指数字创业者以自我为中心，有选择性地动员利益相关者，共同推进创业机会和价值的创造与迭代。中心性共创策略具有如下内涵。首先，就网络特征而言，数字创业者在创业网络中处于中心位置，连接各个利益相关者群体。中心性共创策略的创业网络呈现"中心线性结构"。其次，就创业者角色而言，数字创业者拥有较大的控制权，是创业网络形成和创业机会识别的推动者，他们有选择地在不同利益相关者群体中接触关键个体，更高效地获得反馈和想法。最后，就信息获取而言，数字创业者将不同利益相关者的想法收集并联系起来，产生自我的创新性想法以实现数字创业机会的形成与迭代。

第二种是开放性共创策略。该策略是指数字创业者不以自我为中心，而是作为共创系统中的一员，与其他利益相关者共同定义问题和设计解决方案，不同参与者之间相互选择联系对象，塑造流通于整个共创系统的资源，以产生社会和经济价值。开放性共创策略具有如下内涵。首先，就网络特征而言，数字创业者与各利益相关者群体并行于同一个共创系统中，创业网络呈现"无中心网状结构"。其次，就创业者角色而言，数字创业者是创业网络形成和创业机会识别的合作者，他们尽可能多地与利益相关者进行资源流动与整合，彼此相互选择，共同塑造机会、资源和创业网络。最后，就信息获取而言，数字创业者无须预测市场需求，共创系统中的各方利益相关者自发性地共同洞察市场需求，并共同定义问题和设计解决方案，创业者只需加以整理和实践。

5.3.3 数字技术驱动的精益创业

在识别数字创业机会后，数字创业者往往通过数字化和精益创业手段来持续且快速地满足客户的潜在需求。精益创业代表了一种较低成本与快速迭代创新的模式，在数字技术嵌入下，企业创新产品与创新模式均呈现出自生成性特点。借助数字基础设施与交互界面，创业者可以自主实现与外部市场的高效连接与互通，进而成为数智时代企业开展精益创业的动力源泉。具体表现在数字技术赋能成本降低与数字技术赋能创新迭代两方面。

第一，数字技术能够赋能企业精准掌握市场潜在需求变化，降低企业的创新试验成本。随着在线支付、社交媒体、可穿戴设备等数字技术的日益普及，企业可以通过大数据技术对用户消费数据和行为数据进行更精准的分析，为企业创新提供更及时、更丰富、更有效的海量数据，企业根据对用户需求的更精准掌握推出更加个性化定制的创新产品。例如，Keep 就利用 AI 技术结合 Keep APP、智能硬件采集了大量用户数据资源，帮助 Keep 建立用户画像体系，以更好地了解用户运动偏好，为用户提供实时更新与定制化的训练计划。此外，通过对客户数据的分析，可以锁定细分用户主体，将全新创新产品和服务"定点"投放至细分市场进行验证，帮助企业以最小的成本验证产品的可行性，灵活调整方向。

第二，数字技术能够赋能用户主动参与创新迭代，赋能企业创新。数字技术嵌入还可以将用户纳入企业创新迭代流程。用户可以通过企业建立的开放社区，在创意产生初期就直接贡献创意。例如，小米一直秉持"为发烧而生"的理念，将用户的需求和体验作为创新的核心价值。这种理念不仅体现在产品设计和研发上，也贯穿于企业文化中。通过搭建用户创新平台（如小米社区中的创新版块），小米鼓励用户提出创新建议和创意，并将其转化为实际的产品或服务。这种平台为用户提供了一个交流、分享和互助的空间，使得用户能够直接参与到企业的创新过程中。在小米社区中，用户可以分享自己的使用心得、提出问题并得到解答，这种互动不仅增强了用户黏性，还帮助小米不断推动更多有创意的智能设备出现。这种开放生态模式促进了技术创新，为用户提供了更多元的产品和服务。由此，数字技术使得企业与用户之间的交互不再受地理边界限制，还能更大范围地将用户纳入其创新流程，加强与用户之间的深度交互及资源共享。

5.4 数字创业价值创造

在识别与开发了数字创业机会要素之外，数智时代的企业价值创造更需要数字创业者、数字创业资源、数字技术的合力。数字创业者是企业全新的价值创造主体，其不仅是数字机会要素的识别者与开发者，同时也是数字技术要素的利用者和数字创业资源要素的编排者。具体来看，数字企业作为天然的数字创业者，凭借其对数字技术的敏锐洞察和创新能力，能够快速捕捉到市场的脉搏。通过数据分析、云计算、人工智能等技术手段，深入了解消费者的需求，从而开发出更加精准、个性化的产品和服务。这种以用户为中心的价值创造模式，不仅提高了企业的市场竞争力，也为消费者带来了更好的体验。同时，传统企业作为后发的数字创业者，也在积极拥抱数字技术，寻求转型升级。通过引入数字化管理系统、开展电子商务、利用社交媒体进行营销等方式，传统企业正在逐步融入数字经济的浪潮中。这些举措不仅提高了企业的运营效率，也为企业带来了更广阔的市场空间。延续这一逻辑，我们接下来具体回答，不同类型的数字创业者把握数字创业机会进而创新价值创造的内在机理，进而回答"数字创业者如何才能够以其独特的方式实现全新的价值创造，进而在数字化的时代浪潮中崭露头角？"这一关键的理论与实践命题。

5.4.1 数字创业的价值创造逻辑

由于数字技术嵌入极大地改变了创业者机会搜寻、连接交互、竞争优势构建的固有方式，颠覆了既有创业活动的价值产出本质与价值传递过程，数字平台成为数字创业者创造和传递价值的重要依托。在相互依赖、开放、协同的数字平台生态系统中，作为参与主体的创业者更需考虑其产品/服务与数字生态内的主导平台、互补组件及消费者之间的联系(Srinivasan and Venkatraman，2018；Parida et al.，2017)。尤其是平台内部分层模块化的体系结构，使得数字产品在耦合(coupling)程度和具象化(embodiment)程度上存在差别，进而影响了企业价值创造的有效性与持续性。

新情境下，企业开展的数字创业往往围绕着数字平台的开放性价值创造系统，系统内外各类参与者都可成为企业价值创造的主体。各主体栖于平台实现共享共生，通过价值共创与生态赋能方式实现共赢。相比较于传统创业活动，数字创业活动在很大程度上转变为生态内的多主体价值共创。此时，价值定义与创造过程不再来源于单一企业，而是依赖于外部化网络，利用参与者的生产能力来产生经济价值。因此，战略性开放资源以赋能参与者的创新活动成为数智时代企业价值创造与价值增值的重要方式。例如，携程向酒店开放技术资源，赋能酒店优化价值链，提升服务质量和智能化管理水平，共同探索疫情危机下快速自救道路。

因此，数字创业价值创造的关键机制是各主体协调彼此的价值诉求，形成共同利益联结，互动交换与整合资源，完成价值共创（Gummesson and Mele, 2010）。具体地，价值共创包括价值诉求协同和共享资源整合两个子过程。价值诉求协同指的是共创主体通过交流与学习建立互惠互利的共同愿景、产生共创意愿的过程；共享资源整合指的是共创主体通过协调和匹配来将资源整合到彼此的价值创造过程中，进而实现资源共同开发与利用的过程。数字技术的存在大大增强了企业连接和整合资源的能力，通过连接不同的企业，拓展了自己的资源边界、突破自己的资源能力，为用户提供更具创新性价值的产品和服务。

总而言之，相比于强调企业需要通过控制关键资源与核心能力以创造独特价值的传统思路，数字创业活动更呼吁创业组织或个体选择加入强大的数字平台，并基于特定平台和生态与内部多主体形成"命运共同体"，多元主体开放协作、荣辱与共，进而实现多方价值的共同创造。

5.4.2 生态系统中的创业者结网

数字技术的发展推动了网络能动观成为创业网络研究的新范式，一些学者呼吁从行为视角探究创业网络形成与演化，而不仅仅是关注静态网络结构的影响（Porter and Woo, 2015；韩炜和彭正银, 2016）。创业者结网行为指创业者为了与外部利益相关者构建和发展创业网络所采取的系列行为、策略和手段（Bensaou et al., 2014；Vissa, 2012）。艾森哈特（Eisenhardt）及其团队对"创业者结网行为"这一主题开展了系列研究，并提出若干结网策略。例如，创业初期，创业者可采取催化战略，与投资人建立有效联系（Hallen and Eisenhardt, 2012）。创业者也可采用跳远策略，帮助创业企业建立高效战略联盟（Ozcan and Eisenhardt, 2009）。

当数字平台日益成为开展创业活动的基础设施，越来越多的创业者选择借助数字平台联结利益相关者，以获取更多的网络资源。例如，电影《大鱼海棠》制作团队成立之初资源匮乏，借助众筹平台筹资158万元，获得宝贵的启动资金，最终打造出国产动漫的佳作。又如，江小白借助抖音、快手平台与用户直接联系，获得"江小白混雪碧"的创意，推出联名产品大受市场欢迎。与线下网络相比，基于数字技术形成的平台网络在结构特征与内容特征上均表现出显著不同。从网络边界来看，平台网络更具"开放性"，而且，网络进入和退出相对自由，比如，创投平台一般都没有筛选标准，进入成本低于线下孵化器、科技园等（Chang and Wu, 2014；Eesley, 2016）。这与以本地嵌入为主且有交友门槛的线下网络显著不同。从关系强度来看，平台网络更加欢迎"弱关系"。创业者在线接触的合作伙伴大都是陌生人。网络参与者基于共同的诉求或利益进行互动。也因如此，平台网络对于弱关系更加包容，促进了无熟人引荐下远距离联系的形成(Agrawal et al., 2015; Sorenson and Stuart, 2001, 2008)。这与基于熟人社交的线下网络显著不同。从交流内容看，平台网络更具透明性。数字平台的信息内容大多都开放访问权限，创业者可以搜索、浏览网络参与者的身份信息，直接查看网络参与者在线发布的资源内容。这与依靠熟人推荐与转述以获取信息的线下网络显著不同。

总结来看，以数字平台为核心的生态系统为创业者构建网络、获取外部资源提供新途径(Cennamo, 2021; Cutolo and Kenney, 2021)。尽管如此，并非所有使用数字平台的创业者都能有效结网。因此，识别创业者在数字平台及其更广泛的生态系统内的结网策略与效能机制具有现实意义和理论研究价值(Nambisan and Baron, 2021)。

依托数字平台的创业网络，其信息和资源等能够在网络参与者之间低成本、低限制地流动，且网络参与者在高频互动中能够不断涌现出新的内容。同时，由于这种虚拟网络处于动态变化的状态，创业者不仅能够快速建立新的联系，也能与特定网络对象持续地开展联系，在互动过程中灵活整合多方的信息和知识等资源(Yoo et al., 2010; 郭海和杨主恩, 2021)。在此情境下，为了提高信息流动和资源获取的效率，创业者需要关注联系主体的利益诉求，做出更具利他性的承诺，实现更高效的互惠(Blau, 1964; Porter and Woo, 2015)。此外，创业者与广泛的利益相关者群体展开互动，并利用互动过程中涌现出的偶发事件，与利益相关者共同塑造创业过程。例如，抖音平台内，创业者、客户与投资人通过15秒的视频及简短的评论文字公开快速地交流各自的想法和商业理念。基于此，创业者可以即时整合不断涌现的机会和资源，从而推行创业过程。换而言之，数字平台上的机会创造是创业者和其他参与者之间通过网络构建而迭代制定的过程。

5.4.3 互补者参与重塑价值网络

顺承上文的逻辑，当创业者嵌入数字平台生态，并通过向该平台生态提供互补资源和价值而实现价值创造和获取时，其便成为生态内的互补者。在传统的科层组织和核心型网络组织中，网络中心位企业或者中心节点单向地向网络参与者传递价值主张。而在数字生态组织中，平台主和各类参与者可以多方互动来协调价值主张。平台价值共创的独特性体现在平台的核心地位与枢纽作用。基于共同认可的价值主张，平台主得以吸引互补的多边主体参与到平台价值链当中，做出互补性资源的投入与共享，实现价值共创。因此，作为参与者价值创造的共同目标，平台价值主张本质上是平台主向参与者做出的收益承诺，驱动着平台内的资源流动与主体协作，其实现代表着平台主与参与者的共赢。

就平台主而言，作为控制着海量数字创业组织的核心企业，平台主往往主导资源的聚集、整合与配置，通过开放系统编排搭建平台价值共创系统。为了协同系统参与者之间的关系，平台主联结多方利益相关者形成资源交互、信息传递、自由合作的生态圈，实现为每一个生态伙伴赋能的价值主张。在此过程中，平台主凭借自身对技术、数据和资金等资源的所有权优势维系生态的建设和运行，在生态系统的顶层进行资源协调，并利用各主体的开放性价值共创实现生态反哺。例如，谷歌通过开放系统编排搭建了 Android 这一开源的移动应用生态系统，提供开放的应用程序接口(application programming interface，API)，赋能开发者、设备制造商和用户共同参与并共创价值。

就平台互补者而言，随着生态系统的建成，各参与者在资源的拾取与配置方面拥有更大的自主性，可以自发形成利益联结，与平台主共同促进资源开发和资源互补化。平台互补者则可以对生态内资源进行构建、捆绑与利用，有助于其利用平台生态系统把握涌现的创业机会、建立动态能力与竞争优势(朱秀梅等，2020)。然而，就算镶嵌于平台生态系统内部，各参与者的资源整合仍然受到平台主的规制，甚至是"打压"和"封杀"。对此，平台参与者可以采取多栖策略，即联结多样性竞争平台进行跨平台资源整合，避免单一平台的技术锁定；也可参与到平台价值创造不同环节的资源整合中，以构建多重身份，提高平台控制成本(王节祥等，2021；杨佳铭等，2024)。

5.4.4 顾客参与的价值共创机制

随着数字技术的发展，企业得以跟每个用户都产生连接，这种连接增加了企业自身产品、服务的销售渠道和便利性，同时也极大地刺激了海量用户"千人千面"需求的产生。在此前提下，数字创业不再是被动地满足消费者的需求，而是要将用户纳入进来，让他们主动地参与到整个产品的创造过程中进行多样价值的共同创造。就像 The Beatles(披头士乐队，又译甲壳虫乐队)的制作人被认为是这支著名乐队的第五名成员一样，数智时代的用户也将成为他们所参与打造的作品背后的重要一员。这时，我们就从原先的关注产品和消费者转移到关注用户的参与和交互(interaction)上。因此，不再是由企业单方面提供产品来满足消费者需求，而是让用户自己参与到产品的开发和创新中来，通过不断地交互来共同创造价值，精准表达和满足自己的需求。企业销售的产品的价值也不仅仅是产品本身的功能性属性带来的价值，而是一种参与性的属性带来的自我价值的实现和满足感。具体来看，数智时代用户参与的价值共创可以具体体现在以下几个方面。

首先，用户交互变得更加主动。用户与生产方的价值交互其实并不新鲜，很多公司早就采用传统的以用户为中心的设计(user centered design，UCD)方法，通过访问、观察、问卷等形式对产品进行可用性测试，让用户参与到新产品开发的设计过程中，通过交互来提高新产品的成功机会(Jain et al., 2021)。但是，这些用户参与往往都是被动的，用户一般都是作为被研究的对象来配合设计师和开发者的。现在，用户交互的形式从原先的被动参与变成更为主动的参与，设计师与用户的角色也发生了微妙的变化：用户开始成为产品的设计者和改变者，而设计师和研发工程师在产品开发过程中则更像是协调者、配合者和观察者。在深度参与、共同创造的过程中，用户能够更加真实、更投入地参与其中，这种沉浸式的参与使他们成为未来使用的产品故事的作者和开发团队的一员；企业凭借这个过程中的多种有效和及时互动，能够更好地与用户建立起积极的联系，通过培养用户的集体意识、获得用户的认同感，从而提升用户忠诚度。

其次，用户交互过程更加动态。在用户需求多样化、创新资源分散化的背景下，用户通过参与、交互和共同创造来满足他们自己高频和个性化的需求；而企业通过开放不同的参与节点和数字接口，可以让用户参与到产品开发和创新的各个环节中来，赋能用户根据自己的需求来选择、配置和设计产品(Kannan and Li, 2017；肖静华等，2018)，只要产品还没有最终定型，都可以根据客户的意见进行动态调整，最大限度地满足客户需求，实现"参与式"定制化。企业既能持续地、实时地了解客户不断变化的想法和需求，又可在价值交换时与客户进行更紧密、更及时的动态互动，拉近双方距离，进一步巩固双方联系纽带。例如，尚品宅配就通过为用户提供数以千计的专业设计师家装解决方案，让用户自行选择、设计符合自己户型和面积的家装方案和家具定制方案，通过三维虚拟实况技术更加直观地展示效果图，并利用模块化组件选择赋能用户自主地调整方案。

5.4.5 数字技术驱动的资源编排

数字创业资源是指在信息化和智能化时代，创业者可用于支持和推动创业活动的各类数字化资源，不仅包括数字技术的创新和应用，还包括创业者在创业过程中所产生、积累和拥有的数据，以及与数字化相关的工具和基础设施。数字资源的特殊性在于其难以资本化、所有权模糊、生产可供性和分配不确定等，因此，如何开发和利用数字创业资源是企业所面临的重要挑战(魏江，2023)。

对于数字资源的编排和管理是企业利用数字技术实现价值创造的核心。传统的资源基础观(resource-based view, RBV)指出，企业所拥有的有价值的、稀缺的、不可流动的、难以复制的资源是其竞争优势的来源。与传统资源相比，数字资源的可获取性和可替代性更高，数字资源本身很难保证企业的竞争优势(刘志阳等，2020)。同时，数字资源也重塑着创业的过程，数字创业倾向于资源协调而不是资源占有，这对创业企业的数字资源管理提出了更高的要求。为了实现快速成长，创业企业需要对自身所拥有的独特资源进行杠杆化的利用，动员和协调资源，才能最大化价值创造。

资源编排理论(resource orchestration theory)为数字创业者管理数字化资源提供了有益的参考。资源编排理论是由资源管理理论(resource management theory)与资产编排理论(asset orchestration theory)发展而来的(Barney et al.,2011),是指企业在动态环境中通过资源要素的差异化配置方式,形成资源束,进而实现向用户提供价值的过程。Amit 和 Han(2017)在 Barney 等(2011)资源编排模型的基础上提出,创业企业在数字化环境中扮演着集成者(integrator)、协作者(collaborator)、赋能者(enabler)和桥接者(bridge provider)等关键角色,并提出了数字创业过程中资源编排的微过程。

数字技术驱动下,数字创业者的资源编排具体包括以下几个微过程:持续监测、资源众包、分类排序、勘探挖掘、资源嫁接和资源简化。第一,持续监测涉及对现有数字创业资源的持续评估和改进,以提高其质量和效率。第二,资源众包是通过外部众筹的方式激活新的数字创业资源,从社群中吸纳创新思想和资源。第三,分类排序是指创业企业将数字创业资源按照重要性进行优先级排序,并进行合理分类,以实现资源的重点利用。第四,勘探挖掘是指探索和开发新的数字创业资源,以应对不断变化的市场和技术环境。第五,资源嫁接是指将数字创业资源从储存状态转化为实际应用,以最大限度地发挥其作用。第六,资源简化涉及对数字创业资源进行适当精简和优化,降低创业资源储存、运营或管理等成本,提高资源使用效率。以上资源编排的微过程对激发数字创业企业的资源潜力、促进数字资源优势的形成起到了至关重要的作用(朱秀梅等,2020)。

参 考 文 献

蔡莉,高欣,王永正,等. 2022. 数字经济下创新驱动创业的研究范式[J]. 吉林大学社会科学学报,62(4):5-20,233.

陈威如,王节祥. 2021. 依附式升级:平台生态系统中参与者的数字化转型战略[J]. 管理世界,37(10):195-214.

郭海,杨主恩. 2021. 从数字技术到数字创业:内涵、特征与内在联系[J]. 外国经济与管理,43(9):3-23.

韩炜,彭正银. 2016. 关系视角下创业网络的形成过程研究[J]. 中国软科学,(2):89-104.

贾建锋,刘梦含. 2021. 数字创业团队:内涵、特征与理论框架[J]. 研究与发展管理,33(1):101-109.

刘洋,董久钰,魏江. 2020. 数字创新管理:理论框架与未来研究[J]. 管理世界,36(7):198-217,219.

刘志阳,赵陈芳,李斌. 2020. 数字社会创业:理论框架与研究展望[J]. 外国经济与管理,42(4):3-18.

陆亮亮,刘志阳,刘建一,等. 2023. 元宇宙创业:一种虚实相生的创业新范式[J]. 外国经济与管理, 45(3): 3-22.

戎珂, 柳卸林, 魏江, 等. 2023. 数字经济时代创新生态系统研究[J]. 管理工程学报, 37(6): 1-7.

王节祥, 陈威如, 江诗松, 等. 2021. 平台生态系统中的参与者战略: 互补与依赖关系的解耦[J]. 管理世界, 37(2): 126-147, 10.

魏江. 2023. 数字战略的基础性问题[J]. 清华管理评论, (6): 24-30.

魏江, 杨洋, 杨佳铭. 2021. 数智时代营销战略理论重构的思考[J]. 营销科学学报, 1(1): 114-126.

肖静华, 吴瑶, 刘意, 等. 2018. 消费者数据化参与的研发创新: 企业与消费者协同演化视角的双案例研究[J]. 管理世界, 34(8): 154-173, 192.

邢小强, 周平录, 张竹, 等. 2019. 数字技术、BOP 商业模式创新与包容性市场构建[J]. 管理世界, 35(12): 116-136.

杨佳铭, 魏江, 杨升曦. 2024. 外源型参与者、平台赋能与竞争优势构建: 基于资源编排理论视角[J/OL]. 南开管理评论: 1-23. https://kns.cnki.net/kcms2/article/abstract?v=7gnxONS3vkm_eBjHyOef8fTF7uy2vWbbrfZa9jv9Qi6iXUTiIXUmU5dNrPingu7B8O3PkR4uXWmUzsqUHc0XBeMO6alTcTM3-KJL8BfZxqwa0ZntmC20vA==&uniplatform=NZKPT&language=gb[2024-01-24].

余江, 孟庆时, 张越, 等. 2018. 数字创业: 数字化时代创业理论和实践的新趋势[J]. 科学学研究, 36(10): 1801-1808.

张玉利, 史宇飞, 薛刘洋. 2021. 数字经济时代大型企业驱动的创业创新实践问题研究[J]. 理论与现代化, (1): 14-20.

周冬梅, 陈雪琳, 杨俊, 等. 2020. 创业研究回顾与展望[J]. 管理世界, 36(1): 206-225, 243.

朱秀梅, 刘月, 陈海涛. 2020. 数字创业: 要素及内核生成机制研究[J]. 外国经济与管理, 42(4): 19-35.

Agrawal A, Catalini C, Goldfarb A. 2015. Crowdfunding: geography, social networks, and the timing of investment decisions[J]. Journal of Economics & Management Strategy, 24(2): 253-274.

Amit R, Han X. 2017. Value creation through novel resource configurations in a digitally enabled world[J]. Strategic Entrepreneurship Journal, 11(3): 228-242.

Baert C, Meuleman M, Debruyne M, et al. 2016. Portfolio entrepreneurship and resource orchestration[J]. Strategic Entrepreneurship Journal, 10(4): 346-370.

Barney J B, Ketchen D J, Jr, Wright M. 2011. The future of resource-based theory: revitalization or decline?[J]. Journal of Management, 37(5): 1299-1315.

Barney J B, Ketchen D J, Jr, Wright M. 2021. Resource-based theory and the value creation framework[J]. Journal of Management, 47(7): 1936-1955.

Bensaou B M, Galunic C, Jonczyk-Sédès C. 2014. Players and purists: networking strategies and agency of service professionals[J]. Organization Science, 25(1): 29-56.

Bharadwaj A, El Sawy O A, Pavlou P A, et al. 2013. Digital business strategy: toward a next generation of insights[J]. MIS Quarterly, 37(2): 471-482.

Blau P M. 1964. Justice in social exchange[J]. Sociological Inquiry, 34(2): 193-206.

Boojihawon D K, Ngoasong Z M. 2018. Emerging digital business models in developing economies: the case of Cameroon[J]. Strategic Change, 27(2): 129-137.

Cennamo C. 2021. Competing in digital markets: a platform-based perspective[J]. Academy of Management Perspectives, 35(2): 265-291.

Chang S J, Wu B. 2014. Institutional barriers and industry dynamics[J]. Strategic Management Journal, 35(8): 1103-1123.

Ciriello R F, Richter A, Schwabe G. 2018. Digital innovation[J]. Business & Information Systems Engineering, 60: 563-569.

Cutolo D, Kenney M. 2021. Platform-dependent entrepreneurs: power asymmetries, risks, and strategies in the platform economy[J]. Academy of Management Perspectives, 35(4): 584-605.

de Reuver M, Sørensen C, Basole R C. 2018. The digital platform: a research agenda[J]. Journal of Information Technology, 33(2): 124-135.

Eesley C. 2016. Institutional barriers to growth: entrepreneurship, human capital and institutional change[J]. Organization Science, 27(5): 1290-1306.

Eisenmann T R, Parker G P, Van Alstyne M W. 2006. Strategies for two-sided markets[J]. Harvard Business Review, 84(10): 92.

Gawer A. 2022. Digital platforms and ecosystems: remarks on the dominant organizational forms of the digital age[J]. Innovation, 24(1): 110-124.

Grégoire D A, Shepherd D A. 2012. Technology-market combinations and the identification of entrepreneurial opportunities: an investigation of the opportunity-individual nexus[J]. Academy of Management Journal, 55(4): 753-785.

Gummesson E, Mele C. 2010. Marketing as value co-creation through network interaction and resource integration[J]. Journal of Business Market Management, 4: 181-198.

Hagiu A, Wright J. 2015. Multi-sided platforms[J]. International Journal of Industrial Organization, 43: 162-174.

Hallen B L, Eisenhardt K M. 2012. Catalyzing strategies and efficient Tie formation: how entrepreneurial firms obtain investment ties[J]. Academy of Management Journal, 55(1): 35-70.

Huang J, Henfridsson O, Liu M J, et al. 2017. Growing on steroids: rapidly scaling the user base of digital ventures through digital innovation[J]. MIS Quarterly, 41(1): 301-314.

Jain G, Paul J, Shrivastava A. 2021. Hyper-personalization, co-creation, digital clienteling and transformation[J]. Journal of Business Research, 124: 12-23.

Kannan P K, Li H. 2017. Digital marketing: a framework, review and research agenda[J]. International Journal of Research in Marketing, 34(1): 22-45.

Karami M, Read S. 2021. Co-creative entrepreneurship[J]. Journal of Business Venturing, 36(4): 106125.

Koellinger P. 2008. The relationship between technology, innovation, and firm performance—empirical evidence from e-business in Europe[J]. Research Policy, 37(8): 1317-1328.

Nambisan S. 2017. Digital entrepreneurship: toward a digital technology perspective of entrepreneurship[J]. Entrepreneurship Theory and Practice, 41(6): 1029-1055.

Nambisan S, Baron R A. 2021. On the costs of digital entrepreneurship: role conflict, stress, and venture performance in digital platform-based ecosystems[J]. Journal of Business Research, 125: 520-532.

Nambisan S, Lyytinen K, Majchrzak A, et al. 2017. Digital innovation management: reinventing innovation management research in a digital world[J]. MIS Quarterly, 41(1): 223-238.

Ngoasong M Z, Kimbu A N. 2018. Why hurry? The slow process of high growth in women-owned businesses in a resource-scarce context[J]. Journal of Small Business Management, 57(1): 40-58.

Ozcan P, Eisenhardt K M. 2009. Origin of alliance portfolios: entrepreneurs, network strategies, and firm performance[J]. Academy of Management Journal, 52(2): 246-279.

Parida V, Pesämaa O, Wincent J, et al. 2017. Network capability, innovativeness, and performance: a multidimensional extension for entrepreneurship[J]. Entrepreneurship & Regional Development, 29(1/2): 94-115.

Parker G G, Van Alstyne M W, Choudary S P. 2016. Platform Revolution: How Networked Markets Are Transforming the Economy and How to Make Them Work for You[M]. New York: WW Norton & Company.

Paul J, Alhassan I, Binsaif N, et al. 2023. Digital entrepreneurship research: a systematic review[J]. Journal of Business Research, 156: 113507.

Porter C M, Woo S E. 2015. Untangling the networking phenomenon: a dynamic psychological perspective on how and why people network[J]. Journal of Management, 41(5): 1477-1500.

Ramaswamy V, Ozcan K. 2018. What is co-creation? An interactional creation framework and its implications for value creation[J]. Journal of Business Research, 84: 196-205.

Sahut J M, Iandoli L, Teulon F. 2021. The age of digital entrepreneurship[J]. Small Business Economics, 56(3): 1159-1169.

Shen K N, Lindsay V, Xu Y C. 2018. Digital entrepreneurship[J]. Information Systems Journal, 28(6): 1125-1128.

Sirmon D G, Hitt M A, Ireland R D, et al. 2011. Resource orchestration to create competitive advantage: breadth, depth, and life cycle effects[J]. Journal of Management, 37(5): 1390-1412.

Sorenson O, Stuart T E. 2001. Syndication networks and the spatial distribution of venture capital investments[J]. American Journal of Sociology, 106(6): 1546-1588.

Sorenson O, Stuart T E. 2008. Bringing the context back in: settings and the search for syndicate partners in venture capital investment networks[J]. Administrative Science Quarterly, 53(2): 266-294.

Srinivasan A, Venkatraman N. 2018. Entrepreneurship in digital platforms: a network-centric view[J]. Strategic Entrepreneurship Journal, 12(1): 54-71.

Steininger D M. 2019. Linking information systems and entrepreneurship: a review and agenda for IT-associated and digital entrepreneurship research[J]. Information Systems Journal, 29(2): 363-407.

Stuart T E, Sorenson O. 2007. Strategic networks and entrepreneurial ventures[J]. Strategic Entrepreneurship Journal, 1(3/4): 211-227.

Timmons J A, Spinelli S, Tan Y. 2003. New Venture Creation: Entrepreneurship for the 21st Century[M]. New York: McGraw-Hill/Irwin.

Tumbas S, Berente N, Brocke J. 2018. Digital innovation and institutional entrepreneurship: chief digital officer perspectives of their emerging role[J]. Journal of Information Technology, 33(3): 188-202.

Vissa B. 2012. Agency in action: entrepreneurs' networking style and initiation of economic exchange[J]. Organization Science, 23(2): 492-510.

von Briel F, Davidsson P, Recker J. 2018. Digital technologies as external enablers of new venture creation in the IT hardware sector[J]. Entrepreneurship Theory and Practice, 42(1): 47-69.

Yoo Y, Henfridsson O, Lyytinen K. 2010. Research commentary—the new organizing logic of digital innovation: an agenda for information systems research[J]. Information Systems Research, 21(4): 724-735.

Yoo Y, Boland R J, Jr, Lyytinen K, et al. 2012. Organizing for innovation in the digitized world[J]. Organization Science, 23(5): 1398-1408.

Zaheer H, Breyer Y, Dumay J. 2019. Digital entrepreneurship: an interdisciplinary structured literature review and research agenda[J]. Technological Forecasting and Social Change, 148: 119735.

Zahra S A, Nambisan S. 2011. Entrepreneurship in global innovation ecosystems[J]. AMS Review, 1(1): 4-17.

第6章 数智服务

本章提要：数智服务是数字技术和智能技术在服务领域的交叉应用与深度融合，数智服务的核心是实现"数据+算法+算力"的汇聚，遵循"数据→信息→知识→智慧"的链路，使数据具有"智能"。首先，本章提出了数智服务的本质与内涵，以服务生态系统理论构建概念框架。其次，本章解构了数智服务的三层基础架构——技术基底层、业务逻辑层、用户交互层，并在此基础上阐述了数智技术如何通过劳动要素的智慧赋能、劳动资料要素的数智变革、劳动对象要素的数字拓展来推动现代服务业中生产力三要素的发展与变革，进而优化升级现代服务业。最后，本章提出了服务生态系统的作用机理与管理策略。本章系统提出了数智服务的概念内涵、学理框架和实践体系，希望为现代服务业、服务提供者在数智时代进行服务优化、创新、升级以及数智化创新提供实操借鉴。

案例聚焦 6-1

服务业的数智化发展——让服务更智慧、更便民

从零售、餐饮、交通、教育、医疗到旅游、文娱、物流业，中国正在推动生活性服务业的数字化转型，开启了以数据化、在线化、智能化、集成化为特征的生活服务新模式。服务业通过数字化水平的提升、供需匹配效率的提高、生产经营的改善，以更丰富、更优质的服务满足人民群众对美好生活的需求，缓解传统服务业主要依靠劳力和物力投入的发展困境，促进自身转型升级。这种转型不仅仅局限于技术层面的创新，更是在生态环境构建、社会责任履行、规则制定以及人文关怀等方面的全面提升。让我们看看以下三个优秀数智服务实践案例。

山东文旅通过打造"数智融合"智慧文旅服务平台，实现了数字营销、数字服务和数字运管的深度融合，显著提升了酒店业的服务效率。该平台不仅推广了自助入住机、人脸识别、智能送物机器人、人工智能电话等智慧酒店服务方案，实现了酒店服务的全程无接触、智能化闭环，还建设了面向C端的交互式会员管理平台、开放式酒店管理系统平台、智慧酒店智能数据分析中心和全渠道数字营销系统。依托5G和AI技术，山东文旅还推出了以数据驱动运营效率提升的人工智能管家和精益通等数字化移动终端运营工具。通过这些举措，山东文旅实现了 4.3 亿元的

网络交易额，服务管理超过 300 家酒店，服务会员超过 600 万人。

石化企业针对传统加油业务中存在的实体卡片多、线下圈存慢、挂失时间长、故障多等问题开发了"平台+数据+应用"的石化钱包系统。以加油卡为切入点构建异地可用架构的交易系统，依托云计算、大数据、人工智能、物联网、移动互联网等技术，确保加油系统的顺畅和连续运行。此外，石化钱包项目通过互联网业务的异地双活技术强化了风险防控能力，确保数据完整性、交易安全性、实时性，整个体系平稳连续运行，以及风险实时监控，为消费者提供了一个放心安全的支付环境。石化钱包还优化了消费支付体验，通过打通顾客APP、员工手持POS(point of sale，销售终端)两端的数据交互，消除了客户"带卡""圈存"等消费痛点，通过构建电子账户和一键加油两大应用，实现了客户加油免卡、免下车、免口令的便利。至此，中石化钱包开户数量已突破1亿人，服务中石化加油站超过3万座。

无锡市卫生健康统计信息中心、无锡市急救中心与高通公司以及无锡移动合作，共同推进了"5G+智慧急救"项目。该项目建设了市域"5G+胸痛救治平台"，利用5G智慧网络引擎设备和高通X55芯片，确保急救车辆在紧急情况下安全、稳定地将患者生命体征、车载诊断(on-board diagnostics，OBD)和现场语音视频数据实时回传至市卫健委数据中心和救治医院，实现了专家团队异地读片、预先制订抢救方案。此外，智慧急救项目还利用车联网技术为急救车辆的调度提供支持，系统能够通过感应探头自动采集车辆OBD、车内影像资料与前方路况，远程判定车辆的出勤和行驶状态，并优化急救过程中的各个节点，优先保障救援车辆的通行。"5G+智慧急救"管理平台已与无锡的4家三级医院、14家二级医院、54家社区医院以及84台救护车实现了对接，无锡急救运行时间平均压缩至33分36秒，为胸痛患者平均节省了超过15分钟的黄金救治时间，显著提高了救治效率和成功率。

这些成功的服务数智化实践通过数据技术与智能技术的深度融合，实现了服务营销、服务运营、服务创新的全面升级。更"智慧"的服务，以更高效、顺畅、个性化、统筹化的形式，解决了更切实的痛点，为消费者的"美好生活"提供更坚实的基础。在数智时代，数字化、智能化已经越来越成为现代服务业发展、升级的方向和途径，有效运用数据，推动数据的智能化已经成为众多服务企业的目标和致力点。

6.1 数智服务概念

6.1.1 数智服务的内涵

"数智化"的概念首次出现在北京大学"知本财团"课题组于2015年发布的思索引擎相关课题报告中(汲传波,2024)。该概念原定义为"数位智慧化合成"与"智慧数位合成",涵盖三重深刻含义:首先,数字智慧化,指的是将人类的智慧融入大数据处理中,类似于云计算中的算法应用,通过智能化的数据分析增强数据的价值和实用性。其次,智数化,强调使用数字化技术管理将人类从重复和烦琐的劳动中解放出来。最后是上述两个过程的结合,通过推动人机深度对话,机器能够继承并执行复杂逻辑和深度学习任务,形成新的"人机合一"的生态系统,人类智慧与机器智能互为补充、共同进步。

习近平总书记在中共中央政治局第九次集体学习时强调,要把握数字化、网络化、智能化融合发展契机,在质量变革、效率变革、动力变革中发挥人工智能作用,促进人工智能同一、二、三产业深度融合,构建数据驱动、人机协同、跨界融合、共创共享的智能经济形态[1]。2023年12月,中央经济工作会议指出,要"广泛应用数智技术",要"发展数字经济,加快推动人工智能发展"[2]。数智技术是新质生产力的基础性战略资源(陈剑和刘运辉,2021),是数字技术和智能技术的交叉应用与深度融合,以数字智慧化与智慧数字化的形式实现"数据+算法+算力"的汇聚,遵循"数据→信息→知识→智慧"的链路层层递推,使数据具有"智能"。从数字到数字智能的转变体现数字商业生态的跃升,数智服务是对以消费者为核心的服务生态的重构、迁移和升级。在数智时代,人工智能、区块链、深度学习、物联网等新一代数智技术的集成迭代与扩散,已渗透到包括服务生产、服务传递在内的各个价值创造环节,给现代服务产业带来全角度、全方位、全链条的改造。

由"数智化""数智技术"的概念延伸开去,数智服务指的是运用数字化、网络化、智慧化技术来优化和改进服务流程,提升服务决策智能化程度、提高服务效率和个性化服务精准度,并最终创造价值、提升服务质量和用户体验的现代服务形式。大数据、云计算、5G连接、人工智能、区块链、物联网等多个数智技术领域共同构成了支撑数智服务发展的技术基础。

---

[1]《习近平主持中共中央政治局第九次集体学习并讲话》,https://www.gov.cn/xinwen/2018-10/31/content_5336251.htm,2018-10-31。

[2]《中央经济工作会议在北京举行 习近平发表重要讲话》,https://www.gov.cn/yaowen/liebiao/202312/content_6919834.htm,2023-12-12。

目前，以人工智能和大数据为代表的数智技术正在服务领域迅猛发展。常见的数智服务包括：①数智医疗，利用大数据分析与人工智能进行医疗影像分析、疾病诊断支持、疾病预测、健康管理、远程医疗、个性化医疗（张传洋等，2023）；②数智零售，利用大数据分析、传感智能设备、AI智能语言处理，整合线上线下资源，革新传统零售业务流程，为顾客提供个性化推荐、实时智能顾客咨询服务、自助智能货架等无人零售场景以及无缝的多渠道购物体验；③数智交通，整合先进的信息技术、通信技术、数据处理技术、传感技术和自动控制技术，提供实时交通信息、导航与路线规划、自动驾驶、车辆安全监控、紧急求援、智能停车以及车联网通信服务。上述实例展示了数智服务如何通过集成现代数智技术，改造和提升传统服务业，使其更加高效、智能和个性化。

6.1.2 几个关键概念辨析

（1）数字服务。关于数字服务的定义及其特征，李琳等（2021）认为，"数字服务是以数字化手段为客户提供便利、舒适、效率提升或健康等各种形式附加值的经济活动"。狭义的数字服务指的是以数字形式存在的纯粹的数字服务，如云存储、在线教学、在线娱乐等。广义的数字服务是指以数字技术为支撑而提供的服务。其中，狭义的数字服务对应着"数字构成服务"，而广义的数字服务则对应着"数字改变服务"（李金凤，2024）。

国内的数字服务研究起源于文化信息网络的建设，由学者龚永年首次提出。他的观点是，数字文化服务涉及将文化资源通过技术手段转换为数字资源，并利用宽带网络将其传输至城市社区与乡镇基层（龚永年，2002）。随着研究的深入，学者将数字服务的探讨扩展到包括数字政务服务、数字民生服务等多个服务领域。现有关于数字服务的研究，大多关注数字服务的形式及其涉及的信息化的设施设备和应用系统（李燕英，2022），强调数字服务的在线化、数字化手段以及对数字化工具的应用。

（2）智能服务。在现代技术环境下，广义的智能服务涵盖了基于新一代智能技术和智能互联产品的一系列服务。这些服务包括但不限于大数据分析服务、云计算服务、物联网服务等，能够为用户提供数据处理、存储和智能分析等功能，以支持更广泛的服务创新。从微观视角来看，智能服务强调感知性和连接性，目标是提供个性化、动态化、数字化的高质量服务解决方案。这类服务通常是"单独配置的产品和服务的捆绑包"的形式，结合物理产品和数字增值服务，满足用户的具体需求，提升用户体验和服务效率。在宏观层面，智能服务被视为一种具有技术中介性、连续性和程序交互性的服务系统。这种系统不仅包括单一的服务或产品，还形成了一个连续交互和反馈的复杂系统（Beverungen et al., 2017），通过技术的集成和应用，实现服务的自动化和智能化，从而提高整体的服务质量和效率，如智慧城市系统、智能家居等。

通常意义上的智能服务，大多涉及将智能硬件和软件系统嵌入到实体人工制品，以数字方式连接到其他产品和信息系统的智能产品(smart products)或智能设备(smart devices)。智能设备能够通过传感器获取情境或场景数据，与其他参与者交换数据，进行本地存储和处理数据，做出自主决策，并通过交互进行物理行动(Beverungen et al., 2019)。

(3) 数字服务、智能服务与数智服务的概念比较(表6-1)。数智服务、数字服务和智能服务的概念虽然有交集，但其各自的侧重点和应用领域有所不同。就三者的相似之处而言，其技术基础都依赖于现代信息技术，如大数据、云计算、人工智能等；其服务目标都旨在通过技术提升服务效率、质量和用户体验；其应用领域在智慧城市、在线教育等方面有交集和重叠。就三者的区别之处而言，其各自核心技术侧重不同。数智服务的核心技术侧重于数字技术和智能技术的深度融合；数字服务主要依赖数字化手段，强调信息化的设施和应用系统；而智能服务侧重于智能技术，如AI和物联网，强调服务的智能化和自动化。其服务形态表现不同，数智服务强调数据、算法和算力的汇聚，同时实现服务的数字化与智慧化；数字服务可以是纯数字形式的服务，也包括数字技术支持的服务，后者较前者更接近数智服务；智能服务通常包括智能硬件和软件系统，提供自动化和智能化的解决方案。其发展目标和致力方向不同，数智服务追求技术的集成和迭代，推动服务生产和传递的全面改造；数字服务侧重于数字化的形式和手段，提升服务的便捷性和效率；而智能服务强调技术对于用户的中介性、连续性和程序交互性。

表6-1 数智服务、数字服务、智能服务特征对比汇总

特征	数智服务	数字服务	智能服务
核心技术	数字技术与智能技术的深度融合	数字化手段	智能技术(AI、物联网等)
服务形态	数据、算法和算力的深度结合与综合应用	数字化形式或数字技术支持的服务	智能硬件和软件系统的综合应用
主要目标	技术集成，全面改造服务产业	提升服务便捷性和效率、提升传播效能	提升服务自动化和智能化水平
技术应用	广泛应用于各个服务领域	主要应用于信息化设施和系统	强调智能互联和自动化解决方案
发展动力	新质生产力的战略资源	信息化的推广和应用	技术中介性和程序交互性的提升

6.1.3 数智服务的概念框架——基于服务生态系统

服务生态系统指的是"相对独立的、自我调节的系统，是资源整合的参与者通过共享的制度逻辑、服务交换和价值共创而联系在一起的系统"(Vargo and Lusch, 2016)。这一概念强调了服务交换系统的动态性和进化性。在服务生态系统中，传

统的生产者(价值创造者)与消费者(价值消耗者)的界限被模糊,强调所有参与者都是资源整合者和服务提供者,能够进行创新和价值创造。这种系统的本质是 A2A(actor-to-actor,中心对中心)导向的(Vargo and Lusch,2010),企业只是服务生态系统中的一类参与者,"所有社会和经济活动的参与者都是资源整合者"(Vargo and Lusch,2011)。服务生态系统为参与者的活动提供了支持性的组织逻辑,参与者通过资源整合、服务交换和价值创造等行为,进一步塑造和改变服务生态系统的结构,使之成为一个复杂且持续变化的动态系统。这些活动不仅维持了系统的运作,还促进了其不断的演化和发展。

服务生态系统的研究方法继承了生态系统参与者的广泛性、关系的松散耦合性、结构的多层次性、制度的约束和协调性、情境影响等特点(令狐克睿和简兆权,2018)。令狐克睿等(2018)在综合分析国内外服务生态系统相关文献后,提出了一个"基础—过程—目标"的理论框架。在这个框架中,服务主导逻辑的基本概念、命题与生态系统的互动结构和作用机理相结合,形成了服务生态系统的基础。在此基础上,通过促进因素和作用机制的作用,实现价值共创和服务创新的目标。本章后续内容将围绕数智服务作为服务生态系统的基础——基础架构、过程——机理路径以及目标——管理创新进行探讨(图 6-1)。

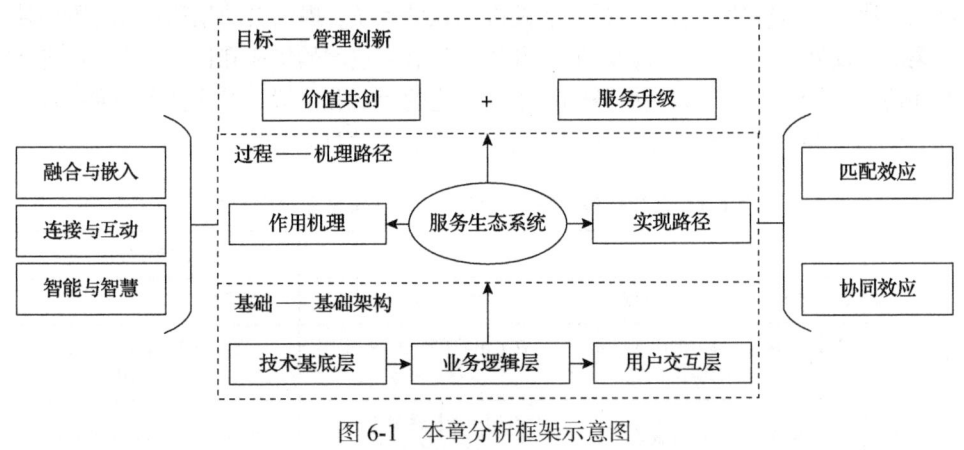

图 6-1 本章分析框架示意图
资料来源:令狐克睿等(2018)

6.2 数智服务的基础架构

6.2.1 数智服务的技术基底层

1. 信息的数字表示和处理技术

(1)数据采集技术。在数智服务的基础架构中,数据采集是获取原始数据的第一步，这些数据可以是视频、音频、文本等格式。例如，视频采集技术可以用于监控安全、客户行为分析等领域，通过高效的图像采集芯片或视频 A/D 转换器（analog to digital converter，模拟数字转换器），实现实时视频数据的数字化处理。语音采集技术则广泛应用于智能家居系统、客服支持等服务中，通过高精度的自动语音识别（automatic speech recognition，ASR）技术和语音合成（text to speech，TTS）技术，提高服务的交互性和用户体验。

(2) 信息管理技术。信息管理是指对采集来的数据进行有效管理和维护，确保数据的安全性和可用性。数据库技术是信息管理的核心，它支持数据的存储、检索、修改、删除、分类、组织、编码、维护等操作。通过高效的数据库管理系统，服务提供者可以快速响应客户的查询请求，同时保证数据的一致性和完整性。信息检索技术则使得用户能够根据自己的需求，从大量数据中快速找到所需信息，如在线购物平台的商品检索、数字图书馆的文献搜索等。

(3) 数据传输技术。网络基础设施所代表的数据传输技术能够确保数据可以在不同的系统和设备之间安全、高效地传输。5G 技术、光纤宽带、卫星互联网和 IPv6 协议的应用极大地提高了数据传输的速度和质量，支持了更多高带宽、低延迟、广覆盖、高稳度的服务应用，如在线视频流、远程医疗服务、在线交易等。此外，弹性网络技术和深度业务感知技术等可以根据数据传输的实时需求动态调整网络资源，优化服务质量（杨现民和余胜泉，2015）。

2. 信息的智能分析与响应技术

(1) 特征识别技术。特征识别技术，尤其是生物识别技术，已经在多个领域得到广泛应用，如安全验证、个人身份认证等。在服务业中，使用指纹、面部识别或虹膜扫描等生物识别技术，与计算机和安防、监控、管理系统的集成相配合，可以极大地提高服务的安全性和个性化水平。面部识别技术已被广泛应用于机场安检、手机解锁和金融服务中，如酒店可以使用面部识别技术快速办理入住，银行可以通过指纹识别来确认交易身份，保障交易安全。

(2) 环境感知技术。环境感知技术是一种能够采集周围环境的参数，并具备对这些参数进行查询、分析、推理及表达的技术系统，它可以帮助服务过程更好地理解和适应其操作环境。在智能家居领域，环境感知技术系统可以根据室内外的温度、湿度等环境参数自动调节空调或加湿器的运行。

(3) 位置感知技术。位置感知技术在物流、交通和旅游等领域有着重要应用。例如，通过 GPS（global positioning system，全球定位系统）、Wi-Fi、蓝牙和其他位置感知设备，物流公司可以实时追踪货物的位置，优化配送路线，提高配送效率。在旅游行业，位置感知技术可以帮助游客找到附近的景点、餐馆和酒店，提升旅游体验。位置感知技术也在医疗紧急响应和救援操作中发挥着关键作用。

(4)商业智能技术。商业智能技术通过机器学习、统计分析、在线分析处理(on-line analytical processing，OLAP)、查询报告、数据挖掘等方法利用算法和计算模型来模拟和扩展人类的决策能力，揭示潜在的模式和趋势，帮助企业或服务提供者进行消费者行为分析、市场趋势预测、个性化推荐。商业智能技术不仅能提高服务的针对性和效率，优化服务供应链，还能增强用户满意度和忠诚度。例如，餐饮业通过分析顾客的消费习惯和偏好，调整菜单设计和库存管理。零售业通过分析消费者购买行为和市场趋势，帮助企业制定有效的市场策略和提高客户满意度。在金融服务中，商业智能技术用于风险管理和信用评估，帮助银行和金融机构减少欺诈行为。

(5)AI技术。AI通过模拟人类智能行为，包括学习、推理和自我修正能力，能够在多个层面优化服务流程和用户体验。例如，通过自然语言处理技术，客服机器人可以理解并回应客户的查询，提供24小时不间断的客户服务。在医疗领域，AI辅助诊断可以通过机器学习和深度学习从大量数据中学习模式和趋势，进而帮助疾病诊断和个性化治疗计划制订。在客户服务中，AI驱动的聊天机器人可以提供24/7的客户支持，处理常见查询问题，提高服务效率(吴永和等，2017)。

3. 数据智能融合技术——技术串联与协同

(1)环境感知与位置感知技术的融合。在智能交通系统中，环境感知技术可以监测道路和交通状况，而位置感知技术则提供车辆的精确位置。这两种技术的结合可以优化交通流量管理，减少拥堵，提高道路使用效率。

(2)自动化技术与数字传感技术的整合。自动化是数字化与智能化整合的直接产物。数字化工具(如传感器和摄像头)收集数据，智能化技术(如自动化软件和机器学习模型)则用于处理这些数据，实现无人监控的自动化操作(刘炜和叶鹰，2017)。例如，自动驾驶汽车依赖摄像头、激光雷达等传感设备持续收集道路状况、交通标志、其他车辆、行人等周围环境的详细数字化信息。通过图像识别技术、机器学习模型、物体检测技术进行处理和分析，进而基于智能化分析结果，选择转向、加速、减速等操作策略，以及选择最优行驶路线并执行相应的控制命令。通过实时的行驶经验和定期的软件更新，车辆驾驶算法不断优化、持续学习和适应，提高对复杂或未知环境的应对能力、交通效率和安全性。

(3)数据收集技术与智能技术的整合。数字化为智能化提供了必要的数据基础。通过收集用户行为数据、环境数据，并利用智能技术如机器学习进行分析，企业可以深入洞察，做出数据驱动的决策制定。例如，零售商可以通过分析顾客的购物数据来优化库存管理和个性化营销策略。

(4)全面集成的数智服务系统。全面集成的数智服务系统指的是一套系统化、软件化、智能化的应用系统。这些系统包括但不限于OA(office automation，办公自动化)系统、ERP(enterprise resource planning，企业资源计划)系统、CRM(customer relationship management，客户关系管理)系统，以及京东、美团、携程、拼多多等在线服务平台和物联网智能管控系统。这些系统基于服务模块提供了集成式的数智服务系统。例如，消费者在遇到购物争议或服务问题时，可以通过京东开发的人工智能问答平台，随时随地发起咨询投诉服务，办理退货退款。携程旅行平台建立的人工智能服务平台，通过预设几类常见的咨询问题和大数据分析，快速、及时地解决客户问题。这些平台利用人工智能和信息可视化技术，实现了从"服务承载"到"服务加工"的转变，将客服智能运营系统整合到销售平台中，并通过 PC(personal computer，个人电脑)端和手机端两大终端触点提供服务。在酒店管理领域，数智服务系统能够实现从客户入住到退房的全过程自动化，顾客可以通过生物识别技术自助入住，房间内的环境会根据客户偏好自动调整，位置感知技术则帮助客户导航至房间。

6.2.2 数智服务的业务逻辑层

(1)用户需求的智能识别与分析。服务数智化首先需要通过各种数据输入(如用户行为数据、历史交易记录、社交媒体活动等)来构建用户画像。利用大数据分析和机器学习模型，系统能够识别出用户的偏好、需求乃至未来的行为趋势。围绕用户建立特征库，挖掘服务对象的显性和隐性需求，构建服务需求模型，不断积累与服务相关的环境、属性、状态和行为数据。例如，电商平台通过分析用户的购物历史和浏览习惯，可以预测用户可能感兴趣的新产品，并通过推荐系统自动向用户推荐。

用户路径分析指的是以目标事件为起点/终点，详细查看后续/前置路径以及某节点事件的流向，通过对用户的流向、APP 或网站中的点击行为日志、APP 或网站中各模块的流转规律和特性、APP 核心模块到达率、产品使用的深度的监测与分析，对特定用户群浏览特征进行刻画和深入分析。以电商为例，买家需经过首页浏览、商品搜索/推荐、加入购物车、提交订单、支付订单等流程，才能完成交易服务。用户真实的行为路径往往是反复交缠、次序打乱的，如提交订单后继续搜索或订单取消。不同行为路径背后的动机都不同，深入挖掘其规律有利于及时发现用户的核心关注点和干扰选项，判断各环节的引导转化率，进而将用户引向最优路径。

(2)服务的个性化定制。基于对用户需求的深入理解，服务提供者可以设计更加个性化的服务方案。这不仅限于推荐系统，还包括个性化的内容分发、定制化的健康管理计划、个人化的学习资源等。例如，健康管理 APP 可以根据用户的体质和健康数据，提供个性化的饮食和锻炼计划。

(3)服务流程的自动化执行。自动化是实现高效服务流程的关键。通过集成智能机器人、自动化工具和 IoT（internet of things，物联网）设备，服务流程如订单处理、预约管理和客户支持等可以自动进行服务指令下达并自动化执行，极大地提升了效率和减少了人力成本。例如，智能餐厅可以通过机器人来自动完成点餐、制作和上菜过程。

（4）实时反馈与服务响应。数智化服务系统能够实时监控服务执行的效果，并根据用户的反馈或系统监测到的问题结合服务需求模型自动调整服务策略。这种动态调整机制使得服务能够更灵活地适应用户需求的变化。例如，智能交通系统可以根据实时交通状况调整信号灯的配时，优化交通流。

（5）安全与隐私保护。随着服务数智化的深入，用户数据安全和隐私保护显得尤为重要。必须采取多层次的安全措施，如数据加密、访问控制、安全审计等，以确保用户数据的安全。此外，合理的数据治理和遵守相关法律法规也是保护用户隐私的关键。

6.2.3 数智服务的用户交互层

在数智服务的基础架构中，用户交互层是至关重要的组成部分，它位于系统与用户之间的界面，直接面向用户，通过各种输入设备（如触摸屏、键盘、语音识别系统等）接收用户的指令和数据，并通过输出设备（如显示屏、扬声器等）向用户提供反馈和服务。通过捕捉用户的输入并提供相应的输出，实现人机交互的功能。用户交互层的运行机制通常包括以下几个步骤：首先是输入识别，通过各种传感器和输入设备捕捉用户的操作和指令；其次是数据处理，将捕获的数据转换为系统可以理解和处理的格式；再次是交互逻辑处理，根据预设的逻辑和算法，处理用户的请求，并生成相应的输出数据；最后是输出展示，通过各种输出设备将处理结果反馈给用户，如显示信息、发声反馈等（表6-2）。用户交互层的主要特征如下所示。

表 6-2 数智服务用户交互层功能汇总

功能	描述	实现形式
输入识别	捕捉用户的操作和指令	触摸屏、语音识别系统等
数据处理	将输入数据转换为可处理的格式	数据格式化、信号转换等
交互逻辑处理	处理用户请求并生成输出	逻辑算法、人工智能决策支持等
输出展示	将处理结果以视觉、听觉等形式反馈给用户	显示屏、扬声器等

（1）多模态交互。系统支持触控、语音、视觉识别，甚至是体感等多样化交互方式，以更好地适应不同用户的需求和不同的使用场景。例如，在智能家居环境中，用户可以通过触摸屏操作智能设备，也可通过语音命令控制家电。对于行动

不便的用户，体感交互或视觉识别技术能够提供更为便捷的操作方式。

(2) 实时性。依靠强大的数据处理架构和网络通信技术等后端支持，交互层能够在用户进行操作的瞬间迅速响应，及时响应紧急服务(如在线医疗咨询、安全监控系统)。例如，当用户通过智能手表发出紧急求助信号时，系统能够立即识别并在几秒内通过最快的路径将请求发送至最近的救援中心。

(3) 个性化。系统能够根据用户的历史数据和偏好提供定制化的交互体验，进而提升用户的满意度，增加服务使用频率。个性化的实现依赖复杂的用户画像建模和机器学习技术，系统通过分析用户的行为模式、购买历史和个人偏好来预测用户的需求，并据此调整服务内容和交互方式。

(4) 智能化。系统能够通过集成自然语言处理、机器学习(machine learning，ML)、深度学习等人工智能技术，在理解用户的字面命令的同时体会用户的意图和情感，提供更加自然和人性化的交互体验。例如，智能助手能够理解用户的自然语言指令并做出相应的反应，用户说"我有点冷"时，智能家居系统可能会自动调高室内温度。

6.3 数智技术赋能服务的机理与路径

数智化过程包括对大数据(数字的知识和信息)的识别—选择—过滤—存储—智慧化使用，以数字信息和数据为生产要素和劳动对象，对现代服务业的生产力和生产关系进行重构，引导和实现资源的快速优化配置和再生。本节将以马克思生产力三要素——劳动、劳动资料、劳动对象在数智化背景下如何发展、变革为分析对象，深入探讨数智化发展优化现代服务业的机理和路径(表6-3)。

表6-3 数智技术赋能服务的机理与路径汇总

机理与路径	主要内容
劳动的智慧赋能	劳动内容的转变：智能化技术替代重复性和低技能劳动 劳动形式的创新：人与机器、机器与机器的协作 劳动效率的提升：系统性辅助计算、信息智能化处理 劳动者角色的转变：向知识型、技能型和创新型转变
劳动资料的数智变革	劳动资料的智能化、自动化 劳动资料的适应性和灵活性提高 跨界融合创新 全球化与本地化的平衡
劳动对象的数字拓展	数据和信息成为新型劳动对象 数据的"三化叠加"趋势：资源化、资产化、资本化 数据是连接和优化其他生产要素的关键纽带

6.3.1　劳动的智慧赋能——降低人力依赖

数字智能化技术对马克思生产力三要素中的"劳动"要素的影响是深远和多维的。在马克思的理论中，劳动是指人的活动，这种活动以一定的方式作用于劳动对象，并通过劳动资料转化为有用的产品。智能化技术，尤其是人工智能和机器人技术的发展，正在重新定义劳动的内容、形式和效率。

(1) 劳动内容转变。数智技术提供的智能决策支持促成了劳动内容的转变，智能化技术通过自动化和智能化工具，替代了人类在传统服务行业中的重复性和低技能劳动。例如，拟人机器人和智能系统可以在服务业领域执行常规任务，如数据录入、客户服务等。这种替代不仅减少了对人力的依赖，也使得劳动者可以从繁重的体力劳动中解放出来，转而关注更加需要创造性和解决问题能力的工作。

(2) 劳动形式创新。智能化不仅改变了劳动的内容，也创新了劳动的形式（胡莹和方太坤，2024）。一方面，传统劳动形式通常是人直接操作工具进行生产活动。而在智能化的影响下，劳动形式可以是人与机器的协作，甚至是机器与机器的协作。例如，通过高级的机器学习算法和传感器技术，机器人可以与人类劳动者并肩作业，共同完成服务任务。此外，远程操作和虚拟现实技术的应用，使得劳动者可以在物理位置上与劳动资料和劳动对象分离，实现远程控制和管理。另一方面，数智化服务通过云技术实现了劳动的灵活性和即时性：云化服务机器人可以根据需求快速部署，实现"招之即来"的服务模式，不仅提高了服务的响应速度，也使得劳动力可以灵活调配，根据实际需求进行优化配置，从而更有效地应对不均衡的服务需求。此外，在多渠道服务体验的背景下，劳动的跨渠道协同能力尤为重要。数智化服务通过整合不同的服务渠道，实现了劳动在多个渠道之间的无缝对接和协同工作，不仅优化了用户体验，还使得服务提供者能够在保持渠道互通的同时，强化主渠道的优势，更有效地管理和利用资源。

(3) 劳动效率提升。智能化技术通过系统性辅助计算、信息智能化处理和智能决策支持，极大地提高了劳动效率。这些技术能够处理和分析大量数据，提供精准的决策支持，减少人为错误，提高服务效能。此外，随着云化服务机器人和人工智能技术的发展，劳动的智能化成为显著特征，这不仅仅是机械化的简单替代，而是通过高级算法和数据处理能力，实现劳动过程中的决策支持和问题解决。

(4) 劳动者角色转变。随着智能化技术的普及，劳动者的角色也在发生转变。未来的劳动者将更多地成为知识型、技能型和创新型的角色。他们需要具备操作和管理智能系统的能力，进行复杂的问题解决，以及进行创新和策略的制定。教育和培训系统也需要相应地调整，以培养劳动者适应这一转变的能力。

智能化技术对劳动要素的智慧赋能，不仅改变了劳动的性质和形式，还提高了生产效率，推动了劳动者角色的转变。这些变化对于推动新质生产力的发展具有重要意义，同时也对劳动市场、教育培训和社会政策提出了新的挑战和要求(罗必良和耿鹏鹏，2024)。

6.3.2 劳动资料的数智变革——提高融合度与适应性

在马克思的劳动力理论中，劳动资料是生产过程中不可或缺的一部分，它直接影响生产效率和生产方式。随着科技的进步，特别是数字智能技术的发展，劳动资料的特征和发展趋势也发生了显著变化，主要体现在以下几个方面。

(1)数智化转型。传统的劳动资料如机械工具和设备，其功能和操作依赖于人工，精准度和灵活性有限。数智服务中的现代劳动资料往往是多技术的集成产品，如物联网、大数据、人工智能等技术的融合使用，其通过数字技术、智能技术的整合，实现了智能化、自动化、低误差化，使得劳动资料不仅操作简便，而且能够进行自主决策和优化服务过程。

(2)适应性和灵活性。新型劳动资料能够根据服务需求自动调整工作模式、参数和指令，具有很高的适应性和灵活性。这使得服务传递过程可以快速响应市场变化和顾客需求。

(3)跨界融合创新。现代劳动资料的发展越来越不局限于单一领域或技术，而是涉及跨学科、跨行业的融合创新。例如，医疗健康服务与穿戴设备的结合，提供了连续的健康监测和分析。

(4)全球化和本地化的平衡。随着全球化的发展，数智服务中劳动资料能够同时实现全球市场满足和本地化的适应性，突破传统服务业功能适用的业务和时空范围，实现远程连接操控与数据追溯共享(胡莹和方太坤，2024)。

总之，数智化服务中的劳动资料正逐步从传统、单一的机械设备转变为复杂、智能化、数字化系统，这些系统不仅能够提高服务效率和效能，还能响应现代社会对环保和资源节约的要求。这种转变不仅是技术进步的体现，也是生产方式和社会结构变革的重要方面。

6.3.3 劳动对象的数字拓展——实现信息增值

在当前的生产力结构中，新型生产要素的出现及传统生产要素的升级改造，为生产力的发展注入了新的时代意义。数智技术在现代服务中的应用使得劳动对象实现新质拓展，不仅包括传统生产力中的劳动对象，还包括因数字化技术、人工智能技术改造和产出的新型劳动对象。数据则是数智技术在服务业运用过程中产生的新型劳动对象，已经成为推动服务现代化的关键资源。不同于传统劳动对象，数据拥有虚拟性、持续再生、强渗透性、广覆盖性、高流动性、可复制性、可追溯性、共享性、即时性等特征(罗必良和耿鹏鹏，2024)，能够不断再生和循环使用。在数智服务中，数据原材料在经劳动者加工后对于促进服务传递、供需匹配、流程优化、服务产业升级等具有决定性作用。

数据等新型生产要素作为非实体形态的劳动对象,其在生产活动中的应用日益广泛,极大地推动了生产方式的革新和生产效率的提升。此外,其在推动企业模式创新、促进产业融合以及扩大生产价值方面发挥着核心作用。目前,随着数据量的爆炸性增长和应用场景的多样化,数据呈现出"三化叠加"趋势——数据资源化、资产化和资本化进程显著加速。

此外,数据作为劳动对象和核心生产要素,其作用不仅仅是作为信息的载体,更是连接和优化其他生产要素的关键纽带。这种以数据为中心的生产要素组合方式,显著不同于传统生产力结构中的简单机械组合。数据起到的渗透作用,能够使之深入到生产力系统的每一个角落,对各个生产要素进行智能化配置和优化。通过数据与其他要素的智能联结,各个生产要素不再是孤立的,而是能够实现高度协同和整合,并进一步实现跨部门协作、市场变化响应以及创新驱动。

6.4 数智服务的管理创新

数智生活性服务的管理创新过程涉及多个关键环节,如数智服务的产品定位、场景设计、流程规划、人机协同、服务触点整合以及服务生态构建(表6-4)。

表6-4 数智生活性服务的管理创新过程策略汇总

环节	策略描述	实施细节
产品定位	明确服务的目标用户、核心价值及市场定位	目标用户分析:通过市场调研了解用户属性、需求和行为 核心价值提炼:确定服务解决的核心问题或独特价值 市场定位:分析竞争对手,确定市场位置
场景设计	创造符合用户需求和习惯的使用场景	场景识别:识别可数字化改造的生活场景 用户体验设计:设计直观的UI和流畅的UX 技术支持:选择合适的技术如云计算、大数据等
流程规划	确保服务高效、顺畅运行	流程图绘制:明确各环节责任人、时间节点和资源需求 自动化设计:减少人工干预,提高效率 持续优化:根据反馈优化流程
人机协同	提高服务效率和质量	角色定义:明确人和机器的角色和职责 交互设计:设计人机交互界面 培训与支持:对人员进行技术培训
服务触点整合	提升用户体验,将线上线下触点无缝连接	触点识别:识别所有用户接触点 整合策略:确保体验一致性 数据整合:整合各触点数据,实现信息一体化管理
服务生态构建	扩大服务影响力和持续增长	合作伙伴策略:确定合作伙伴如技术供应商、内容提供者等 生态平台构建:构建开放平台支持合作伙伴 共赢机制:设计合作机制,确保利益共享

(1)产品定位。产品定位是数智服务发展的基础,需要明确服务的目标用户、核心价值及市场定位。通过市场调研了解目标用户的基本属性、需求特点及消费行为,如年龄、职业、生活习惯等,确定服务能够解决的核心问题或提供的独特价值,如便捷性、个性化、成本效益等,并分析竞争对手,确定服务在市场中的位置,如高端定制服务、大众化服务等。

(2)场景设计。场景设计是实现产品定位的具体实施步骤,需要创造符合用户需求和习惯的使用场景。识别生活中可以数字化改造的场景,如在线购物、远程医疗、智能家居等,并设计简洁直观的用户界面(user interface,UI)和流畅的用户体验(user experience,UX),确保用户在每个场景中的操作便捷性和舒适性。选择合适的技术支持场景实现,如云计算、大数据、人工智能等。

(3)流程规划。流程规划是确保服务高效、顺畅运行的关键,涉及服务的每一个环节。绘制详细的服务流程图,明确各环节的责任人、时间节点和资源需求。设计自动化流程,减少人工干预,提高效率,如自动化客户服务、智能调度系统等。根据用户反馈和服务运行情况,不断优化流程,提高服务质量和效率。

(4)人机协同。人机协同是提高服务效率和质量的重要方式,特别是在复杂或需要个性化的服务中。明确人和机器的角色和职责,如人负责策略制定和决策,机器负责执行和数据处理。设计人机交互界面,确保人员可以轻松监控和控制机器操作。对服务人员进行必要的技术培训,确保他们能够有效地与机器协同工作。

(5)服务触点整合。服务触点整合是提升用户体验的关键,需要将线上线下触点无缝连接。识别所有可能与用户接触的点,如移动应用、社交媒体、实体店等。设计触点整合策略,确保用户在任何触点接入服务时的体验一致性。通过后台系统整合各触点数据,实现用户信息的一体化管理和应用。

(6)服务生态构建。构建服务生态是扩大服务影响力和持续增长的基础(陈剑和刘运辉,2021)。确定合作伙伴,如技术供应商、内容提供者、分销渠道等。构建开放的平台,支持合作伙伴在平台上提供服务或产品。设计合作机制,确保所有参与者都能从生态中获得利益,推动生态的持续发展。通过上述详细的策略实施,生活性服务的数字智能化不仅能够提升服务效率和质量,还能增强用户体验和市场竞争力。

案例聚焦 6-2

中国移动在用户体验方面的做法

5G 技术在大数据和人工智能算法的支持下,极大地促进了服务营销的发展,使其更贴合当前消费者的语境和行为。这种技术不仅为中国移动和客户之间构建了更多的连接点，还使得客户在浏览信息时即使只是不经意地"多看了一眼"，也能收到适合自己的推荐信息。这种智慧型的浸润营销策略能够在不引人注意的情况下精准地嵌入消费者日常生活中。

同时，服务评价指标也由传统的满意度和忠诚度等结果指标，扩展到更全面地反映客户在整个服务流程中的体验感知。这些场景化的触点指标不仅衡量服务的隐性成本，还逐步提升服务的价值，增强客户黏性，从而提高客户服务的地位和利润。

然而，传统服务常因技术手段限制、服务标准不明确或服务流程不透明等问题，损害客户信任。中国移动可以利用 5G 技术在服务活动的各个环节实现数据的连接、处理和传输，从而提升内部管理的管控和效率，同时增强服务过程的透明度。例如，通过透明化客户诉求处理流程，客户可以随时了解自己的申诉状态，减少重复咨询和投诉的情况。中国移动的 10086 在线平台、掌上大厅和微厅等服务平台，都有效地减少了客户的重复诉求，提升了客户满意度。

随着 5G 新业务的快速增长，尤其是长流程业务，中国移动应建立一个涵盖全业务、全流程的服务质量标准体系和全质量指标客户感知监测机制。这将实现对客户体验的全面和动态掌握，及时发现并持续改进服务短板，从而持续提升客户体验。此外，通过加强业务与产品使用方案的迭代服务，并在成本可控的条件下缩短迭代周期，结合精准的客户画像，中国移动能够为客户提供更加针对性的业务与产品，实现业务与服务的深度融合（杨斌，2021）。

策略点：

(1) 智能化营销策略的应用。通过 5G 技术与大数据、人工智能的结合，营销策略实现了更精准的消费者行为分析和个性化推荐。这种策略不仅增加了与消费者的接触点，而且能够在消费者几乎无感知的情况下，将营销信息自然地融入他们的日常生活中。

(2) 服务评价指标的创新与拓展。传统的服务评价指标如满意度和忠诚度被扩展到更全面地反映客户在整个服务流程中的体验感知。这种场景化的触点指标不仅能更准确地衡量服务的隐性成本，还能逐步提升服务的价值和客户黏性。

(3) 服务流程的透明化。利用 5G 技术优化数据的连接、处理和传输，提高服务流程的透明度，使客户能够实时了解自己的申诉状态，减少重复咨询和投诉，从而增强客户信任。

(4) 全面的服务质量标准体系。建立涵盖全业务、全流程的服务质量标准体系和全质量指标客户感知监测机制，以实现对客户体验的全面和动态掌握，及时发现并持续改进服务短板。

(5) 业务与服务的深度融合。通过加强业务与产品使用方案的迭代服务，并在成本可控的条件下缩短迭代周期,结合精准的客户画像,为客户提供更加针对性的业务与产品,实现业务与服务的深度融合。

案例聚焦 6-3

京东健康在数智医疗领域的探索

随着人民群众对医疗健康服务的多层次、多样化需求持续增长,对提升医疗健康供给质量和服务水平的迫切需求日益增加,医疗服务体系迫切需要进行重大改革。医院信息化转型升级成为关键,需要从功能、体验、流程、效率、成本和质量等多方面进行全面提升,确保信息化能够真正产生价值,而不仅仅是满足基本的功能交付。这需要深入理解业务,实现产品与业务的深度融合,并聚焦于创新,以实现医院的高频次、高效率和高体验使用。

京东健康通过多年的探索和实践,已经梳理和沉淀了在健康服务新模式探索上的丰富经验,并成功打造了一套包括技术能力、产品能力和应用能力在内的数智医疗能力矩阵。最近,京东健康首次展示了其"数智医疗"解决方案体系,旨在帮助医疗服务体系实现优质发展。该解决方案体系针对医院加速实现医疗服务场景整合、医疗机构数据互通和医疗产业价值连接等应用场景,提供了综合解决方案。

京东健康的数智医疗解决方案体系涵盖技术开放平台、大数据应用体系、运营支持体系和供应链管理体系。通过一体化的交付模式,该体系为不同的医疗服务机构提供全方位、定制化的数智医疗解决方案。这种数字智慧医疗体系在技术、模式、管理等多个层面全面体现了数字化、智慧化医疗服务的能力,覆盖了医疗服务体系信息化的全流程。数智医疗整合了数智化技术、大数据应用、运营支持和供应链管理等多方面的能力,成为推动优质医疗服务体系发展的新引擎(李子晨,2022)。

策略点:

(1)技术开放平台的建设。通过建立技术开放平台,京东健康为医疗服务机构提供了一个强大的技术支持基础,使得医疗服务机构能够利用最新的技术实现服务的优化和创新。

(2)大数据应用体系的构建。利用大数据技术,京东健康能够对医疗服务过程中产生的大量数据进行分析和应用,提升医疗服务的精准性和个性化水平。

(3)运营支持体系的完善。通过运营支持体系,京东健康为医疗机构提供日常运营中所需的各种支持,包括但不限于流程优化、效率提升等,帮助医疗机构改善服务质量和运营效率。

(4)供应链管理体系的优化。通过整合和优化供应链管理,京东健康能够确保医疗服务机构在医疗物资供应方面的高效率和高质量,从而支持医疗服务的连续性和安全性。

（5）一体化交付模式的实施。京东健康采用一体化交付模式，为医疗服务机构提供从技术到运营再到供应链的全方位解决方案，确保服务的高效实施和优质输出。

参 考 文 献

陈国青，任明，卫强，等. 2022. 数智赋能：信息系统研究的新跃迁[J]. 管理世界，38(1)：180-196.

陈剑，刘运辉. 2021. 数智化使能运营管理变革：从供应链到供应链生态系统[J]. 管理世界，37(11)：227-240, 14.

董同强，丁世强. 2022. "数智"融合驱动下智慧图书馆服务场景与体系设计[J]. 图书馆学研究，(1)：2-8.

龚永年. 2002. 对文化信息网络建设之思考[J]. 图书馆杂志，(9)：11-13.

胡莹，方太坤. 2024. 再论新质生产力的内涵特征与形成路径：以马克思生产力理论为视角[J]. 浙江工商大学学报，(2)：39-51.

汲传波. 2024. 大学出版社的数智化转型[R]. "北京大学出版社 2024 社长总编辑谈出版"专题.

坚瑞，廖林娟，谢晓佳. 2023. 数智时代平台型企业服务生态系统价值共创演化机理研究：以字节跳动为例[J]. 福建论坛(人文社会科学版)，(3)：97-111.

李金凤. 2024. 数智化时代下零售业转型升级发展研究[J]. 商业经济，(7)：63-65, 196.

李琳，刘凤委，李扣庆. 2021. 会计演化逻辑与发展趋势探究：基于数据、算法与算力的解析[J]. 会计研究，(7)：3-16.

李燕英. 2022. 基于包容性数字服务的信息无障碍供给实现途径研究[J]. 图书馆，(2)：32-36, 50.

李子晨. 2022. "数智医疗"打造医疗服务高质量发展新引擎[N]. 国际商报，2022-08-24(5).

廖民超，金佳敏，蒋玉石，等. 2023. 数字平台能力与制造业服务创新绩效：网络能力和价值共创的链式中介作用[J]. 科技进步与对策，40(5)：55-63.

令狐克睿，简兆权. 2018. 制造业服务化升级路径研究：基于服务生态系统的视角[J]. 科技管理研究，38(9)：104-109.

令狐克睿，简兆权，李雷. 2018. 服务生态系统：源起、核心观点和理论框架[J]. 研究与发展管理，(5)：147-158.

刘炜，叶鹰. 2017. 数字人文的技术体系与理论结构探讨[J]. 中国图书馆学报，43(5)：32-41.

刘燕琪. 2021. 服务生态系统视角下企业操作性资源能力对竞争优势的作用机制研究[D]. 长春：吉林大学.

罗必良，耿鹏鹏. 2024. 农业新质生产力：理论脉络、基本内核与提升路径[J]. 农业经济问题，(4)：13-26.

罗斌元，陈艳霞. 2022. 数智化如何赋能经济高质量发展：兼论营商环境的调节作用[J]. 科技进步与对策, 39(5): 61-71.

苏有丽, 牛春华. 2024. 数智赋能公共服务需求治理: 理论逻辑与实现路径[J]. 兰州大学学报(社会科学版), 52(1): 166-176.

王秉. 2023. 何为数智: 数智概念的多重含义研究[J]. 情报杂志, 42(7): 71-76.

王焕景, 孙港. 2024. "数智"赋能下高校图书馆智慧化空间服务体系构建研究[J]. 图书馆学研究, (1): 38-45, 85.

吴永和, 刘博文, 马晓玲. 2017. 构筑"人工智能+教育"的生态系统[J]. 远程教育杂志, 35(5): 27-39.

新华财经. 2023. 夯实数智医疗"技术底座" 京东健康以智慧化解决方案助力医疗体系高质量发展[EB/OL]. http://www.jjckb.cn/2023-12/05/c_1310753763.htm[2023-12-05].

新华网. 2023. 中国移动数智客服变革之道: 用AI与客户共创共荣[EB/OL]. http://www.news.cn/info/20231012/4c13eb6abd9d4dbbb9045deb06149ff0/c.html[2023-10-12].

杨斌. 2021. 数字时代, 中国移动客户服务数智化转型"四化"路径[EB/OL]. https://www.cnii.com.cn/rmydb/202106/t20210611_285455.html[2021-06-11].

杨现民, 余胜泉. 2015. 智慧教育体系架构与关键支撑技术[J]. 中国电化教育, (1): 77-84, 130.

张传洋, 郭宇, 庞宇飞, 等. 2023. 数智化医疗信息利用与服务模式框架构建[J]. 图书情报工作, 67(13): 49-58.

赵宸宇. 2021. 数字化发展与服务化转型: 来自制造业上市公司的经验证据[J]. 南开管理评论, 24(2): 149-163.

周翔, 叶文平, 李新春. 2023. 数智化知识编排与组织动态能力演化: 基于小米科技的案例研究[J]. 管理世界, 39(1): 138-157.

Beverungen D, Matzner M, Janiesch C. 2017. Information systems for smart services[J]. Information Systems and E-Business Management, 15(4): 781-787.

Beverungen D, Müller O, Matzner M, et al. 2019. Conceptualizing smart service systems[J]. Electronic Markets, 29(1): 7-18.

Kohtamäki M, Parida V, Oghazi P, et al. 2019. Digital servitization business models in ecosystems: a theory of the firm[J]. Journal of Business Research, 104: 380-392.

Teece D J. 2018. Profiting from innovation in the digital economy: enabling technologies, standards, and licensing models in the wireless world[J]. Research Policy, 47(8): 1367-1387.

Vargo S L, Lusch R F. 2010. From repeat patronage to value co-creation in service ecosystems: a transcending conceptualization of relationship[J]. Journal of Business Market Management, (4): 169-179.

Vargo S L, Lusch R F. 2011. It's all B2B…and beyond: toward a systems perspective of the market[J]. Industrial Marketing Management, 40(2): 181-187.

Vargo S L, Lusch R F. 2016. Institutions and axioms: an extension and update of service-dominant logic[J]. Journal of the Academy of Marketing Science, 44(1): 5-23.

第7章 智能财务

本章提要：技术越发展，会计越重要。在人工智能和实体经济加速融合、产业升级和金融发展依存共生的背景下，智能财务正在重塑财务管理的职能，并重新定义财会在经济中的角色和社会价值。数字化技术的发展催生了新产业、新业务和新模式，对会计理论、财会职能职责、财会组织方式、财会业务流程以及财会工具手段等方面产生重大而深刻的影响，智能财务发展已成为大势所趋。本章全面梳理了当前的财会智能化发展实践及学术研究进展，详细阐述了智能财务核心技术在财务会计、审计、管理会计及财务共享等具体场景中的实际应用，进一步探讨了智能财务未来的发展趋势和可能面临的挑战，以期总结新技术发展给会计行业可能带来的全局性影响，促进我国企业数字化、智能化财务实务的健康发展。

案例聚焦 7-1

海底捞的智能成本管理

海底捞作为国内餐饮行业的"网红"新名片之一，从一家本土火锅店走向国际市场并成功上市，海底捞的成功不光取决于其优质的产品质量，智能成本管理也是其扩大市场、稳定利润水平的重要战略决策之一。

（1）材料加工智能化。在材料加工上，海底捞与阿里云合作的智能化云平台和 IKMS (intelligent kitchen management system，智能厨房管理系统)利用大数据、物联网等设备实现后厨的实时监管，对海底捞厨房整体的运行状态、生产状况、库存状况、保质期状况等信息进行实时上报，提高了菜品的加工效率，规避了经营过程的菜品腐烂等情况，减少了加工活动的纠错成本。

（2）内部储存智能化。海底捞也积极推进自身内部储存成本和加工成本的智能化管理。例如，在原料采购和仓储上，海底捞能够第一时间从最近的仓库进行调货，减少采购成本，并利用算法进行门店销量预测以及实时的库存跟踪，从而预测出每家门店每天需要的进货量以最大限度地减少库存并保证供应。

（3）员工服务智能化。优质的员工服务一向是海底捞笑傲市场的重要因素。根据 2019 年上半年的财报，其员工成本占到了营业收入的 1/3。

在未来餐饮行业不断压缩营业成本的发展趋势下，海底捞也意识到了这一问题的潜在威胁，并尝试利用人工智能来破除这一困境。具体举措包括：在门店的上菜服务、结账服务、清点业务等环节利用机器人来替代人力，只在门店处留下部分优质服务员，压缩了自身的经营成本。

(4)线上服务智能化。优质的线上服务业务也是其一大竞争优势。在外卖餐饮行业迅速发展的背景下，海底捞原先的线上服务系统也出现了运行负荷过大的情况。因此，海底捞积极推进与阿里云的合作，提高自身的线上营销能力，利用云计算技术实现精准的营销对点，并利用大数据计算外送顾客与门店的最近距离，减少了配送时间并降低了配送成本，实现产品配送的智能化，从而实现对物流成本的有效管理。

海底捞的成本管理活动充分考虑了自身的业务特点，并结合市场优势进行合理布局，实现了全面的智能化改革。海底捞在最大程度上保留服务优势的前提下，通过引入大数据、云计算等智能财务技术，显著提升了运营效率和成本控制能力，为其数字化转型奠定了坚实的基础。这些智能技术的应用，不仅优化了海底捞的财务管理流程，还推动了其在竞争激烈的市场中保持领先地位。

7.1 智能财务发展背景

智能财务的出现既是商业发展与变革的内在需求驱动的结果，同时也受到技术创新和政策的外部驱动。本节将详细探讨这些内外驱动力，揭示智能财务在现代经济中的重要性及其所面临的挑战与机遇。

7.1.1 商业发展与变革需求

信息技术催生的业务模式创新亟须财务智能化。数字化、智能化是社会生产力发展的客观要求，是科技进步的必然结果，是满足人类美好生活需要的必由之路，其发展趋势不可逆转、不可阻挡。

经济数字化与全球化加速了财会智能化变革，也为企业会计与财务管理工作带来了新的挑战。一方面，随着数字化时代的深入发展，信息日益转化为数据，各领域所采集的数据量正以前所未有的速度增长。数据的开放性和交叉使用变得愈发普遍，众多领域正逐步以数据流通替代传统的产品流通，从而将生产过程转型为服务模式。用户流量的价值在这一过程中显得愈发重要。在万物互联的浪潮中，智能技术在人类生活中的地位显著提升，客户对于产品服务的需求展现出多元化、个性化的趋势。借助先进的技术手段，人与人之间的时间和空间界限正在被逐步消解。另一方面，随着企业规模的日益扩大和分工的逐渐细化，企业生产链之间的协调成本将显著提高，部门技能的专业化也将成为亟待解决的问题。职能分工的差异可能加剧信息不对称，进而引发不信任问题，甚至导致企业内部矛盾的激化。显然，以核算为核心的传统财务体系在面对数字经济背景下新兴业务的发展需求时，其支撑能力显得捉襟见肘。因此，企业的财务部门需要转型为数据驱动型，提供决策支持，深入分析预测价值链的动态，并提供坚实的财务支撑。同时，财务部门还需具备前瞻性信息的获取能力，以更有效地进行风险防范，确保企业稳健发展。

7.1.2 技术创新与融合驱动

新一轮科技革命和产业变革为智能财务提供技术保障。以"大智移云物区"等为代表的新一代信息技术，已迅速且广泛地渗透至人们的社会生活与经济管理领域。这些新技术与社会经济的深度融合正在深刻重塑人类社会的活动方式，不仅促进了消费升级，催生了新兴产业，还推动了管理模式的转型，使得数字经济呈现出高频创新的发展态势。数字经济的核心本质在于智能经济，自2015年我国提出"互联网+"战略，到2019年进一步过渡到"智能+"，短短五年间，"智能+"已成为推动传统产业革新发展的关键力量、赋能制造业转型升级的重要手段以及促进管理创新跃迁的重要工具，同时它也是我国经济发展新旧动能转换的关键"催化剂"。中国工程院院士、原浙江大学校长潘云鹤教授指出，智能化技术及其广泛应用在全球范围内正蓬勃发展，这一进程极大地促进了人类社会生活、生产和消费模式的变革，为经济社会发展注入了新的活力，推动了经济社会的高质量发展，并加速了新一轮产业的智能化变革。

技术的快速迭代升级历来是财务工作实现突破性创新的重要前提和驱动力，新技术与财务工作不断融合，深刻影响了财务工作的变革进程。社会经济需求的时变性和信息技术的迅猛发展带动了企业经营管理的不断改善，对会计职能价值的要求也不断提高。通过对会计目标的不懈追求及对新技术的有效利用，会计信息处理的效率与质量得到了极大完善与提高，会计技术与管理手段的发展也呈现出不同的阶段性特征。从手工会计到会计电算化、会计信息化，再到目前方兴未艾的财务共享与财务机器人、智能财务，这是会计与技术融合发展的缩影，也是会计行业不断转变思想、创新管理、再造组织、培养人才、探索新技术应用以服务全球经济发展历程的体现。会计是经济活动的观察者和反映机制，代表着人类对商业活动的共识，技术是财会要素属性与职能目标实现的载体，技术变革本质上带来的是财会要素表征的变更，也是推动智能财务发展的关键力量。

7.1.3 经济高质量发展与政策推进

智能财务是实现经济高质量发展的关键一环。党的十八大以来，以习近平同志为核心的党中央高度重视数字化发展，数字化成为助推高质量发展的重要抓手，而企业财务数字化转型则是国家数字化战略的重要组成部分。2022年2月，国务院国有资产监督管理委员会印发的《关于中央企业加快建设世界一流财务管理体系的指导意见》强调，要完善智能前瞻的财务数智体系，建立智慧、敏捷、系统、深入、前瞻的数字化、智能化财务。

智能财务的功能领域与《关于中央企业加快建设世界一流财务管理体系的指导意见》中的观点不谋而合。智能财务的核心目标是为企业创造价值，具体作用于新时代下会计更为广阔的功能领域，智能财务功能领域总结为核算报告、业务服务、决策支持、风险管控、战略支撑五个方面。核算报告，指围绕主体战略、经营、财务、治理、关系网络等信息的全方位精细刻画，以最大限度地还原主体原貌，是对传统会计职能中反映监督职能的映射与拓展；业务服务，指在优化业务流程的基础上，通过信息深度挖掘对业务流程全节点进行数据支持与前瞻性引导，将业务由传统的流程引领转向由流程和数据共同引领；决策支持，指财务积极有效参与重大决策全过程，提供准确、高效、多维数据信息，主动、及时发表专业性、建设性意见，支持理性决策、科学决策；风险管控，指基于内部控制流程的完善与优化，协助主体实现内外部风险的防范、预警与有效控制；战略支撑，指将财务信息作为配置资源的根本依据，建立由战略规划到周期预算、由周期预算到考核评价的闭环联动机制，推进体系各要素构件与企业战略协调一致，实现发展规模、速度、结构、质量的有机统一。这五个功能领域与《关于中央企业加快建设世界一流财务管理体系的指导意见》中所主张的功能作用相契合，共同推动企业财务管理的智能化和数字化转型，为企业创造更大的价值，助力其高质量发展。

7.2 智能财务概念

7.2.1 智能财务的定义

目前国内学者对智能财务定义尚未形成统一观点。从方法角度，一些学者认为智能财务所运用的技术手段主要为智能机器和人类财务专家的结合，最终增强了财务在管理控制和决策支持方面的作用（黄长胤，2020；张敏，2020）；从应用效果角度，也有学者提出智能财务在"大智移云物区"等新技术的支持下，实现了对传统财务工作的自动化和智能化，能够满足企业生产、经营、管理的多元需求,拓展了财务管理工作的内容,构建了新型的财务管理模式(刘勤和杨寅,2018;刘梅玲等,2020;张敏,2021)。

依据智能化变革及其应用的演进逻辑,结合当前财务智能化实践及未来发展趋势,本书认为,智能财务是将以人工智能、大数据、云计算、区块链等为核心的信息科技和数字资源与会计和财务管理相融合,通过构建或利用数字化服务平台和智能化管理决策支持系统,提升会计和财务管理的效率与效果,拓展和实现会计财务职能及其战略价值。该定义包含以下四个要点。

(1)专业引领。智能财务的发展由专业引领并提出需求,通过人工智能等信息技术赋能财会专业工作,目的在于更好地发挥和拓展财会的职能作用和战略价值,进而促进信息反映、监督控制、决策支持和价值实现。智能财务绝非简单的技术应用,而是需要在财务专业人员指导下结合需求与业务特点,得出定制化、智能化解决方案。例如,利用人工智能技术开发的智能预算系统可以通过历史数据和市场趋势进行预测和分析,生成科学合理的预算方案。这不仅减少了手工操作的错误,还提高了预算编制的效率和准确性,进一步还可以实时监控预算执行情况,自动预警预算偏差,帮助管理层及时调整策略。

(2)数据赋能。新一代信息技术的发展及其在财会领域的应用是智能财务产生和发展的前提,且这些技术需与海量、多构型的数字资源相结合。在大数据时代,数据已经成为新的生产要素,财务智能化离不开企业数字化乃至数字经济的发展。通过对海量数据的采集、分析和应用,企业能够挖掘出重要的商业价值。这些数据不仅能够反映企业的运营状况,还可以为企业的未来发展提供重要的参考依据。数据作为生产要素,与云计算、人工智能和区块链等技术紧密结合,推动了财务智能化的实现。例如,云计算技术可以为企业提供强大的数据存储和处理能力,使得财务数据能够被快速、准确地分析和处理。同时,区块链技术可以确保财务数据的安全性和透明性,防止数据篡改和欺诈行为的发生。通过这些技术的赋能,企业可以实现财务管理的全面智能化,提高财务工作的效率和效果。

(3)场景融合。技术和数据必须与财会审税活动的组织、管控和决策场景相融合,否则技术和数据的应用将失去应用目标和服务对象,不能为我所用。即智能技术不能孤立地存在,而是需要与企业的实际业务流程紧密结合。例如,在税务管理方面,通过大数据分析,可以自动识别和核查企业的税务申报情况,确保税务处理的合规性和准确性;在风险管理方面,通过机器学习和预测分析,可以识别潜在的财务风险,提供预警机制,并制定相应的风险缓解策略。有效的场景应用能够使智能财务技术真正服务于企业的具体需求,从而实现技术价值的最大化。

(4)实现路径。财务智能化的实现途径和载体由数字化服务平台和智能化管理决策支持系统两大部分构成。其中,数字化服务平台是企业数字化和财务数字化的关键,智能化管理决策支持系统依托数字化服务平台,为财会审税的组织、管控和业务决策提供工具和系统支撑。智能化决策平台的建立，则需要企业持续收集、存储、分析数据并建立分析模型，开发特定场景需求的智能化应用，持续优化与升级以确保系统的高效运行和适应性。

7.2.2 智能财务的内涵

智能财务的内涵包括四个方面：效率导向、价值创造、技术驱动和数据智能。

(1) 效率导向。智能财务旨在为业务赋能，帮助企业提高财务管理的效率和效果。通过人工智能和自动化技术，企业能够实现财务处理的全流程自动化，从而显著减少人工操作和人为错误。例如，自动化账务处理系统可以实时更新财务数据，实时生成财务报表，并进行异常检测和预警，大幅提升工作效率。此外，借助数据挖掘和机器学习技术，智能财务系统可以快速分析大量财务数据，提供实时的财务洞察和预测，帮助企业做出更加科学和高效的决策。这不仅优化了财务流程，还使得财务人员能够将更多的精力投入到战略规划和决策支持中，从而提高企业整体运营的效率和效果。

(2) 价值创造。智能财务能够有效地拓展和实现会计财务职能及其战略价值，实现价值创造。在原职能领域，智能财务通过多源多模态信息收集实现全场景还原与深度分析，促进基层业务单元和全流程上的精细化管理。在拓展智能领域，智能财务与企业的竞争环境、发展战略、业务运营紧密结合，并进一步延伸到财务会计、管理会计、审计、税务管理、风险管理等领域。在智能财务的引领下，财务人员的工作不再局限于传统的核算、财务报告等，而是转换角色，逐渐转型至战略财务、共享财务、业务财务，依托更有利的数据支撑积极参与企业的管理决策。事前预算、事中控制、事后记录的全过程风险控制，帮助企业进行内部控制和风险管理，大幅提升财务对于业务部门和管理部门以及企业高层领导的决策支持能力，实现公司价值的有效提升。

(3) 技术驱动。财务体系的智能化转型主要依靠人工智能、大数据、云计算、区块链等核心技术驱动。智能技术为财务智能化体系架构提供底层技术支持，推动业务层、财务层及管理层整体实现财务智能化转型。已有研究认为智能财务的本质是智能化场景设计和新技术匹配运用(刘梅玲等，2020)，但该观点过度关注技术的引领作用，而忽视了传统会计变革的内在驱动力。事实上，智能技术在智能财务转型过程中扮演阶梯的角色，作用是助力财务数据要素实现在资源配置及经济管理活动决策中的主导地位，实现财会部门作为信息中枢的价值，而非为智能技术选择适配的财会场景。

(4) 数据智能。随着信息时代的不断发展，强大的信息技术使得对大规模数据的处理分析成为可能，由此也产生了大量数字资源。依托于各种智能技术，从数据资源中提炼、发掘、获取有价值的信息，从而为主体制定决策提供有效支持的过程就是数据智能。智能财务与传统财务工作最大的区别就在于其数据智能属性。

7.2.3 智能财务的技术逻辑

从智能化变革的技术逻辑与思维入手，数据、算力和算法构成了人工智能发展及其技术应用的关键三要素。如图 7-1 所示，在人工智能应用领域，算力是新基建时代最具创新性的核心生产力，芯片、云计算、边缘计算等技术的飞速发展，为智能化应用提供了强大的算力保障。新一代信息技术的快速突破使人们能够从场景中获得更广泛和更高质量的数据，促进了算法、模型的不断迭代和优化，进而为最佳决策提供更强大的支持。智能化变革将更好地促进业务发展并持续反哺数据获取环节，最终形成有效的正向反馈循环，如图 7-2 所示。当前，在算力、数据和算法三大关键技术支撑的智能化变革浪潮下，商业活动正在形成"一切业务数字化，一切数字业务化"的发展态势。

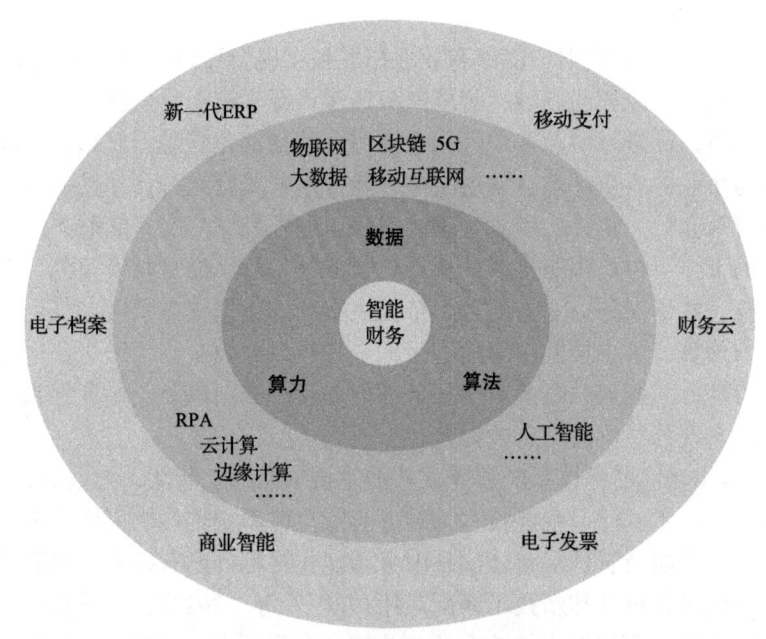

图 7-1 智能财务变革的三大技术基础

RPA 表示 robotic process automation，机器人流程自动化

数据是智能财务的基础，是财务的核心原料。传统财务是在会计科目的基础上进行数据加工，但大数据时代下，我们有能力也有必要对数据边界进行进一步延伸，实现全域数据采集。物联网、大数据、爬虫等技术无疑扩大了财务数据的采集能力，实现了财务和业务数据、内部和外部数据、结构化和非结构化数据的

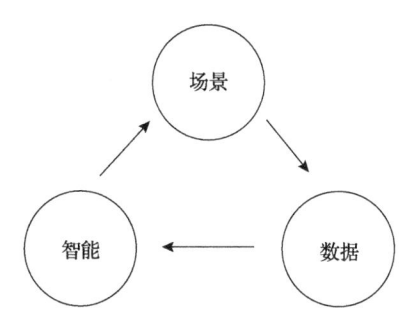

图 7-2 智能化应用的正向反馈循环

融合。在此基础上，云计算、人工智能等技术进一步对数据进行加工、计算和分析，帮助用户理解数据并发现问题。最终，利用可视化工具更直观、有效地呈现经营数据中蕴含的深层信息，为企业提供决策支持。

以云计算、边缘计算为代表的技术为处理海量数据提供了算力保障。云计算通过集中化的服务器资源，为企业提供弹性和高效的计算能力，使得大规模数据的存储和处理成为可能。边缘计算则通过将计算资源分布到数据源附近，减少数据传输的延迟，提高实时处理能力。这两种技术共同作用，不仅提升了财务数据处理的速度和效率，还增强了系统的灵活性和可靠性。随着财务信息系统从手工记账、会计电算化、ERP 逐步演变到云平台，财务算力也在不断提升，满足了智能财务对高效计算的需求。

人工智能算法通过模拟和超越人类思维，实现了财务数据处理的高效性和深层次价值挖掘。会计本质上是一种"算法"，即通过既定的处理逻辑，对输入数据进行加工，从而得到输出数据。这些算法逻辑是前人通过理论推导或经验总结得出的显性知识，并以会计准则的形式在个体间传递。以机器学习为代表的人工智能算法颠覆了传统的算法逻辑，为财务数据处理带来了新的可能性。具体体现在两个方面：首先，人工智能可以模拟人类思维，高精度和高效率地完成传统财务中由人力完成的任务；其次，人工智能可以超越人类思维，探索人类尚未掌握的隐性知识。本质上，机器学习所学习到的算法中包含了人类逻辑推理暂时无法阐述和转移的隐性知识，突破了传统算法的数据挖掘边界，捕捉到了数据中蕴含的更深层次价值。

7.2.4 智能财务的技术工具

财会智能化的实现离不开技术工具的支持。上海国家会计学院主办的 2020 年"影响中国会计人员的十大信息技术"评选结果显示，十大信息技术分别为：财务云、电子发票、会计大数据技术、电子档案、RPA、新一代 ERP、区块链技术、移动支付、数据挖掘以及在线审计。同时，潜在影响会计从业人员的五大信息技术分别是：区块链电子发票、数字货币、物联网与自动化物件、5G以及分布式账本。

  本节选取RPA、大数据、人工智能、云计算、区块链、物联网等技术进行简要介绍。RPA常用于解决重复且有固定规则的任务，是使用自动化的算力取代人力来完成工作的初级阶段，RPA技术可以显著提高工作效率，减少人为错误，并释放人力资源投入更高价值的工作。物联网及大数据技术主要适用于数据采集阶段，其中物联网技术是利用传感器等设备将万物相连，将相关物理实体的状态转化成具化数据，进而实现对人或物的实时状况进行有效把控的感知技术，而大数据技术的应用则常是将海量的数据进行采集、整理、储存与分析，从诸多数据中提取出相应的核心有用部分。区块链技术主要用于数据的分布式存储，形成去中心化且去信任的稳定数据库，解决了传统数据库难以追溯且存在安全隐患的问题。它可以确保数据的透明性和安全性，特别是在财务数据处理和审计中具有重要应用。云计算等算力技术为企业提供了稳定的算力来源，使其具备对所获取的数据进行深入计算处理的能力。云计算是一种分布式计算，云服务商利用"上云"将原先企业需自主构建的算力设备取缔，并以租赁服务的方式赋予企业更贴合其实际需求的数据分析、处理能力，而边缘计算更靠近物或数据源头，目的在为数据使用者提供更近端的算力服务。人工智能是一种算法技术，涵盖生物特征识别、计算机视觉、自然语言处理、知识图谱、机器学习等多个领域。它利用计算机算力取代人力，提供各类型的应用服务和解决方案。人工智能能够自动化复杂的财务流程，如预测分析、异常检测和智能决策支持。除此之外，新一代ERP系统和商业智能技术为企业带来了新的便利，支持企业资源的整合与优化管理。这些技术通过数据分析和报表生成，为企业提供了深刻的业务洞察和战略决策支持。

  各项数字技术相辅相成、相互依存，共同推动传统财务向数字财务转型。每一个智慧平台、每一项智慧软件、每一台财务机器人的推出都不是单项技术的成果，而是多项数字技术融合的结晶，它们的集成创造了1+1>2的效果。这些技术的融合与发展，不仅将推动财务会计领域的变革和进步，还将深刻影响财务管理的方式和未来走向。

7.3 会计创新与财务智能化

7.3.1 财务会计智能化

  智能技术对财务会计领域的影响显著，财务会计发展呈现新趋势。首先，区块链技术的进展导致会计基本假设的转变，特别是货币计量假设可能会逐渐淡化。在会计核算方面，一方面，会计确认的内容将从传统的财务数据扩展至非财务数据，且呈现多样化趋势；另一方面，财务会计的计量方法将由成本计量转向价值计量，并尝试融合精确与模糊计量方法。其次，新兴的三式记账法，得益于区块链等技术的支持，能提供更广泛和全面的财务信息，促进管理会计、成本会计与财务会计的整合。技术如人工智能和大数据的应用，预示着财务报表的发展将更加多样化、个性化和实时化。然而，数字化转型也带来了挑战，包括对高质量数据的需求、隐私和道德问题、技术人才短缺、法律法规滞后、数字资产确认和计量问题以及企业内部控制和信息安全的威胁。这些因素共同影响着财务会计领域在智能技术驱动下的发展方向和效率。

(1) 会计核算报告智能化。在会计核算与报告领域，智能化的核算系统将服务于记账、算账与报账环节的智能化以及决策支持的智能化。具体而言，在记账阶段，企业能够通过 OCR(optical character recognition，光学字符识别)等技术实现内外部数据的智能化输入，通过会计引擎等实现自动化凭证编制与账簿登记；在算账阶段，在 RPA 技术的支持下，智能核算系统可以自动实现对相关科目的核算，大大提高核算的效率和准确度；从核算效果上看，核算职能由"事后监督"转变为"事前预测"与"事中控制"，由"静态监督"转变为"动态监督"，由"单个控制"转变为"全面控制"；在报账阶段，RPA 技术通过规则和数据两个关键实践因素发挥巨大作用，实现了报表编制效率、报表编制内容以及报表利用方式的革新。

(2) 会计准则遵循智能化。准则遵循智能化是智能财务的重点环节。财务会计是企业的经济信息系统，是由确认、计量、记录和报告等一系列元素组成的，财务会计的系统结构体现了会计准则遵循的过程。各元素各司其职并相互配合，形成一个有机整体，共同履行财务会计的职能，实现财务会计的目标。会计确认与会计计量存在许多会计职业判断的节点，智能财务下，企业能够通过 ERP、BP(back propagation，反向传播)神经网络等技术的迭代发展逐步实现会计确认的自动化与智能化。此外，智能技术赋能公允价值的计量过程，专家系统在进行账务处理的基础上进一步优化了会计处理中人机交互的门槛。

(3) 会计档案管理智能化。财务共享中心建设转变了传统分散的会计档案管理环境和属地化的档案管理体系，能够保管大量凭证，在提供会计档案信息存储、利用以及影像化管理系统方面创造了良好的条件。电子会计档案管理的过程包括三个主要步骤：数据采集、档案处理分析和档案应用。数据采集阶段通过整合多种系统(如 ERP 系统、费用管理系统等)和数据库(如 MySQL、Oracle 等)，从子公司端接收数据。档案处理分析阶段则通过技术如 InfoBright 和 Hadoop，将数据导入至中央大型数据库并进行维护，确保信息资源的完整性和有序性。档案应用阶段利用大数据挖掘技术，如 Mahout，对筛选的数据进行深入分析，从而揭示对企业决策有价值的信息。这一流程不仅增强了信息的可用性，也支持了高级别的管理和决策需求。

7.3.2 审计智能化

在社会经济需求的动态变化和信息技术的迅猛发展下，审计信息交互模式、账簿技术、审计工具等方面不断改进，推动了审计本身进入新的发展阶段。

1. 审计智能化变革阶段

如表7-1所示，审计智能化变革可分为四个阶段：审计1.0阶段，审计工作主要由人工进行，账簿技术采用简单的手工记账方式；审计2.0阶段，引入信息技术审计，采用复式账本，提升了账簿记录的准确性和效率；审计3.0阶段，以大数据审计为基础，审计信息交互模式趋向去中心化，采用数字化账本，信息处理能力显著增强；审计4.0阶段，则将实现半自动和自动审计，采用分布式账本技术，主要特征是以区块链为代表的分布式簿记的生成和应用。目前的审计工作多处于审计3.0阶段，正向审计4.0阶段过渡。

表 7-1 审计智能化变革阶段

审计发展阶段	审计1.0阶段	审计2.0阶段	审计3.0阶段	审计4.0阶段
	人工手动审计	信息技术审计	大数据审计	半自动和自动审计
审计信息交互模式	中心化	中心化	去中心化	分布式
账簿技术	简单账本	复式账本	数字化账本	分布式账本
信息记录成本	低	低	较高	高
信息识别成本	高	较高	高	低
审计工具	计算器	计算机软件	大数据分析软件	传感器、物联网、RFID、CPS、GPS

注：RFID表示radio frequency identification，射频识别；CPS表示cyber-physical systems，信息物理系统

2. 审计智能化发展趋势

相较于传统的审计模式，智能审计的变革主要在审计重点、审计范围、审计方式、审计实践和审计数据这几个方面。审计重点从数据审计转向信息系统审计：智能审计不仅关注数据的准确性，更注重信息系统的整体运行情况，确保数据来源的可靠性和完整性。审计范围从抽样审计扩展至全面审计：得益于大数据技术的应用，全面审计成为可能，降低了审计抽样风险，提高了审计结果的可靠性。审计方式从现场审计过渡到非现场审计：远程审计系统的发展使得非现场审计成为主流，增强了审计的灵活性和效率。审计实践从事后审计演变为实时审计：在大数据和区块链技术的支持下，审计实时性显著提升，传统的事后审计模式逐渐被实时审计取代。审计数据从结构化数据延伸到非结构化数据：随着审计证据的数量有了几何倍数的增长，对于审计数据的利用范围也从传统的以结构化数据为主逐渐延伸到半结构化数据和非结构化数据。

3. 审计智能化技术应用

现阶段，学术界与实务界就大数据、人工智能、RPA、IPA(intelligent process automation，智能流程自动化)等技术在审计领域的应用做了诸多有益尝试。

RPA 技术在审计工作中的应用最为广泛和成熟。主要包括四个阶段。第一阶段是审计师根据三个因素——RPA 标准、数据兼容性和程序复杂性，选择适用于自动化的审计程序。第二阶段包括三个步骤：审计人员修改当前的审计程序、扩展程序的规模和确认数据标准化。第三阶段是审计人员内部实施程序。第四阶段是通过评估绩效、检测审计风险和监控操作来评估基于 RPA 的审计程序。IPA 是 RPA 的进阶应用，通过集成 RPA、人工智能和其他技术，跨越了"RPA 领域"，到达"认知自动化领域"。其结合了 RPA 的行动优势与 AI 的思考能力，大幅提升了审计领域应用的潜在效率和有效性。

人工智能在审计中的应用已经在多个领域取得显著进展。首先，虚拟助手和认知技术的开发为审计人员提供了认知辅助，极大地提升了工作效率。其次，自然语言处理技术被用来处理与审计相关的文本信息，结合自然语言处理和深度学习技术，还能够从文档中提取情绪特征。最后，机器学习算法在预测和分析方面展现出强大能力，为审计工作提供了更多的决策支持。此外，图像识别技术也被应用于审计程序中，如 Christ 等(2021)展示了无人机和图像识别软件在存货盘点中的协同工作，显著提高了盘点的精准度和效率。

大数据审计是数智时代下审计工作演进的重要方向。审计部门遵循大数据理念，运用大数据技术方法和工具，利用数量巨大、来源分散、格式多样的经济社会运行数据，开展跨层级、跨地域、跨系统、跨部门和跨业务的审计活动。大数据审计所使用的数据更多源异构，所使用的技术方法更复杂高级，对数据的洞察更敏锐深刻。因此，大数据审计可以对相应的数据进行深入的挖掘与分析，提升审计发现问题、评价判断、宏观分析的能力。

4. 审计智能化关键问题

数智时代审计的重点关注问题包括对于信息系统的审计和财务舞弊的探查。在信息系统审计方面，随着信息技术的飞速发展，企业的业务运行越来越依赖于信息系统，财务数据也主要来源于这些系统内各个模块的实时业务数据，会计凭证逐步实现电子化。因此，审计人员在进行财务审计时，必须重视电子数据的获取、分析和计算等数据处理业务。此外，审计人员还需要考虑信息系统的安全性、可靠性和效率，以确保审计信息的真实性和可靠性。在这一过程中，不仅需要具备传统的财务审计技能，还需要掌握现代信息技术和数据分析方法。在财务舞弊探查方面，财务舞弊是商业社会中长期存在的问题，也是审计工作的核心识别目标之一。在数智时代，识别财务舞弊需要综合运用数据、计算能力和算法等多方面的知识，让技术帮助审计师发现仅靠人力难以识别的舞弊行为，可能的解决思路如下：数据收集，获取企业内部和外部的各种数据，确保数据的全面性和多样性；技术融合，利用人工智能、机器学习、自然语言处理和数据挖掘等先进技术，开发异常分析算法和模型；经验指导，将审计师的专业经验和分析能力融入算法和模型中，形成协同工作机制；人机协同，通过人机协同，大幅提升财务舞弊识别的效率和准确性，确保审计结果的可靠性。

7.3.3 财务共享智能化

在 20 世纪 80 年代，随着全球化的迅猛扩展，节约成本成为跨国企业在面对激烈国际竞争时的普遍选择。建立在信息技术不断进步的基础上的财务共享模式，也逐渐被越来越多的企业采纳。从最初的"信息集中+资源协调"阶段，到"采购交易+税务管理"阶段，再到未来可能的"数据共享+业务全覆盖"阶段，财务共享在数十年间帮助众多企业实现了降本增效的目标。

1. 财务共享定义、模式及框架

自 1993 年 Gunn Partners 公司的创始人第一次提出财务共享理念起，财务共享理论研究在逐步深化。综合已有研究观点，财务共享是一种以降本提效为目标，以财务为内容，依托信息化技术，通过共享实现财务业务标准化与流程再造的创新管理模式。

企业的财务共享模式受自身战略结构的影响，进而影响到共享中心的战略定位、业务复杂程度和管理复杂程度。根据职能进行划分，财务共享主要分为三大模式，即定位为"企业内部职能中心""虚拟经营单位""独立经营的外包服务公司"。根据面向客户提供服务所涵盖的领域划分，财务共享主要包含三种模式，即"全球中心""区域中心""专长中心"。

在确立财务共享模式的基础上，企业可以进一步搭建整体的财务共享框架。财务共享框架是指在财务共享发展各阶段所包含的关键影响因素及各关键因素间的相互关系所构成的组合。如图7-3所示，财务共享框架主要包含以下六个方面：战略定位、业务流程、组织与人员、信息系统、运营管理以及变革与风险管理。财务共享框架构建了后续工作的蓝图，项目人员可以利用财务共享的框架树立项目的整体观，保证共享服务的整体在既定的范围内有序进行。

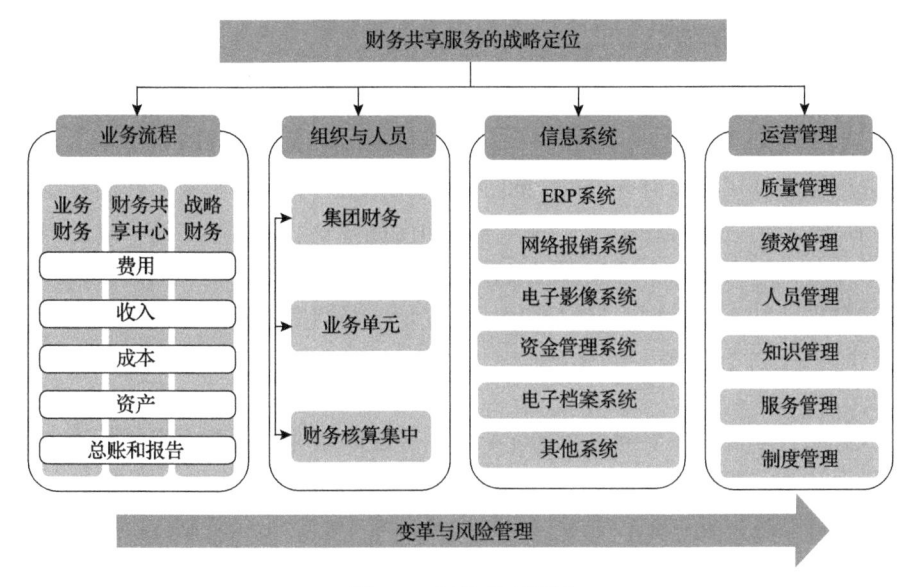

图 7-3 财务共享框架

2. 财务共享与价值创造

财务共享为企业创造的价值，可以通过以下几个应用模块表现出来。

(1) 费用报销共享。常见的费用报销共享业务(以差旅费用为例)通过互联网改造，整合线上线下资源，接入商旅平台及供应商，将申请、预算控制、审批、下单、记账和结算全流程打通，从在线申请到下单，系统自动与预算关联后完成采购，统一结算，形成完整的闭环。

(2) 销售收款共享。企业实施客户分类管理并对应收账款进行集中处理，旨在确保应收账款的回收既安全又完整，有效控制坏账风险。基于这些要求，采用财务共享模式来统一处理销售和收款业务,在集团范围内显得尤为重要和有价值。

(3)资金管理共享。结算中心模式不仅实现了集团内资金的集中,形成企业内部资金池,还通过结算业务的全面共享,增强集团公司对企业日常经营业务的控制力,确保集团公司战略的有效实施。同时,结算共享还可以减少分公司财务人员的配备,降低结算业务的运作成本。

(4)资产管理共享。资产管理流程主要是对资产购置、资产折旧、资产维护、资产处置以及资产盘点的整个过程的业务处理。资产管理业务的特点在于其种类繁多,涉及多种状态的变化,需要持续跟踪其变动情况,以及最终状况。

这些模式和框架的实施,使得财务共享服务不仅仅是成本节约的工具,更成为推动企业内部控制提升、价值创造和业务扩展的关键策略。

7.3.4 管理会计智能化

在数智时代下,人工智能等新技术正在日益推动管理会计的深入应用。随着会计数据呈现爆炸式增长,管理工作的范围也日益扩大。为了有效运营,企业需要充分挖掘和利用海量财务数据,同时,"业财融合"的趋势也要求将前端业务的收支与后端的财务管理相结合,综合考量如何提升企业价值。在这一过程中,企业交易业务处理由财务会计流程完成,而价值信息的衡量则由管理会计进行评价。因此,管理会计必须转型,与财务会计相融合,并拥抱智能化。

1. 管理会计智能化需求

现有的管理会计主要通过数据化来研究和反映企业利益相关者的行为。智能化管理会计则需要基于智能共享,从多个维度监督、反映并提供决策支持。当下,智能管理会计应以业财融合为导向,以财务共享中心为平台基础,以智能技术为支撑,以数据分析和辅助决策为目标。管理会计想要真正实现智能化,就必须不断探索如何更好地满足为企业提供管理决策服务的需求,通过需求确定目标及问题、提出对策、培育能力并整合资源,最终实现智能决策。

传统管理会计报告主要反映结果信息,常常忽视过程信息。这种做法在数据时效性上主要依赖历史数据,缺少对未来的预测性分析。此外,企业往往专注于结构化数据和货币性信息,导致管理会计难以全面展示企业的经济活动,以及提供全方位的有用业务信息。为了克服这些局限并增强预见性和策略性,管理会计应更广泛地应用于企业预算管理、成本管理、经营预测、绩效管理和管理会计报告等全价值链的各个业务场景。通过持续地建设和升级IT系统,以及广泛地应用各种管理会计工具和方法,可以有效推进管理会计的智能化,增加其应用的深度和广度。

2. 管理会计智能化应用领域

(1) 在预算管理上，借助大数据、云计算等技术能够打通数据，并通过对数据的深度分析使管理更加精细、评价更准确、调整更可靠。同时，预算全流程的透明化及实时性监控的可能性，让全面预算管理在编制、控制、调整、考评全环节更加名副其实。

(2) 在成本管理上，智能技术变革了成本核算的方法，不仅简化了成本核算的流程，还使事后核算向实时核算的转型成为可能。此外，智能技术也让成本管理系统能够对成本进行事前、事中和事后的管理，使得成本在全产业链的各个环节都能得到实时监督，协助企业有效提高资金的利用效率。

(3) 在经营预测上，人工智能作为一种预测技术，可以利用算法从样本数据中寻找规律，通过数据挖掘、回归分析、机器学习等手段，帮助管理会计更好地发挥预测功能。通过提炼影响因子和建立模型，对长短期经营情况进行科学预测。

(4) 在绩效管理上，由于绩效管理工作贯穿企业各部门的业务活动，财务部门可以通过物联网、大数据、区块链等智能技术获取企业的经营数据，在企业目标制定、战略细化、预警监督、追溯分析、绩效考评与总结改进等绩效管理流程上发挥作用，提高平衡计分卡、关键绩效指标法等绩效管理工具的使用效率与质量，改进企业的内部管理能力。

(5) 在管理会计报告上，财务共享平台和商业智能技术正在助力管理会计报告向多维度、定制化、可视化、实时化发展。同时，碎片化、场景化的应用使得管理会计报告不再只向管理者提供服务，更延伸到下属各层级。未来，管理会计报告将不拘泥于形式，从产品定价、广告营销、竞争分析等方面为企业提供决策支持。

7.4 数智时代财务职业道德

7.4.1 数智时代财务职业道德困境

与会计对象、会计准则、会计工具等会计活动的构成要素相比，会计人员这一要素具有最强的主观能动性，对会计管理活动的效果具有重要影响。在会计人员职业素养的各项构成要素中，职业道德是最基本的要素之一，也是最具不确定性、最难以客观界定和衡量的要素。在数智时代，企业及会计人员主要面临数据、算法、算力三大维度的职业道德困境。

1. 基于数据要素的职业道德困境

在智能财务时代,数据成为核心生产资料,其价值对会计师产生较大的利益诱惑。与会计数据管理相关的道德困境主要存在于企业多源多模态数据的采集、存储、分析和输出过程中。例如,在数据采集环节非法提取超出自身权限的企业数据;在数据存储环节未经批准私自授权其他人员或单位;在分析环节私自分析受雇单位会计数据并从中获取非法收益;在数据输出环节随意删除数据、输出日志等。

企业则面临非法数据采集、数据滥用及数据霸权等数据道德问题。当数据在价值链中处于核心地位时,出于经济利益的考虑,公司可能会在未征得用户、消费者或其他利益相关者同意的情况下非法采集其信息,从而侵害相关人员的数据权利。在存储环节,许多企业面临数据泄露的可能性,那些属于商业机密的数据一旦泄露到供应商、合作商、竞争对手等在内的生态圈中,企业将暴露于不正当竞争风险之下。企业还可能违规利用行业或技术领域的领先优势构建数据霸权,少数企业凭借数据垄断优势可以轻松获取高额利润,如互联网企业通过并购实现数据孤岛的互联,垄断大量的数据资源。

2. 基于算法要素的职业道德困境

算法维度,会计从业人员可能面临会计免责及人工智能应用的道德困境。会计免责,指的是当人工智能等其他技术参与会计工作和决策后,在人机协同劳动形态下,如果发生疏漏和错误,会计师可能会推卸责任,坚称算法或机器应负责,而非会计师本身。区块链、云计算以及人工智能等现代技术对会计师的影响必将是全方位的。这种影响将促使远程劳动、共享劳动、委托劳动和人机协同劳动等形态在会计实务工作中应用,而人机协同劳动形态将成为未来会计师执业的主要形态。当前,人工智能的相关法律法规还不健全,如何划分人工智能与会计师的权责仍处于探索阶段,这可能导致会计师因免责而出现更多利益驱动的不道德行为。例如,会计师可能与数据需求方达成利益一致同盟,将数据窃取及违规操作推卸给人工智能以免责,或违规利用人工智能协助其完成不道德行为,或降低会计服务供给质量等。人工智能道德困境以职业道德物化困境为代表。Frey 和 Osborne(2013)的研究表明,超过45%的当前职业在未来10~20年极易受到自动化的影响或被取代,会计师被取代的可能性为9%。随着技术对财会工作的持续影响,拥有自由意志或自主能力的人工智能系统还可能做出违反会计职业道德的行为,危及受雇单位的资产保全责任和经营管理决策,或导致其他不道德行为的发生。

3. 基于算力要素的职业道德困境

基于算力要素的职业道德困境主要体现在会计信息系统领域，具体涉及会计信息系统的规划设计、操作使用、安全检查以及审计阶段。在信息系统规划设计阶段，在自建信息系统的企业中，系统设计人员可能恶意在会计信息系统中嵌入撤回记账和结账的操作、预留或隐藏数据访问和采集模块及权限。在信息系统的操作使用阶段，财务人员可能会违反规定，上传下载业务财务数据、手动篡改自动上传的业务数据、恶意删除系统操作日志等。在安全检查阶段，财务人员可能未按照规定定期排查会计信息系统的软硬件运行环境安全性，未设置合理的会计信息系统访问权限，或未及时更新和升级会计信息系统。在会计信息系统的审计阶段，可能存在审计规范不完善、不统一的问题，以及审计部门窃取数据、不报告被审计单位会计信息系统的设计漏洞和执行缺陷等问题。

7.4.2 数智时代财务职业道德规范

2023年2月，我国财政部发布了《会计人员职业道德规范》，这是我国首次制定的全国性会计人员职业道德规范，是推进会计诚信体系建设、加强财会监督的重大举措。数智时代对会计人员的职业道德提出了更高的要求。综合数智时代会计人员面临的潜在职业道德困境，结合其职能领域及已有的职业道德规范，数智时代的财务职业道德规范可以总结为专业胜任能力、信息系统管理、数据资产管理、人工智能应用四个层面。

在专业胜任能力层面，会计师除应具备会计专业知识外，还需掌握数据保护和人工智能相关的法律法规、信息系统管理与操作、会计数据资源管理、人工智能操作等知识技能。对于不具备数智时代专业胜任能力的会计师，应通过专门培训或再教育等形式提升其专业能力，并通过继续教育等方式保持其专业胜任能力，了解相关领域的最新发展，从而确保为受雇单位和其他利益相关者提供高水平的会计专业服务。此外，会计师还需要对业务充满激情、不受权威的影响、具备问题解决能力、具有战略眼光、积极主动以及具有创新精神和合作精神。

在信息系统管理层面，职业道德包括信息系统的规划设计、操作使用、安全检查、审计等方面。在信息系统规划设计方面，要求系统设计应嵌入会计职业道德规范，信息系统规划应恰当，职责划分合理，不相容职责应相互分离，并确保职责得到良好的履行。在信息系统操作使用方面，企业财务人员应建立完善的信息操作管理制度，并确保各项制度得到有效执行，如不得恶意清除系统操作日志、定期检查系统操作日志、不得违反规定上传和下载数据等。在信息系统安全检查方面，企业财务人员需确保企业信息系统的安全控制措施健全，软硬件和数据资源得到妥善保护，信息系统安全管理制度执行有效。在信息系统审计方面，审计人员应确保信息系统审计行为不危害被审单位的信息系统安全性和可靠性，以及履行信息系统资产保全责任。

在数据资产管理层面，财务人员应根据数据资源管理的整体流程架构从数据采集、数据存储、数据处理到数据输出的具体行为进行规范，避免出售、共享或泄露受雇单位会计数据的行为。在会计数据采集方面，要求数据采集行为不得危及受雇单位数据的完整性和一致性，并履行数据资产保全责任。在会计数据存储方面，需要根据访问者的合法需求分配数据库访问权限和优先访问权限，采取措施确保数据资源的完整性和安全性，确保数据资源得到有效控制。在会计数据处理方面，要求数据处理和分析过程不得侵害受雇单位数据的保密性、安全性和数据主体权利。在会计数据输出方面，要求数据输出行为不得侵害受雇企业的数据保密性、安全性和数据主体权利。

在人工智能应用层面，数智时代的会计人工智能应用行为规范应首先遵循人工智能伦理的基本原则和各国关于人工智能伦理的法律法规。根据人工智能伦理的基本原则，会计师应与人工智能建立和谐的人机关系，且会计师对人工智能的应用不得违背人类社会的价值观和伦理行为。人工智能不应被赋予会计主体资格或审计主体资格，即不应拥有生存权、财产权、著作权、会计决策的投票权。尽管学术界对人工智能是否具有道德能力仍存在争议，但无论何种立场，人工智能在会计领域的应用都不能危及会计师的生存和企业经营管理的安全。会计师与人工智能的人机关系应建立在"命令与服从"的基础上，即人工智能在会计和审计工作中仅拥有接受会计师命令和服从命令的功能。其次，人工智能的应用不应成为会计师免责的替代品，会计师不得滥用人工智能危及会计数据的安全以及企业经营管理的安全，并应为滥用人工智能行为承担相应的法律责任。

7.5　智能财务研究前沿

近年来，学术界对财务智能化转型给予高度关注，相关研究不断涌现。现有与智能财务相关的研究主要围绕多源多模态数据与智能算法两个要素展开。

在数据方面，研究主要聚焦数据类型和数据来源两个维度(Cho et al., 2019)。与传统财会数据相比，智能财务的数据源扩展到了包括业务、媒体报道、传感器、数字足迹等在内的更广泛的数据领域。例如，以ERP为代表的企业管理系统所产生的庞大业务数据集为还原业务场景、管理企业决策提供坚实基础(Romero et al., 2012)；通过对论坛、社交网络、网页浏览过程中产生的数据的深入分析，建模衡量用户个性、预测其消费决策、预测企业未来业绩，甚至识别竞争对手及其行为(Yang et al., 2023；Sun et al., 2022；Hallman et al., 2022；Booker et al., 2023；

Campbell et al.，2023)；通过利用 EDGAR(electronic data gathering, analysis, and retrieval system，电子化数据收集、分析及检索系统)提交、下载或浏览文件时的地理位置信息，衡量投资者特征或企业行为(Drake et al.，2020；Cao et al.，2021；Chen，2023)；通过分析来自扫描仪的交易级别的数据，获得相应制造商的 GAAP (generally accepted accounting principles，一般公认会计原则)收入增量信息(Dichev and Qian，2022)等。

在数据模态方面，在原有结构化数据基础上，现有研究广泛采集并分析了包括文本、图像、音频、视频等在内的半结构化及非结构化数据。围绕财务文本信息，研究人员挖掘了文本中蕴含的情感、风险、前瞻性等特定类别信息(Hope et al.，2016；马黎珺等，2019)，构建变量以实现对文化、创新等抽象概念的量化(Li et al.，2021；陈强远等，2020)，还实现了文本主题分类和词典构建(Brown et al.，2020；胡楠等，2021)。围绕音频数据，研究者利用客户语音聊天产生的音频，在个人资料缺失的情况下实现对用户个性的建模，用于准确预测公司未来业绩(Chen et al.，2022)。围绕图像数据，Obaid 和 Pukthuanthong(2022)对新闻图片中的投资者情绪进行学习，发现基于此构建的市场情绪指标能很好地预测市场回报逆转。通过对无人机及卫星照片等图像数据的分析，能大幅提升存货盘点及销售额预测等活动的效率和准确度(Christ et al.，2021；Kang et al.，2021)。

相较于传统算法，智能算法偏重数据驱动，通过数据结构估计出模型函数，在很大程度上克服了传统方法模型选择不确定的不足(陈晓红等，2022)。智能算法在数据处理量、处理复杂程度、决策一致性上的表现远优于人类，因而在会计文本图像处理、管理决策、审计鉴证等方面具有广泛应用空间(Cho et al.，2019)。现有文献探讨了智能算法对财会估计判断、诊断预测以及决策活动的影响。研究表明，机器学习算法能够应用于会计估计和判断过程，可以显著改善财务报表中的会计估计准确性(Ding et al.，2020；Feng et al.，2020，2023)。在风险管理领域，运用机器学习及大数据技术分析定量及定性信息，银行业可以创建客户信用风险衡量模型，在拓展了客户评估范围的同时更提升了贷款风险评估度与精细度(Donovan et al.，2021；Pérez-Martín et al.，2018；黄益平和邱晗，2021)。在公司治理领域，Erel 等(2021)发现机器学习算法甚至可以应用于遴选对特定公司最有价值的董事，协助优化公司治理结构。在市场监管领域，机器学习已广泛应用于会计错报及舞弊公司的探查及破产公司的预测，其预测准确率远高于传统方法(Bertomeu et al.，2021；Brown et al.，2020；Bao et al.，2020；Jones，2017)。借助大数据技术，企业可以构建面向管理决策的知识关联分析和知识大图(洪亮和马费成，2022)，协助进行产品画像、个性化营销、投资者情绪分析等决策过程并促进商业价值发现(刘业政等，2020)。

参 考 文 献

财政部. 2021a. 关于印发《会计改革与发展"十四五"规划纲要》的通知[EB/OL]. https://www.gov.cn/zhengce/zhengceku/2021-11/30/content_5654912.htm[2021-11-30].

财政部. 2021b. 关于印发《会计行业人才发展规划(2021-2025年)》的通知[EB/OL]. https://www.gov.cn/zhengce/zhengceku/2021-12/28/content_5664923.htm[2021-12-28].

陈俊, 董望. 2021. 智能财务人才培养与浙江大学的探索[J]. 财会月刊, (14): 23-30.

陈强远, 林思彤, 张醒. 2020. 中国技术创新激励政策: 激励了数量还是质量[J]. 中国工业经济, (4): 79-96.

陈晓红, 李杨扬, 宋丽洁, 等. 2022. 数字经济理论体系与研究展望[J]. 管理世界, 38(2): 208-224, 13-16.

高廷帆, 陈甬军. 2019. 区块链技术如何影响审计的未来: 一个技术创新与产业生命周期视角[J]. 审计研究, 2: 3-10.

洪亮, 马费成. 2022. 面向大数据管理决策的知识关联分析与知识大图构建[J]. 管理世界, 38(1): 207-219.

胡楠, 薛付婧, 王昊楠. 2021. 管理者短视主义影响企业长期投资吗? ——基于文本分析和机器学习[J]. 管理世界, 37(5): 139-156, 11, 19-21.

黄长胤. 2020. 智能财务的特征及其关系研究[J]. 中国管理信息化, 23(19): 72-74.

黄益平, 邱晗. 2021. 大科技信贷: 一个新的信用风险管理框架[J]. 管理世界, 37(2): 12-21, 50, 2, II-1.

刘梅玲, 黄虎, 佟成生, 等. 2020. 智能财务的基本框架与建设思路研究[J]. 会计研究, (3): 179-192.

刘勤, 杨寅. 2018. 智能财务的体系架构、实现路径和应用趋势探讨[J]. 管理会计研究, (1): 84-90, 96.

刘业政, 孙见山, 姜元春, 等. 2020. 大数据的价值发现: 4C模型[J]. 管理世界, 36(2): 129-138, 223.

马黎珺, 伊志宏, 张澈. 2019. 廉价交谈还是言之有据? ——分析师报告文本的信息含量研究[J]. 管理世界, 35(7): 182-200.

彭娟, 陈虎, 王泽霞, 等. 2020. 数字财务[M]. 北京: 清华大学出版社.

田高良, 陈虎, 郭奕, 等. 2019a. 基于RPA技术的财务机器人应用研究[J]. 财会月刊, (18): 10-14.

田高良, 陈虎, 孙彦丛, 等. 2019b. "大智移云物"背景下的财务转型研究[J]. 财会月刊, (20): 3-7.

张敏. 2020. 企业财务智能化: 要素·路径·阶段[J]. 财会月刊, (17): 7-11.

张敏. 2021. 智能财务十大热点问题论[J]. 财会月刊, (2): 25-30.

张庆龙. 2020. 下一代财务: 数字化与智能化[J]. 财会月刊, (10): 3-7.

Bao Y, Ke B, Li B, et al. 2020. Detecting accounting fraud in publicly traded U.S. firms using a machine learning approach[J]. Journal of Accounting Research, 58: 199-235.

Bertomeu J, Cheynel E, Floyd E, et al. 2021. Using machine learning to detect misstatements[J]. Review of Accounting Studies, 26(2): 468-519.

Booker A, Curtis A, Richardson V J. 2023. Investor disagreement disclosure processing costs and trading volume: evidence from social media[J]. The Accounting Review, 98(1): 109-137.

Brown N C, Crowley R M, Elliott W B. 2020. What are you saying? Using topic to detect financial misreporting[J]. Journal of Accounting and Research, 58(1): 237-291.

Campbell B, Drake M, Thornock J, et al. 2023. Earnings virality[J]. Journal of Accounting Economics, 75(1): 101517.

Cao S S, Du K, Yang B Z, et al. 2021. Copycat skills and disclosure costs: evidence from peer companies' digital footprints[J]. Journal of Accounting Research, 59: 1261-1302.

Chen J V. 2023. The wisdom of crowds and the market's response to earnings news: evidence using the geographic dispersion of investors[J]. Journal of Accounting and Economics, 75(2/3): 1-27.

Chen X, Cho Y H T, Dou Y W, et al. 2022. Predicting future earnings changes using machine learning and detailed financial data[J]. Journal of Accounting Research, 60(2): 467-515.

Christ M H, Emett S A, Summers S L, et al. 2021. Prepare for takeoff: improving asset measurement and audit quality with drone-enabled inventory audit procedures[J]. Review of Accounting Studies, 26: 1323-1343.

Cho S, Vasarhelyi M A, Zhang C A. 2019. The forthcoming data ecosystem for business measurement and assurance[J]. Journal of Emerging Technologies in Accounting, 16(2): 1-21.

Dichev I D, Qian J Y. 2022. The benefits of transaction-level data: the case of NielsenIQ scanner data[J]. Journal of Accounting and Economics, 74(1): 1-23.

Ding K X, Lev B, Peng X, et al. 2020. Machine learning improves accounting estimates: evidence from insurance payments[J]. Review of Accounting Studies, 25(3): 1098-1134.

Donovan J, Jennings J, Koharki K, et al. 2021. Measuring credit risk using qualitative disclosure[J]. Review of Accounting Studies, 26: 815-863.

Drake M, Johnson B A, Roulstone D T, et al. 2020. Is there information content in information acquisition?[J]. The Accounting Review, 95(2): 113-139.

Erel I, Stern L H, Tan C H, et al. 2021. Selecting directors using machine learning[J]. The Review of Financial Studies, 34(7): 3226-3264.

Feng G H, Giglio S, Xiu D C. 2020. Taming the factor zoo: a test of new factors[J]. The Journal of Finance, 75(3): 1327-1370.

Feng G H, He J Y, Polson N G, et al. 2023. Deep learning in characteristics-sorted factor models[J].

Journal of Financial and Quantitative Analysis, 2023: 1-36.

Frey C B, Osborne M A. 2013. The future of employment[EB/OL]. https://oms-www.files.svdcdn.com/production/downloads/academic/future-of-employment.pdf[2024-09-14].

Hallman N J, Kartapanis A, Schmidt J J. 2022. How do auditors respond to competition? Evidence from the bidding process[J]. Journal of Accounting and Economics, 73(2/3): 101475.

Hope O K, Hu D Q, Lu H. 2016. The benefits of specific risk-factor disclosures[J]. Review of Accounting Studies, 21: 1005-1045.

Huang A H, Zang A Y, Zheng R. 2014. Evidence on the information content of text in analyst reports[J]. The Accounting Review, 89(6): 2151-2180.

Jones S. 2017. Corporate bankruptcy prediction: a high dimensional analysis[J]. Review of Accounting Studies, 22(3): 1366-1422.

Kang J K, Stice-Lawrence L, Wong Y T F. 2021. The firm next door: using satellite images to study local information advantage[J]. Journal of Accounting Research, 59(2): 713-750.

Li K, Liu X, Mai F, et al. 2021. The role of corporate culture in bad times: evidence from the COVID-19 pandemic[J]. Journal of Financial and Quantitative Analysis, 56(7): 2545-2583.

Obaid K, Pukthuanthong K. 2022. A picture is worth a thousand words: measuring investor sentiment by combining machine learning and photos from news[J]. Journal of Financial Economics, 144(1): 273-297.

Pérez-Martín A, Pérez-Torregrosa M, Vaca M. 2018. Big data techniques to measure credit banking risk in home equity loans[J]. Journal of Business Research, 89: 448-454.

Romero S, Gal G, Mock T J, et al. 2012. A measurement theory perspective on business measurement[J]. Journal of Emerging Technologies in Accounting, 9(1): 1-24.

Sun C S, Adamopoulos P, Ghose A, et al. 2022. Predicting stages in omnichannel path to purchase: a deep learning model[J]. Information Systems Research, 33(2): 429-445.

Yang Y, Zhang K P, Fan Y Y. 2023. sDTM: a supervised Bayesian deep topic model for text analytics[J]. Information Systems Research, 34(1): 137-156.

第8章 数字平台治理

本章提要：数字平台的快速发展为我国企业重塑全球竞争优势提供了历史新机遇，在这一过程中，数字平台企业围绕数据、技术、用户注意力等方面展开了激烈的市场争夺，"赢家通吃"的竞争逻辑导致行业内寡头垄断的基本竞争格局的形成，并潜在诱发了排斥竞争、抑制创新与损害社会福利等负面效应。考虑到数字平台发展过程中的"一体两面"以及数智时代产业边界模糊化、竞争生态复杂化等特征，传统监管标准和治理逻辑的适用性降低。对此，本章着眼于数字平台垄断与治理问题，从传统企业与数字平台企业、传统企业垄断与平台企业垄断、传统治理逻辑与平台治理逻辑三方面着手，探讨了数字平台企业垄断的源起（内生性）、发展（两面性）与表现（异质性），并围绕数字平台垄断的异质性与特殊性提出相应的平台治理思路。

案例聚焦 8-1

腾 讯 音 乐

腾讯音乐（TME）是中国最大的数字音乐娱乐集团，旗下拥有 QQ 音乐、酷狗音乐、酷我音乐三大音乐流媒体平台，以及国内最大的音乐社交平台——全民 K 歌。音乐作为一种文化产品，具有极强的可复制性，而以腾讯音乐为典型代表的在线音乐平台企业依靠推行音乐作品的独家版权而加速了健康的音乐产权交易制度建立，有效激励了原创音乐的创作和生产，并为整个在线音乐产业带来更大的增长空间。然而，企业发展的另外一面是，获得大量原创音乐独家版权的腾讯音乐随即成为行业规则的"制定者"，即可以决定是否向其他平台转授权以及转授权的价格、范围等，据此对其他竞争性平台获得必要的版权音乐内容形成了一定程度的"原料封锁"。在激烈的独家版权争夺中，爱国者数码音乐网、巨鲸音乐网、新浪乐库等多家在线音乐平台相继宣布倒闭，腾讯音乐得以控制中国音乐产业链的上下游创新与分发，并长期形成了中国在线音乐产业内"一家独大"的垄断格局。

那么，我们应如何看待数字平台"闪电式扩张"与"巨无霸发展"过程中涌现的两面性特征——既赋能高效创新与增进社会福利，又潜在限制竞争与损失社会福利？传统静态的、一刀切的企业垄断治理逻辑是否仍旧适配于这种全新的产业组织形态？

8.1　数字平台治理的"双刃剑"效应

数智时代，依托巨大的中国市场，成功孕育出了一大批基于新一代信息技术发展起来的平台企业。平台经济正成为推动传统产业转型升级的新动能、重塑国际竞争优势的新机遇。数字平台企业之所以如此快速增长，源于其能利用数字技术来开发和控制平台内外部的多元化资源，以前所未有的规模对各类资源进行数据同质化转化、编辑和分发（Yoo et al.，2010；刘洋等，2020），引发大量基于平台的跨边界连接与合作创造价值（Gawer，2021）。

然而，数字平台经济也不可避免地打破了原有的市场竞争格局，数字平台企业在发展过程中暴露出强制性跨界扩张、不正当竞争、破坏市场公平交易、财富分配负外部性等问题，带来了产业组织特征、结构特征、竞争特征、创新特征的根本性变化，这些变化给反垄断界定和监管执法带来新的挑战。同时，数字平台上的数据即时流动，导致数据跨界扩散、全球数据流动，从而产生了数据泄密、数据知识产权侵害和国家利益受损等问题，这些问题如果处理不好，会给国家和老百姓带来灾难性后果。所以，数字平台和平台经济发展具有两面性，数字平台治理也具有"双刃剑"效应，过度治理会阻碍数据要素转化为生产力，过松治理又带来数据流动失控而影响人民利益。

本章聚焦数字平台企业来探讨组织治理机制，集中在数字平台这类数字组织来研究数字经济的垄断性及其治理机制。数字平台垄断的新特征表现为产业垄断核心要素、生产方式、业务结构和影响后果的改变，具体而言：①垄断要素的数据化挑战了垄断治理过程的预见性，以网络效应为内核的平台成长逻辑使得数据要素成为数字产业垄断的核心要素；②垄断市场的融合化改变了垄断治理的判定标准，产业边界的日益模糊使得平台企业的垄断业务呈现融合化和协同化趋势；③垄断实现方式的生态化挑战了垄断治理主体的单一性，以平台企业为核心的多主体构成的复杂组织形态导致产业垄断的实现方式走向生态化；④垄断影响的多元化挑战了垄断治理方式的一致性，集中了大量市场资源的平台企业更有能力构建完善和高效的创新生态系统，客观上推动了产业创新和转型升级，为我国企业参与高水平国际竞争赋能。

考虑到数智时代产业组织变迁所带来的平台垄断新特征，直接沿用传统反垄断分析框架治理平台经济的逻辑会遭遇"水土不服"问题。鉴于此，本章试图通过对产业实践中典型案例研究，按照"情境特征重构—要素特征重构—治理逻辑重构"的分析逻辑，全面认识数智时代平台垄断的不同形态，并对新情境下平台反垄断的治理逻辑予以发展和重构,旨在为识别和界定平台企业的垄断提供系统分析框架,为平台反垄断治理提供理论借鉴与实践参考。

8.2 平台企业的产业特征解析

数字平台企业作为一种全新的组织形式,为两组或多组不同的经济活动参与者提供彼此交互、共同创造价值的数字基础设施、渠道支持、交互准则以从中获利(Gawer,2014;Kretschmer et al.,2022;Chen et al.,2022)。伴随着数字技术的飞速发展以及多元化应用,平台经济作为一种新型经济形态得以涌现并迸发出巨大活力(魏江等,2021;王节祥等,2021)。平台企业所具备的网络效应、规模效应、范围经济等诸多特点,推动着数智时代的产业组织特征、结构特征、竞争特征和创新特征产生变迁。

(1)产业组织特征变迁。平台企业会逐步形成以网络效应为内驱力的"巨型平台"。网络效应是平台企业区别于传统经济组织的本质特征(Gawer,2014;王节祥等,2021),即用户可从网络中获得的价值随着平台内已有用户数量的增加而增加(McIntyre et al.,2021;Borgatti et al.,2009;Eisenmann,2006)。得益于数字技术的迅速发展,平台企业的经营活动可以不受地域、时间、空间、自然资源等条件的限制,网络效应发挥作用的时空局限得以打破(Zhu and Iansiti,2019)。一旦平台企业突破了网络效应的"冷启动"门槛(McIntyre et al.,2021),就极有可能凭借其网络效应,快速实现"赢家通吃"(Rietveld and Schilling,2021)。由此,超大型平台的崛起成为平台经济发展的重要现象和必然规律。

(2)产业结构特征变迁。平台企业可以在多个市场中利用可共享的基础架构,以极低的成本进入相邻甚至看似不相关的新市场,产业边界的模糊性颠覆了原有产业格局。虽然传统视角下所属不同产业的企业也可能发生正面竞争或冲突,但企业用以构建竞争优势的关键要素往往具有强大的行业根植性,使得企业很难摆脱"业务高度相关"的条件限制。在数智时代背景下,数字资源的流动性使得资源能够在不同主体间共享,加之不同于技术驱动的规模经济,由需求/用户驱动的平台规模经济往往固定成本较低,很难阻止跨行业的市场新进入者(Helfat and Raubitschek,2018;尹振涛等,2022)。

(3)产业竞争特征变迁。数智时代的市场竞争正由企业间竞争转变为生态系统间竞争,呈现出多层次、嵌套性特点,其原因在于平台企业不再是一个简单的科层组织,而是一个兼具市场竞争效率特征和科层控制特征的混合组织(Chen et al.,2022;Kretschmer et al.,2022),其核心功能是通过为生态内的参与者提供数字基础设施和治理机制以管理并赋能整个生态系统,最终促进生态内参与者的价值共创(Nambisan,2017;Saadatmand et al.,2019)。因此,平台生态系统逐渐成为平台企业构建竞争优势的必然选择，平台企业获取竞争优势不再取决于自身能拥有多少稀缺的、难以模仿的资源，而在于其能否成功构建或者参与有竞争力的平台生态系统，利用其他参与者的资源建立基于生态系统的竞争优势。

(4)产业创新特征变迁。数字平台内平台企业与中小微企业、上下游企业组成了全新的协同创新组织形态。通过为生态内看似运行逻辑迥然不同的业务提供底层技术支撑、设计模块化的创新任务、劳动分工服务以及标准化的技术接口，平台企业能够高效催生具有创新性和高成长性的企业。例如，以阿里为核心的生态系统已孕育出27家独角兽企业，而以腾讯为核心的生态系统则培育了37家独角兽企业，这些生态参与者依托于强大的平台快速实现了"从0到1"的跨越。这些平台企业能够高效促进几乎无摩擦的双边或多边市场交易，激发和强化同边与跨边网络效应来聚集海量用户(Eisenmann et al.，2006；Hagiu and Wright，2015)，赋能企业精准识别和快速满足潜在用户需求，拥有更强的资源动员能力和资源整合能力(Logue and Grimes，2022；Nambisan，2018)。这使得平台企业更有能力赋能中小企业、帮助中小企业摆脱资源约束，促进数字经济正向发展。

8.3 数字平台的垄断特征认识

垄断的本质是市场独占，通常是指在一个市场里有且仅有一个卖方交易产品或服务，继而逐渐形成了对产品或服务供应以及价格的控制，由此导致整个市场的产品或服务都由一个卖方提供，没有任何接近的替代品，阻碍其他企业进入该市场，垄断企业拥有市场独占性地位。垄断现象是持续存在的，只是不同发展阶段，获得市场垄断地位的龙头企业控制要素、表现行业、获利方式存在差异。工业时代的垄断核心要素来自自然生产资源，信息时代的垄断核心要素为信息技术资源，而数智时代的垄断核心要素是数据，由此形成平台企业这种垄断组织形态，在产业垄断要素、生产方式、业务结构、影响后果等方面都呈现出新的特征。

(1)产业组织新特征导致垄断要素数据化，即以网络效应为内核的平台企业成长逻辑使得新情境下平台企业规模化发展与数据要素高度聚合相伴而生，数据不仅成为驱动企业价值创造的关键战略资源，更是作为一种能够与资本、劳动、技术、知识等并列的关键生产要素，可以进入和改变生产函数，成为平台企业获取竞争优势的关键筹码(谢康等，2020；于立和王建林，2020；徐翔等，2021)。

由此，数据要素成为平台企业构建并强化其网络效应的动力基础，是新情境下平台企业得以成长和扩张的关键。具体表现在以下两个方面：①数据的非竞争性、使能性、排他性、外部性等特征(魏江等，2021；Morton and Dinielli，2022)，引发了平台间竞争行为走向寡头垄断。具体而言，平台企业基于对数据的开发和二次利用，更高效地整合供需资源(Logue and Grimes，2022；Cusumano et al.，2019)，更好地改善产品质量和服务体验，极大地增加用户转移成本，直接或间接提高后入者的行业进入壁垒，维持和强化其网络效应。例如，Meta凭借其强大的网络效应沉淀了上亿用户的社交关系数据，并利用这些数据使得单个用户的转移成本提高，从而坐上了社交行业的头把交椅。谷歌通过关键词搜索、运算符检索等公开网页服务积累了海量用户数据，并利用交互数据不断优化排序算法，实现更好的网页推荐，提升用户体验的同时构建了难以逾越的竞争壁垒。②数据要素创造价值的广泛性、渗透性和全局性特点引发了平台间竞争行为走向数据驱动。当数据要素可以在企业所有价值环节和所有行业中普遍地创造价值（王超贤等，2022），平台企业则可以降低实现范围经济所需的资源配置成本，而数据要素的海量性、多样性、再生性、细粒度等已成为提高平台企业获取竞争优势的关键要素。

(2) 产业结构新特征导致垄断市场融合化，即需求端驱动的价值创造模式使得新情境下平台企业所在的相关市场呈现模糊化和融合化特点。数字技术具有数据同质性、可重新编程性和可供性特征，传统的产业边界变得日益模糊且重要性降低（刘洋等，2020；Nambisan，2017），这使得原发自不同细分市场的平台企业跨界进入"不相关"市场成为常态。

由此，平台企业往往以单一市场内的用户需求为基点，依托用户间辐射溢出逻辑来"逆向"实现用户的高强度锁定。具体表现在以下两个方面：①需求驱动原有业务维持竞争优势。平台企业在某一行业获得绝对优势后，便可依托内部沉淀的海量数据及共享的平台基础架构，通过"基础用户沉淀—网络效应激发—商业系统共生—主导架构锁定"的逻辑（蔡宁等，2015），实现服务的精准化和个性化更新迭代。②需求驱动全新业务快速构建竞争优势。平台企业可以不断向产业链上下游延伸，凭借强大的用户基础形成规模优势，以成本极低的方式进入相邻甚至看似不相关的新市场或新行业，并借助用户数据优势让新业务快速渗透市场，从而实现业务间的高度协同。例如，美团平台围绕"用户本地生活"逐步构建起一条平台与用户双向互动的完整链条，通过将新服务与已有服务进行捆绑和集成，成功进入外卖餐饮、到店酒旅、单车、打车、电商零售等多个领域，并利用已有的数据资源为用户提供定制化服务，使得其各业务市场间建立起了协同的"护城河"。

(3) 产业竞争新特征导致垄断方式生态化，即产业竞争的主导形式走向生态化，使得新情境下平台垄断方式从"单枪匹马"走向"生态作战"。互补者作为平台生态内价值创造的主体，在巩固和扩大用户基、维护和巩固生态价值主张过程中发挥了关键作用（Panico and Cennamo，2022），因此平台企业能否获取竞争优势的关键取决于能否成功构建起具有更高质量和更大规模互补者的生态系统（McIntyre et al.，2021；Zhao et al.，2020）。

由此，平台企业构建生态壁垒以吸引和留存互补者成为平台企业夺取生态竞争优势地位的关键。具体表现为两个方面：①平台企业通过规定准入规则、构建技术壁垒等方式增加互补者生态转移成本。例如，谷歌与苹果两大平台企业生态曾围绕手机操作系统、浏览器、硬件等十多个领域展开争夺，目的就是构建强有力的生态壁垒，以此巩固当前的垄断地位。②平台企业基于制度逻辑和竞争逻辑激发互补者的创新动力。谷歌与苹果两大平台企业均通过佣金减免、选择性推广等方式激励互补者提供更具创新性的互补产品。由此可见，新情境下的平台企业的互补者专属锁定是其撷取市场垄断地位的主要方式。

（4）数字平台垄断产生复杂后果，即平台企业具有相较于传统企业更强的资源动员能力和资源整合能力（Logue and Grimes，2022；Nambisan，2018），凭借对市场内资源流动的全面控制，具有强大资源禀赋的巨型平台能够为我国产业创新和转型升级提供全新实现路径。毋庸置疑，垄断必然会损害市场交易的公平性和交易效率，也会影响经济发展方式与财富分配方式。但同时，头部平台企业对市场资源的高度控制也暗含了它们可以通过数据集成、用户驱动、生态协同、赋能创新等路径来履行社会责任、实现社会价值的持续创造，由此可知，数字经济背景下平台企业的垄断并非"一无是处"。

由此，新情境下对具有垄断地位的平台企业需要综合考虑其社会性影响。具体表现为两个方面。①头部平台企业的创新发展成为我国实现技术追赶、提高市场控制力的突破口。大型平台企业之间的激烈竞争加速了产业的技术创新，反映出平台企业重组产业链的颠覆性创新能力，展现了寡头竞争所带来的高效率的一面。深层次看，平台企业参与主导形成了相对完善的创新生态系统，包括制度规范、空间保障和基础设施等，为我国企业参与高水平国际竞争提供了支持。②集聚了大量核心资源的平台企业通过多种赋能手段，为中小企业提供技术支持、市场支持、过程支持，从而帮助其提高创新效率和创新成本。例如，阿里巴巴借助以支付宝为核心的支付体系、以菜鸟物流为核心的物流体系、围绕淘宝服务市场和千牛工作台的 SaaS 生态，构建了一站式的电商配套服务体系，通过完善的电商基础设施为商家解决了市场交易中的大部分问题，为参与者的产品创新、服务创新、运营创新等进行全方位赋能。

8.4 平台企业的垄断逻辑重构

8.4.1 传统经济学意义上的垄断逻辑

按照市场结构理论，当一个企业或者少数几个企业在某种商品或服务领域的市场占有率达到或者超过一定比例，使该领域的竞争受到实质性限制，就会被判定为构成"垄断",可见,垄断与竞争是一对矛盾统一体。传统经济学意义的企业垄断,基本逻辑是焦点企业对产业内其他企业构成进入障碍,究其成因分为三种类型:自然垄断、技术垄断和行政性垄断。自然垄断指企业初期投入大量固定成本后,享受规模经济所带来的生产成本最小化,比多家竞争效率更高;技术垄断源自企业自身的专利或知识产权带来的市场份额优势以及建立的核心技术壁垒;行政性垄断源自政府给予企业的排他性生产和销售权利所造成的对市场竞争的限制。

垄断的危害主要体现在四个方面:①制约市场竞争。企业间竞争是有效配置资源、提升社会整体福利的基石。完全垄断是竞争的对立面,垄断企业通过阻碍潜在竞争者的进入维护自身的市场地位,获取高额垄断利益,进而破坏了市场竞争活力。②抑制企业创新。垄断会阻碍资源的自由流动和合理配置,市场竞争的缺失导致垄断企业失去了通过技术革新提升生产效率的动力,进而引发生产效率低下、价格机制失灵、企业创新动力缺失等问题,进而导致技术进步迟缓。③侵犯消费者权益。由于缺乏有效的制约和监督机制,垄断企业能够凭借其垄断地位,制定与价值严重背离、远高于均衡价格的市场价格,侵犯消费者的公平交易权和选择权,攫取消费者的利益。④损害产业链上下游利益。垄断企业凭借对关键要素和资源的垄断,在与上下游企业的关系中占据完全控制的地位,严重影响到上下游企业的创新能力以及经济利益。

从西方经济发展史看,市场结构理论经历了萌芽时期、结构主义时期和行为主义时期,不同时期的经济学者对垄断问题的研究视角有所差异,经历了完全竞争、将竞争与垄断完全对立,到接受垄断、认为垄断与竞争可以共存的发展过程。寡头垄断被视为一种介于竞争市场和完全垄断市场之间的混合性市场结构,即由少数几家企业控制整个市场的生产与销售。寡头垄断与完全垄断的区别在于,寡头垄断通常不是一家独大,而是由多家寡头共同分割市场,相互之间存在一定的竞争和制约关系,单一的寡头不能独自控制市场价格。由于寡头市场中存在竞争,其效率往往高于完全垄断市场。

数智时代,平台企业在经过初期激烈的市场份额争夺后,极可能会出现多寡头垄断格局,即随着平台企业对于上下游企业的进一步整合以及寡头之间的兼并重组而出现几家甚至一家独大的现象。但需要说明的是,不同于传统经济的寡头垄断,平台企业的特殊性决定了其垄断形成的逻辑往往内含着数据竞争、用户注意力竞争、平台创新能力竞争三方面的竞争,故平台垄断主要集中在大型平台企业的核心业务中,而平台内互补者间的竞争压力并不会受到平台层面的影响,因此平台企业的寡头垄断格局呈现出静态垄断与动态竞争的"分层式"垄断市场结构。结合数智时代平台垄断的特征变化,本章进一步提炼并对比了传统经济学意义上的垄断与数字平台的垄断的差异和区别(表8-1)。

表 8-1　两种垄断类型的对比

特征	传统经济学意义上的垄断	数字平台的垄断
基础要素	资本、土地等传统生产要素	数据等全新生产要素与资本等传统生产要素共同发挥作用
影响范围	单一市场内	跨市场边界
作用逻辑	对产品或服务供应的单向控制	对产品或服务供应及对用户需求的双向控制
形成动因	集中市场经营份额	网络效应驱动的准自然垄断
主要影响	负面性	双元性

8.4.2　平台垄断类型及形成机理

平台企业天生有垄断倾向，在国家包容性政策背景下，大量平台企业快速发展、急剧扩张。部分创立早且实力雄厚的平台企业积累了远胜于竞争对手的海量数据与资本优势，通过明显的网络效应对市场竞争秩序的威胁也日趋严峻。不同类型的平台企业在其核心竞争力、业务扩张逻辑等方面存在差异，导致平台企业垄断形态有所不同。按照这一逻辑，本章从要素基础和外在表现两个维度来对数字平台垄断的类型进行解构和区分（图 8-1）。

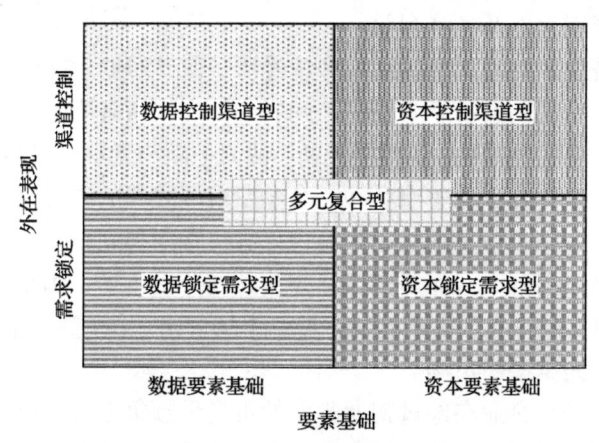

图 8-1　平台企业垄断类型

图 8-1 中，要素基础指平台企业用以创造价值的底层资源，具体可划分为数据要素基础和资本要素基础，而这可能成为平台用以形成封锁和构建进入壁垒的底层资源基础。外在表现指平台企业获取竞争优势的外在表现，具体分为需求锁定和渠道控制，平台企业通过需求锁定和渠道控制提高进入壁垒。由此，平台企业垄断形态可被划分为以下五种：数据锁定需求型垄断、资本锁定需求型垄断、数据控制渠道型垄断、资本控制渠道型垄断、多元复合型垄断。

1. 数据锁定需求型垄断

数据锁定需求型垄断是指平台企业通过数据要素锁定用户需求而形成的垄断，典型案例是移动出行平台企业。当平台企业通过自身营造的网络生态系统吸引了千万流量、汇聚了多维度的海量数据后，平台则随即拥有了强大的信息垄断权力。这种垄断所带来的危害主要表现在两个方面。

（1）平台作为国家关键信息基础设施运营者时，其数据资产不可避免地涉及大量公民和社会敏感信息。由于数据具有隐秘性、产权不明晰等特征，一旦平台数据遭到泄露或篡改，将可能影响生产经营安全、国计民生甚至国家安全。例如，移动出行平台所积累的数据资产主要包括三类：海量的用户个人信息、足以影响国家安全的地理信息、基于以上两类数据进一步聚合形成的高阶数据。平台内沉淀的数据量级足以影响国家安全，而地理信息更是国家重要的基础性、战略性资源，关系到国家主权、安全和利益。一旦数据在采集、存储、处理、应用、流动和销毁等任何一个环节出现非法泄露和破坏，都会给公民个人的生命安全、财产安全、国家社会稳定带来巨大威胁。

（2）数据的巨大价值也会导致平台企业的"数据饥渴"，在人工智能算法和大数据辅助下，超级平台可以通过"数据封锁"轻易构筑进入壁垒。对于移动出行平台而言，车辆和司机构成的供给端网络和用户形成的需求端网络，相互促进、彼此需要，与其他产业的平台企业相比具有更强大的网络效应。这也导致移动出行平台企业"天生"就拥有更强的数据收集和处理能力，而数据收集和处理能力越强大，越有可能"无形"中增加用户的平台转移成本，形成强大的用户锁定效应，形成市场垄断格局。

2. 资本锁定需求型垄断

资本锁定需求型垄断是指平台企业通过资本大规模扩张来锁定用户需求而形成的垄断，典型案例是本地生活服务平台企业。平台企业借助资本实力迅速进入相邻领域开展跨界竞争，通过用户流量撬动各个市场份额，形成垄断格局。这种垄断所带来的危害主要表现在两个方面。

（1）资本作用下引致"加杠杆化"的市场补贴战略成为平台间竞争的关键。对于一些具有本地网络效应和同边网络效应的平台企业而言，其竞争优势形成的关键主要在于前期对用户心智的塑造和用户习惯的培养。这背后往往需要大量资金作为支撑，极有可能发生平台巨头们"烧钱抢用户"等不正当市场竞争。

（2）资本作用下引致平台企业"无差别"侵占传统企业市场份额。当平台围绕用户需求提供"一站式生活服务"时，可以发挥业务之间协同作用及平台范围经济效益，使其可以对传统的单一垂直领域企业进行"降维打击"。竞争过后，赢者可慢慢回笼资金或获得新的资本注入，帮助其继续经营，实现一家独大的市场局面。而失败者除了黯然离场之外，往往还会留下一系列损害消费者福利、破坏原市场秩序等社会问题。以本地生活服务平台企业进入社区团购领域为例，美团等生活服务类平台企业利用资金、流量优势涌入社区团购领域，开启了烧钱式扩张。在资本驱动下，平台企业以低于成本的价格争夺市场，给实体经济造成巨大冲击，带来了乱价、跨区窜货等一系列危害市场秩序的问题，这种高度资本依赖的模式也导致大量社区团购平台企业在泡沫破裂时因资金链断裂而破产。

3. 数据控制渠道型垄断

数据控制渠道型垄断是指平台企业利用数据要素封锁上下游渠道而形成的垄断，典型案例是在线音乐平台企业。平台企业通过占据产业发展的关键瓶颈性资产，并在规则制定权的加持下，轻易地通过渠道封锁（如二选一）实现垄断。平台企业的并购固然能够起到发挥规模经济、提高并购协同效应的作用，但滥用市场势力、资本无序扩张等并购乱象带来的垄断效应不容忽视（袁天荣等，2022）。这种垄断所带来的危害主要体现如下。

(1) 平台企业可以借助算法来"主观"推广其内部互补者的创新成果，降低互补者创新转化渠道的多样性。在模块化架构层级下，平台与平台用户的连接关系并不完全依赖长期关系式交易或以强联系为信任纽带，而是利用模块化架构回归企业间的松散耦合，参与者和平台只通过平台界面与规则产生联系（罗珉和杜华勇，2018）。因此，平台企业有机会通过算法等数字技术手段选择用户"可见"哪些互补者。互补者为了提高其可见性，会不可避免地选择加大对特定平台的专属性投资。

(2) 平台企业可以根据市场环境和其战略目标的变化而单方面修改互补者进入和运行规则、增加互补者的生态转移成本。当平台企业占据产业发展的关键瓶颈性资产，其便可以轻易地通过"原料"封锁来形成垄断。以在线音乐平台为例，获得独家授权的音乐平台可以决定是否向竞争对手平台转授权以及转授权的价格、范围等，通过对版权这一数据要素的封锁提高中小平台的市场进入壁垒，加速在产业链上下游进行合纵连横。在激烈的独家版权争夺中，多家在线音乐平台相继宣布倒闭，垄断格局的形成侵犯了消费者的公平交易权和选择权，也严重影响了上下游企业的经济利益。

4. 资本控制渠道型垄断

资本控制渠道型垄断是指平台企业利用资本限制供给渠道多样性而形成的垄断，典型案例是泛娱乐社交平台企业。"赢者通吃"是平台发展的规律性现象，而扼杀式并购加剧了市场集中度，数字平台市场的寡头竞争格局得以固化和放大。

大型平台企业借助资本力量整合上下游产业链，导致来自特定平台的业务在全产业链自由通行，以消灭在位竞争者和潜在竞争者为目的的扼杀式并购，在数字平台中是显见的，数字平台巨头表现尤甚，这种"过度协同"必然会造成平台垄断格局的产生。这种垄断形态带来的危害主要体现在两个方面。

(1) 平台企业利用资本优势的扩张行为意味着被整合企业需要"被动"服从平台价值主张，高度限制了企业发展自主权。例如，虾米音乐、天天动听、优酷土豆、UC 等互联网公司，独立经营时以行业独角兽著称。但在被阿里收购后，则纷纷从头部玩家中掉队，声量渐小甚至销声匿迹。

(2) 平台企业借助资本优势会提前对具有潜在威胁的创新企业进行预先收购，可能会遏制"颠覆式创新"的产生。面对快速变化的市场环境和巨大的竞争压力，大型平台企业为了维持市场优势，可能会大批收购还处于萌芽阶段但具有潜在竞争威胁的创新企业。在完成收购后，部分巨型平台企业可能会随之叫停或关闭具有创新潜力的企业。然而，由于这些并购行为可能难以达到事前申报条件而免受监管，但对市场创新的产生或存在长远影响。

5. 多元复合型垄断

多元复合型垄断是指平台企业借助数据优势和资本扩张来塑造用户需求，并同时进入产业上下游而形成的垄断，典型代表是电子商务平台企业。平台企业在资本实力、数据优势、规则制定权力的加持下，运用数据、用户流量和算法等杠杆撬动各个市场上的市场份额，导致平台的无限伸展而形成垄断格局。这种垄断类型的危害主要在于，平台企业反竞争行为对内具有强制性，对外具有隐蔽性。由于平台企业兼具"运动员"和"裁判员"的身份，一方面可以依托资本优势来面向终端用户实施大规模补贴策略，基于紧密的跨边网络联系来实现用户锁定；另一方面，依托平台企业对数据的收集与利用能力，平台借助算法和非透明的内部交易与流量分配原则来限制关键数据，实现自我优待与算法合谋(孙晋，2021)。

8.5 平台反垄断的治理逻辑重构

8.5.1 传统反垄断治理逻辑的不相容性

反垄断的目的在于维持市场机制的有效运作，确保市场主体的充分竞争。我国于 2007 年 8 月 30 日通过第一部反垄断法，即《中华人民共和国反垄断法》，对企业滥用市场支配地位、经营者集中、滥用行政权力排除和限制竞争等垄断性行为进行了明确规范，根本目的在于激活市场竞争、提升创新活力，保障消费者以及产业链上下游企业的利益，以推动技术进步并提升社会福利。2008~2018 年，我国在实践中逐渐完善和细化配套的规章制度，包括由国务院出台的《国务院关于经营者集中申报标准的规定》、由国务院反垄断委员会出台的《关于相关市场界定的指南》、由国家工商行政管理总局出台的《工商行政管理机关查处垄断协议、滥用市场支配地位案件程序规定》、由国家发展和改革委员会出台的《反价格垄断规定》和《反价格垄断行政执法程序规定》等，为反垄断执法工作的开展提供了制度支持。

区别于传统市场内企业竞争逻辑，平台企业的市场垄断趋势是由其基因决定的，大型平台企业更是竞争繁荣的产物。相比于传统企业，平台企业所具有的诸多特殊性，使其成为生产力新组织方式，在优化资源配置、推动产业升级和充当"新经济"发展引擎等方面至关重要。因此，以《反托拉斯法》为代表的工业革命时代所形成的反垄断治理逻辑已难以完全适应数智时代平台企业的发展要求。数字经济的创新驱动和动态激烈竞争特征对自由公平竞争的要求更高，客观上需要反垄断监管规则适时进行必要革新，形成适应创新驱动发展要求的监管规则体系。

在数字经济快速发展背景下，为了完善数智时代的治理，我国政府结合新情境下反垄断的特点，陆续出台或修订了多部法律法规、政策文件。2020年1月，我国发布《〈中华人民共和国反垄断法〉修订草案（公开征求意见稿）》，新增了对市场支配地位认定条款，指出互联网领域市场支配地位的认定应当充分考虑网络效应、规模效应、锁定效应、掌握和处理相关数据的能力等因素；2020年11月，我国发布《关于平台经济领域的反垄断指南（征求意见稿）》，在垄断协议、滥用市场支配地位、经营者集中、限制竞争等方面做出了有关规定，强化反垄断和防止资本无序扩张已成为我国中央政府的重点任务之一，并不断深化。

综上，随着数智时代的到来，形成于工业时代的反垄断法愈发缺乏解释力，将竞争与"消费者福利"挂钩的反垄断框架不足以捕捉现代经济中的市场力量结构（马平川，2022）。尤其是数智时代下，平台企业逐渐发展为多边市场用户交互的助推者、产业互联网的焦点企业，其公共基础设施属性逐渐增强，发挥了线上多边市场和产业生态系统的基础支撑作用。在多主体交互和产业协同的复杂新情境下，静态、单向的传统反垄断分析框架已很难适用于数智时代动态、跨界的平台经济，传统的垄断判定标准与数智时代的平台企业垄断认定具有不相容性，为传统监管制度带来了一系列挑战，主要体现在以下三个方面。

传统垄断与平台垄断的主体不相容（表8-2）。传统垄断行为的主体为某一类产品或服务的提供商企业，而平台垄断的主体为基础设施的提供者。传统的反垄断政策的制定大多以传统产业组织理论为基础，规制对象是静态结构下的行业和企业，行业边界和市场界定清晰。而数智时代背景下，平台企业与传统制造企业的性质发生了质的变化,平台企业作为交易平台、产业赋能平台或者生态系统的基础设施,不再是某一个或者几个产品的供应商,而是成千上万商品的交易平台,因而,不能因为平台上交易的产品有垄断性,而认定平台具有垄断性。

表 8-2 传统反垄断治理逻辑的不相容性

特征	传统反垄断治理框架	平台企业垄断分析框架的不适用性
监管主体	单一部门	多部门协同
判定依据	产品提供商的市场份额、价格水平、利润率等指标	跨边界、嵌套式的结构特征增加了垄断测度和取证难度
治理对象	企业作为静态结构下具有清晰行业边界和市场界定的主体	企业作为动态结构下跨产业边界的基础设施提供者
治理措施	简单分拆	简单分拆可能会抑制创新

(1)传统垄断与平台垄断的标准不相容。传统垄断多以市场份额等指标判定企业垄断,不适用于具有网络效应的平台组织。平台具有单边、双边或者多边网络效应,导致产生市场规模效应和范围经济效应,再由于用户黏性等特性,出现巨型平台企业。这种平台企业天生具有垄断倾向,正如传统的线下交易市场,也同样存在某一细分领域或者产业领域的垄断性,但这种因为市场进入壁垒较高、经营规模扩大的特征,并不能表征《中华人民共和国反垄断法》中产品提供商在市场份额、价格水平、利润率等指标上的垄断特性,使得垄断的判定标准在数智时代适用性降低。平台企业具有协同平台上产品/服务供应者的功能,显然不能把跨界特征下平台市场份额算作是垄断程度。

(2)传统垄断与平台垄断的测度不相容。平台企业大多通过"生态圈"战略构建"数字化护城河",随之而来的流量控制和算法合谋等给相关市场界定和垄断行为的取证增加了难度。计算平台交易市场份额、平台上供应商企业的市场份额、跨界产品的市场份额等,都非常困难。而平台企业对服务器计算和存储能力、算法、操作系统的垄断,导致大小平台间形成嵌套型不完全竞争格局,随之而来的抄袭抢夺创意等"拿来主义"和控股收购等"为我所用"行为,给先发制人并购以及反垄断执法时机的选择造成了困扰。平台企业所具备的网络效应本质特性及其对生产过程所必需的数字化基础设施的控制,使平台企业与其内部互补者之间呈现强烈的"支配-依赖"关系,数据产权不清、市场边界模糊及滥用市场支配地位等问题都给市场势力测度、反垄断调查取证带来了困难。

8.5.2 平台反垄断的核心治理逻辑

毋庸置疑,垄断必然会损害市场交易的公平性和交易效率,也会影响经济发展方式与财富分配方式。但新情境下,产业情境特征的重构使得平台垄断存在一定的合理性,而平台反垄断的治理基本逻辑应将平台企业垄断的必然性、平台企业垄断影响的复杂性纳入分析框架,这样才能真正做到"有的放矢"、激发平台经济活力、把握数字技术快速发展带来的红利。

(1) 网络效应特性使得平台企业具有天然的寡头垄断属性。巨型平台的出现和崛起是我国数字经济快速发展的必然产物,拥有强大技术能力的平台企业自然会发挥其网络效应,进而形成一定程度上的垄断。与传统垄断阻碍资源自由流动、降低资源配置效率不同,平台垄断大多是网络效应、用户黏性、技术竞争或者商业模式竞争的结果。新情境下的平台垄断并不必然导致市场创新活力受损,甚至反而可能成为中小企业创新的催化剂。大型平台企业能够通过海量数据优势以及资本优势,促进跨界竞争,扩大资源流动范围,准确挖掘行业需求,促进社会资源的有效配置,如阿里、腾讯和京东,美团与饿了么,头条、快手与淘宝等。这些寡头企业往往规模较大,更有能力采用先进技术,同时,多家寡头之间的激烈竞争又加速了寡头企业的技术创新,展现出了高效率的一面。可见,平台垄断与产业创新活力并不具有必然关系,如何正确处理好反垄断执法与创新保护之间的关系才是实现平台经济健康发展的关键。

(2) 拥有高度集中市场资源的大型平台企业更有可能推动我国产业创新和转型升级。平台的创新发展已成为我国实现技术追赶、发挥人口红利优势的突破口,在当前世界竞争格局下平台垄断的形成有其必然性。原因在于,头部平台企业可以通过资源的高度聚合来发挥创新"火车头"作用,从而推动一批专精特新企业的涌现和成长,进而成为增强我国国际竞争力、挑战欧美主导的产业格局的关键因素。另外,大型平台企业也可以推动即时物流、通信技术、物联网、智能硬件等基础设施和服务的不断发展完善,从而推动整个产业的优化升级和效率提升,为我国企业参与高水平国际竞争提供了支持。

虽然平台企业所构筑的进入壁垒和不正当竞争行为导致的市场秩序混乱必然会产生一定的垄断危害,但不可否认的是,数字经济背景下平台企业的垄断并非"一无是处"。由此,数智时代,要深刻把握平台企业的本质特征和平台经济发展的基本规律,既要充分发挥其积极作用,又要防止过度垄断和无序竞争,并最大程度地平衡好经济效率与市场公平,最终实现数字经济的健康发展及其全球竞争力的持续提升。由此,本节进一步提出平台反垄断治理的核心逻辑。

治理标准从同质性向差异化转变。具体包括以下两个方面。

(1) 不同的平台垄断类型反映出其形成机理存在差异,使得针对不同类型平台的垄断着力点理应有所不同。具体而言,针对数据锁定需求型垄断的监管重点是规范平台数据收集、使用与转让过程的安全性和合法性;对于资本锁定需求型垄断应重点明确平台企业的责任和义务，防止平台企业借助资本盲目和无序扩张；针对数据控制渠道型垄断的治理关键在于加强对平台企业滥用治理权的监管，严格限制破坏竞争的行为，引导平台企业积极参与公平竞争的市场环境建设；针对资本控制渠道型垄断的治理关键在于健全平台并购的事前审查机制，形成"事前、事中、事后"的全链条监管体系；对于多元复合型垄断的治理核心应是强化对数字经济发展形势的研判，深化对数字经济发展规律和特点的认识，科学预判控制和扩张行为。

(2)新情境下评价平台垄断标准需要由一般性判别标准修订为适用于不同垄断类型的专有性判别标准。传统的反垄断政策大多以行业为边界，以市场份额、价格水平、利润率等结果指标作为评估市场势力的指标来认定企业垄断行为。数智时代产业边界模糊化、竞争生态复杂化，导致传统监管标准和工具的适用性降低，因此要根据不同平台垄断类型制定专有化评价标准，以提高监管针对性和精准性。

治理方式从通用化向多元化转变。具体包括以下两个方面。

(1)综合评价平台企业垄断的影响，给予创新贡献更大的考察权重。平台经济是驱动我国创新水平提升的重要力量，平台企业可以依靠其内部沉淀的数据基础和资本优势来构建技术能力、提高创新效率。因此在治理平台垄断行为时，应尽量避免"一刀切"，而是包容平台企业促进创新的行为，要以此作为平台反垄断评价的重要标准。要客观评价平台企业创新对产业发展和社会福利的影响，为平台企业发挥数据资产优势、赋能传统产业转型升级提供制度保障，并将平台企业扶植和培育专精特新企业发展纳入反垄断评估体系中。

(2)以"规范"代替"分拆"，谨慎处理好反垄断执法与创新保护之间的关系。巨型平台的出现和崛起是数字经济快速发展的必然产物，拥有强大技术能力的平台企业自然会依托其网络效应形成一定程度上的垄断，平台垄断与产业创新活力、产业竞争之间并不具有必然关系。平台反垄断的治理逻辑应是引导其主动承担社会责任，提高其社会整体福利功能，引导平台向善、科技向善，并从制度层面寻求突破口，健全市场准入、公平竞争审查和监管制度，规范平台交易过程，纠正妨碍公平竞争的行为，以实现"在发展中规范、在规范中发展"。

治理主体从单一性向协同化发展。具体包括以下两个方面。

(1)明确平台企业责任边界，激发平台自我治理的动力。数智时代的产业结构呈现出生态化特征。不同于传统的政府治理和市场治理模式，平台企业是一种具有中间组织形式的系统范式，平台生态系统中多重身份交叠的参与者构成的复杂动态关系和潜在目标冲突加大了平台治理的难度。因此，在治理平台垄断行为时平台企业应主动参与公平竞争的市场环境建设，平衡好利益相关各方的关系，实现经济目标与社会目标的协同提升。

（2）推动反垄断监管主体协同，加强对平台垄断态势的研判和高效监管。新情境下，数据、资本两大垄断要素的基础导致了平台垄断态势更具隐秘性和多样性，治理平台垄断的重点应是着重加强对数据要素、资本要素驱动的平台企业垄断行为的研判。与此同时，强化监管执法的多主体的多元参与，对平台竞争过程中的数据合规与保护、消费者权益保护、行业部门法律等进行交叉监管，对可能涉及垄断的经济行为采用市场监管工具进行规范治理。

参 考 文 献

蔡宁, 王节祥, 杨大鹏. 2015. 产业融合背景下平台包络战略选择与竞争优势构建：基于浙报传媒的案例研究[J]. 中国工业经济, (5)：96-109.

刘洋, 董久钰, 魏江. 2020. 数字创新管理：理论框架与未来研究[J]. 管理世界, 36(7)：198-217, 219.

罗珉, 杜华勇. 2018. 平台领导的实质选择权[J]. 中国工业经济, (2)：82-99.

马平川. 2022. 平台反垄断的监管变革及其应对[J]. 法学评论, 40(4)：174-183.

孙晋. 2021. 数字平台的反垄断监管[J]. 中国社会科学, (5)：101-127, 206-207.

王超贤, 张伟东, 颜蒙. 2022. 数据越多越好吗：对数据要素报酬性质的跨学科分析[J]. 中国工业经济, (7)：44-64.

王节祥, 杨洋, 邱毅, 等. 2021. 身份差异化：垂直互联网平台企业成长战略研究[J]. 中国工业经济, (9)：174-192.

魏江, 刘嘉玲, 刘洋. 2021. 数字经济学：内涵、理论基础与重要研究议题[J]. 科技进步与对策, 38(21)：1-7.

谢康, 夏正豪, 肖静华. 2020. 大数据成为现实生产要素的企业实现机制：产品创新视角[J]. 中国工业经济, (5)：42-60.

徐翔, 厉克奥博, 田晓轩. 2021. 数据生产要素研究进展[J]. 经济学动态, (4)：142-158.

尹振涛, 陈媛先, 徐建军. 2022. 平台经济的典型特征、垄断分析与反垄断监管[J]. 南开管理评论, 25(3)：213-226.

于立, 王建林. 2020. 生产要素理论新论：兼论数据要素的共性和特性[J]. 经济与管理研究, 41(4)：62-73.

袁天荣, 王霞, 康艺. 2022. 平台企业并购垄断动机与垄断机理研究[J]. 会计之友, (11)：10-15.

Borgatti S P, Mehra A, Brass D J, et al. 2009. Network analysis in the social sciences[J]. Science, 323(5916)：892-895.

Chen L, Yi J, Li S, et al. 2022. Platform governance design in platform ecosystems: implications for complementors' multihoming decision[J]. Journal of Management, 48(3)：630-656.

Cusumano M A, Gawer A, Yoffie D B. 2019. The Business of Platforms: Strategy in the Age of

Digital Competition, Innovation, and Power[M]. New York: Harper Business.

Eisenmann T R. 2006. Winner-take-all in networked markets[R]. Harvard Business School.

Eisenmann T R, Parker G, Van Alstyne M W. 2006. Strategies for two-sided markets[J]. Harvard Business Review, 84(10): 92.

Gawer A. 2014. Bridging differing perspectives on technological platforms: toward an integrative framework[J]. Research Policy, 43(7): 1239-1249.

Gawer A. 2021. Digital platforms' boundaries: the interplay of firm scope, platform sides, and digital interfaces[J]. Long Range Planning, 54(5): 102045.

Hagiu A, Wright J. 2015. Multi-sided platforms[J]. International Journal of Industrial Organization, 43: 162-174.

Helfat C E, Raubitschek R S. 2018. Dynamic and integrative capabilities for profiting from innovation in digital platform-based ecosystems[J]. Research Policy, 47(8): 1391-1399.

Kretschmer T, Leiponen A, Schilling M, et al. 2022. Platform ecosystems as meta-organizations: implications for platform strategies[J]. Strategic Management Journal, 43(3): 405-424.

Logue D, Grimes M. 2022. Platforms for the people: enabling civic crowdfunding through the cultivation of institutional infrastructure[J]. Strategic Management Journal, 43(3): 663-693.

McIntyre D, Srinivasan A, Afuah A, et al. 2021. Multisided platforms as new organizational forms[J]. Academy of Management Perspectives, 35(4): 566-583.

Morton F M S, Dinielli D C. 2022. Roadmap for an antitrust case against Facebook[J]. Stan. JL Bus. & Fin., 27: 268.

Nambisan S. 2017. Digital entrepreneurship: toward a digital technology perspective of entrepreneurship[J]. Entrepreneurship Theory and Practice, 41(6): 1029-1055.

Nambisan S. 2018. Architecture vs. ecosystem perspectives: reflections on digital innovation[J]. Information and Organization, 28(2): 104-106.

Nambisan S, Siegel D, Kenney M. 2018. On open innovation, platforms, and entrepreneurship[J]. Strategic Entrepreneurship Journal, 12(3): 354-368.

Panico C, Cennamo C. 2022. User preferences and strategic interactions in platform ecosystems[J]. Strategic Management Journal, 43(3): 507-529.

Rietveld J, Schilling M A. 2021. Platform competition: a systematic and interdisciplinary review of the literature[J]. Journal of Management, 47(6): 1528-1563.

Saadatmand F, Lindgren R, Schultze U. 2019. Configurations of platform organizations: implications for complementor engagement[J]. Research Policy, 48(8): 103770.

Yoo Y, Henfridsson O, Lyytinen K. 2010. Research commentary—the new organizing logic of digital innovation: an agenda for information systems research[J]. Information Systems Research, 21(4): 724-735.

Zhao Y, von Delft S, Morgan-Thomas A, et al. 2020. The evolution of platform business models: exploring competitive battles in the world of platforms[J]. Long Range Planning, 53(4): 101892.

Zhu F, Iansiti M. 2019. Why some platforms thrive and others don't what Alibaba, Tencent, and Uber teach us about networks that flourish. The five characteristics that make the difference[J]. Harvard Business Review, 97(1): 118-125.

第 9 章 数智创新与管理方法

本章提要：以人工智能特别是通用人工智能为代表的数智技术快速发展，不仅引发产业变革，还催生了新的科学研究范式、组织管理方式。自第一次工业革命以来，自动化与增强悖论下人类和自动化之间的复杂关系是理解数智技术影响组织管理、科学研究范式的底层逻辑。本章先简要阐述自动化与增强悖论的核心逻辑，以此作为后续数智创新与管理方法的基础框架。接着探讨了数智赋能管理变革和管理研究范式变革的具体策略和方法，既重点论述数智创新（尤其是人工智能）对决策制定、组织设计、领导模式、营销方式、创新和战略等的影响，又将回归科学研究本身，初步探讨人工智能与科学研究的具体思路，并简要分析算法支持的管理学理论构建与检验方法，以期为工商管理科学研究提供启示。

案例聚焦 9-1

自《巴黎协定》通过以来，许多上市公司承诺将碳排放量降低到与《巴黎协定》目标相一致的水平。然而，只有约 19%的企业达到了这一目标（资料来源：TruCost）。科学家试图探究这一现象背后的根本原因，但由于缺乏系统的企业气候行动报告框架，监测企业可持续性行为及其结果（如温室气体排放及预测）变得尤为复杂。

数智技术为解决这一问题提供了新思路。Cenci 等（2023）通过文本数据分析，开发了一种系统的方法来跟踪主要公司减少碳排放的行动。具体而言，首先，Cenci 等（2023）通过手动注释可持续发展报告，开发一个训练集，以识别企业的环境行动或倡议。其次，训练两个大型语言模型来识别这些倡议。最后，收集上市公司所有的可持续性报告，运行算法提取所有与降低温室气体排放直接相关的举措。

由此可见，新技术为定量和定性研究提供了新的数据来源，并为管理研究的核心问题提供了新的视角。

9.1 方法框架：自动化与增强悖论

自第一次工业革命以来，每一次技术变革都会引发对"自动化与增强悖论"的深入讨论。自动化意味着机器接管人类的任务，而增强（augmentation）意味着人类与机器密切合作来完成任务。回顾历次工业革命，机械化、信息化等技术变革取代了大量手工劳动、数据处理等重复劳动，人类也在不断适应技术的变革，开始与机器合作完成复杂任务，大幅提升生产力。当前，随着数智技术特别是人工智能技术的快速发展，自动化与增强悖论更为突出，大预言模型等技术让认知层面的自动化成为现实，自动化的替代效应甚至可以扩展到许多创造性和战略性任务中来。

9.1.1　自动化的形式理性与增强的实体理性

Lindebaum 等（2020）提出，自动化依赖于马克斯·韦伯（Max Weber）提出的形式理性逻辑，即通过预定义的规则和算法进行理性决策和任务处理；而增强逻辑依赖于实体理性，是基于价值观、道德和具体情境的决策过程。形式理性强调标准化和效率，适用于规范化的任务和流程；实体理性强调价值观和伦理，适用于复杂和人性化的决策情境。在组织内部，效率至上的逻辑会要求大幅提升自动化水平，而如果过度依赖自动化，可能忽视员工的福祉和企业的社会责任（实体理性），由此产生了自动化与增强之间的矛盾（Davenport and Kirby，2016）。在实际工作中，任务并不是孤立发生的，而是嵌入于具体的流程和惯例中的。因此，数智应用的自动化和增强属性在时间和空间上相互依赖。拉长时间尺度（从一个时间点到一个时间段）和空间尺度（从一个任务到多个任务），自动化和增强是相互依存的。

9.1.2　智能技术带来的自动化与增强悖论

人工智能是参考人类智能解决复杂决策问题的前沿技术（Berente et al.，2021）。自动化是管理者利用智能技术的重要环节，但与传统信息技术不同，智能技术的自动化不一定需要人类授权、监督和控制，通常依靠自身的信息处理能力做出决定，成为真正的"自主代理"（Baird and Maruping，2021）。随着智能技术的自动化程度提高，人类与人工智能之间以及人工智能内部的互动方式不断变化。一方面，人类以各种方式委托任务给人工智能；另一方面，智能技术也在指导、评估和控制人类的行为（Kellogg et al.，2020；Möhlmann et al.，2021）。然而，企业通常投资于智能技术完成可编码、可重复任务（Lacity and Willcocks，2016；van der Aalst et al.，2018），但大多数管理任务难以编码，这就产生了对增强的需求。增强技术通过与人类合作来提升人类能力，但这些增强的功能也可能随着时间的推移被自动化，转化为自主性。

过度依赖智能技术来增强任务和决策或使用自主工具替代任务都有可能带来潜在不利后果。当人类在群体决策环境中过度依赖智能技术时，可能会削弱人类独特的知识和自主性，降低有效增强智能技术的能力(Fügener et al.，2021)。Krakowski 等(2023)指出，要形成可持续的竞争优势，其核心不在于单纯的人类能力或机器能力，而在于如何有效利用机器的能力，处理好自动化和增强之间的紧张关系(Berente et al.，2021)。

9.1.3 管理变革中的自动化与增强悖论

在数智技术，尤其是人工智能的推动下，管理变革中的自动化与增强悖论对决策制定、组织设计、营销方式、创新和战略产生了深远影响。

(1)决策制定：例如，人工智能技术和大数据分析工具能够处理海量数据并提供实时分析，显著提高决策效率。然而，完全依赖自动化可能会忽视情境因素和人类直觉，导致决策过于标准化，缺乏灵活性。

(2)组织设计：例如，自动化技术优化组织流程，提高运营效率，而增强技术则使员工能够胜任更多复杂任务，促进跨职能协作，推动组织结构向更加灵活和适应性强的方向发展。

(3)营销方式：例如，个性化推荐和自动化广告投放，提高了营销的精准度和效率。然而，过度自动化可能导致客户体验机械化，缺乏个性化和人性化的互动。

(4)创新：例如，自动化工具加速研发和生产过程，提高创新效率；但过度依赖自动化可能会限制创新思维，抑制创造力。

(5)战略：例如，人工智能技术和大数据分析工具提供精准市场分析与预测，支持战略制定的科学化；然而，过度依赖自动化可能会忽视战略中的人文和价值观因素，导致战略片面化。

综上所述，自动化提升了管理的效率和精准度，但也带来了忽视人性化和灵活性的风险。增强技术在弥补这些不足的同时，推动组织朝着更为创新和适应性强的方向发展，实现效率和创造力的动态平衡。

9.1.4 管理研究中的自动化与增强悖论

在管理学研究中，自动化与增强悖论揭示了人工智能在提高效率和保留人类创造力、决策能力之间的复杂平衡。人工智能在各研究阶段可以通过自动化数据收集、可视化和处理显著提升研究效率。例如，深度学习和自监督学习，能够在不依赖数据标签的情况下优化数据表征；智能技术还能简化和加速科学假设的生成和验证过程，利用大语言模型进行文献综述，优化实验设计等。然而，AI 算法在训练过程中可能会继承和放大数据中的偏见，过度依赖智能技术可能会削弱研究者的创新思维和判断能力。如何实现研究者和人工智能之间的协同以支持研究人员在复杂数据分析和理论构建中发挥创造力成为关键。

9.2 数智赋能管理变革

9.1节论述了数智情境下，自动化与增强之间的方法论悖论，本节将基于此悖论探讨数智创新与管理方法的具体内涵。首先，我们需要关注数智创新如何赋能管理变革的具体方法，特别是数智创新（尤其是人工智能）对决策制定、组织设计、营销方式、创新和战略等方面的影响。

9.2.1 人工智能辅助决策

根据Berente等（2021）的定义，决策是理解智能技术在组织中作用的核心。人工智能的本质是自主决策。过去几代人工智能依赖基于规则的决策（Turban and Watkins, 1986），而现代人工智能通过优于人类的预测模型（Agrawal et al., 2019）甚至在某些情况下超越人类群体（Fu et al., 2021）进行决策。智能辅助决策的主要原理是通过综合来自大型数据集的模式，从数据中生成新的信息和预测。其快速、准确、可重复和低成本的决策能力使其在组织中得到广泛应用。

1. 人类完全授权AI的决策结构

在完全授权结构中，智能算法在没有人为干预情况下做出决策，人类决策者仍对结果负责。该结构适用于决策空间特定且受限、决策预测准确性高、备选方案多、决策速度关键且结果可复制的场景，如交通规划、实时产品推荐、动态定价系统、在线欺诈检测。例如，美团骑手的交通规划旨在最小化配送时间，智能算法扫描和评估线路数据，为骑手提供最优路径。然而，完全授权可能导致不合"人性"的决策，如不合理的路线选择。尽管人类干预可能延迟决策，还可能降低决策质量，但不受人类干预的AI决策可能会导致形式理性和实体理性间的冲突（Shrestha et al., 2019）。

2. 混合-顺序决策结构

混合-顺序决策结构涉及人类和人工智能依次决策，使一个决策者的输出成为另一个决策者的输入。算法决策作为人类决策的输入：人工智能在第一阶段进行初步筛选，发挥"过滤"的作用，将合适的替代方案传递给人类决策者，第二阶段由人类决策者从这些替代方案中进行选择。此结构主要运用于外包竞赛、医疗监控、招聘和贷款申请评估等场景。例如，在招聘过程中，人工智能筛选简历，并分析候选人的表现和社交媒体活动，客观评估其技能、经验和能力，预测候选人未来的绩效表现（Fumagalli et al., 2022）。由于筛选大量的样本是耗时耗力的，使用人工智能对样本进行初步的排查，提取出较窄的备选方案集，使人类决策者能够更有效地评估解决方案。然而，这种方法可能导致遗漏错误(第一类错误)和保留人类决策偏见。首先，基于人工智能的决策是自动化的，很可能会涉及遗漏错误的风险，导致可行的样本被丢弃(第一类错误)。其次，考虑到基于人工智能的选择决策是在先前的人类决策基础上训练的，很可能会保留人类决策的固有偏见。例如，亚马逊开发的"算法筛选系统"明显偏好于男性应聘者而歧视女性。因为算法根据该公司前10年的员工表现进行了训练，在此期间，男性候选人在技术职位上的比例远远高于女性。

人类决策作为算法决策的输入：人类决策者首先筛选备选方案，然后由人工智能评估和选择。该决策结构通常运用在体育分析等领域。例如，球队经理在选择球员时，首先依靠个人经验、直觉以及专业球探和经纪人的知识，选择一小部分潜在的合适球员，然后使用大量的数据分析和算法预测来验证。尽管有许多好处，但这种决策结构容易在第一阶段受到人类决策的局限。例如，Fumagalli 等(2022)的研究发现，人类决策容易受到个人特征(如外貌、性格等)的影响，而忽略了其任务能力。此外，第二阶段基于人工智能的决策缺乏可解释性，也可能会剥夺人类决策者从过去的案例和事件中学习的机会。

3. 聚合的人类-人工智能决策结构

在这种结构中，决策的各方面根据优势分配给人类和人工智能，然后使用多数投票或加权平均等聚合规则合成集体决策。与混合结构不同，这种结构允许人工智能和人类独立决策，再通过相互学习的过程进行管理。在此过程中，开发人员和领域专家通过选择和整合领域专业知识来辅助决策。因此，算法能够在保持领域相关性的同时，独立生成知识(van den Broek et al.，2021)。

尽管人工智能在决策中扮演多种角色，并在自动化和增强方面均有显著作用，但它主要被人类决策者接受为增强工具，而非完全自动化工具(Duan et al.，2019)。换言之，人类希望保有对决策的掌控权和最终裁量权。这意味着人类必须对决策结果承担相应责任，而不能将责任归咎于 AI 的自动化缺陷。通过合理分配人工智能和人类的角色，并结合相互学习的机制，可以实现效率与创造力的动态平衡。

9.2.2 智能组织设计

人工智能已从简单的工具转为高度复杂的系统(Davenport and Kirby，2015；Glikson and Woolley，2020)，对未来的工作场所和员工行为产生了深远影响。人工智能在组织中的应用可分为感知、理解、行动和学习四个步骤。

感知：指捕获信息的能力和过程(Ramos et al.，2008)。为了应对员工对人工智能替代岗位的恐惧和排斥(Schrock et al.，2016)，组织需要帮助员工理解人工智能的应用，管理不确定性，提供入职前知识和信息搜索，从而克服对人工智能系统的信任危机(Glikson and Woolley, 2020)。

理解：指分析和理解收集到的信息的能力(Kolbjørnsrud et al., 2017)，包括明确角色、任务掌握和社会互动(Bauer et al., 2007)。在智能技术应用中，员工需了解智能技术的目的及其在团队中的作用，理解其如何改变员工的角色。随着人工智能系统复杂性的提升，员工与人工智能的互动和协作也日益专业化和社交化。

行动：指系统做出明智决策或建议行动的能力(Kolbjørnsrud et al., 2017)。智能技术通过增强和自动化部分工作，为人类角色创造新的机会，如解释人工智能输出的解释者、改进人工智能系统的训练者和监控人工智能性能的维护者(Wilson et al., 2017)。此外，人工智能系统帮助员工增强认知优势，提高互动有效性，并为更高级别的任务提供自主权(Wilson and Daugherty, 2018)。

学习：指从过去的过程和行为中获得技能的能力(Kolbjørnsrud et al., 2017)。人工智能系统(如人工神经网络和深度学习模型)的整合，意味着组织学习和吸收新知识的方式发生了根本性转变。公司将从专注于价值链特定阶段的学习转向更复杂和变革性的全链条学习，并分享网络和集群组织的正向溢出效应(Mudambi et al., 2017)。

有趣的是，尽管智能技术在组织中发挥重要作用，组织理论本身也借鉴了许多人工智能的思想。人工智能和组织理论都研究复杂系统，因此"适应""层次结构""信息"等概念适用于两者(Axelrod and Cohen, 2001)。两者都是研究适应环境以实现目标的系统，因此"协调""反馈""学习"等概念也适用于两者。组织可以被视为一种人工智能，其主要目的是追求智能行为(March, 1999; Ocasio et al., 2020)。例如，强化学习是一种基于试错互动过程来寻找最优行为的人工智能方法(Sutton and Barto, 2018)。组织理论借鉴了这一概念来解释企业的适应性行为(Cyert and March, 1963)和组织决策的保守性(Denrell and March, 2001)。贝叶斯网络是另一种人工智能方法，允许程序对因果关系进行概率推理(Nilsson, 2010)，并被广泛应用于战略决策的过程建模(Durand and Vaara, 2009; Ryall, 2009)。

尽管组织理论从人工智能思想中引入了许多概念，智能技术仍在不断前进，而组织理论有时停滞不前。为解决智能技术增强或自动化管理的悖论，管理学家应回顾组织理论中的人工智能思想，更好地理解智能技术的性能及其对组织的影响。Csaszar 和 Steinberger(2022)直言，"建议组织理论专业的博士生至少选修一门人工智能课程。至少，在机器学习课程中获得的知识可以作为一种有用的研究工具"。

9.2.3 智能营销

营销领域是受人工智能影响最大的领域之一，人工智能正在全面变革营销领域的传统 4P［产品(product)、价格(price)、推广(promotion)、渠道(place)］策略。从个性化产品设计和动态定价，到精准推广和高效渠道管理，智能技术为营销带来了前所未有的深刻变革。这些技术不仅提高了营销效率和效果，还增强了客户满意度和忠诚度，推动了营销实践向智能化和个性化的方向发展。

(1) 人工智能与产品管理。人工智能在产品管理中起着关键作用。基于智能技术的营销分析工具能够衡量产品设计的客户适用性和满意度(Dekimpe, 2020)。在产品分析过程中，智能技术可以通过赋予产品属性偏好权重，帮助营销人员更好地理解产品特性，并据此调整营销策略(Dzyabura and Hauser, 2019)。生成式人工智能的出现使得个性化产品的大规模生产成为可能。例如，银行利用人工智能分析客户数据，提供个性化投资建议(Kshetri et al., 2024)。零售商也使用智能技术创建个性化推荐，从而提升客户转化率和忠诚度(Ratajczak et al., 2023)。

(2) 人工智能与定价管理。智能技术在定价管理中的应用涉及多方面因素，是一项计算密集型工作。基于需求波动的实时价格调整增加了定价任务的复杂性，但智能算法中的贝叶斯推理可以快速调整价格以匹配竞争对手(Bauer and Jannach, 2018)。最佳响应定价算法能够结合客户选择、竞争对手策略和供应网络，优化动态定价(Dekimpe, 2020)。

(3) 人工智能与推广管理。智能技术在推广管理中的应用包括媒体策划、媒体调度、广告活动管理和搜索引擎优化等。智能技术可以根据客户资料和喜好提供个性化定制信息(Huang and Rust, 2021)；通过情感人工智能算法实时跟踪客户喜好(Huang and Rust, 2022)；基于人工智能的内容分析优化价值和消息的有效性，为营销策略提供了新途径(Tripathi and Verma, 2018; Verma and Yadav, 2021)。生成式人工智能丰富了产品描述的趣味性和吸引力，实现了文本内容图片化、视频化，缩短了广告制作时间和成本，更好地吸引了消费者(Kshetri et al., 2024)。

(4) 人工智能与渠道管理。智能技术在渠道管理中提高了产品的访问性和可用性，进而提高客户满意度。产品分销涉及网络关系、物流、库存管理、仓储和运输，这些任务大多机械且重复。智能技术在此提供了"完美"的解决方案，如包装的协作机器人、交付的无人机、订单跟踪和订单填充等(Huang and Rust, 2022)。此外，智能技术还为服务环境提供了客户参与的机会。例如，使用情感AI编程的服务机器人能够主动迎接顾客并与之互动，促进消费者参与渠道构建，提升绩效和生产力(Wirtz et al., 2018; Huang and Rust, 2017)。

总之，在智能营销领域，人工智能通过自动化技术显著提高了产品设计、定价、推广和渠道管理的效率，使营销活动更加精准和高效。自动化可以处理大量重复和计算密集型任务，增强技术能提供个性化和创造性的解决方案，提升客户满意度和忠诚度。因此，营销人员面临的挑战在于如何在利用人工智能技术实现高效自动化的同时，保持并增强人类的创造力和个性化服务，以实现最佳的营销效果。

9.2.4 人工智能与创新

人类管理者在吸收和处理信息方面的能力有限，解决问题的方法也依赖于现有知识。相较之下，人工智能能够发现更多的问题、挑战和机遇，并识别和评估更多的信息，推动创意的发展。智能技术可以突破人类现有知识的局限，进行跨领域的学习和整合，为创新开辟新的路径(Haefner et al., 2021)。

产品创新：智能技术的部署支持企业进行战略营销活动，包括评估新产品或服务的市场潜力，助力产品创新，并允许产品快速发布。

流程创新：智能技术的应用增强了企业重组和重新设计流程的能力。智能技术支持企业适应或替代产品和服务，改变其创造、交付和获取价值的方式。

商业模式创新：智能技术在组织运营中的应用开发了独特的基于人工智能的商业模式。成功将智能技术整合到其商业模式和运营中的企业能够实现颠覆性创新，改变整个价值链(Wamba-Taguimdje et al., 2020)。

社会创新：智能技术驱动的协作生产和可持续解决方案，为解决复杂的社会和经济问题提供了替代方法。这不仅促进了经济增长，还改善了人们的生活质量(Battisti et al., 2022)。例如，通过在项目开始时实施智能技术系统，公司可以识别消费者对环境保护的期望，减少浪费，提高资源使用效率；嵌入供应链的智能技术系统，通过提高企业财务可持续性、减少环境足迹、创建绿色商业模式和支持创新可持续性，增强企业能力(Mariani et al., 2023)。

总之，在创新管理领域，一方面，人工智能通过自动化技术大幅提升了信息处理、问题识别和解决方案生成效率，突破了人类现有知识的局限，支持跨领域创新；另一方面，尽管自动化能够快速完成大量重复性任务和复杂计算，增强技术却更能激发人类的创意和灵感，推动产品、流程、商业模式及社会创新的发展。因此，创新管理者面临的挑战在于如何在利用智能技术自动化提升效率的同时，保持并增强人类的创造力和独特洞察，以实现持续的创新和突破。

9.2.5 人工智能与战略

企业战略涉及创造和获取价值两个方面。人工智能使创新和实验成为可能，帮助公司基于算法模拟新的商业模式并预测其可行性和盈利性，大大降低了推新的成本，加快了商业模式更迭。例如，在教育领域，智能技术通过自动执行管理任务、个性化课堂和实时反馈，改变了传统教育一刀切的模式。教育平台如Kahoot!和Minecraft通过交互式讲故事和角色扮演，提高学生学习热情。

随着人工智能的发展，战略重心逐渐从价值获取转向价值创造。例如，智能技术通过算法推荐，创造了与客户的特殊黏性，形成了与消费者进行价值共创的商业模式。算法评估与预测帮助公司和客户之间建立可信赖的伙伴关系（如Edward Jones）；大数据和算法能力促成数据网络效应，支持产业互联网的发展（如产业大脑）。为了更好地发挥人工智能的竞争优势，Kemp（2024）提出人工智能嵌入企业战略经历了三个活动阶段：根植、绑定和重铸。

根植：选择性地赋予人工智能战略注意力和组织资源，利用历史经验塑造智能技术对任务或问题的理解。

绑定：通过将智能技术锚定在合同关系中，精心策划并塑造竞争环境。例如，加密数据、投资网络安全、签署保密协议、解决计算瓶颈以及战略性收购数据、模型或人才。

重铸：持续协调算法及其周围的例程，以增强智能技术与公司相互依赖活动的一致性。例如，随着生成式人工智能的快速发展，微软调整了其智能技术策略，将生成式聊天机器人提升到与传统搜索产品同等的位置，从而实现战略重生。

在战略管理领域，人工智能通过丰富商业模式、改变价值实现路径和深度嵌入企业战略，显著提升了企业的创新能力和竞争优势；同时尽管自动化带来了高度效率，增强技术却能够促进跨领域学习和创意发展，推动更深层次的战略创新。因此，企业在利用智能技术实现自动化优势的同时，必须保持并增强人类的战略洞察和创造力，以确保持续的竞争优势。

9.3 数智时代的管理研究方法

9.2 节探讨了数智创新赋能管理变革的具体方法，本节将关注 AI for Science 的理解思路，并在此基础上讨论算法支持的管理学理论构建与检验方法。

9.3.1 AI for Science 概述

尽管科学实践和程序在各个研究阶段有所不同，但人工智能算法的发展跨越了传统上孤立的阶段，可以用于增强科学研究的设计和执行。通过优化参数和功能，智能技术能够自动化收集、可视化和处理数据，探索广阔的候选假设空间以形成理论、生成假设并估计其不确定性，从而提出相关实验。人工智能正成为研究人员不可或缺的工具。

1. 辅助科学研究数据的收集和整理

人工智能为定量和定性研究提供了新的数据来源，为微观和宏观层面的研究提供了巨大机会（Grégoire et al.，2024）。例如，Apple Watch 的智能检测系统为采用移动传感方法获取精确的健康和生理反应指标提供了机会（Harari and Gosling，

2023)。此外，智能技术帮助科学家选择性地存储和分析数据，提高了测量分辨率，降低噪声，消除测量误差，实现跨站点的高精度一致性。深度生成模型可以学习底层数据分布，并从优化分布中采样训练点，而深度学习方法通过搜索外围信号的算法取代预编程算法，帮助识别未来科学探究的稀缺事件。

2. 学习科学数据的表征

科学上有意义的数据表征是紧凑的、有区别的，能够厘清潜在变异因素并编码一般化机制。人工智能提供了新兴的分析数据策略。例如，深度学习可以在各种抽象层次上提取科学数据，产生有意义的科学问题并优化研究。自监督学习在不依赖数据标签的情况下学习数据集的一般特征，有效的策略包括预测图像遮挡区域、预测视频的过去或未来帧以及使用对比学习训练模型区分不相似的数据点。这种预训练模型是通用的预测器，可以适应各种任务，提高数据表征效率。

3. 促进科学假设的生成

可检验的假设是科学发现的核心。提出有意义的假设可能是一个艰苦且漫长的过程。人工智能可以简化和加速假设生成过程——利用大语言模型，对相关论文的摘要进行释义并自动生成文献综述(Xu et al., 2024)；从嘈杂的观察中识别候选符号表达式来产生假设；帮助设计实验物体并进行实验评估；学习假设的贝叶斯后验分布以生成与科学数据和知识兼容的假设。

4. 驱动科学假设的验证

实验评估科学假设是科学发现的关键。然而，实验室实验既昂贵又不切实际。计算机模拟成为一种很有前途的替代方案，为更有效和灵活的实验提供帮助。智能技术系统提供了实验设计和优化工具，减少了实验次数，节省了资源。同时，强化学习能够对不断变化的环境做出反应，最大限度地提高实验的安全性和成功率(Wang et al., 2023)。此外，智能技术在社会科学中的应用通过自动化访谈和大语言模型分析访谈文本，优化了科学问题的提炼与归纳(Xu et al., 2024)。

5. 评估学术论文的科学性

面对海量科研工作和学术论文，智能技术作为仲裁者提供了新思路。大语言模型能对提交的手稿进行初步筛选(Heaven, 2018)；生成式人工智能可以撰写评论；预测人工智能方法几乎不需要主观同行判断，并将成本降至最低，提供系统、快速、准确的预测，探查科学发现的可重复性。人工智能还能作为权威法官，消除有争议决策中的人类主观性和偏见，进而给出更为客观公正的评判(Messeri and Crockett, 2024)。

9.3.2 算法支持的管理学理论构建与检验方法

回到管理学领域，越来越多的学者关注智能技术对实证现象进行理论化的过程的影响。

(1) 预测选择：针对某一现象可选用的诸多理论，机器学习可以就所有适配理论的前因对因变量进行拟合分析，筛选出最稳定的预测因子。

(2) 预测提炼：当解释现象机制的替代理论逐渐整合，且变量和测量方法相对完善时，机器学习可以提高预测精细度。例如，机器学习被用于 PSM (propensity score matching，倾向评分匹配) 分析，可以避免模型与数据的过拟合问题，优化技术并保留样本进行最准确的预测。使用机器学习还能微调因果推理，执行敏感性分析，改进度量方法，最终实现理论优化。

(3) 形成发现：针对现象不连续、适配理论碎片化的情况，机器学习支持形成性发现，识别数据集中有助于深入了解现象的模式。例如，主题建模能提取文本数据中的丰富信息，开发新的结构和测量。学者利用该工具分析首席执行官在不同论坛上的发言，以确定未来行动方针；分析年度报告，以确定公司强调的重要主题 (Piepenbrink and Gaur，2017)。

(4) 还原发现：理论的重要组成部分是对边界条件的识别。机器学习可以揭示迄今未知特征之间的关联，对现有理论解释的适用性提出疑问，并提供新的学习机会。例如，Belikov 等 (2022) 使用贝叶斯演算预测基于先前文献提取的数据，识别跨环境可复制性的通用特征。依托底层通用模型汇聚多样化数据，机器学习可以抽丝剥茧，识别现象的本质逻辑 (von Krogh et al.，2023)。

总之，智能技术的发展预示着管理学理论构建与检验方法将迈入新台阶。然而，智能技术仍然不够完善，自动化与增强悖论依然存在，未来的研究和应用仍需不断探索和改进。

参 考 文 献

Agrawal A, Gans J, Goldfarb A A. 2019. The Economics of Artificial Intelligence: An Agenda[M]. Chicago: University of Chicago Press.

Axelrod R M, Cohen M D. 2001. Harnessing Complexity[M]. New York: Basic Books.

Baird A, Maruping L M. 2021. The next generation of research on IS use: a theoretical framework of delegation to and from agentic IS artifacts[J]. MIS Quarterly, 45(1): 315-341.

Battisti S, Agarwal N, Brem A. 2022. Creating new tech entrepreneurs with digital platforms: meta-organizations for shared value in data-driven retail ecosystems[J]. Technological Forecasting and Social Change, 175: 121392.

Bauer J, Jannach D. 2018. Optimal pricing in e-commerce based on sparse and noisy data[J].

Decision Support Systems, 106: 53-63.

Bauer T N, Bodner T, Erdogan B, et al. 2007. Newcomer adjustment during organizational socialization: a meta-analytic review of antecedents, outcomes, and methods[J]. The Journal of Applied Psychology, 92(3): 707-721.

Belikov A V, Rzhetsky A, Evans J. 2022. Prediction of robust scientific facts from literature[J]. Nature Machine Intelligence, 4: 445-454.

Benbya H, Davenport T H, Pachidi S. 2020. Artificial intelligence in organizations: current state and future opportunities[J]. MIS Quarterly Executive, 19(4): 9-21.

Berente N, Gu B, Recker J, et al. 2021. Managing artificial intelligence[J]. MIS Quarterly, 45(3): 1433-1450.

Buckingham M. 2012. Leadership development in the age of the algorithm[J]. Harvard Business Review, 90(6): 86-92, 94, 144.

Cenci S, Burato M, Rei M, et al. 2023. The alignment of companies' sustainability behavior and emissions with global climate targets[J]. Nature Communications, 14(1): 7831.

Chalmers D, MacKenzie N G, Carter S. 2021. Artificial intelligence and entrepreneurship: implications for venture creation in the fourth industrial revolution[J]. Entrepreneurship Theory and Practice, 45(5): 1028-1053.

Chowdhury S, Dey P, Joel-Edgar S, et al. 2023. Unlocking the value of artificial intelligence in human resource management through AI capability framework[J]. Human Resource Management Review, 33(1): 100899.

Csaszar F A. 2018. What makes a decision strategic? Strategic representations[J]. Strategy Science, 3(4): 606-619.

Csaszar F A, Steinberger T. 2022. Organizations as artificial intelligences: the use of artificial intelligence analogies in organization theory[J]. Academy of Management Annals, 16(1): 1-37.

Cyert R M, March J G. 1963. A Behavioral Theory of the Firm[M]. Englewood Cliffs: Prentice-Hall.

Davenport T H, Kirby J. 2016. Only Humans Need Apply: Winners and Losers in the Age of Smart Machines[M]. New York: Harper Collins.

Davenport T H, Kirby J. 2015. Beyond automation[J]. Harvard Business Review, 93(6): 59-65.

Dekimpe M G. 2020. Retailing and retailing research in the age of big data analytics[J]. International Journal of Research in Marketing, 37: 3-14.

Denrell J, March J G. 2001. Adaptation as information restriction: the hot stove effect[J]. Organization Science, 12(5): 523-538.

Duan Y Q, Edwards J S, Dwivedi Y K. 2019. Artificial intelligence for decision making in the era of big data-evolution, challenges and research agenda[J]. International Journal of Information Management, 48: 63-71.

Durand R, Vaara E. 2009. Causation, counterfactuals, and competitive advantage[J]. Strategic Management Journal, 30(12): 1245-1264.

Dzyabura D, Hauser J R. 2019. Recommending products when consumers learn their preferences weights[J]. Marketing Science, 38(3): 417-441.

Fu R S, Huang Y, Singh P V. 2021. Crowds, lending, machine, and bias[J]. Information Systems Research, 32(1): 72-92.

Fügener A, Grahl J, Gupta A, et al. 2021. Will humans-in-the-loop become borgs? Merits and pitfalls of working with AI[J]. MIS Quarterly, 45(3), 1527-1556.

Fumagalli E, Rezaei S, Salomons A. 2022. OK computer: worker perceptions of algorithmic recruitment[J]. Research Policy, 51(2): 104420.

Gaur B, Riaz S A. 2019. A two-tier solution to converge people analytics into HR practices[R]. 2019 4th International Conference on Information Systems and Computer Networks.

Glikson E, Woolley A W. 2020. Human trust in artificial intelligence: review of empirical research[J]. Academy of Management Annals, 14(2): 627-660.

Grégoire D A, Ter Wal A L J, Little L M, et al. 2024. Mobilizing new sources of data: opportunities and recommendations[J]. Academy of Management Journal, 67(2): 289-298.

Haefner N, Wincent J, Parida V, et al. 2021. Artificial intelligence and innovation management: a review, framework, and research agenda[J]. Technological Forecasting and Social Change, 162: 120392.

Hannigan T R, Haans R F J, Vakili K, et al. 2019. Topic modeling in management research: rendering new theory from textual data[J]. Academy of Management Annals, 13(2): 586-632.

Harari G M, Gosling S D. 2023. Understanding behaviours in context using mobile sensing[J]. Nature Reviews Psychology, 2: 767-779.

Heaven D. 2018. AI peer reviewers unleashed to ease publishing grind[J]. Nature, 563: 609-610.

Huang M H, Rust R T. 2017. Technology-driven service strategy[J]. Journal of the Academy of Marketing Science, 45(6): 906-924.

Huang M H, Rust R T. 2021. A strategic framework for artificial intelligence in marketing[J]. Journal of the Academy of Marketing Science, 49: 30-50.

Huang M H, Rust R T. 2022. A framework for collaborative artificial intelligence in marketing[J]. Journal of Retailing, 98(2): 209-223.

Kellogg K C, Valentine M A, Christin A. 2020. Algorithms at work: the new contested terrain of control[J]. Academy of Management Annals, 14(1): 366-410.

Kemp A. 2024. Competitive advantage through artificial intelligence: toward a theory of situated AI[J]. Academy of Management Review, 49(3): 618-635.

Koehler M, Sauermann H. 2024. Algorithmic management in scientific research[J]. Research Policy,

53(4): 104985.

Kolbjørnsrud V, Amico R, Thomas R J. 2017. Partnering with AI: how organizations can win over skeptical managers[J]. Strategy & Leadership, 45(1): 37-43.

Krakowski S, Luger J, Raisch S. 2023. Artificial intelligence and the changing sources of competitive advantage[J]. Strategic Management Journal, 44(6): 1425-1452.

Kshetri N, Dwivedi Y K, Davenport T H, et al. 2024. Generative artificial intelligence in marketing: applications, opportunities, challenges, and research agenda[J]. International Journal of Information Management, 75: 102716.

Lacity M C, Willcocks L P. 2016. Robotic process automation at telefonica O2[J]. MIS Quarterly Executive, 15(1): 21-35.

Langley A, Bell E, Bliese P, et al. 2023. Opening up AMJ's research methods repertoire[J]. Academy of Management Journal, 66(3): 711-719.

Lindebaum D, Vesa M, den Hond F. 2020. Insights from "the machine stops" to better understand rational assumptions in algorithmic decision-making and its implications for organizations[J]. Academy of Management Review, 45: 247-263.

Lippman S A, Rumelt R P. 1982. Uncertain imitability: an analysis of interfirm differences in efficiency under competition[J]. The Bell Journal of Economics, 13(2): 418-438.

Makarius E E, Mukherjee D, Fox J D, et al. 2020. Rising with the machines: a sociotechnical framework for bringing artificial intelligence into the organization[J]. Journal of Business Research, 120: 262-273.

March J G. 1999. The Pursuit of Organizational Intelligence: Decisions and Learning in Organizations[M]. Malden: Blackwell Publishers.

Mariani M, Dwivedi Y K. 2024. Generative artificial intelligence in innovation management: a preview of future research developments[J]. Journal of Business Research, 175: 114542.

Mariani M M, Machado I, Nambisan S. 2023. Types of innovation and artificial intelligence: a systematic quantitative literature review and research agenda[J]. Journal of Business Research, 155: 113364.

Menz M, Kunisch S, Birkinshaw J, et al. 2021. Corporate strategy and the theory of the firm in the digital age[J]. Journal of Management Studies, 58(7): 1695-1720.

Messeri L, Crockett M J. 2024. Artificial intelligence and illusions of understanding in scientific research[J]. Nature, 627: 49-58.

Mikalef P, Gupta M. 2021. Artificial intelligence capability: conceptualization, measurement calibration and empirical study on its impact on organizational creativity and firm performance[J]. Information & Management, 58(3): 103434.

Möhlmann M, Zalmanson L, Henfridsson O, et al. 2021. Algorithmic management of work on online labor platforms: when matching meets control[J]. MIS Quarterly, 45(4): 1999-2022.

Mudambi R, Mudambi S M, Mukherjee D, et al. 2017. Global connectivity and the evolution of industrial clusters: from tires to polymers in northeast Ohio[J]. Industrial Marketing Management, 61: 20-29.

Musib M, Wang F, Tarselli M A, et al. 2017. Artificial intelligence in research[J]. Science, 357: 28-30.

Newbert S L. 2007. Empirical research on the resource-based view of the firm: an assessment and suggestions for future research[J]. Strategic Management Journal, 28(2): 121-146.

Nilsson N J. 2010. The Quest for Artificial Intelligence: A History of Ideas and Achievements[M]. Cambridge: Cambridge University Press.

Ocasio W, Rhee L, Boynton D. 2020. March and the pursuit of organizational intelligence: the interplay between procedural rationality and sensible foolishness[J]. Industrial and Corporate Change, 29(1): 225-239.

Peteraf M A, Bergen M E. 2003. Scanning dynamic competitive landscapes: a market-based and resource-based framework[J]. Strategic Management Journal, 24(10): 1027-1041.

Piepenbrink A, Gaur A S. 2017. Topic models as a novel approach to identify themes in content analysis[J]. Academy of Management Proceedings, (1): 11335.

Raisch S, Krakowski S. 2021. Artificial intelligence and management: the automation-augmentation paradox[J]. Academy of Management Review, 46(1): 192-210.

Ramos C, Augusto J C, Shapiro D. 2008. Ambient intelligence—the next step for artificial intelligence[J]. IEEE Intelligent Systems, 23(2): 15-18.

Ratajczak D, Kropp M, Palumbo S, et al. 2023. How CMOs are succeeding with generative AI[EB/OL]. https://www.bcg.com/publications/2023/generative-ai-in-marketing[2023-12-15].

Rodgers W, Murray J M, Stefanidis A, et al. 2023. An artificial intelligence algorithmic approach to ethical decision-making in human resource management processes[J]. Human Resource Management Review, 33(1): 100925.

Ryall M D. 2009. Causal ambiguity, complexity and capability-based advantage[J]. Management Science, 55(3): 389-403.

Schrock W A, Hughes D E, Fu F Q, et al. 2016. Better together: trait competitiveness and competitive psychological climate as antecedents of salesperson organizational commitment and sales performance[J]. Marketing Letters, 27(2): 351-360.

Shrestha Y R, Ben-Menahem S M, von Krogh G. 2019. Organizational decision-making structures in the age of artificial intelligence[J]. California Management Review, 61(4): 66-83.

Sutton R S, Barto A G. 2018. Reinforcement Learning: An Introduction[M]. 2nd ed. Cambridge: MIT Press.

Tripathi S, Verma S. 2018. Social media an emerging platform for relationship building: a study of engagement with nongovernment organizations in India[J]. International Journal of Nonprofit and Voluntary Sector Marketing, 23(1): e1589.

Turban E, Watkins P R. 1986. Integrating expert systems and decision support systems[J]. MIS Quarterly, 10(2): 121-136.

van den Broek E, Sergeeva A, Huysman M. 2021. When the machine meets the expert: an ethnography of developing AI for hiring[J]. MIS Quarterly, (3): 1557-1580.

van der Aalst W M P, Bichler M, Heinzl A. 2018. Robotic process automation[J]. Business & Information Systems Engineering, 60(4): 269-272.

Verma S. 2014. Online customer engagement through blogs in India[J]. Journal of Internet Commerce, 13(3/4): 282-301.

Verma S, Sharma R, Deb S, et al. 2021. Artificial intelligence in marketing: systematic review and future research direction[J]. International Journal of Information Management Data Insights, 1(1): 100002.

Verma S, Yadav N. 2021. Past, present and future of electronic word of mouth(EWOM)[J]. Journal of Interactive Marketing, 53: 111-128.

Vlačić B, Corbo L, Silva S C, et al. 2021. The evolving role of artificial intelligence in marketing: a review and research agenda[J]. Journal of Business Research, 128: 187-203.

von Krogh G, Roberson Q, Gruber M. 2023. Recognizing and utilizing novel research opportunities with artificial intelligence[J]. Academy of Management Journal, 66(2): 367-373.

Wagner G, Lukyanenko R, Paré G. 2022. Artificial intelligence and the conduct of literature reviews[J]. Journal of Information Technology, 37(2): 209-226.

Wamba-Taguimdje S L, Wamba S F, Kamdjoug J R K, et al. 2020. Influence of artificial intelligence (AI) on firm performance: the business value of AI-based transformation projects[J]. Business Process Management Journal, 26(7): 1893-1924.

Wang H C, Fu T F, Du Y Q, et al. 2023. Scientific discovery in the age of artificial intelligence[J]. Nature, 620: 47-60.

Wilson H J, Daugherty P R. 2018. Collaborative intelligence: humans and AI are joining forces[J]. Harvard Business Review, 96(4): 114-123.

Wilson H J, Daugherty P, Morini-Bianzino N. 2017. The jobs that artificial intelligence will create[J]. MIT Sloan Management Review, 58(4): 14-16.

Wirtz J, Patterson P G, Kunz W H, et al. 2018. Brave new world: service robots in the frontline[J]. Journal of Service Management, 29(5): 907-931.

Xu R X, Sun Y F, Ren M J, et al. 2024. AI for social science and social science of AI: a survey[J]. Information Processing & Management, 61(3): 103665.

第 10 章　数智创新与管理：新挑战与研究方向

本章提要：数字经济仍在加速发展，数据要素正在改变经济增长方式，数字企业浸润在动态复杂、跨界连接、快速迭代、共生共长的创新生态系统之中，这些情境的变化正持续塑造着新的管理场景。本章试图对数智创新与管理的发展和理论演化做进一步展望，分别从数智时代"产业—企业—个体"结构演化三个猜想、"产业—企业—个体"三层次治理体系重构方向来展望数智创新与管理的场景变迁，进而提出数智创新与管理实践面临的新挑战，以及解决这些挑战的数智创新与管理未来研究方向。本章试图提出的思考并不成熟，仅供理论研究者和实践者参考。

10.1　数智时代"产业—企业—个体"结构演化三个猜想

观察互联网技术发展历史和现状，发现走在全球前列的数字平台企业已经带动了数字产业化高速发展和产业数字化早期转型，全球范围内正在不断涌现市值破万亿美元的行业巨头，并正在塑造"数字全球化"生态，推动了线上市场的全球化、资源整合的全球化、科技协同的全球化。那么，在工业互联网时代，产业、企业和个体之间的关系会发生怎样的变化？未来政府如何科学治理新型产业组织、企业组织和个体组织？这里按照产业经济学逻辑预测未来数字产业市场结构，解析未来产业结构、组织结构与个体结构的演化趋势。

首先，看市场结构的演化趋势与特征。市场结构反映了产业组织之间竞争的结果，要认识市场结构，需要认识产业组织的变迁，于是，本章提出第一个猜想：中国未来十年会出现市值甚至营收破万亿美元的企业，这类企业将成为全球经济竞争的核心力量。那么，未来全球经济竞争会形成怎样的市场结构？可以从产业组织演化的历史来判断。在产生消费互联网之前，我们没有办法想象腾讯、阿里这样的企业怎么市值会达到万亿元规模。正因腾讯、阿里、字节跳动等时代企业的引领，接续出现了小米、京东、拼多多等模式升级的"平台+微粒"新型产业组织。按照传统工业时代的产业组织形态，这种恐龙型产业组织因为内部高昂的控制成本而解构，几乎不可能成为全球市场的完全垄断者或者寡头垄断者。但现在，苹果、三星几乎成为控制全球智能手机市场的双寡头。

那么，未来的产业会出现怎样的市场结构？笔者判断，会呈现出越来越多的寡头垄断格局。回顾 21 世纪前十年的消费互联网发展，之所以出现数字平台这种新物种，是因为数字技术发展，依靠数据、算法和算力，一方面是产业组织内部边际控制成本急剧下降，产业组织内部子组织更加灵活、更加柔性；另一方面是外部市场产生了巨量的双边市场效应和多边市场效应，在数字平台上每年交易额突破了数万亿元人民币。未来的工业互联网也正在形成过程中，这种产业数字平台组织由于组织边界不断拓展和业务边界不断突破，内部边际控制成本和外部边际交易成本不断降低，可能会出现全球市场的双巨头或三巨头控制局面，也就是在全球范围构成多寡头竞争的格局。

其次，看产业组织的演化趋势与特征。产业组织是市场竞争主体的形态，要认识产业组织变化趋势，需要理解产业组织内部组成要素之间的关系和结构，于是，本章提出第二个猜想：未来十年会涌现越来越多的"平台嵌套＋产业群落＋微粒组织"的产业组织形态。为什么会出现"平台嵌套＋产业群落＋微粒组织"的组织结构？因为在传统工业时代，产业组织体系总体是线性结构的，由从事同一产业的产业链上下游企业之间通过供需关系形成交易机制，这种交易在价值链上呈现线性特征，线上每个企业都是一颗颗珍珠，依托产业链最后转化为终端产品。但在数智时代，数字平台出现了，这个平台可以是双边和多边市场形态，也可以是产品制造平台，数字平台和数字技术相结合，实现了从工厂到客户(factory to customer，F2C)、从客户到生产者(customer to manufacturer，C2M)、从平台到商家再到客户(platform to business to customer，P2B2C)等商业模式的出现，产业链被大大缩短，每个产业内部非实体生产环节被脱媒，最后形成"一个带头大哥带着一大群小兄弟"的生态化组织。

这样的组织形态就是生态系统，正如亚马逊公司像是个亚马逊森林公园，无数种生物群落在一个森林公园内交互生存，无数生物通过自然演化形成的生态规则而存在，无数条食物链交织在一起，几乎没有办法找到一条孤立的食物链。"平台嵌套＋产业群落＋微粒组织"就是这样的生态系统，系统内存在平台主这种角色的领导者，领导者处于生态系统的顶层；中间有次级领导者，次级领导者领导一个个部落，部落之间通过竞争或者互补关系而存在，大量部落通过自然交互创造价值；部落中存在大量"小微组织"，它们可以是专精特新企业或者小微企业，通过价值共创实现部落内的协同共生。

最后，看看组织内个体的存在方式。不管什么组织都是由个体组成的，组织结构的建构就是为了把大量个体组织起来创造尽可能大的价值。于是，本章提出第三个猜想：数字生态组织内部的个体将成为"新型原始社会"的居民，他们日益呈现自主生产、自主就业、自主控制的生产生存状态。那么，如何处理新型人际关系、社会关系与传统社会结构及关系之间的冲突？数智时代人从劳动中解放出来，个体可以自主生产、自主就业、自主控制，那整个组织会不会出现无序状态，无序中的有序是什么？如果个体按照部落化规则生存，部落与部落之间是生产者与需求者的关系还是部落共生关系？每个部落既是生产者也是需求者(如新型产业集群发展)，每个部落都可以自由迁徙(如户口制度失效)，这是不是未来社会的"新原始社会"特征？在"新原始社会"中，人可以自由加入某个群落，也可以自由离开某个群落，是因为人越来越摆脱了资本和生产的束缚，随着流程化和单一化的生产活动被机器取代，人会成为部落中的自由体，在虚拟和现实社会中根据自己的兴趣去生存和生产。

10.2 "产业—企业—个体"三层次治理体系重构

如何认识"产业—企业—个体"三层次之间相互关系及其治理逻辑？本章从三个层次作解析。

一是产业组织间关系重构与治理体系。

由于"平台+微粒"的数字生态企业持续涌现，无论是消费互联网还是产业互联网，其产业组织呈现"0.01%企业控制99.99%企业"的现象，也就是极少数平台企业控制了大量的周边企业，形成生态化产业组织。从消费互联网看，Amazon、Google、Uber、Facebook等已经形成了以平台领导者(平台主)为核心和千万级参与者为互补的生态结构，其中的平台领导企业利用双边和多边市场控制了百万级的小微企业与专精特新企业。从工业互联网看，无论是国内的华为、小米、京东、海尔还是国外的三星、苹果、特斯拉、SpaceX等，都开始形成平台企业和周边成千上万的互补企业融合发展的生态。虽然，目前产业互联网/产业数字化还处于转型初期，99%的企业还停留在信息化与智能化初级阶段，但也显现出几个领导企业通过渠道控制、股权投资、资源配置等方式，治理着成千上万中小微企业、个体参与者的格局。此种生态结构中的产业组织体系如何治理？"平台+微粒"组织体系中，微粒组织到底是资源利用者还是被资源控制者？究竟是平台领导者控制微粒组织还是微粒组织控制平台领导者？

先看消费互联网系统。一个头部网红可以形成自己的独立社群，十万、百万、千万级的粉丝被网络所左右，同时，不同网红(或者平台主实控人)也形成了虚拟现实社群，使得整个商品社会被分割为一个个"新原始部落"，这些"部落"又受控于更高层级的平台。毫无疑问，谁控制了算法和算力，谁就是真正的控制者。打个比方，千万级规模的粉丝受到谦寻平台(一个部落)的影响，而谦寻又受到淘宝、抖音等平台(部落集群)的左右，所以，粉丝们进入了一个层层嵌套的平台系统，根本上这些粉丝是受到最高层次平台的数据、算法和算力的控制，这就是那些网红被平台操纵的原因。

再看工业互联网系统,情况比消费互联网复杂得多。工业互联网是以产品和技术核心能力作为谈判筹码的,不像消费互联网中的产品是高度标准化的,因此,谁控制了渠道就控制了全部。工业互联网由各个零部件模块、产品服务模块提供商构成,一旦微粒企业(如专精特新企业)拥有了核心技术或关键产品,就可以成为独立的模块供应商,不受上下游集成商控制,而自身可以通过"多栖效应"与更多集成商合作。因此,产业互联网内虽存在多层平台嵌套关系,但由于上层与下层平台之间既可以不是投资关系,也可以不是控制关系,甚至不具高度依赖关系,所以治理机制会更多样化。

对于工业互联网的平台主,为了有序做好产业组织之间的关系治理工作,要尽量按照产业特征来布局系统内部的企业与市场关系,做好工业互联网的平台设计。数字平台包括四类要素:①基础模块微粒化。微粒组织与市场可以直接交易,由于每个微粒组织提供的是整体系统的基础模块,这种模块按照标准开发,就可以与多产品接轨或者集成,因此,微粒组织不需要通过公司集中销售就可走向市场。②组织架构平台化。组织内部架构出现产品部落和小群落,按照前台、中台、后台的关系逻辑嵌入到生态组织中,实现低层次产品部落给高层次供应标准模块。③组织关系网络化。由正式与非正式线下关系向网络化线上关系转变后,组织之间既不是简单的市场交易关系,也不是科层治理关系,而是形成具有中间状态特征的网络关系。④组织情境生态化。生态组织中形成高层平台嵌套次级平台的层次嵌套结构,但由于部件的高度差异特征,会按照不同标准形成多系列的层层嵌套关系。

基于上述分析,无论是消费互联网还是工业互联网,未来产业竞争就是生态系统之间的竞争,即"部落集群"之间的竞争;生态系统内形成高层次平台控制次层次平台的层层嵌套、层层控制关系;同一层级平台内,平台领导者对大量参与者占据主导治理地位;但最终看,生态系统内部的全部参与者都被最高层次平台的数据、算法和算力所控制。

二是企业内部组织关系重构与治理体系。

传统科层制企业内部组织是依靠行政体系,建立起控制与被控制、领导与执行等关系的,科层制下的内部组织之间属于紧耦合关系。在"平台+微粒"的生态企业中,内部组织之间的耦合模式发生巨大变化:从紧耦合演变为松耦合。松耦合模式组织内成员流动是自由的,那么,这种松耦合内部组织之间是怎样的关系?如何去治理?在"前台—中台—后台"关系结构下,组织与组织之间从行政命令关系演化为准交易关系,内部组织向资源化(resourcing)关系转变,通过打破或者模糊内部组织边界,使得技术、人才和资源可以在组织之间流动,由此对传统组织理论产生了挑战。

平台企业内部的组织结构按照三要素解析：①组织基础团队化。企业内部价值创造主体由整体组织向自组织团队甚至个体演变，组织内部分工由中心化向去中心化转变；协调整合由正式管理者指令向个体或团队自我选择转变。②组织结构去中心化。组织按照"平台+项目"的方式运行，组织架构越来越简单，后台组织按照标准化、模块化形成一个个可组装的单元。项目团队则把各个单元按照产品架构，以内部标准接口进行组合，后台则需要协调好平台内各类组件，实现即插即用式拼装。③组织层级去中介化。组织层次非常扁平，出现"平台架构+小团队+多个体"的组织形态，全部组织围绕项目制去运转。

要认识"组织基础团队化、组织结构去中心化、组织层级去中介化"的实现机制，最难的是如何在高度动态环境中建设好组织底座系统，由组织底座去赋能交易、生产、研发等中台体系，最后赋能前端参与者在各种客户场景中快速应用。要梳理出组织内部结构体系，可以从组织功能视角去布局，把用户需求、组织管理、商业模式、创新模式放到组织体系中，优化人的流程、组织的流程、创新的流程和资源配置的流程，实现战略引领、业务重构、组织升级和技术赋能的一体化协同。

三是组织内部个体关系与治理体系重构。

在"平台+微粒"生态组织内部，个体间关系和连接方式也发生根本性变化。①千万级企业内部个人行为自主性问题。内部个人行为是自主还是他主、是自控制还是被控制？如果关注平台型生态企业，我们会发现平台主力量非常强，强到可以让一个年产值几十亿元的参与者企业随时被封杀。那么，内部个体的动机、行为、绩效的理论是否会发生变化？②人与人间的关系连接问题。内部网络上的节点就是个体，节点之间有弱连接，也有强连接，但总体趋势是走向弱连接方式的，那么，在弱连接组织中如何建立个体之间的关系和结构，是个艰巨的任务，如果关系不处理好，组织就成为一盘散沙。例如，在线社区个体的自由流动，会对项目任务和组织目标产生冲击，个体之间的自由高频流动会影响工作绩效，因此，如何控制个体之间连接关系亟须理论上结合团队、群体、网络提供方案。③个体与组织的关系从过去的雇佣与被雇佣关系走向今天的自主合作关系，也对长期形成的组织-个体关系理论提出挑战。

要理解组织和个体的关系并制定治理体系，微观落脚点在于分析清楚组织内部个体的动机—行为—绩效关系。生态组织内部个体动机有没有变化？我们观察到个体行为肯定是改变了，如出现了被雇佣行为和自主行为的冲突，团队行为和个体行为的冲突、正式行为和非正式行为的冲突。为了重构组织与个体的关系，需要推动组织内部人、文化、机制和组织形态四维一体的布局，由此来探寻人的工作方式、创新方式、成长方式与组织结构体系、流程优化、岗位结构、文化建设、决策体系等的关系，既重构好组织基础体系，又激发个体的活力。

巨大的市场红利、制度红利为我国数字经济实现全球赶超提供了独一无二的机遇。我国数字经济的快速发展，得益于我国2021年前20年宽容的制度环境，得益于我国巨大的市场容量，受益于人民的个人权利让渡。数字经济的发展为中国经济学者和管理学者系统深入认识数字经济发展规律提供了千载难逢的机会，目前已到了建构数字管理学科体系、学术体系和话语体系的时候，认清形势，理性发声，探索出具有中国特色、全球影响的数字经济、数字管理等领域的自主知识体系，为人类贡献中国管理的智慧。

10.3 数智创新与管理实践面临新挑战

新一代信息技术发展和数据要素确立，引发对社会形态和生活形态的再思考，需要我们用全新眼光审视数智时代的管理世界，洞察数字经济、数字企业、数字组织的结构特征，真正了解问题背后的结构复杂性和关系复杂性，更加辩证地看数字创新战略的未来走向。本章从微观数字企业的视角，梳理了五大类数智创新与管理实践面临的问题和挑战。

10.3.1 挑战一：数智企业如何利用数字和数据等要素

数智企业正面临不少陷阱，如要不要数字化转型以及如何转型？如何避免"转型找死，不转型等死"的局面？再如，企业要不要进行数字技术创新以实现数字产业化发展？什么企业具备数字产业化的条件？此外，各级政府普遍致力于推动数字经济与实体经济融合以及产业数字化转型。在此背景下，企业为了获取政府补贴，纷纷尝试进行数实融合，然而此类尝试往往都失败了。这些行为失败的核心在于数智企业在发展中存在三大陷阱。

一是数字产业化的陷阱。数字技术创新除了传统创新的风险外，还有高度生态嵌入性风险，因为今天的数字技术是高度嵌入在数字生态系统中的，深度嵌入到产业标准和专利生态中的，深度嵌入全球创新链中的，单元技术突破如果不能融入生态系统和标准系统中，技术再先进也不一定有需求。因此，我们要研究数字生态系统中的创新制度、创新行为和价值机制等问题。

二是产业数字化的陷阱。产业数字化是当下最可行的选择，但是产业数字化面临价值链和供应链改造、数据分析处理、人才队伍建设、数字场景化应用条件等因素的限制，目前产业数字化转型主要是应用人工智能、信息技术来解决企业低效率问题，未来迫切需要研究技术链、资金链、供应链和市场链之间的关系，研究这个转型过程的战略和组织衔接问题。

三是数据要素化的陷阱。只有实现了数据要素化，才能实现数据价值化；只有完成了数据要素化，才可能实现数据要素市场的建设和运行，才能为企业带来核心竞争力，因此，我们需要深入研究数据要素化的条件和能力转化机制。对于大部分企业是没有能力实现数据价值化的，需要深入研究"数据+算力+算法+场景应用"的新生产模式，由此根据不同性质的数据企业（如天生数据企业、次生数据企业和数据应用企业）来探究其数据要素化机制和体制。

10.3.2 挑战二：数智企业如何保护知识产权

数字经济的飞速发展离不开知识产权的保驾护航，云计算、人工智能、区块链和大数据等数字技术的蓬勃发展及其衍生出来的新成果和新发明，为数智时代的知识产权保护带来了新挑战和新要求。

一是平台企业的知识产权保护。平台企业的知识产权保护已成为数智时代知识产权发展和变革的重要议题。全球诉讼数据显示，一直保持研发投入 2~3 倍速度增长的平台企业，其专利诉讼却比小微企业少，这是因为平台企业内部的互补性替代了外部制度对知识产权的保护，平台企业快速扩张反而减少了专利诉讼。我们认为企业内部组织架构的变化是改变外部立法机构作用的关键，要求公共政策制定者抓紧时间完善知识和数据产权管理政策，密切关注平台企业的组织架构和治理体系。

二是企业国际化产生的知识产权保护。目前我国数字产业发展仍存在诸如关键核心技术受制于人等诸多问题。从数据统计看，我国数字企业的创新质量和速度随着专利数量的上升而得到提高，但一旦企业"走出去"会发现，我国数字企业仍停留在引进消化吸收再创新阶段。实际上，西方领先企业在数智技术创新上仍领先我国，我们没有能力掌握原始技术主导权。同时，中国数字平台企业自主创新也面临国外知识产权侵犯，我们要尊重国际知识产权规则，加大国内知识产权被溢出行为的惩罚力度，学习和参考海外知识产权保护的经验和法律制度，不断对标国际通行规则，进而稳步扩大规则、规制、管理、标准等的开放。

10.3.3 挑战三：数智企业如何制定国际化战略

数字化和全球化同步并进且不断融合，形成了数字全球化新常态，加强了国家、企业和个人之间更深、更广、更复杂的联系，重新定义了谁参与全球化、如何全球化等一系列传统命题，挑战了现有国际商务理论和结论。数字全球化新常态中，数字技术互联互通极大地改变了传统国际化方式，为企业国际化发展带来了很多机遇和挑战，主要体现在以下三个方面。

一是数字化改变了国际化的什么理论？对传统国际商务研究有什么新的突破？全球化正进入从产品、资本、服务的跨境流动向数据、信息和知识的无边界扩散转变的新时代，数字全球化的新常态需关注数字化在理论层面对传统国际商务研究有什么突破。例如，数字技术发展和平台企业商业模式是否颠覆了传统用于解释企业国际化发展的OLI(ownership, location, internalization, 所有权、位置、内部化)模型、内部化理论和乌普萨拉模型，还是在新的维度对这些传统理论进行补充和拓展？

二是数字全球化有哪些新趋势？新的地缘政治、"逆全球化"和全球供应链崩溃等现象的不断演变，为数字全球化发展带来了很多风险。我们在警惕数字经济逆全球化时，也要抓紧嵌入国际数字平台体系。中国企业如何通过数字经济重构其价值链，从全球价值链边缘转移到中心，成为亟须探讨的问题。

三是数字全球化有哪些新的研究视角？从目前发表成果看，对数字经济与国际商务的研究的质量普遍不高，亟须深入挖掘数字全球化的核心特征。中国学者要致力于采用新视角将中国话题带到国际学术平台。例如，对"数字丝绸之路"的研究应关注地缘政治因素对企业在"一带一路"共建国家的合法性差距和相对议价能力的影响，采取艺术性的地缘政治策略，来应对国际化挑战。

10.3.4　挑战四：企业如何进行数字化转型升级

数字化转型几乎是所有企业在数智时代应对未来变化和把握市场的首要战略，企业要实现数字化转型升级，必须明确以下三个问题。

一是数字化转型或创新需要创什么、转什么？与以往创新有什么差异？数字经济背景下，企业最正确的战略是数字化转型、智能化升级，企业战略目标、治理结构、内部管理要做适应性调整，这就需要回答如下这些理论问题：传统制造企业数字化转型升级是否会导致更大程度的产能过剩？数字化转型是否有阶段区分，如何判断是否进入高级阶段？数据资产在数字化转型不同阶段中发挥什么作用？数字生态系统的效益如何衡量，应用什么维度和标准去评判？

二是数字化创新或转型的效益如何衡量？我们需要分析哪些企业适合数字化转型？哪些企业适合数据化发展？我们认为，不是所有企业都适合数字化转型，尤其是不具备数字人才与数据资源的中小企业，因此，政府应引导鼓励数字化投入的供给侧结构性改革，避免数字化泡沫。

三是谁来领导数字化转型？怎么领导？无论是数字生态打造战略还是企业内部数字化转型战略，掌舵人的作用不容忽视。数字颠覆的特殊需求也需要领导者做出相应变化，需要通过数字化手段打造出独具一格的数字化领导力。数智时代企业实现微粒化和升维，需要数字化领导力，需要领导企业采用数字化工具完善内部管理体系，如产品流程和员工行为可视化、可量化、可优化。

10.3.5 挑战五：数字平台如何应对垄断

过去十多年来数字平台企业得到快速发展，数据资源逐渐向头部平台集中，出现了"二选一""大数据杀熟"等现象，我国对此也开展了严厉的平台经济整顿，2022年以来，我国数字平台企业发展进入下行期，与国际上平台企业的差距不断拉大。为此，需要分析以下两个问题。

一是平台垄断与垄断是否是同一概念？互联网巨头进入社区团购，是立足于商业逻辑还是垄断逻辑？我们认为，中国数字平台企业的典型问题不是垄断，而是在客户端出现不正当竞争行为，需要根据数智时代的竞争特点来完善治理体系。数字经济与传统经济存在很大的差异，当下中国还没到大力反垄断的时候，现在迫切需要从理论上解释清楚数智时代的竞争特征，把握今天数字企业全球竞争的新态势。我们主张，数智时代平台企业没有清晰的边界，但商业行为应该有清晰的边界，数字平台企业应控制与民争利行为，数字平台企业的社会责任需要通过法律加以规范，数字平台企业要做好数据要素的有效治理，要避免平台企业国际化发展带来的数据泄露现象。

二是如何分析和治理数字平台的"垄断"行为？以社区团购为例，需要深层次解构这些复杂现象背后的本质问题。我国要建立良好的数字经济生态，不要简单地反垄断，而应引导平台企业的社会责任。对于数字平台企业来说，则需要从政治、经济、社会的系统视角来把握竞争行为，既要创造企业利润，更要关注社会福利。因此，需要从理论上回答清楚三个问题：第一，平台生态圈的参与者只能给平台割韭菜吗？第二，参与者如何通过数字化升维来提升生态位？第三，反垄断社会氛围下平台如何演化？针对平台企业垄断行为的治理，要探索自上而下的架构逻辑和自下而上模块逻辑的平衡，不断做强数字生态系统的底层核心模块，实现与平台主垄断能力的抗衡。

10.4 数字创新与管理未来研究方向

10.4.1 方向一：数字知识产权保护战略

数智时代对知识产权保护提出了新要求和新挑战，但也是驱动知识产权领域创新思维、与时俱进的动力之一。采取有力的知识产权保护战略，对激励数字经济领域的持续创新十分关键，具体有三方面议题值得深入研究。

一是全球知识产权诉讼的集聚效应。不仅要关注平台企业的知识产权保护，也要关注知识产权诉讼所引发的系列问题。不同国家制度规则的独特性是否会导致特定种类专利诉讼的集聚效应？例如，为什么芬兰是仿制药诉讼的集聚地，荷兰是全球半导体诉讼的集聚地？我国如何避免成为全球诉讼的集聚地？

二是数字企业国际化知识产权保护战略。第一，知识产权保护制度与数字企业国际化战略，包括国际知识产权保护环境及数字企业知识产权的全球布局、数字全球化与数字知识产权保护、数据要素全球流动与数据产权保护制度建设等。第二，数据知识产权保护制度与全球竞争。数据产权保护是双刃剑，过度保护会阻碍数字企业发展，数据管理失控会给国家安全、人民生活带来威胁，因此，需要研究数字要素保护与全球竞争之间的平衡，如数字技术标准制定、数字企业全球竞争、数字全球流动和贸易保护等情境下，我国数字企业的创新活动、知识产权布局和经济全球化之间的平衡等。

三是全球数据要素市场与知识产权保护。数据要素市场的建设会引致数据链的形成，未来数据链、创新链、资金链、供应链等的深度融合，会促进数据的全球流通，就势必会带来新的贸易摩擦。在万物互联、技术跨界融合的数字化情境下，数字企业面临的数字知识产权挑战更加复杂，甚至成为大国竞争与博弈的手段。为此，需要从数字全球化、市场全球化的角度来讨论中美问题，企业要集中力量开展自主研发，依托国际范围知识产权布局，构建国际竞争优势。

10.4.2 方向二：数字全球化战略

数字全球化的新常态为企业国际化发展提供了很多机会，需要国际商务学者重新评估现有理论，寻找新观点分析新现象。

一是探讨数字全球化的新命题。要解构数字全球化背后的机遇和挑战，明确数字全球化带来的新优势、跨国公司在数字全球化下的新优势、中国企业在数字全球化下的独特竞争优势构建。

二是挖掘数字全球化的中国特色。可结合新型国际化、国内国际双循环格局探讨企业的国际化战略，基于中国特色的"一带一路"倡议，分析企业在数字经济背景下的国际化战略，包括中国企业应对地缘政治压力的动态能力、不同性质的企业在"一带一路"共建国家面临的合法性距离和议价能力等。

三是研究数据要素全球流动的制度型开放。数据要素的全球流动是必然规律和必然要求。数据作为新生产要素，其国际化流动成本低，也是服务企业走出去的要求。但是，数据要素全球流动也带来了巨大的风险。现在需要我们研究规制、规则、管理和标准的制度型开放，为我国数智企业全球化保驾护航，形成具有全球竞争力的数字产业集群。

10.4.3 方向三：企业数字战略

在以数据为关键要素的数字经济蓬勃发展，数字技术驱动企业转型升级的背景下，企业要打造数字战略体系，需要应用以下理论。

一是打造数字化能力。数字技术的颠覆性和变革性，使得传统IT能力不再适用，企业必须在数字经济背景下构筑起自身的数字化能力。数字化快、广、变的特点使得企业更易组成不同类型的合作生态并快速演进，企业构建实施数字战略，要解决基本战略问题，如企业数字化战略实施需要的资源和能力，企业合作生态对企业数字化战略形成和实施的影响，企业数字化战略的领导人特征、企业治理特征和生态治理特征。打造数字化能力的关键是在模块层面实现数字化与科学化的有机融合，需要探讨如何将数字化的属性和功能实现模块化，进而推动网络效应实现等问题。

二是塑造数字化思维。我国欠发达地区企业要用数字化思维推进数智化转型升级。传统行业要想实现颠覆式创新，需要有新脑袋，只有重构数智思维，才能在数智时代实现数智创新和发展。数字智能技术的核心是智能，通过数字智能技术实现数字化转型升级是欠发达地区企业的希望。

10.4.4　方向四：数字治理战略

数字化情境下，类型交叉重叠、多元参与主体、边界模糊化以及权责划分不清等问题使得传统治理手段不再有效，需从治理形态、治理主体、治理边界、治理权力四个方面进一步明确和深化数字治理的本质和特征。

第一，治理形态方面，从根本上划分不同平台的治理形态，用科学方法去划分平台的治理形态。第二，治理主体方面，平台的不同参与主体，如平台主、互补企业、政府、中介机构、用户等，在价值、结构和关系等方面有哪些特征，不同主体如何实现协同和共演，需进一步探讨。第三，治理边界方面，需要突破边界悖论，界定平台治理的边界和内容，治理边界是数字治理的核心所在，界定清楚治理边界，使得治理主体、治理形态和治理权力的困惑得到有效解决。第四，治理权力方面，不同主体在决策权、控制权和分配权上的权力划分和权力来源以及不同主体之间的权力分布及动态权力关系，也需要学者不断探索。

10.4.5　方向五：数字行为战略

现象往往是复杂的，但是微观的研究视角可为复杂的现象带来新的启示。未来要特别关注数智创新创业的行为战略、心理学和行为经济学等问题，尤其是未来数字行为战略应关注以下三个方面。

一是关注企业行为战略。微观层面的行为战略研究有利于分析企业的决策过程和机制，包括标杆选择、影响因素分析、正确的战略创新方向凝练，需要理论上揭示企业战略和行为的关联性，用动态观点去制定国际化标杆，建立全球视野的动态战略思维。

二是关注人的行为战略。要关注平台领导者的战略行为，以及数字化情境下企业平台化、员工创客化、用户个性化引起的行为变化等，比如，随着产业—企业—个体关系的持续破圈，在数智企业的行为战略中，个体员工将扮演越来越重要的角色，这是现有行为战略研究中被长期忽略的。

三是关注机器的行为战略。行为战略不应只关注人的行为，也需要关注机器的行为，尤其是当某些机器的行为已经违反机器的三大定律时，我们应该研究如何管理和控制这些更加智能的行为。目前，数字平台企业的先进技术对用户、员工、供应商等主体行为的识别及其智能应用，已超乎我们的想象，应针对这些现象，提出新的管理命题，进一步深入探讨。

国际科技合作政策与管理丛书

国际气候变化科技政策及科技合作态势

International Science and Technology Policy and Cooperation on Climate Change

我国应对气候变化科技发展的关键技术研究课题组 编

科学出版社
北京

图书在版编目(CIP)数据

国际气候变化科技政策及科技合作态势/我国应对气候变化科技发展的关键技术研究课题组编.—北京：科学出版社，2016.10
（国际科技合作政策与管理丛书）
ISBN 978-7-03-050388-6

Ⅰ.①国… Ⅱ.①我… Ⅲ.①气候变化-科技政策-研究-世界②气候变化-国际科技合作-研究 Ⅳ.①P467

中国版本图书馆 CIP 数据核字（2016）第257572号

责任编辑：邹 聪 孙 曼／责任校对：李 影
责任印制：张 倩／封面设计：无极书装
编辑部电话：010-64035853
E-mail:houjunlin@mail.sciencep.com

科学出版社 出版
北京东黄城根北街16号
邮政编码：100717
http://www.sciencep.com

三河市骏杰印刷有限公司 印刷
科学出版社发行 各地新华书店经销
*
2016年10月第 一 版 开本：720×1000 1/16
2016年10月第一次印刷 印张：12 1/4
字数：220 000
定价：65.00元
（如有印装质量问题，我社负责调换）

编委会

主　　　编：孙　洪

副 主　编：曲建升　孔江涛　张树良　曾静静

编　　　委（以姓氏拼音为序）：

　　　　　陈纪瑛　陈　雄　董利苹　孔江涛

　　　　　李　嫄　廖　琴　裴惠娟　曲建升

　　　　　孙　洪　王同涛　曾静静　张树良

　　　　　朱晓暄

PREFACE
前　言

气候变化问题本身的复杂性、不确定性及其影响的广泛性，决定了应对气候变化进程是一项规模空前的综合性系统工程，绝非一国或几国之力所能及，唯有协调和动员全球力量，依靠世界各国的一致行动，才能确保人类成功化解这场空前危机，迈向可持续发展之路。

《联合国气候变化框架公约》（United Nations Framework Convention on Climate Change, UNFCCC）和《京都议定书》（Kyoto Protocol）为应对气候变化国际合作提供了行动指南和法律依据。尽管这场隐含国家利益之争的联合行动从一开始就充满了波折，从美国退出《京都议定书》到"后京都时代"履约谈判屡陷僵局再到德班会议前的合作危机，但人类的共同命运和应对气候变化的共同使命昭示着人类必将携手共同迈向可持续发展之未来，巴黎气候大会的成功召开和《巴黎协定》的一致通过即证明了这一点。

我国在经济实力快速上升的同时，所面临的环境压力也与日俱增，这就要求我国必须在国际合作新形势下和应对气候变化的新责任面前，主动优化应对气候变化的战略布局，而如何在主动承担责任并为其他发展中国家提供力所能及的帮助的同时，积极参与国际气候变化应对机制设计，争取气候变化治理的话语权和主导权，在推动应对气候变化国际合作进程中发挥更大的作用就成为摆在我国面前的核心议题。针对此需求，本书重点以欧盟、美国、日本和澳大利亚等代表性国家和地区为目标，采用政策分析和计量方法相结合的手段，开展国际气候变化科技政策及科技合作态势的研究，系统分析和总结主要国家和地区在气候变化科技合作战略布局和体制机制建设方面的成功经验，以期为我国未来气候变化国际科技合作战略选择，特别是推动同主要国家和地区之间的合作提供政策参考。

本书共四篇十章，第一篇为气候变化国际合作历程回顾，共三章；第二篇从政策分析的角度对重点发达国家和地区气候变化国际科技合作政策进行总结和阐释，共四章；第三篇进一步从科学计量的视角，对主要国家和地区气候变化国际科技合作态势进行深入分析，共两章；第四篇在综合政策和科学计量分析结果的基础上，着重就未来我国与主要国家和地区开展应对气候变化科技合作的重点领域及合作机制问题提出政策建议，共一章。全书整体架构、内容设计及统稿由曲建升、张树良和曾静静负责，其中，第一至三章由张树良等撰稿；第四、七章由裴惠娟等撰稿；第五章由曾静静等撰稿；第六章由董利苹等撰稿；第八、九章由张树良等撰稿；第十章由曲建升、曾静静、张树良等撰稿。

本书希望通过政策分析和科学计量相结合的新视角，梳理和解读主要国家和地区应对气候变化的科技战略布局和国际合作机制，对比分析我国同主要国家和地区在相关政策及应对气候变化科技发展方面的差异和不足，从而为我国今后应对气候变化相关政策的制定与科技战略部署，以及同主要国家和地区在气候变化方面重点合作领域与实施机制的选择提供参考。本书开展了有关欧盟、美国、日本和澳大利亚等主要国家和地区近15年（特别是近5年）以来气候变化领域的科技政策、战略规划及科学研究产出（论文和专利）的研究分析，可为气候变化及其相关领域的战略研究人员、政策研究人员、科研管理人员及科学研究人员提供参考。

本书为"十二五"国家科技支撑计划项目"气候变化国际谈判与国内减排关键支撑技术研究与应用"（2012BAC20B00）、子课题"我国应对气候变化科技发展的关键技术研究"（2012BAC20B09）和中国科学院战略性先导科技专项"应对气候变化的碳收支认证及相关问题"（XDA05150100）的研究成果，同时得到中国科学技术交流中心和中国科学院资源环境科学信息中心相关研究团队的支持，在此谨致谢忱！

由于本研究所涉及的主要国家和地区的政策较多、时间范围较大，加之时间有限及作者水平不足，难免存在疏漏或不妥之处，敬请各位读者批评指正！

作　者
2016年4月

CONTENTS

目　　录

第一篇　气候变化国际合作历程回顾 ……………………………………… 1

第一章　气候变化问题及应对气候变化国际合作的必要性 ………… 3
  第一节　气候变化问题的提出 ………………………………………… 5
  第二节　气候变化的含义及其认识的进展 …………………………… 5
  第三节　应对气候变化的国际合作需求 ……………………………… 9

第二章　应对气候变化国际合作的发展进程 ………………………… 11
  第一节　起步和发端阶段 ……………………………………………… 13
  第二节　推动和落实阶段 ……………………………………………… 13
  第三节　艰难推进阶段 ………………………………………………… 15
  第四节　巴黎气候大会所开创的国际合作新起点 …………………… 16

第三章　后京都时代应对气候变化国际合作的特点 ………………… 19
  第一节　对合作原则理解的转变与深化 ……………………………… 21
  第二节　合作模式与机制的转型 ……………………………………… 22
  第三节　大国作用日益凸显 …………………………………………… 22

第二篇　重点发达国家和地区气候变化国际科技合作政策 …………… 31

第四章　欧盟应对气候变化的科技政策及国际合作机制 …………… 33
  第一节　应对气候变化的科技政策及行动 …………………………… 35
  第二节　应对气候变化国际科技合作及实施机制 …………………… 45

第五章　美国应对气候变化的科技政策及国际合作机制 …… 51
第一节　应对气候变化的科技政策及行动 …… 53
第二节　应对气候变化国际科技合作及实施机制 …… 63

第六章　日本应对气候变化的科技政策及国际合作机制 …… 73
第一节　应对气候变化的科技政策及行动 …… 75
第二节　应对气候变化国际科技合作及实施机制 …… 89

第七章　澳大利亚应对气候变化的科技政策及国际合作机制 …… 101
第一节　应对气候变化的科技政策及行动 …… 103
第二节　应对气候变化国际科技合作及实施机制 …… 108

第三篇　气候变化国际科技合作态势分析 …… 119

第八章　气候变化研究国际合作文献计量分析 …… 121
第一节　气候变化研究发展趋势及总体合作态势 …… 123
第二节　主要国家和地区及我国合作态势分析 …… 125

第九章　国际应对气候变化专利技术研发态势分析 …… 141
第一节　专利申请总体态势 …… 143
第二节　专利申请总体技术布局 …… 144
第三节　主要国家和地区及我国专利申请态势 …… 145
第四节　专利技术研发国际合作分析 …… 162

第四篇　应对气候变化国际科技合作政策建议 …… 165

第十章　我国与主要国家和地区开展应对气候变化科技合作的建议 …… 167
第一节　中欧合作 …… 169
第二节　中美合作 …… 171
第三节　中日合作 …… 174
第四节　中澳合作 …… 177

参考文献 …… 179

第一篇
气候变化国际合作历程回顾

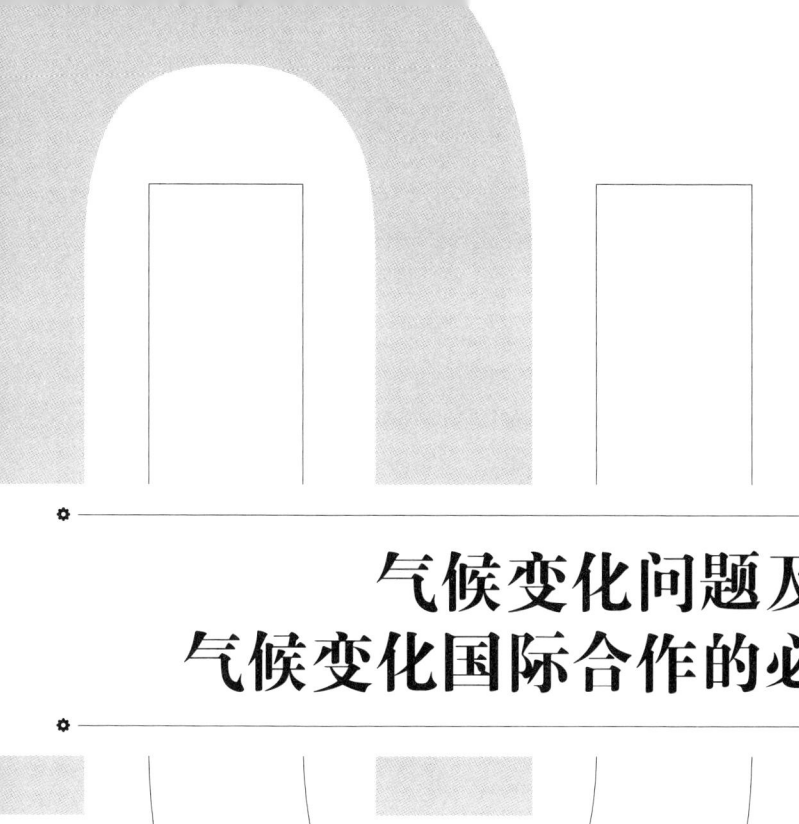

气候变化问题及应对气候变化国际合作的必要性

第一章

第一节 气候变化问题的提出

自人类社会进入工业文明以来,随着全球对以煤、石油为代表的化石燃料需求的快速增长,化石燃料使用对环境的影响日益显现,国际社会在对这种环境影响进行探究的过程中,气候变化问题开始逐渐进入人们的视野,并在短时间内演变为全球最受瞩目的热点问题之一。

1979年2月在日内瓦召开的第一次世界气候大会(The First World Climate Conference,FWCC)首次正式提出气候变化问题。大会宣言指出,如果大气中的二氧化碳(CO_2)含量今后仍不断增加,则气温的上升到20世纪末将达到可测的程度,到21世纪中叶将会出现显著的增温现象。自此,气候变化问题开始引发全球各界的深刻反思和讨论,同时,气候变化研究也在全球范围迅速扩展。

在随后召开的全球有关气候变化问题的两次重要会议,即1985年奥地利菲拉赫会议和1988年加拿大多伦多会议均向全球发出呼吁:应当尽快开展全球气候变化状况评估,对气候变化问题进行深入研究,并立即采取保护大气的行动计划。针对上述呼吁,国际组织迅速做出了积极响应。1988年11月,世界气象组织和联合国环境规划署(United Nations Environment Program,UNEP)联合成立全球首个应对气候变化问题的专门机构"政府间气候变化专门委员会"(Intergovernmental Panel on Climate Change,IPCC),其核心任务是评估气候与气候变化科学知识的现状,分析气候变化对社会、经济的潜在影响,并提出减缓、适应气候变化的可能对策。1988年12月联合国大会第四十三届会议通过了题为"为人类当代和后代保护全球气候"的43/53号决议,决定在全球范围内对气候变化问题采取必要和及时的行动。

第二节 气候变化的含义及其认识的进展

一、气候变化的含义

实际上,在地球的自然发展演化进程中,气候也是在不断变化的,但这种变化是地球系统在自然力驱动之下的长期演变过程，因此，在一般意义上，气候变化是指气候平均状态统计学意义上的长时间或较长尺度（通常为30年或更长）气候状态的改变。但自工业革命以来，人为活动（特别是化石燃料使用）所产生的温室气体排放不断增加，影响了自然气候变化进程，导致全球温室效应的加剧，从而加速了气候变化。因而，现今对气候变化的认识必须考虑人为因素，故目前所说的气候变化是指由人类活动直接或间接导致全球大气组分改变而产生气候状态的变化，即在特定可比时间段内观测到的自然气候变率之外的气候变化。气候变化会导致光照、热量、水分、风速等气候要素量值及其时空分布变化，进而会对生态系统和自然环境产生全方位、多层次的影响。

二、有关气候变化认识的最新进展

全球对于气候变化认识的进步集中体现于IPCC定期开展的气候变化评估。自成立起，IPCC每6年开展一次全球气候变化状况评估。IPCC气候变化评估由来自全球数十个国家的数百名相关领域专家所组成的专门工作组完成。为保证评估结果的客观公正，IPCC气候变化评估工作组成员的构成至少要满足以下标准：工作组成员专业背景必须覆盖所有相关科学、技术及社会经济领域；专家应当来自不同地区的发达和发展中国家，以保证评估结果不具有国家或国家集团观点取向，并保证特定区域重要问题不被忽视；成员组成方面在兼顾性别比例及富有经验的资深专家和年轻科学家之间的平衡的同时，还需确保企业和非营利性组织专家的参与。

IPCC气候变化评估工作具体所采取的方式是根据已发表的文献对现有研究进展进行评估，并不开展独立的科学研究。针对所有已有研究成果，工作组在评估结论中使用明确界定的语言，对其确定性予以准确描述。IPCC气候变化评估工作由3个工作组负责：第一工作组的主题是气候变化的自然科学基础，第二工作组是气候变化的影响、适应和脆弱性，第三工作组是减缓气候变化，另外还有国家温室气体清单专题组（Task Force on National Greenhouse Gas Inventories，TFI）。作为IPCC的一部分，支持影响和气候分析的资料与情景任务组（Task Group on Data and Scenario Support for Impact and Climate Analysis，TGICA）协助气候变化相关数据和情景的分发和应用。作为评估的最终成果，IPCC气候变化评估报告涉及对气候变化相关科学、技术和社会经济的全面评估，一般由工作组分报告、综合报告、特别报告和方法学说明4个部分内容组成（沈永平和王国亚，2013）。

2013年9月，IPCC发布第五次气候变化评估报告（Fifth Assessment Report，AR5）标志着最新一轮全球气候变化评估工作的完成和迄今有关气候变化研究的最新、最具权威性的成果的问世。IPCC第五次气候变化评估是IPCC成立至今规模最大的一次气候变化评估，由来自全球80多个国家的830多名科学家共同完成，参与最终报告撰写的作者总数达259人。IPCC第五次气候变化评估报告引用了9200多篇科学论文和大量的科学数据，对自2007年第四次气候变化评估以来的气候变化研究的最新成果予以全面评估，得出了诸多新结论，代表了全球气候变化研究发展的新高度。

IPCC第五次气候变化评估报告认为，全球气候系统变暖已经毋庸置疑。目前所观测到的气候系统的诸多变化（自20世纪50年代以来）是过去几十年甚至上千年以来前所未有的，主要包括：大气和海洋温度升高、冰雪覆盖面积减少、海平面上升，以及大气中温室气体浓度的增加。报告所得出的有关气候变化科学研究的最新结论如下（沈永平和王国亚，2013；秦大河和Stocker，2014）。

（一）有关气候变化的主要事实

1. 有关大气变化的事实

过去30年，地表每10年增暖幅度超过1850年以来的任何时期。1983~2012年可能是最近1400年以来北半球最热的30年。1880~2012年，地球表面温度呈线性上升趋势，累计升高0.85℃；2003~2012年全球平均温度较1850~1900年平均温度上升了0.78℃。

2. 有关海洋变化的事实

全球吸收新增热量最多的是海洋，1971~2010年，累积热量有90%被海洋吸收，其中上层海水（0~700m）吸收占比为60%，浅层海水（0~75m）平均温度在1971~2010年以每10年0.11℃的增幅上升。

3. 有关冰冻圈变化的事实

全球变暖对冰冻圈的影响十分显著。格陵兰岛和南极冰盖已大量消失，全球陆地冰川持续萎缩，北冰洋海冰和北半球春季积雪也呈持续减少之势，与此同时，北半球冻土温度的上升及冻土层厚度的减小也已被证实。

4. 有关海平面变化的事实

全球海平面持续上升。自19世纪中叶以来，海平面上升的速度始终高于过去2000年的平均速率。1901~2010年，全球海平面平均上升了0.19m。其中，1971~2010年全球海平面上升速度为每年2.0mm；1993~2010年全球海平面上升速度达每年 3.2mm。

5. 碳及其他生物地球化学变化

大气中主要温室气体 CO_2、甲烷（CH_4）和一氧化二氮（N_2O）浓度均已上升至过去 80 万年的最高水平。其中，CO_2 体积浓度达到 391ppm[①]，较工业革命前的 1750 年升高了 40%，其主要来自化石燃料使用，其次是由于森林覆盖减少和土地利用变化。仅 2011 年，由化石燃料燃烧所致的碳排放就达 95 亿吨。海洋累计吸收了人为碳排放总量的 30%，自工业革命以来，海水的 pH 下降了 0.1，海洋酸化正在持续。另外，两种主要温室气体 CH_4 和 N_2O 的体积浓度分别达到 1803ppb[②] 和 324ppb，较 1750 年分别升高 150% 和 20%。

（二）气候变化的原因

导致气候发生变化的原因，即气候变化机理是气候变化研究的核心和关键所在，因为气候变化机理的最终确定将直接关系到应对气候变化的方式和手段，从而关系到全球应对气候变化战略决策的选择。

作为 IPCC 气候变化评估的关键进展和新亮点，第五次评估报告最新采用辐射强迫（radiative forcing，RF）来衡量不同因素对气候变化的影响。具体而言，某个影响因素的 RF 是指该因素造成的对流层顶或大气层顶的能流变化，单位为 W/m^2。RF 为正值表示该因素会导致地表温度增加，负值则表示导致地表温度降低。报告显示，自工业革命以来，总 RF 为正值是导致气候变暖的主要原因。1750～2011 年由人类活动所造成的总 RF 达到 $2.29W/m^2$。工业革命以来大气 CO_2 浓度的增加对总 RF 的贡献份额最大，CO_2 总的 RF 达 $1.82W/m^2$，而相比之下，太阳活动变化（贡献值为 $0.05W/m^2$）和火山喷发（仅在个别年份有影响）等自然因素的影响微乎其微。因而，人为因素温室气体排放导致气候变暖的结论毋庸置疑。

在已有研究成果的基础上，第五次气候变化评估报告提供了更为完善的气候模型。根据该模型，1951～2010 年，人为因素温室气体排放所导致的地表升温为 0.5～1.3℃，其他人为因素（如气溶胶含量增加等）导致的升温为 -0.6～0.1℃；而自然因素所导致的升温仅为 -0.1～0.1℃。该模型的模拟结果同这一时期全球 0.6～0.7℃ 的变暖事实相吻合，从而证实了人类活动是导致 20 世纪 50 年代以来大部分地表平均气温升高的首要原因（秦大河和 Stocker，2014）。

---

① 1ppm=10^{-6}。
② 1ppb=10^{-9}。

第三节　应对气候变化的国际合作需求

首先，就气候变化问题本身而言，气候变化并非是由局部、个别因素引发的，它是地球系统各要素相互作用的结果，因此最终破解气候变化科学难题的关键是从全球视角、以系统观为指导分析整个地球系统过程，而这无疑需要各国各地区研究的协同。

其次，从气候变化及其影响范围来看，气候变暖、大气组分改变、海平面上升、冰川消融等气候变化现象是全球性的，由此所带来的影响和后果也是全球性的（尽管气候变化效应的显现程度存在地区差异），因此，减缓和适应气候变化是全球共同面临的现实问题。

再次，从气候变化成因来看，气候变化从根本上说是由人类活动导致的，是人类进入工业文明时代以后化石燃料大规模开发利用及土地利用等行为的必然结果，而这种行为是社会行为，并非个人或某个特定群体的行为。从全球工业化发展进程来看，发达国家始终居于引领和主导地位，目前全球累计碳排放总量的 80% 来自占世界人口 22% 的发达国家。因此，导致气候发生变化的责任应当由国际各方共同承担。

最后，就应对气候变化的行动而言，减缓和适应气候变化并最终成功应对气候变化是人类发展史上规模空前的综合性系统工程，其所需的人力、物力和财力非一国或几个国家所能承担。不仅如此，应对气候变化是一个协同过程，其进展和成功与否取决于各方的配合和努力。

总之，气候变化关系到人类未来发展走向，关乎整个人类社会的命运和世界各国的利益，通过国际合作应对气候变化既是应对全球挑战的必然选择，也是人类可持续发展的必由之路。

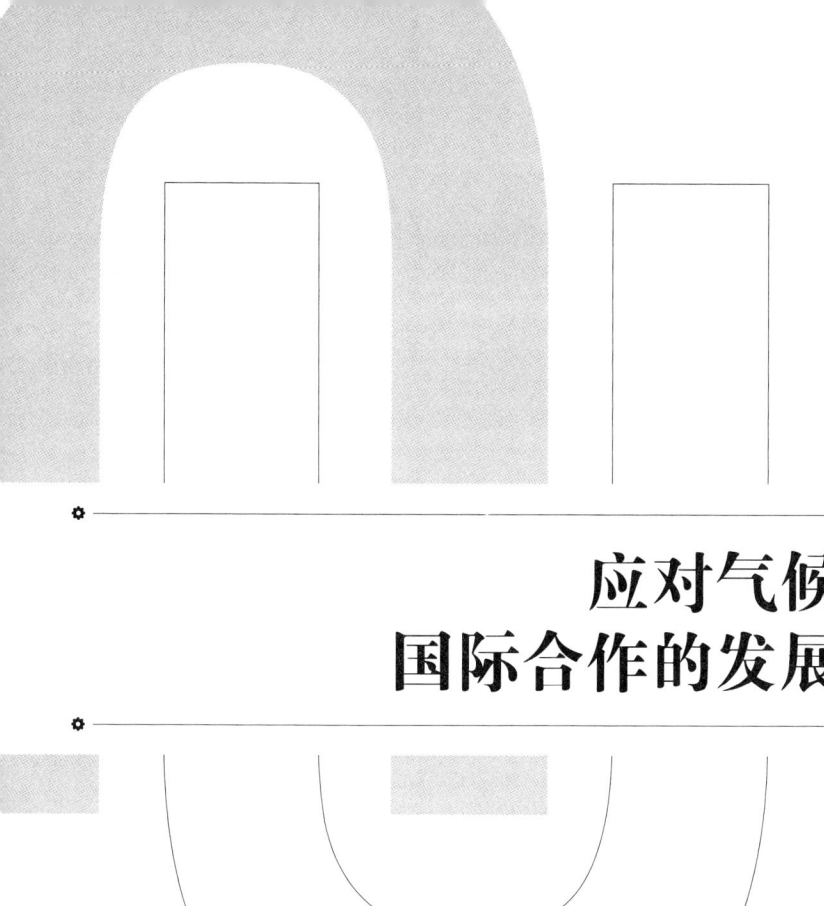

应对气候变化
国际合作的发展进程

第二章

第一节　起步和发端阶段

1990年10月，第二次世界气候大会基于当时技术和经济的可行性，正式提出关于制定气候变化公约的动议。1990年12月，联合国大会第四十五届会议通过了有关设立政府间谈判委员会（Intergovernmental Negotiating Committee，INC）的决议，自此拉开了关于气候变化问题的国际公约谈判的序幕，同时这也标志着全球范围内应对气候变化的行动正式启动。

1992年5月，由联合国气候变化政府间谈判委员会负责起草的《联合国气候变化框架公约》，在纽约联合国总部获得通过。1992年6月，在巴西里约热内卢联合国环境与发展大会期间，153个国家和区域一体化组织正式签了该公约。1994年3月21日《联合国气候变化框架公约》正式生效。截至目前，已有190多个国家和区域一体化组织批准了该公约，成为公约的缔约方。

《联合国气候变化框架公约》的制定和签署在全球应对气候变化国际合作发展中具有里程碑意义，它是世界上第一个全面控制温室气体排放、应对全球气候变暖问题的国际公约，成为国际社会开展气候变化问题国际合作的基本框架，为应对气候变化国际合作奠定了法律基础，是具有权威性、普遍性、全面性和法律约束力的关于开展气候变化国际合作的指导性文件。

《联合国气候变化框架公约》的核心内容是对发达国家和发展中国家的义务及义务履行程序予以区别，确立了"共同但有区别的责任"的原则。公约要求作为主要排放方的发达国家应率先采取措施限制温室气体的排放，并向发展中国家提供资金以支付他们履行公约义务所需的费用，而发展中国家只承担提供温室气体源与温室气体汇的国家清单的义务，制订并执行含有关于温室气体源与汇方面措施的方案，不承担有法律约束力的温室气体限控义务。《联合国气候变化框架公约》同时确立了向发展中国家提供应对气候变化所需的资金和技术援助，使其能够履行公约义务的资金机制（韦倩，2013）。

第二节　推动和落实阶段

如果说《联合国气候变化框架公约》仅仅为气候变化国际合作开辟了思路

和方向的话，那么以此为基础的《京都议定书》的制定则将气候变化国际合作推向了实际落实的高度。

1997年12月，在日本京都召开的《联合国气候变化框架公约》第3次缔约方大会通过了《京都议定书》，旨在限制发达国家温室气体排放以抑制气候变暖。在《联合国气候变化框架公约》的基础上，《京都议定书》明确制定了2012年前主要发达国家温室气体减排目标及实施路线图，规定2008～2012年，主要工业发达国家对CO_2等6种主要温室气体的排放量较1990年平均减少5.2%。《京都议定书》遵循《联合国气候变化框架公约》制定的"共同但有区别的责任"原则，没有对发展中国家制定约束性减排指标。

尽管《京都议定书》原则上获得《联合国气候变化框架公约》各缔约方的支持，但在随后的批准生效阶段，各方分歧严重导致其生效受阻。先是在1998年11月在布宜诺斯艾利斯举行的第4次缔约方大会上，此前意见统一的发展中国家内部发生分化，形成3个联盟：自愿承担减排目标的易受气候影响、环境较脆弱、排放量小的小岛国联盟，以墨西哥、巴西和一些非洲国家为代表的期望通过清洁发展机制（Clean Development Mechanism，CDM）获取外汇收入的国家，以及坚持现阶段不承诺减排义务的中国和印度。在此之后，尽管在2001年10月马拉喀什第7次缔约方大会上，与会的绝大多数国家以大局为重，同意对加拿大、澳大利亚、日本和俄罗斯四国做出非原则性妥协，就《京都议定书》履约问题（尤其是CDM）达成一致意见，为《京都议定书》的生效创造了条件。然而，2001年3月，布什当政时期政府以"减少温室气体排放将会影响美国经济发展"和"发展中国家也应该承担减排和限排温室气体的义务"为由，宣布退出《京都议定书》，导致国际应对气候变化行动出现重大倒退。2005年2月16日，因俄罗斯签署《京都议定书》实现了"不少于55个参与国签署该条约并且温室气体排放量达到附件中规定国家在1990年总排放量的55%后的第90天开始生效"的条件，使这一全球共同应对气候变化的重要行动得以生效，拉开了国际社会应对气候变化的新序幕。

《京都议定书》最终生效的重要意义在于：首先，首次以法规的形式限制温室气体排放，对于全球应对气候变化一致行动具有重要推动作用。其次，创造性地提出三大减排机制：①排放交易制度（Emissions Trading，ET），两个发达国家之间可以进行排放额度买卖的"排放权交易"，即难以完成削减任务的国家，可以花钱从超额完成任务的国家买进超出的额度。②联合履约制度（Joint

Implement，JI），对于欧盟，其内部多个国家可作为一个整体，采取有的国家削减、有的国家增加的方法，在总体上完成减排任务。③ CDM，允许发达国家与发展中国家进行项目级的减排量抵消额的转让与获得，在发展中国家实施温室气体减排项目。

第三节　艰难推进阶段

由于《京都议定书》仅对2012年前的减排行动具有约束力，因而，2012年之后所谓"后京都时代"应对气候变化国际合作的走向重新成为各方关注的焦点。尽管《京都议定书》的最终生效为应对气候变化国际合作奠定了基础，但由于在"各国温室气体减排责任分担"和"气候变化国际合作是否维持京都模式"等核心问题方面始终存在分歧，具有实际法律效力的国际温室气体减排协议尚难以达成，致使后京都时代的气候变化国际合作"前途未卜"。

2007年12月，在印度尼西亚巴厘岛举行的《联合国气候变化框架公约》缔约方会议第13次大会通过了"巴厘路线图"，重申了发达国家与发展中国家共同但有区别的原则，并明确了《京都议定书》第一承诺期目标，以及2012年之后应对气候变化的谈判议程，为后京都时代气候变化国际合作指明了方向。基于此，于2009年12月召开的哥本哈根会议取得重要进展：首先，各方维护了一致的立场，即坚持《联合国气候变化框架公约》和《京都议定书》确立的"共同但有区别的责任"原则。其次，就发达国家实行强制减排和发展中国家采取自主减排行动基本达成一致并初步确定了各自的减排目标。例如，美国承诺到2020年将在2005年基础上减排17%，欧盟承诺到2020年将在1990年基础上减排20%，中国计划2020年单位国内生产总值（GDP）CO_2排放比2005年下降40%～45%，且该减排目标不附加任何条件，印度则决定实现2020年单位GDP CO_2排放比2005年下降20%～25%等。此外，会议还就各方关注的全球长期目标、资金及技术支持等问题达成广泛共识。尽管此次会议所通过的《哥本哈根协议》并不具有法律效力，但它表达了国际社会共同应对气候变化挑战的坚定立场的信心，并开辟了各国基于"自主和自愿"进行合作的新模式，为后京都时代的气候变化国际合作创造了有利条件。

2011年11月，在南非德班举行的《联合国气候变化框架公约》缔约方会议第17次大会暨《京都议定书》缔约方会议第7次大会决定建立"德班平台"（Durban Platform），争取在2015年完成2020年以后气候变化国际合作谈判事宜。同时，会议就实施《京都议定书》第二承诺期的相关事项达成一致，包括35个工业化国家在内的各国政府一致同意从2013年1月1日起开始实施《京都议定书》第二承诺期，以确保到2020年附件I国家的温室气体排放量在1990年水平上减少25%～40%的目标的实现。

此后，虽然2012年《联合国气候变化框架公约》第18次缔约方会议即多哈会议，通过了将《京都议定书》的有效期延长至2020年的决定，明确将2013～2020年设定为《京都议定书》第二履约期。但随着相关国家就新阶段履约问题的"反悔"，例如，日本、加拿大、俄罗斯和新西兰又相继宣布不接受《京都议定书》第二履约期，澳大利亚也于2014年7月废止碳排放税和原计划于2015年推行的碳排放交易，从而又使新一轮的气候变化国际合作陷入僵局。

第四节　巴黎气候大会所开创的国际合作新起点

2015年12月12日成为国际气候变化合作进程特别是后京都时代的历史性时刻。被全球各界给予厚望的《联合国气候变化框架公约》缔约方会议第21次大会暨《京都议定书》缔约方会议第11次大会在法国巴黎圆满闭幕，会议通过了由《联合国气候变化框架公约》全球195个缔约方国家共同签署的新的国际气候变化合作新协议《巴黎协定》，成为关于应对气候变化的首个真正意义上的全球性协议。在国际谈判再次陷入僵局、气候变化国际合作艰难推进的时刻，巴黎气候大会的召开备受瞩目，由于此次会议所通过的《巴黎协定》在总体目标、责任区分、资金技术等多个核心问题上取得实质性进展，被认为是气候变化国际合作进程中的历史性转折点。

以《巴黎协定》为标志，巴黎气候大会所取得的重要进展包括：①在考虑了可持续发展和消除贫困目标的基础上，确立了全球应对气候变化威胁的总体目标，将全球平均气温上升幅度控制在不超过工业化前水平2℃以内，并力争全球平均气温上升幅度在不超过工业化前水平1.5℃以内；提高适应气候变化不利影响的能力，并以不威胁粮食生产的方式增强气候适应能力和温室气体低排放发展；使资金流动符合温室气体低排放和气候适应型发展的路径。②在坚持"共同但有区别的责任及其相应能力"的原则基础上，首次明确了发达国家和发展中国家在统一的制度框架内承担各自的贡献，即各国参与应对气候变化行动的"自主贡献"模式。各方应该根据不同的国情，逐步增加当前的自主贡献，并尽其可能大的力度，同时负有共同但有区别的责任。发达国家将继续带头减排，并加强对发展中国家的资金、技术和能力建设的支持，帮助后者减缓和适应气候变化。③明确了资金援助目标，《巴黎协定》规定发达国家应在减缓和适应两方面为发展中国家提供资金支持。协议将"2020年后每年提供1000亿美元帮助发展中国家应对气候变化"作为底线，要求各方最迟应在2025年前提出新的资金资助目标。④为保证行动的落实，首次设立"全球盘点机制"，定期总结和评估《巴黎协定》的执行与进展情况。会议决定从2023年开始，每5年对全球应对气候变化行动总体进展进行一次盘点，以监督各国自主贡献的落实，以及推动全球应对气候变化长期目标的实现（高翔，2016）。

《巴黎协定》于2016年4月22日提交联合国最终签署，并由占全球碳排放量55%以上的55个国家共同批准后正式生效。《巴黎协定》兼顾了共同但有区别的责任原则、公平原则和各自能力原则，充分考虑了各国国情，最大限度地维护了全面平衡和公平合理，是人类应对气候变化行动的重大飞跃和全球气候治理进程的里程碑。

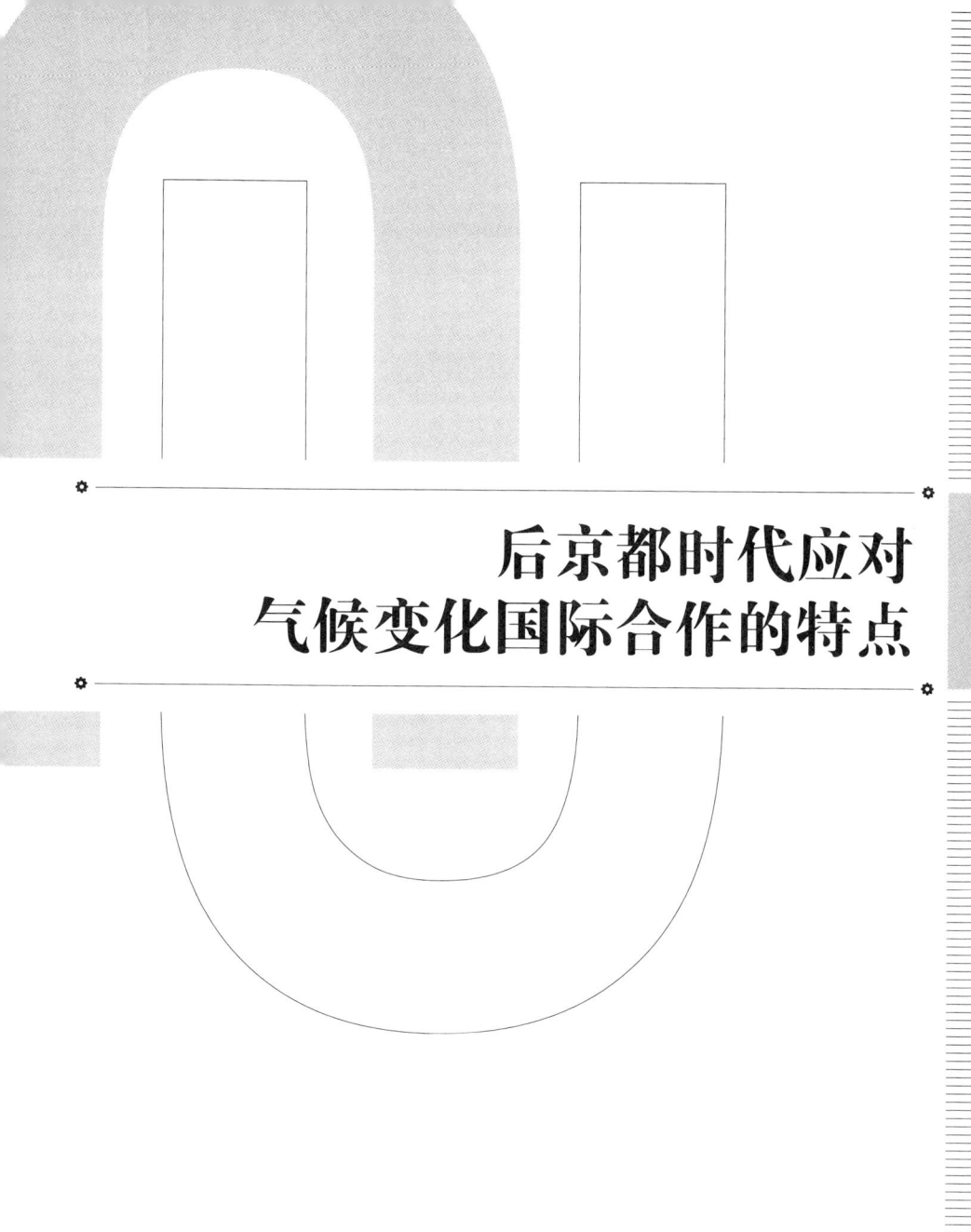

后京都时代应对气候变化国际合作的特点

第三章

以《联合国气候变化框架公约》为指导，《京都议定书》所确立的全球应对气候变化的合作机制（即京都机制）开创了全球共同探索应对气候变化的合作之道的新范例，成为后续国际合作开展的基石。随着对气候变化问题本身及气候变化国际合作问题认识的深化，特别是随着《京都议定书》最初所确定的履约期的结束，后京都时代气候变化国际合作的走向，以及原有的京都合作机制如何发展等问题就日益成为各界思考的热点。近几年在全球的共同努力和推动之下，后京都时代气候变化合作机制逐渐成型并呈现出新的特点。

第一节　对合作原则理解的转变与深化

尽管《京都议定书》确立的气候变化国际合作的基本原则，即发达国家与发展中国家"共同但有区别"的原则在各方的支持和恪守下没有改变，但对该原则的认识正在发生转变。在京都时代，各方对"共同但有区别"原则的理解是基于经济体性质及其历史责任的，以"区别"为重，界限明晰，这也是导致在气候变化合作问题上，明显分为"发达国家"和"发展中国家"两大阵营并且其彼此之间互不妥协的根本原因。随着合作的不断推进和两大阵营之间博弈的深化，各方逐渐对基本原则进行重新审视和阐释。2014年利马气候大会首次强调，应该在"参照不同国情"的情况下反应共同但有区别的原则。对此，联合国公约秘书处执行秘书长菲格雷斯认为，对"共同但有区别"原则的理解应当由惯常的历史责任转变为对历史责任、各自能力和不同国情的综合认知。受此促动，各方对合作基本原则的认识开始淡化"区别"，强调"共同的责任"。特别是发达国家认为，自1992年《联合国气候变化框架公约》签署以来，国际政治和经济环境已经发生了重大变化，应当根据现实情况动态理解"共同但有区别"原则。据此，有关将"新兴经济体"纳入减排约束国家之列的要求被提上日程，"发达国家"和"发展中国家"两大阵营完全独立的格局开始被打破，这促使气候变化国际合作机制将发生重大转变。

第二节　合作模式与机制的转型

受各方对气候变化国际合作原则理解和阐释发生转变的影响，国际合作机制也正在发生变化。《京都议定书》所确立的合作机制是"自上而下"的强制合作机制，其核心是以历史责任为依据强制设定减排承诺，这是造成以美国为首的一些发达国家拒绝批准议定书的主要原因。

以巴厘会议和哥本哈根会议为标志，国际气候变化合作进入强制履约与自愿承担责任相结合的、带有过渡色彩的合作模式时期。《巴厘行动计划》规定，发达国家要承担可测量、可报告和可核实的量化减排义务，同时在顾及其国情差异的前提下确保各自努力之间的可比性；发展中国家在技术、资金和能力建设方面得到发达国家可测量、可报告和可核实的支持条件下，也要在可持续发展框架下采取适当减缓行动。而此后的会议都使这种"自主自愿"承担义务的合作机制不断得以强化。坎昆会议未对附件Ⅰ和非附件Ⅱ国家予以区分，而是统一要求发达国家采取适合本国的减缓承诺或行动，发展中国家采取适合本国的减缓行动，由此，各方在"自主自愿"的合作机制的建立方面已经达成共识（李慧明，2016）。

2015年最新一次气候变化大会即巴黎会议的成功举行则进一步将气候变化国际合作带入"自下而上"自主参与的新时代。《巴黎协定》首次明确了"自下而上"的气候变化国际合作机制，正式取消了对附件Ⅰ和非附件Ⅱ国家的区分，即不再完全区分发达国家与发展中国家的责任与义务。根据协定，各方将以"自主贡献"的方式参与全球应对气候变化行动。各方应该根据自身国情，逐步提升自主贡献，并尽己所能加大力度，同时负有共同但有区别的责任。发达国家将继续带头减排，并加强对发展中国家的资金、技术和能力建设的支持，帮助后者减缓和适应气候变化（高翔，2016）。

第三节　大国作用日益凸显

在减排义务方面对发达国家和发展中国家界限的淡化和强调自主自愿的

"自下而上"合作机制的确立,虽使得强制性的履约目标不再被提倡,但是"共同责任"和"视国情而定"的要求实际上突出了与国家实力相对应的国家责任与担当,因此,在这种"软约束"机制下,大国的作用便开始显现。

美国作为发达国家的"领头羊"曾一度成为推动气候变化国际合作的"绊脚石"。美国一直以协议规定内容不符合本国利益,即"减少温室气体排放将会影响美国经济发展"和"发展中国家也应该承担减排和限排温室气体的义务"为理由,拒绝批准《京都议定书》并最终退出,美国的举动在很大程度上动摇了其他国家的立场,阻碍了《京都议定书》的及时生效。此后,美国基于本国能源安全及气候变化挑战应对战略,一方面,积极推动国内能源政策及气候治理改革;另一方面,极力在全球范围内倡导新的"共同但有区别的责任"的理念(主张发展中国家也应承担相应的减排义务),力图维护其能源大国及气候领袖的地位,主导全球气候变化合作进程。事实上,由于美国一直反对制定与历史责任相挂钩的强制性的减排责任,极力主张各方以自主自愿方式参与合作和贡献,因而美国在巴黎气候变化大会最终达成的"自下而上"的"预期的国家自主决定的贡献"(Intended Nationally Determined Contributions,INDC)合作机制方面始终扮演"助推器"的角色。美国所主张的国际气候变化合作机制是一种不强制所有缔约方参与,也不强制遵守《联合国气候变化框架公约》原则的"自下而上"、多元化、多层次的全球减排承诺架构(田慧芳,2015)。因而,为推动《巴黎协定》所制定目标(即全球平均气温上升幅度控制在2℃以内)的实现,美国提出"自主贡献"结合"定期审核"的机制,这实际上也是促使巴黎会议决定增设全球"盘点机制"的主要原因之一。此外,美国还在关于为全球应对气候变化合作方面提供资金、技术等支持方面表现出积极姿态,并在促进同发展中国家开展气候变化合作方面开始发挥示范作用,美国同中国近年来持续开展高层次的气候变化对话并达成一系列的合作意向即是典型的例证。

在全球合作应对气候变化方面,欧盟始终保持积极态度,并强调其在应对气候变化国际行动中的领导作用。作为京都机制的积极推动者,欧盟早在2000年就配合《京都议定书》的履约,出台"欧盟气候变化计划"(European Climate Change Program,ECCP),制定了远高于其议定书履约目标的减排计划,其约40项减排措施总计将减少温室气体排放6.64亿～7.65亿t CO_2 当量(相当于欧盟《京都议定书》目标减排量的2倍左右)(董敏杰和李钢,2010)。欧盟作为京都机制的倡导者,一直反对美国主张的完全自愿的合作与减排贡献机制。

欧盟所推崇的合作机制可以概括为"有效多边"机制（杨晓娟，2014；Eide，2004）：有效即严格遵循《联合国气候变化框架公约》和《京都议定书》所制定的强制性的、具有法律约束力的气候变化应对举措。欧盟认为，没有具有约束力的制度和规则，全球共同应对气候变化的进程将难以实现预期目标；而与此同时，应对气候变化离不开多方协同，没有各方的参与和一致行动，公约与议定书所确定的减排目标同样将成为一纸空文。尽管欧盟所极力倡导的"自上而下"的机制并没有获得各方的一致认同并最终被《巴黎协定》所确定的"自下而上"的机制所取代，但其在维护公约与议定书的权威性，以及致力于推动国际多边气候合作的行动上具有国际示范作用。一方面，为维护"自上而下"机制，欧盟在应对气候变化方面率先出台一系列有关能源体系改革、低碳经济发展等前瞻性的政策，并主动提出具有法律约束力的减排承诺（欧盟是全球唯一主动无条件量化减排的经济体），如实现2030年温室气体排放量在1990年基础上分别减少40%、可再生能源比重分别提高27%等（田慧芳，2015；杨晓娟，2014），以期通过自身的引领示范推动国际约束指标的达成；另一方面，欧盟积极开展同发展中国家在应对气候变化方面的合作，并为其提供资金支持。例如，欧盟通过《发展合作背景下的气候变化行动计划》，同中国建立"欧盟－中国气候变化合作关系"；通过建立发展中国家气候变化基金向发展中国家稳定提供应对气候变化所需经费等（董敏杰和李钢，2010）。事实上，欧盟无论是在减排目标和强制性的自主量化规定的制定，还是在对发展中国家的援助方面，都处于领先地位，同时，其这种引领作用不仅很好地迎合了后京都时代气候变化国际合作的需求，而且将在《巴黎协定》所确定的"自主贡献"合作机制背景下更加凸显并为其赢得更广泛的国际认同和支持。

作为《京都议定书》制定的倡导国，尽管日本在推动议定书第二阶段履约目标的达成方面曾出尔反尔，给气候变化国际合作带来了十分不利的负面影响，备受多方的谴责，但其始终是合作推动全球温室气体减排的中坚力量和发达国家的积极代表。

早在1992年首次联合国环境与发展大会上，日本就率先承诺了在5年内以官方发展援助（Official Development Assistance，ODA）的形式为国际环保事业提供9000亿～10 000亿日元的资助，树立了其气候变化国际合作的积极形象。1997年12月日本承办《联合国气候变化框架公约》第3次缔约方大会并促成了《京都议定书》的制定。此后，在推动议定书批准生效过程中，日本坚持自己的立场,力排国内外各方压力,在美国和澳大利亚相继退出《京都议定书》的情况下,批准了议定书,为 2005 年《京都议定书》的最终生效做出了实质性贡献(刘晨阳,2009)。

在联合国环境与发展大会于 2007 年 12 月发布"巴厘路线图"之后,日本为了谋求在"后京都"气候谈判中发挥主导作用,表现相当活跃,围绕 2012 年后的减排程序、参加国范围和减排方法等重大问题,在近两年多边气候变化会议和谈判中提出了一系列提案和倡议。自巴厘岛气候变化大会正式启动后京都时代国际气候变化合作开始,日本为谋求在气候变化国际合作中的话语权,在参与并推动气候变化国际合作进程中开始发挥更加积极的作用。日本先后推出"美丽星球 50"构想、"美丽星球促进计划""亚洲经济及环境共同体构想"等一系列行动计划,一方面,力图通过制定更为有力的减排承诺来发挥所谓示范作用。在 2008 年"美丽星球 50"构想所提出的到 2050 年实现全球温室气体排放量在 1990 年基础上削减 50% 的目标基础上,2010 年 5 月,日本众议院环境委员会通过了《气候变暖对策基本法案》,提出了更为积极的日本中长期温室气体减排目标,即到 2020 年,在 1990 年的基础上温室气体排放削减 25%、到 2050 年削减 80%,并将推出建立碳排放交易机制、征收环境税等举措(邵冰,2011)。另一方面,寻求通过扩大资金援助和技术输出来巩固其气候变化国际合作的主导地位。日本承诺自 2008 年开始,通过"美丽星球促进计划",在 5 年内通过无偿援助、日元贷款等途径为发展中国家提供 100 亿美元资金援助,同其开展温室气体削减、替代能源普及等方面的合作;通过"亚洲经济及环境共同体构想",在亚洲地区推广日本先进的节能技术,计划到 2030 年使亚洲环保市场的规模扩大到 300 万亿日元。除扩展同亚洲地区的合作之外,还不断加大同非洲和拉美地区的合作。2008 年 5 月,日本与联合国开发计划署(The United Nation Development Programme,UNDP)达成了"非洲应对气候变化伙伴关系联合框架"协议。按照协议,日本计划从 2009 年开始为 21 个非洲国家提供总额为 9210 万美元的资金以支持其应对气候变化所带来的影响。与此同时,日本将墨西哥和圭亚那列为面向拉美地区提供应对气候变化援助的首批"重点支援国"。此外,近年来,日本还积极开展同美国、欧盟和中国在气候变化方面的对话与合作。

在气候变化国际合作机制方面,作为《京都议定书》的主导国,日本虽然不排斥具有强制性的京都机制,但却始终强调排放承诺与实际排放责任之间对等，坚持要求将包括中国在内的发展中国家纳入减排履约国家名单。这也是导致日本在关于后京都时代减排履约和参与国际合作方面发生动摇的主要原因。在各方压力之下，2015年6月2日，日本公布了新调整后的减排目标，承诺2030年日本的温室气体排放量较2013年减少26%。虽然这一新调整的目标较之前有所上升，但换算成以1990年的碳排放量为基准，仍低于日本政府在2009年哥本哈根气候大会上承诺的目标，即以1990年为基准，到2020年削减25%的温室气体排放。尽管日本始终不愿正视最初的减排承诺很大程度上是出于国内政治压力和基于自身经济发展考虑，但是日本作为经济强国和温室气体排放大国，在国际社会的共同监督之下，特别是在《巴黎协定》所开创的新合作机制背景下，最终只有选择与自身责任和经济实力相符的减排计划和合作之道才能维护其在气候变化国际合作中的主导国地位，并同自身所倡导的所谓公平承担减排与合作义务的理念相吻合。

中国作为负责任的大国始终积极面对气候变化问题，将环境保护置于国家战略高度，并致力于推动全球一致应对气候变化挑战进程。作为国际气候变化合作的积极响应者，中国早在1972年就参加了联合国人类环境会议并在会议文件上签字，承诺致力于合作应对全球环境问题。1979年，中国派代表参加首届联合国气候变化大会，自此，气候变化问题正式被纳入政府议题。作为最早参与IPCC国际气候变化事务的发展中国家之一，中国自1988年IPCC成立起就积极组团参加历届会议并推荐专家参与IPCC全球气候评估及报告撰写工作。中国在IPCC第一次全体会议上就表明了有关参与国际气候变化行动的态度：气候变化是全球性问题，遏制气候变化仅仅靠几个国家是无法实现的，中国政府将积极参与应对，但不能忽视发达国家和发展中国家在经济和科技发展方面存在巨大差距的现实（肖兰兰，2014）。

1992年，中国作为缔约国签署《联合国气候变化框架公约》，以此为标志，中国正式登上应对气候变化国际合作的舞台。在《联合国气候变化框架公约》批准生效期间，中国就以发展中国家代表的身份积极表明发展中国家的立场并协调相关国家推动合作进程。中国强调：联合履约应该仅在附件Ⅰ国家之间实施，发展中国家必须在自愿且平等基础上参加联合履约；发展中国家对于《联合国气候变化框架公约》义务的履行是以发达国家承诺资金和技术的援助为前提条件的（肖兰兰，2014）。此后，在《京都议定书》谈判阶段，中国坚持"共同但有区别的责任"原则，本着坚定维护发展中国家利益的精神，以积极而审慎的态度推动合作进程。在此期间，中国作为《联合国气候变化框架公约》和《京都议定书》所确定的"自上而下"机制的拥护者，坚持主张减排义务应当同历史责任相挂钩，即减排义务应当由发达国家承担。强调明确界定"京都三机制"的具体适用范围和本质区别，反对减排额度的"可替代性"。同时，中国强烈反对"自愿承诺"，认为"自愿承诺"是对发达国家"奢侈排放"与发展中国家"生存排放"事实的否认，背离了"共同但有区别的责任"原则的精神实质，将打破公约体系已确立的发达国家和发展中国家的区分，从而影响已有谈判成果和合作格局（王之佳，2003）。在此期间，中国积极迎合国际相关行动出台一系列应对环境问题及促进可持续发展的政策及战略。例如，《中国21世纪初可持续发展行动纲要》《国民经济和社会发展第九个五年计划纲要》和《国民经济和社会发展第十个五年计划纲要》均将有关可持续发展和环境保护的行动列为国家长期战略。与此同时，中国积极履行《联合国气候变化框架公约》和《京都议定书》所规定的义务，于2004年提交了《气候变化初始国家信息通报》（董敏杰和李钢，2010）。

如果说在京都时代，中国因自身国情和国际大环境所限，在整个气候变化国际合作中还只是被动地发挥作用的话，那么以巴厘岛气候变化大会为标志，中国开始以新的姿态展开国际气候变化对话与合作。自20世纪90年代末开始，以中国、印度等为代表的发展中国家的经济发展进入快车道，而同时其能源消费需求和温室气体排放也开始激增，从而使其所面临的应对气候变化的挑战及国际社会的舆论压力越来越大。2006年，中国CO_2排放量达到62.2亿t碳当量，占世界排放总量的21.8%，超过美国，成为全球第一大温室气体排放国（肖兰兰，2014）。

2007年，中国在巴厘岛气候变化大会上，首次以更加积极的姿态表示，发展中国家应通过政策措施承诺为应对气候变化做出更大贡献，在资金、技术支持到位的情况下，愿意采取"可测量、可报告、可核证"的国家减排行动（苏伟，2007；郑国光，2008）。随后，在哥本哈根会议前夕，中国首次做出负责任的减排承诺：到2020年单位GDP CO_2排放比2005年下降40%～45%。为避免哥本哈根会议陷入僵局而破坏国际气候变化合作已有成果，中国主动在发展中国家和主要发达国家之间多方斡旋，不仅维护了自身及发展中国家的权益，而且对最终促成《哥本哈根协议》的达成起到了关键作用。自此，中国在推动国际气候变化合作进程中完全由被动转向主动，在成功树立负责任的大国形象的同时，进一步扩大了在气候变化国际合作中的影响力。

在被视为挽救气候变化国际合作和维护《联合国气候变化框架公约》和《京都议定书》成果最后机会的2011年德班会议上，中国主动承诺了参加2020年后具有法律约束力的国际气候协定，承担与中国发展阶段相适应的责任和义务，同时强调了中国履约的5项前提：①发达国家接受《京都议定书》第二承诺期；②启动绿色气候基金，兑现资金支持承诺；③落实发达国家在适应、技术转让等方面的行动；④在2015年前完成对发达国家承诺的科学评估；⑤坚持"共同但有区别"原则、公平原则和各自能力原则（田慧芳，2015）。中国再次向世界展示了致力于推动国际气候变化合作的诚意和决心，为成功创建"德班增强行动平台"、促进后京都时代国际气候变化合作的顺利进展发挥了为国际所公认的重要作用。

世界经济发展不断加剧全球温室气体排放格局的变化。2013年，中国的CO_2排放量所占国际份额已升至28%，人均排放量也达到7.2t，已远超世界平均水平（1.4t），并首次超过了欧盟28国6.8t的人均排放量（祁悦，2014）。在中国，经济快速增长带来大规模的能源消费和温室气体排放这一过程和趋势已经无法逆转，因此，中国必须更加积极主动地参与气候变化国际合作、自觉承担同自身发展实际相适应的减排责任。基于此，在新形势下，中国及时转变观念和应对思路，采取"主动出击"的方式，不断提升自身在气候变化国际合作中的地位和话语权。一方面，在促进同发达国家的合作上，中国积极通过G20平台和多边、双边等对话机制，加大与美国、欧盟在气候问题上的合作。中国和美国于2014年11月和2015年9月连续发表《中美气候变化联合声明》，就两国减排履约、合作应对气候变化、气候变化资金与技术援助，以及促成巴黎会议的成功等多项事宜达成一致。中国承诺到2030年左右达到CO_2排放峰值，并将非化石能源比重提高到20%左右。美国计划于2025年实现在2005年基础上减排26%~28%的全经济范围减排目标，并将努力减排28%。中美重申，"在有意义的减缓行动和具备实施透明度的背景下，发达国家承诺到2020年每年联合动员1000亿美元的目标用以解决发展中国家的需要"。另一方面，在加强同发展中国家的合作上，中国在推动"南南合作"方面持续扩大贡献。2011年至今，除对外援助以外，中国已经累计提供4.1亿元人民币用于开展应对气候变化的南南合作（黄锐，2015）。2015年9月，中国承诺捐助200亿元人民币建立"中国气候变化南南合作基金"，帮助发展中国家提升应对气候变化的能力。

为顺应新形势，中国在国际气候变化合作中态度和角色的转变以及所发挥的重要作用在 2015 年巴黎气候变化大会期间全面凸显。为积极配合巴黎气候变化大会的召开，2015 年 6 月 30 日，我国向《联合国气候变化框架公约》秘书处提交了国家自主贡献文件，明确了包括确定 CO_2 排放峰值年、降低碳强度、提高非化石能源比重和增加森林蓄积量 4 项目标。我国将于 2030 年左右达到 CO_2 排放峰值；2030 年单位 GDP CO_2 排放比 2005 年下降 60%～65%；非化石能源占一次能源消费的比重达到 20% 左右；森林蓄积量比 2005 年增加 45 亿 cm^3 左右。至此，中国成为世界上首个提出 CO_2 排放峰值年目标的发展中国家，此举不仅为中国参与新一轮国际气候变化对话与合作争取了主动权，而且为巴黎气候变化大会取得预期目标奠定了良好基础。巴黎气候变化大会期间，习近平作为中国国家元首第一次出席《联合国气候变化框架公约》缔约方会议，发表了题为"携手构建合作共赢、公平合理的气候变化治理机制"的演讲，特别对会议最终协议的达成提出 4 点建议：①应当有利于实现公约目标，引领绿色发展；②应当有利于凝聚全球力量，鼓励广泛参与；③应当有利于加大投入，强化行动保障；④应当有利于照顾各国国情，讲求务实有效。继在 2015 年 9 月宣布设立"中国气候变化南南合作基金"之后，习近平主席再次承诺：2016 年中国面向发展中国家启动 10 个低碳示范区、100 个减缓和适应气候变化的项目，以及提供 1000 个应对气候变化培训名额的合作项目（丁金光，2016）。在巴黎气候变化大会召开前夕以及召开期间，中国同美国、印度、巴西、欧盟等主要国家和地区展开密集对话和磋商并相继发表联合声明，就巴黎气候变化大会所涉及的合作原则、资金、减排目标等焦点议题达成共识，为巴黎气候变化大会的成功创造了条件。

如果说《巴黎协定》的达成成为全球共同应对气候变化进程的关键"转折点"和又一里程碑事件的话，那么作为应对气候变化行动的积极倡导者和响应者，中国则为协定的最终达成做出了不可替代的贡献，这一点已经为国际社会所公认。

第二篇
重点发达国家和地区气候变化国际科技合作政策

第四章 欧盟应对气候变化的科技政策及国际合作机制

第一节 应对气候变化的科技政策及行动

一、应对气候变化的科技计划

从 20 世纪 80 年代开始,欧盟制定了一系列科技计划,集成优先研发领域、整合欧洲研发机构、大幅增加科研投入。

(一)欧盟框架计划

自 1984 年欧盟第一框架计划开始实施起,其研究内容就已经包括对气候变化的研究,随着气候变化研究规模的不断增长,研究复杂性日益增加,"欧盟框架计划"对气候变化的资助不断增加。迄今,欧盟已顺利执行了六个框架研发计划 [第六框架计划(6th Framework Programme,FP6)于 2006 年 12 月结束]。近年来,随着气候变化研究规模的不断增长,"欧盟框架计划"对气候变化的资助也不断增加。欧盟目前执行的第七框架计划 [7th Framework Programme,FP7(2007~2013 年)] 预算投资 727 亿欧元,与气候变化相关的研发项目的预算金额高达 100 亿欧元左右,而且随着情况的变化可能会继续追加(陈新伟,2012)。与气候变化相关的研究主要包括全球气候变化与土地利用结构和海洋的关系、极地冰帽变化、大气组成与循环的改变、地球变暖和海平面上升与生物多样性的关系、更精确地预测气候极端异常反应等灾害等(European Commission,2013)。

(二)欧盟气候变化计划

欧盟于 2000 年 6 月启动"欧盟气候变化计划"(ECCP)。该计划旨在确保欧盟在其管辖范围内制定最为经济有效的政策措施,减少温室气体排放,实施《京都议定书》确定的各项减排目标。计划整合了欧盟正在实施的各类减排活动,除欧盟委员会牵头外,还发动了行业部门、非政府组织(Non-Government Organizations,NGO)、各国专家等相关各方广泛参与。该计划由 ECCP 行动委员会协调,每个阶段关注的重点领域及事项如表 4-1 所示(杨金林和陈立宏,2010)。

表 4-1 欧盟 ECCP 实施阶段及关注内容

阶段	时间	关注内容
第一阶段	2000～2004年	11个工作组：排放权交易机制；联合履约和清洁发展机制；能源供应；能源需求；终端能效和工业流程能效；运输；工业；研究；农业；农业土壤固碳；森林固碳
第二阶段	2005年至今	6个工作组：第一阶段回顾（包括交通、能源供应、能源需求、非CO_2气体和农业五个小组）；航空；CO_2与汽车；碳捕获与封存（Carbon Capture and Storage，CCS）；适应；欧洲排放交易体系

2005年欧盟启动 ECCP Ⅱ，把未来政策重点放在 CCS 上，计划从 2011 年起将航空业纳入欧盟温室气体排放交易体系（European Union Greenhouse Gas Emission Trading Scheme，EU ETS），制定降低新车 CO_2 排放量的相关法律，审核现行 EU ETS 并在 2013 年修订，制定安全运用碳埋存技术的立法框架等（陈新伟和赵怀普，2011）。

在 ECCP 指导下，欧盟委员会和欧盟成员国确定了一系列减排政策及措施，目前最重要的减排措施是 EU ETS。同时，欧盟委员会在 ECCP 框架下，向各领域行动提供一系列资金和政策支持，如"智能型能源 - 欧洲"计划、"电机挑战方案""马可波罗方案""气候变化纳入欧盟的农村发展"政策等。ECCP 统筹欧盟应对活动，并与欧盟其他发展规划，如"共同体环境行动计划""欧洲框架计划""欧盟可持续发展战略""2010 年可再生能源欧洲共同体战略行动计划"等配合实施（杨金林和陈立宏，2010）。

（三）欧盟战略性能源技术计划

鉴于新能源技术在欧盟可持续发展、低碳经济、能源安全和应对气候变化挑战中扮演着关键的重要角色，2009 年 10 月，欧盟出台"战略性能源技术"（Strategic Energy Technology，SET）计划，提出欧盟应该进一步降低清洁能源的成本，将欧洲产业界置于快速发展的低碳技术的前沿；同时增加资金和人力资源的投入，提高资源利用效率，以加速低碳能源技术的研发与应用。

SET 计划宣布将在现有投入的基础上增加 2 倍的资金，即每年投入 80 亿欧元（117 亿美元）用于能源技术研究。SET 计划路线图对每项低碳能源技术均提出了战略目标、技术目标和将在未来十年实施的研究、开发、示范及市场推广行动，同时，对实现上述目标公私部门所需要的投资额进行了预估，并对每项行动提出了需要达成的关键性能指标，以利于考核评估。根据 SET 计划的路线图，在未来 10 年内，欧盟将投入 160 亿欧元用于太阳能技术项目，110 亿欧用于30座城市的智能电网建设，60亿欧元用于风能技术项目，70亿欧元用于核能技术，90亿欧元用于生物质和其他废弃物能源技术研究，130亿欧元用于碳捕获与封存技术研究。除此之外，还将留出一部分资金用以协调欧盟各成员国内部的科研活动，避免出现重复研究和经费浪费现象（何英，2009）。

（四）环境金融工具计划

"环境金融工具"（Financial Instrument for the Environment，LIFE）计划致力于支持欧洲共同体制定环境政策和推动立法。从1992～2006年LIFE计划实施以来，欧盟共计投入了40亿欧元来支持环境政策的实施。2007年6月，欧盟制订了LIFE+计划，在2007～2013年分配21.4亿欧元资金，在"环境政策与治理"部分，气候变化被确定为重要问题之一。2011年12月，欧盟委员会建议在2014～2020年为新的LIFE项目拨款32亿欧元，并将新LIFE项目中用于气候方面的资金提高三倍，以便加强对低碳适应气候变化的地区战略，以及中小企业NGO和地方当局实施的与气候相关的小型项目的支持。新LIFE项目将包括一个"气候行动"的副项目（中国日报，2011）。

2014年2月27日，LIFE计划被分解成LIFE环境（LIFE Environment）和LIFE气候行动（LIFE Climate Action）两个子计划。LIFE气候行动计划在2014～2020年共资助8.64亿欧元支持政府当局或者NGO和个体（尤其是中小型企业）实施新的低碳技术和适应方法。2015年11月25日，欧盟委员会及其22个成员国在LIFE气候行动计划的第一年为26个项目提供7390万欧元的资助，以支持低碳转型和气候弹性经济。计划涉及低碳发电技术、资源优化利用、自然环境保护和灾害预防等，具体包括以下三个方面的内容（表4-2）（European Commission，2015a）。

表4-2 LIFE气候行动计划主要项目

计划分类	主要项目	预期结果
气候变化减缓计划（Climate Change Mitigation，CCM）	燃烧炉专利技术创新（比利时）	减少再热炉的天然气使用量的90%
	利用高性能光伏技术改造建筑（法国）	使用85%的回收材料，使一次能源减少60%，温室气体排放减少75%
	造纸业废水处理技术及污水沼气利用（瑞典）	污水处理电力消耗减少50%
	利用水泥业的碳排放进行农业碳酸施肥（西班牙）	捕捉和再利用30%～50%的碳排放
	波浪能转换发电技术（西班牙）	评估该技术雏形在生命周期内的碳足迹及环境影响
	泥炭地的可持续管理和再利用（拉脱维亚）	CO_2排放减少227t/a

续表

计划分类	主要项目	预期结果
气候变化适应计划（Climate Change Adaptation，CCA）	新型透气性建筑屋顶（意大利）	有助于节省50%的制冷能量，温室气体排放减少10%
	工业领域应对极端天气事件的恢复力建设（意大利）	增加25%的工业气候变化适应措施覆盖面，减少50%的极脆弱地区
	利用废物处理系统创新产生用于汽车行业的低成本生物甲烷（西班牙）	能源需求量减少70%，温室气体排放减少80%
气候治理和信息计划（Climate Governance and Information，GIC）	欧洲网络内的碳足迹组织（Carbon Footprint of Organisations）（法国）	为公众和个人提供碳足迹计算方法与工具

（五）竞争力与创新框架计划

欧盟理事会和欧洲议会于2006年年底批准了"竞争力与创新框架计划"（Competitiveness and Innovation Framework Programme，CIP，2007～2013年），总预算为36亿欧元。该计划的目的是在所有部门中，通过鼓励创新和提高能源利用效率，以及开发新的可再生能源，提高欧洲公司特别是小型和中型企业的竞争力。CIP在实施时分为3个计划，分别为创业和创新计划（The Entrepreneurship and Innovation Programme，EIP）、信息通信技术政策支持计划（The Information Communication Technologies Policy Support Programme，ICT-PSP）与欧洲智能能源计划（The Intelligent Energy Europe Programme，IEE）（气候变化科技政策课题组，2012）。

（六）"清洁天空"计划

2007年6月欧盟委员会提出一项名为"清洁天空"（Clean Sky）的计划，将通过改善飞机的燃油系统等举措，降低飞机的噪声和温室气体排放，减少航空运输对环境的影响。"清洁天空"将在欧盟FP7实施期间完成，总预算达16亿欧元，其中欧盟委员会和欧盟的中小企业各自出资8亿欧元。欧洲将有上百家企业、研究机构和大学参加这项计划（European Commission，2012a）。

（七）其他战略计划

2008年12月，欧盟通过了"气候行动和可再生能源一揽子计划"，其核心内容是"20-20-20"行动，即承诺到2020年将欧盟温室气体排放量在1990年基础上减少20%，若能达成新的国际气候协议（其他发达国家相应大幅度减排，先进发展中国家也承担相应义务），则欧盟将承诺减少30%；设定可再生能源在总能源消费中的比例提高到20%的约束性目标，包括生物质燃料占总燃料消费的比例不低于10%；将能源效率提高20%。为达成上述决议，欧盟委员会于2008年1月23日提出了"气候行动和可再生能源一揽子计划"的新立法建议，也被称为欧盟气候变化扩展政策。其主要内容包括：加大温室气体控制范围，扩展欧盟排放交易机制；制定并实施责任分担机制；制定约束性可再生能源目标，强调推行生物质燃料；制定关于CCS及环境补贴的新规则（傅聪，2010）。

2012年11月末，欧盟委员会提出了第七个环境行动计划的建议，指出加速欧盟低碳和绿色经济建设是计划的重头戏，而且欧盟在未来主要政策中都将贯彻节能减排战略（薛彦平，2013）。2013年3月，欧盟委员会启动制定2030年气候变化和能源政策框架相关工作，包括发表欧盟2030年气候变化和能源政策框架绿皮书、欧洲CCS技术进展文件、欧盟利用可再生能源进展报告（中华人民共和国驻欧盟使团，2013）。

2012年12月18日，欧盟委员会宣布新进入者储备资助计划（NER300）的第一阶段，对23个具有高度创新性的可再生能源示范项目给予12亿欧元的资助，资金主要来源于NER300出售3亿个碳信用额度所获得的资金。这些项目涉及可再生能源技术、生物能源（包括先进的生物燃料）、聚光太阳能发电、地热发电、风力发电、海洋能源和分布式可再生能源管理（智能电网）。预计第二阶段还将通过出售1亿个碳信用额度所获得的资金及第一阶段的剩余资金来支持另外一批低碳可再生能源项目的开发（European Commission，2012b）。

二、应对气候变化的行动与主要举措

在全球气候变化问题上，欧盟一直持积极姿态。2002年，欧盟15个成员国集体批准限制全球温室气体排放的《京都议定书》，此后欧盟制定并实施了多项政策法令，制订了一系列行动方案减少温室气体排放。欧盟应对气候变化的政策体系以低碳为核心，其重点就是将气候变化和能源、环境等一揽子考虑。主要包括EU ETS、能源政策与行动、适应气候变化的能力建设以及交通运输政策与行动四个方面。

（一）建立EU ETS

EU ETS于2005年生效，是欧盟气候立法的一个关键部分，也是欧盟实现《京都议定书》目标的主要基础和途径。其基本思路是通过经济激励的手段来实现温室气体的减排，目的是充分发挥市场机制在环境资源配置中的基础作用。

为获取经验，保证实施过程的可控性，EU ETS的实施是逐步推进的。第一阶段（2005～2007年）的主要目的并不在于实现温室气体的大幅减排，而是获得运行总量交易的经验，为后续阶段正式履行《京都议定书》奠定基础（李布，2010）。在不同阶段，其参与成员国、覆盖行业、交易温室气体类型、交易方式等要素都随着实施过程不断扩充并修订完善（表4-3）。

表4-3 EU ETS三个阶段的特点

项目	试验阶段（2005～2007年）	第二阶段（2008～2012年）	第三阶段（2013～2020年）
参与国	25个成员国	27个成员国，以及冰岛、挪威和列支敦士登	27个成员国，以及冰岛、挪威和列支敦士登
配额总量	《京都议定书》承诺目标的45%；各成员国总量通过国家分配计划（National Allocation Plan，NAP）自行决定	在2005年的基础上，各国平均减排6.5%；NAP评估强调"一致、公平和透明"	2020年之前，在1990年基础上减排20%；取消NAP，统一排放总量限制；排放上限的设置参照第二阶段发放配额数量的年平均值，然后每年线性递减1.74%
覆盖行业	能源产业、内燃机功率在20MW以上的企业、石油冶炼业、钢铁行业、水泥行业、玻璃行业、陶瓷业及造纸业等，并设置了被纳入体系的企业的门槛	覆盖欧盟范围内大约11 000家设施；总排放量接近欧盟CO_2排放量的一半、温室气体总排放量的40%的工业设施	航空、石油化工、制氢和铝业；覆盖欧盟60%的温室气体排放
交易气体	CO_2	CO_2	CO_2、N_2O、PFCs（全氟化合物）
交易方式	免费、分散（成员国自行分配，NAP）；最多可拍卖5%的排放许可	最多可拍卖10%的排放许可；电力行业不能免费得到全部配额	逐渐实现100%拍卖
储备	不可储备至第二阶段；但是建立新进入者储备	允许，可沿用至第三阶段	
CDM/JI（CER和ERU）	允许使用		只允许使用来自最不发达地区的CER，其他发展中国家需与欧盟签订协议，才能出口基于能效与可再生能源项目的减排信用额度
惩罚	40欧元/t	100欧元/t，此外次年排放额度需扣除超标的相应数量	

注：CER指核证减排量（certified emission reduction），ERU指排放减量单位（emission reduction unit）。

实践证明，EU ETS在第一阶段的成功运行为欧盟履行《京都议定书》中所做出的减排承诺，运用总量交易机制促进温室气体减排，以及寻求发展低碳经济的模式奠定了基础（庄贵阳，2006）。

EU ETS在第二阶段（2008～2012年）经过集中的审核过程后，排放交易体系得到极大改善，构成一个更和谐、更透明、更有成效和更高效的系统。2011年，欧盟将国际航空纳入EU ETS（2012年1月1日正式实施）。该指令从2011年起涵盖欧盟境内所有航班的排放量，从2012年起包括进出欧盟机场的所有航班（曾静静和曲建升，2012）。由于受到众多国家的反对，2012年11月欧盟委员会建议在2013年秋季之前，暂停实施对进出欧盟国家的民用航班征收碳排放税措施。2009年4月，欧盟通过了《改善和扩展温室气体排放补贴交易计划》，该法案对EU ETS进行了修改与加强。同一时期还通过了"努力共享决定"，旨在降低不包含在EU ETS中行业的温室气体排放量（王伟男，2010）。

2008年后期开始的全球经济危机导致温室气体排放量下降，因此配额需求减少。这种情形导致未使用配额和信用额度的大量过剩，严重影响第二阶段碳交易的价格（IETA，2013）。近几年来，欧盟已考虑采取相关措施改进EU ETS和提高市场活跃度。2012年11月，欧盟委员会提出了包括"折量拍卖"（backloading）、提高减排目标、提高年度减排系数在内的6项结构性改进措施。其中，"折量拍卖"计划是指推迟拍卖2013~2015年共9亿t欧盟排放配额（European Union allowance，EUA），并于2019~2020年分两个阶段返还给市场，即将配额拍卖时间后移，以减少短期配额供给，提升市场价格。经过多次讨论、修改和投票，2013年12月10日，"折量拍卖"计划终于在欧洲议会投票中获得通过。然而，"折量拍卖"并未从根本上解决欧盟碳市场配额供过于求的局面，因此并没有导致碳价大幅回升（IETA，2013）。

EU ETS在第三阶段（2013~2020年）转换为一个基本协调的排放交易体系，对所有排放交易体系涵盖的设施订立一个欧盟统一的减排目标（到2020年比2005年降低21%）。欧盟27国从2013年开始，其内分配排放额度的体系与前两个交易阶段（2005~2012年）相比有较大变化：首先，按照在欧盟范围内充分协调的规则分配排放配额，也就是说相同的规则适用于所有欧盟成员国；其次，拍卖在电力行业内成为规范，这意味着欧盟排放交易体系下的大部分补贴都不再免费分配（IETA，2013）。

（二）实施能源政策与行动

欧盟在促进各成员国发展可再生能源方面采取了许多措施，如制定政策文件、设立支持计划、定期检查评估等。欧盟的可再生能源政策发端于1997年的《可再生能源战略和行动白皮书》（Energy for the Future: Renewable Sources of Energy, a White Paper for a Community Strategy and Action Plan），提出到2010年欧盟可再生能源的消费量要从 1997 年的约 6% 提高到 12%，并对具体的各种可再生能源提出了明确目标。该白皮书的目的是促进可再生能源的发展，以帮助实现能源政策的总体目标，促进可再生能源政策全面措施（黄梦华，2010）。

2000 年以来，为了促进可再生能源发展和提高能源利用效率，欧盟提出了不少新法律手段，欧洲议会和理事会通过了其中大多数。为对欧洲未来日益增长的能源依赖做出回应，2000 年欧盟委员会通过了《欧洲能源供应安全战略绿皮书》（Towards a European Strategy for Energy Supply Security—Green Paper），指出未来的重点是控制需求增长，管理能源供给对外部的依赖。控制需求增长需要通过实现市场内部化、能源税、节能和能源多样化计划、新技术的传播来实现。该绿皮书提出了关于能源进口多样化、通过提高能源利用效率减少能源消费及增加可再生能源使用的战略（黄梦华，2010）。

2001 年，欧盟发布了《促进可再生能源电力生产的指令》（Directive 2001/77/EC），要求到 2010 年欧盟 25 国电力总消费的 21% 来自可再生能源发电，以帮助实现 2010 年可再生能源使用量占总能源 12% 的目标。各成员国被要求在考虑欧盟目标的基础上，设立他们自己的来自可再生能源电力消费的 10 年期目标。

2003 年，欧盟发布《促进生物燃料发展的指令》（Directive 2003/30/EC），鼓励生物燃料同成本相对低的矿物燃料进行竞争，要求各成员国液体生物质燃料占能源消费总量的比例（以含能量计算）在 2005 年年底应达到 2%，2010 年年底应达到 5.75%。此目标是参考性而非强制性目标，成员国可自行决定是否遵守该目标的要求。同年欧盟颁布了《能源税指令》（Directive 2003/96/EC），允许各成员国免除生物燃料消费税以促进生物燃料的生产和使用，并对成员国能源税的征收范围、最低税率、差别税率和减免政策做出了规范。

2006 年，欧盟通过《欧盟未来三年能源政策行动计划》（2007～2009 年），提出要提高能源利用效率，以达到欧盟至 2020 年减少能源消耗 20% 的目标，要求各成员国要明确节约能源的"责任目标"，依照各国的经济与能源政策特点，确定主要的节能领域，以便迅速采取落实措施。同时，计划要求加大对研究新能源技术与开发绿色能源的力度，大力推动新型能源与绿色能源的使用工作，规定在 2007～2009 年要达到 10% 的可再生能源与自然能源的使用目标，并根据不同国家进行目标分解（何英，2009）。

2007 年 3 月，欧盟理事会提出了"关于能源和气候一揽子政策"的决议，把发展可再生能源作为未来低碳经济发展的重点，设定可再生能源在总能源消费中的比例提高到 20% 的约束性目标，包括生物质燃料占总燃料消费的比例不低于 10%，计划将能源利用效率提高 20%。

2008 年 1 月，欧盟理事会为实施上述决议提出了"气候行动和可再生能源一揽子计划"的新立法建议。最终于 2009 年通过了《可再生能源指令》（Renewable Energy Directive, 2009/28/EC），规定了欧盟促进可再生能源使用的一般性框架，以减少温室气体排放和促进更清洁的交通运输。其核心内容是到 2020 年，整个欧盟的能源消耗中，至少有 20% 来自可再生能源；此外，每个成员国的运输领域能源消耗中，至少有 10% 来自可再生能源（彭峰和陈力，2011）。

2011 年 12 月，欧盟委员会发布《2050 能源路线图》（EU Energy Roadmap 2050），期望借助此计划实现 2050 年欧盟的碳排放量比 1990 年减少 80%～90% 的目标，并提出了 4 种不同的路线：提高能源利用率、发展可再生能源、适度使用核能和开发 CCS 技术（European Commission，2013）。

2012 年，欧盟通过了《能源效率指令》（2012/27/EU），确保到 2020 年欧盟境内能源消费效率提高 25%，按照欧盟 2020 战略，届时欧盟境内的碳排放将减少 20%、可再生能源比重提高至 20%、能源利用效率将提高 20%（Townshend et al., 2013）。

2014 年 10 月，欧洲理事会宣布通过欧盟委员会于 2014 年 1 月提出的《2030 年气候与能源政策框架》，计划到 2030 年欧盟范围内可再生能源将占欧盟能源使用总量的至少 27%，能效至少提高 27%（European Council，2014）。

（三）开展适应气候变化的能力建设

由于科学对适应政策议程的推动，从 2005 年开始，欧盟各成员国开始制定和采取全面的国家适应战略，以进一步鼓励、促进和协调国家间的适应行动。2007 年 6 月 29 日，欧盟委员会发布有关适应气候变化的政策性绿皮书《欧洲适应气候变化——欧盟行动选择》（Adapting to Climate Change in Europe—Options for EU Action），确立了欧盟适应行动的四大支柱：在欧盟开展的早期行动，包括将适应纳入欧盟法律和资助计划的制订与执行过程中；将适应纳入欧盟的外部行动中，特别是加强与发展中国家的合作；通过集成气候研究扩大知识基础，从而减少不确定性；准备协调、全面的适应战略的过程，涉及欧洲社会、商务和公共部门（曾静静和曲建升，2013）。

2009 年 4 月，欧盟委员会发布《适应气候变化白皮书：面向一个欧洲行动框架》（White Paper—Adapting to Climate Change: Towards a European Framework for Action），详尽地分析了欧盟内部各区域已经面对和未来可能面对的气候变化后果，介绍了适应措施和政策框架，目的是降低欧盟对于气候变化的脆弱性（Townshend et al.，2013）。

2013年4月，欧盟发布《欧盟气候变化适应战略》，聚焦三大关键目标：促进欧盟各成员国之间的行动，更好的知情决策和不受气候变化影响的欧盟行动（European Commission，2013）。

2015年12月2日，欧洲环境署（European Environment Agency，EEA）发布题为"欧洲气候变化适应的国家监测、报告和评估"的报告，概述了欧洲国家气候变化适应的国家监测、报告和评估（monitoring，reporting and evaluation，MRE）系统，指出欧洲正在实施越来越多的倡议和措施，以适应欧洲国家、区域和地方层面上的当前和未来气候变化影响。报告着眼于欧洲国家层面上的监测、报告和评估系统的大量信息，概述了欧洲国家最新的适应行动，提供了关键方面（驱动力、管理、方法和信息渠道等）的见解，回顾了当前实践和未来的相关问题，并开展了国家层面的案例研究。报告发现，越来越多的欧洲国家已经在MRE系统上采取了行动。截至2015年10月，已有14个国家已经实施或者正在开发MRE系统。大多数实施MRE系统的欧洲国家旨在监测和报告国家适应战略计划行动和政策的实施进展情况，以及监测适应行动和政策实施的有效性（EEA，2015）。

此外，2009年欧盟还通过了《二氧化碳地质封存指令》，为环境安全地质封存CO_2建立了一个法律框架，它涵盖了欧盟所有在地质构造中的CO_2储存，制定的要求涉及存储地点的整个生命周期。对于勘探和存储及存储地点的选址标准实行许可证制度（Climate Policy Initiative，2013）。

（四）制定交通运输政策与行动

交通业也是欧盟立法的一个重要行业，在这个行业欧盟力图减排并提高能源利用效率。2009年6月欧盟通过了《清洁和节能道路运输车辆指令》和《新轿车排放性能标准》，2011年5月通过了《轻型商用车CO_2排放法规》，为运输车辆核定了环保要求和为新轿车及轻型商用车设定了排放性能标准，并且支持清洁车辆的研发（Townshend et al.，2013）。2009年6月欧盟的《燃油质量指令》规定了交通道路和航运的燃料质量标准，目标是到2020年把燃油在生产、输配和使用整个生命周期的温室气体排放强度降低10%以上（Climate Policy Initiative，2013）。

三、气候变化政策实施体制与机制

欧盟作为一个特殊的国际行为体，在气候治理中走在前列。在欧盟机构中，与气候变化治理有关的机构包括：欧洲议会（European Parliament）、欧盟环境部长理事会（Environment Ministers of EU Member States）、欧盟委员会、欧洲经济和社会委员会、欧洲地区委员会、欧洲法院和 EEA。欧洲议会和欧盟环境部长理事会共同享有欧洲环境政策的立法权，其中环境部长理事会的立法权强于议会。议会中的绿党在决策层面推动欧盟机构考虑环境问题，具有很强的影响力。欧盟委员会负责起草欧盟环境法律并确保法律的执行。欧洲经济和社会委员会及地区委员会在制定欧盟环境法律时向议会、理事会和委员会提供咨询性意见。欧洲法院负责解释欧盟的环境法律条款并受理有关环境问题的纠纷，在特殊情况下，也可以对欧盟决策机构是否将环境纳入其政策领域进行司法审查。EEA 是欧盟环境保护统计咨询机构，其任务是"为欧盟、成员国和其他国家制定和执行环境保护法律法规及政策提供环境统计数据，并对各类环境保护政策措施的实施效果进行预测，提供有关的咨询"（刘华，2013）。

在气候变化治理的决策中，欧盟委员会、欧洲议会和欧盟环境部长理事会发挥了主要作用。在欧盟气候变化治理决策制定过程中，地方政府、学术团体、NGO、相关利益集团通过各种渠道和方式对决策进行影响。而且这种围绕在欧盟机构之外的行为主体通过持续性的合作和影响，在政策制定过程中形成了一种非制度性的参与体系。

在欧盟气候变化治理决策制定过程中，在欧盟机构内主要以欧洲议会、欧盟环境部长理事会、欧盟委员会为框架依托，成员国和次国家行为体通过谈判、协商、提供信息、游说等方式施加影响，构成了多层主体参与决策的模式。

第二节 应对气候变化国际科技合作及实施机制

一、应对气候变化的国际科技合作概况

欧盟一向注重开展气候变化国际科技合作，近年来通过一系列框架加强这种合作。2005 年欧盟发布《赢得全球气候变化之战》（Winning the Battle Against

Climate Change）通信文件，概述了 2012 年后欧盟战略的关键要素，特别呼吁要加强与第三国合作应对气候变化问题。

欧盟与许多重要战略合作伙伴建立了双边协议，其中包括经济合作与发展组织（Organization for Economic Co-operation and Development，OECD）的许多国家，如美国、加拿大、日本和澳大利亚，还有《联合国气候变化框架公约》附件Ⅰ国家，如俄罗斯和乌克兰。在发展中国家，欧盟与许多新兴经济体建立了气候变化伙伴关系或开展了气候变化合作对话，如巴西、印度、中国、韩国和南非。

欧盟也与相当多的区域组织互相合作共同关注环境和气候变化问题，如非洲、加勒比和太平洋国家集团（African，Caribbean and Pacific Group，ACP）国家、亚欧会议（Asia Europe Meeting，ASEM）、东南亚国家联盟（Association of Southeast Asian Nations，ASEAN）、海湾合作委员会（Gulf Cooperation Council，GCC）、拉丁美洲和加勒比地区（Latin America and the Caribbean，LAC）国家，以及石油输出国组织（Organization of Petroleum Exporting Countries，OPEC）国家（European Commission，2015b）。

二、应对气候变化的国际科技合作机制

（一）向其他国家提供气候变化援助基金

在应对气候变化问题时，全球各国由于自身环境和发展水平各异，需要采取不同类型的行动。发展中国家需要资金和技术援助，欧盟认为金融支持应该基于发展中国家制定的低碳发展战略。

欧盟对外援助主要由欧洲共同体集中管理，欧盟发展合作总司负责制定援外政策、策划援外行动，欧盟主要成员国也成立了自己的援外管理机构（辛秉清等，2014）。过去几年中欧盟与气候变化相关的多边和双边融资贡献持续增加，2012 年达到 7.34 亿欧元的峰值。2008～2012 年，欧盟承诺对发展中国家的气候变化相关活动提供 30 亿欧元的资助。欧盟及其成员国承诺 2010～2102 年为"快速启动基金"（Fast-Start Finance）提供 73 亿欧元。

欧盟对最贫穷和最脆弱国家的支持不断增加，主要是通过实施全球气候变化联盟（Global Climate Change Alliance，GCCA）（见下文案例）（王扣和付鑫金，2012），以及增加对适应的财政支持等方式。

案例：欧盟全球气候变化联盟

欧盟全球气候变化联盟（GCCA）于 2007 年由欧盟委员会提议成立，旨在

加强欧盟与贫穷的发展中国家,尤其是那些最不发达国家和小岛屿发展中国家之间的对话交流和相互合作,共同努力应对气候变化。目前已有38个国家和8个地区的51个项目受到GCCA的支持。

GCCA的优先领域包括以下五类:适应性、减少毁林和森林退化导致的排放量(Reducing Emissions from Deforestation and Degradation, REDD)、加强CDM的参与、减少灾害风险和将气候变化纳入减贫发展战略。

GCCA的运作方式包括两种:一是为欧盟及其合作的发展中国家提供平台,开展将气候变化纳入发展战略的实用方法方面的对话与经验交流。二是采取直接合作,联盟提供技术和财政支持目标发展中国家,提供适应和减缓措施,并将气候变化纳入发展战略。

2009年欧盟成立GCCA全球支持机构(Global Support Facility, GSF),旨在促进对话进程,协助确定、评估和制定具体的合作项目和方案。GSF的主要目标为组织GCCA国际对话活动和技术研讨会,就GCCA受惠国在识别和制订具体干预措施上提供支持。GSF的职能包括汇编和分析来自国家、地区和国际交流的国家适应行动计划(National Adaptation Programmes of Action, NAPAs)(如适用)、技术需求评估、国家能力自我评估等,以及现有的气候国家数据和信息;与选定的合作伙伴国家和利益相关者合作,确定和制订GCCA干预措施。

2015年10月29日,欧盟宣布启动"全球气候变化联盟"第二阶段(GCCA+)工作,以帮助发展中国家应对气候变化。截止到2020年,除了利用私人和国家公共投资外,欧盟还会向该联盟提供大约3.5亿欧元的欧盟基金。GCCA+的技术支持主要关注以下三个重点领域:整体考虑气候变化和减贫;提高国家应对气候变化的抵抗能力;制定基于部门的气候变化适应和减缓策略。

非洲是欧盟气候变化合作伙伴重要成员之一。欧盟和非洲国家分享应对气候变化的共同观点和目标。欧盟与非洲合作是通过非洲-欧盟气候变化与环境战略伙伴关系(Africa-EU strategic partnership on climate change and environment)实施,其中包括一系列应对气候变化的关键战略。此外,欧盟还会偶尔参与非洲部长级环境会议(African Ministerial Conference on Environment, AMCEN)。

能力发展也是欧盟开展援助的核心之一。欧盟在第三世界国家开展一系列与气候有关的能力发展行动,包括加强当地机构的适应、减缓、气候融资能力,以及将气候变化融入国家政策制定中的能力。

（二）支持其他国家参与欧盟研究计划

欧盟支持其他非欧盟国家参与欧盟气候变化相关的研究计划，上文提到的欧盟的大多数研究计划都对其"国际合作伙伴国家"（international cooperation partner countries）开放。

2008年9月，欧盟出台了"欧盟国际科技合作战略框架"（A Strategic European Framework for International Science and Technology Cooperation），它是欧盟今后与第三国开展国际科技合作的指导性文件，也是欧盟实现其里斯本战略的需要。为此，欧盟在提升创新能力方面采取了一系列措施，其中包括推出FP7（2007～2013年），以及发展与包括中国在内的新兴经济体的科技合作等。

欧盟开展国际科技合作最重要的手段之一就是欧盟框架计划。国际合作也是欧盟框架计划的主要特征之一，包括从开展大规模的国际合作行动到提高研究人员的流动性。欧盟第七框架计划把环境（包括气候变化）作为优先领域之一，鼓励并资助欧盟科研机构与发展中国家开展技术合作。此外，虽然欧盟资助的气候研究活动主要集中在欧盟，但是相当数量的研究活动是针对欧洲以外的脆弱生态系统和地区。2007～2013年，FP7对气候变化相关的研究提供了8亿欧元资助，其中大多数资助通过"合作计划"（cooperation programme）机制提供给了合作研究项目（UNFCCC，2014）。

欧盟SET计划提出要重视国际科技合作，欧盟委员会认为，为应对全球挑战，国际社会的努力与合作是必需的。欧盟注重面向不发达国家开展气候变化技术援外，认为不同的国家要采取不同的行动。欧盟与发展中国家进行气候变化科技合作的具体方式包括：与发展中国家合作建立网络化能源技术研究中心；在发展中国家建设有市场前景的新能源技术工业化示范项目；进一步发挥相关创新基金的作用，为发展中国家提供一定的资金支持；发挥CDM的作用，增加发展中国家减排项目的投资（陈宏生，2009）。

（三）参与国际合作计划与公约

欧盟的研究为气候变化科学的发展做出了重要贡献，特别是在IPCC报告的制作过程中，2008年欧盟建立了一个专门的有关IPCC活动的欧盟内部联络小组。欧盟积极参与生物多样性和生态系统服务政府间科学政策平台（Intergovernmental Science-Policy Platform on Bio-diversity and Ecosystem Services，IPBES）、《联合国气候变化框架公约》等国际计划与公约。

欧盟积极参与能源技术多边合作计划和国际能源署（International Energy Agency，IEA）相关执行协议。当前，欧盟已经参加了国际能源署 20 个执行协议。

三、中国与欧盟应对气候变化的科技合作与实施机制

中国与欧盟自 2005 年确立气候变化双边伙伴关系以来，在应对气候变化领域开展了一系列合作：建立气候变化伙伴关系，为双方气候合作进行战略规划；创建首脑级、部长级、高官级和项目级等多层次的气候对话与合作机制；通过 CDM、官方技术合作项目及若干能源项目等多个合作渠道开展气候合作行动；在《联合国气候变化框架公约》多边机制下开展气候谈判中的对话与合作（孔凡伟，2011）。

（一）建立中欧气候变化伙伴关系

2005 年 9 月 5 日，中国与欧盟在北京峰会上发表了《中国和欧盟气候变化联合宣言》，建立了气候变化双边伙伴关系。2006 年 9 月 9 日在赫尔辛基举行的中欧峰会上，双方领导人确认，中欧双方承诺遵守该伙伴关系。

为实施并实现气候变化联合宣言设定的目标，中国和欧盟于 2006 年 10 月 19 日在双边磋商机制第二次会议上达成中欧气候变化双边伙伴关系滚动工作计划。双方确定合作的优先领域包括：能源效率与能源节约、新能源与可再生能源、洁煤技术与近零排放发电的 CO_2 收集与埋存、CH_4 回收与利用、氢能和燃料电池、发电与电力传输、CDM 及排放贸易安排等其他以市场为基础的政策工具、环境变化的影响与适应、能力与机构建设，以及提升公众意识（中华人民共和国外交部，2006）。

（二）创建多层次的气候对话与合作机制

中欧之间创建了多层次的对话与合作机制，主要包括：①中欧峰会框架下的首脑级气候对话机制；② 2010 年 4 月，中华人民共和国国家发展和改革委员会（简称国家发改委）副主任解振华和欧盟委员会气候行动委员康妮·赫泽高发表中欧气候变化对话与合作联合声明，形成了中欧气候变化部长级对话与合作机制；③中欧气候变化伙伴关系框架下的高官级磋商机制；④基于项目层次上的对话机制（孔凡伟，2011）。

（三）多渠道开展气候合作行动

清洁能源、CCS 与碳排放交易机制为中欧双方气候合作的主要领域，迄今

双方已在政策层面、双边合作、多边渠道等气候变化交流方面形成了各种有效和战略性的合作网络化机制。2007年欧洲投资银行（European Investment Bank，EIB）向中国提供5亿欧元的贷款，支持国家发改委的国家气候变化计划，主要关注可再生能源资源、提高能效、温室气体捕获与利用及植树造林项目。2007年中欧合作创建了280万欧元的中欧CDM促进项目，通过研究、能力发展、技术交流和培训支持中国CDM。此外，中国许多研究机构也获得欧盟FP6和FP7的资助。

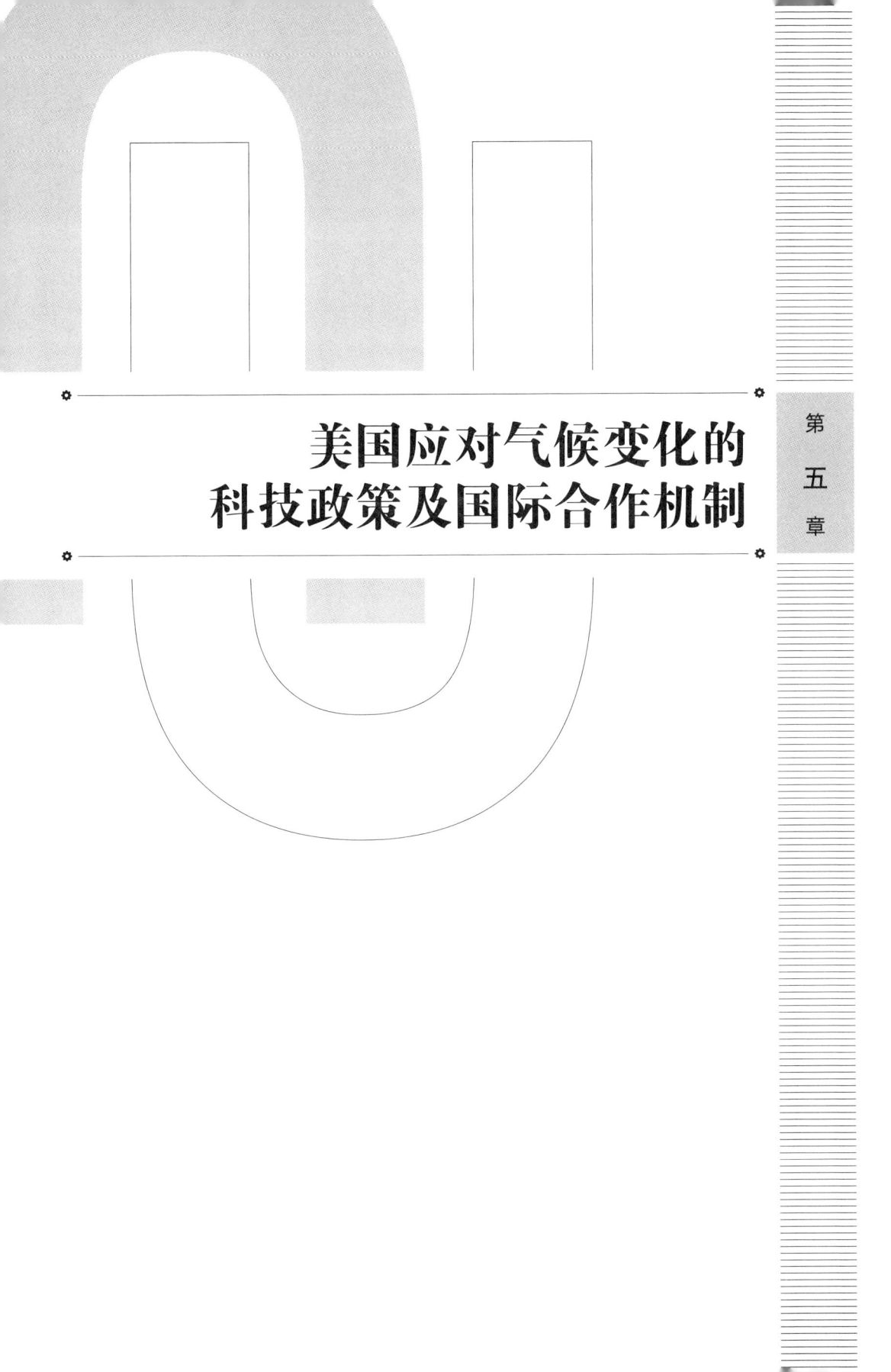

美国应对气候变化的科技政策及国际合作机制

第五章

第一节　应对气候变化的科技政策及行动

一、应对气候变化的科技战略部署

（一）建立应对气候变化的科技计划体系

美国在全球气候变化研究和技术开发方面发挥着领导作用，在诸多领域居于世界领先地位。美国政府高度重视气候变化科技工作，并注重加强协调、战略分析和评估方面的工作。2002年，布什当政时期政府推出了跨部门的气候变化科学计划（Climate Change Science Program，CCSP）和气候变化技术计划（Climate Change Technology Program，CCTP），形成了美国完整的气候变化科技计划体系。CCSP在增进对由自然和人为原因引起的地球环境系统的变化的科学理解方面发挥着十分积极的作用。目前，CCSP已更名为全球变化研究计划（U.S. Global Change Research Plan，USGCRP），但气候变化研究仍属于核心内容，相关投入每年达25亿美元之多。由美国能源部（Department of Energy，DOE）牵头的CCTP则在技术研究、开发、示范和商业化方面开展了大量工作，目前每年的预算投入超过50亿美元。USGCRP和CCTP还以法律的形式确定了下来，分别得到了1990年的《全球变化研究法》和2005年的《能源政策法》的授权。

（二）致力于向清洁能源经济转型

美国政府不仅致力于提高对全球气候变化的认识，还促进温室气体减排技术的研发部署。特别是奥巴马执政后，美国政府致力于推动清洁能源技术的革命，以降低对能源进口的依赖，减少气候变化带来的影响，同时创造绿色就业岗位。为了向清洁能源转型，奥巴马执政政府提出了五大中长期能源目标：2025年石油进口量削减1/3；2015年电动车数量达到100万辆；2020年建筑能效提高20%；2035年可再生能源电力占80%；2020年温室气体排放量在2005年的基础上降低17%，2050年降低83%。

在金融危机的背景下，2009年的《美国经济复苏与再投资法》额外投入了超过250亿美元的资金，以支持先进技术汽车、智能电网、可再生能源、CCS等清洁能源技术的发展。2009年出台并于2011年更新的《美国创新战略》强调,要发动清洁能源革命,加速清洁能源技术开发。该战略指出,创新的能源技术将在21世纪的全球经济中发挥重要作用。2011年年初,奥巴马总统在国情咨文中重申了其创新议程,并将发展清洁能源作为重点内容。创新议程还特别呼吁终止对化石燃料每年约40亿美元的补贴,增加对清洁能源技术的资助力度,为实现可再生能源发展目标做出更多努力。2012年,奥巴马执政政府还仿效登月计划(moonshot)的提法,启动了sunshot倡议,以使太阳能发电到2020年具有市场竞争力。

(三)建立一套新的清洁能源研发机制

能源创新往往发生在交叉领域,美国能源部通过建立新的研究架构,强调以目标为导向和多学科融合,更好地连接基础研究和应用研究,并鼓励产学研合作。近年来,美国能源部建立了一套新的能源研发和创新体系,包括能源前沿研究中心、能源创新中心、先进能源研究项目署和能源制造业合作伙伴等,来加强跨学科和创新链不同发展阶段的融合。

1. 能源前沿研究中心

能源前沿研究中心的使命是利用过去10年中大多由美国能源部科学局支持研发的纳米技术、高强度光源、中子散射源、超级计算及其他先进仪器方面的最新发展,为在太阳能、生物燃料、能源效率、电力存储和传输、洁净煤、CCS、核能方面取得革命性进展奠定科学基础。2009年美国能源部确定了46个能源前沿研究中心项目,以加快实现能源领域的重大科学突破。每年每个项目的资助额度为200万~500万美元,5年的总预算为7.77亿美元。美国已确立的46个能源前沿研究中心的牵头单位有31所大学、12家能源部国家实验室、2个非盈利组织和1家私营研究实验室,参与机构总数共有106家,参与研究的高级研究人员近700人。如果将1100名博士后研究人员、研究生、本科生和技术支持人员算在内,总参与人员约1800人。

从大的主题领域看,这些能源前沿研究中心分为四类,其中有关可再生能源与"碳中和"能源(太阳能、先进核能系统、生物燃料)的有20个;能源效率(清洁高效燃烧、半导体照明、超导)有6个;储能研究(氢能、电能储存)有6个;另外14个涉及交叉性的科学研究(包括催化、极端条件下的材料等)。

2. 能源创新中心

作为美国清洁能源战略的一部分,美国能源部建设能源创新中心的目的是组建科学家和工程师团队,加快能源技术的科学发现,缩短从实验室创新到技术开发和商业部署的路径。能源创新中心是美国能源部效仿曼哈顿计划的管理模式设立的。能源创新中心是由许多研究人员、多家机构参与的跨学科的研究中心。能源创新中心将汇集来自大学、产业界和政府的顶尖研究人员，去攻克能源技术发展中的关键难题。美国政府希望通过若干能源创新中心的设立，在特定领域培育世界一流的能源研发中心，并推动美国在新兴绿色经济中的领先地位。奥巴马执政政府计划建立8个能源创新中心，分别涉及节能建筑、太阳能发电、电网、CCS、极端材料、核能建模与模拟、光合燃料、电池和能源存储。其中，人工光合作用联合中心、大费城节能建筑创新中心、核能建模与仿真能源创新中心是首批已经建立的3个能源创新中心，从2010年开始每个中心在5年内将获得1.22亿美元的资助。

3. 先进能源研究项目署

仿照国防部下属的高级研究计划局模式，美国能源部创建了先进能源研究计划署（Advanced Research Projects Agency-Energy，ARPA-E）。它的使命是支持敏捷的、创造性的技术路径，为气候变化和能源安全提供新的变革性的解决方案。与国防部高级研究计划局一样，先进能源研究项目署强调对高风险、高回报的研究的资助。受资助项目通常具有很高的商业潜力，但对产业界来说投资开发又觉得风险太高。先进能源研究项目署的设立最初是在2007年美国国会通过的《美国竞争法案》中提出的。2009年4月，美国总统奥巴马在《2009年美国复苏与再投资法案》中专门为先进能源研究项目署投入了4亿美元资金。自设立以来，先进能源研究项目署资助的项目涉及能源储存、生物燃料、CCS、可再生能源发电、建筑能效、新能源汽车等多个技术领域。

（四）明确未来清洁能源研发战略方向

2011年9月，美国能源部效仿美国国防部的《四年防务评估报告》，发布了该机构成立以来的首份《四年技术评估报告》。在对美国能源形势进行分析的基础上，这份报告描绘了美国的未来能源技术研发战略，提出将加大电动汽车和智能电网的研发投入，而不是把重点放在过于超前的先锋技术上。

为了完成奥巴马提出的五大中长期能源目标，报告针对交通部门和固定能源部门，依次列出了能源部应优先关注的六大战略：提高车辆能效，使轻型车辆电动化，推广车用替代燃料，提高建筑能效和工业能效，使电网现代化，部署清洁发电。

报告强调，研发投入要权衡时间表，要使近期影响、中期影响和远期影响相协调。报告称,"目前能源部将太多精力用于那些距离实际应用十分遥远的技术",而电动汽车和现代电网的研发投入不足。不过,报告也指出,基础研究和新兴技术会产生重大突破,只要私营部门投入稀少,就必须依然是能源部研发投资组合中的一部分。能源部将保留20%的研发资金用于突破性技术的研发,如先进能源研究项目署管理的技术研发项目。

报告称,能源安全、国家竞争力和环境影响是长期存在的三大挑战,能源研发投入应权衡三大挑战。而在2011财年美国能源部30亿美元的能源技术研发预算中,51%用于清洁发电,19%用于工业节能和建筑节能。流向交通运输领域的比例为26%,其中13%用于研发替代燃料,仅9%用于电动汽车,4%用于车辆能效。报告称,未来能源部将更加重视交通部门的能源技术研发,因为这会对所有的三大能源挑战产生影响,而且交通部门的技术扩散速度比电力和供热这些固定能源部门更快,其创新更能立竿见影。

报告指出,目前美国"最紧迫的威胁"是交通运输行业对石油的严重依赖,这将对气候变化产生长期不可逆转的负面影响。"高度依赖石油是当前美国经济和国家安全的最大威胁,提高车辆能效是短中期内缓解这一问题的最佳手段,而轻型车辆电动化则是提高能效和减少石油依赖的战略性解决方案,能源部将在这一领域大幅提高投入。"至于生物燃料,报告称,对于重型卡车,能源部将支持生物柴油研究,因为"乙醇燃料既非完全便于利用的燃料,也不适合重型车辆,同时它已得到充足的私人投资,因此美国能源部未来将不再把生产乙醇的转化技术列为高度优先的技术"。

在固定能源部门,现代电网和建筑节能将更加受到重视。在清洁发电方面,能源部将继续资助CCS技术研究,因为CCS技术符合现有的大型电力基础设施。报告也强调了小型模块化发电技术相对于百万、千万级以上发电设施的多重优势。报告还认为,目前日本福岛核事故对全球核能扩张的中长期影响并不明朗,维持美国的民用核能专长和能力对于国家的战略安全很重要。能源部将重点支持与小型模块化核反应堆相关的信息收集与分析和基础工程研究。

二、应对气候变化的科技计划

(一)全球变化研究计划

美国是最早开展全球变化研究的国家之一。美国全球变化研究计划(USGCRP)是世界最大的气候变化领域专门计划,由美国13个部门和机构参与。参加的部委包括美国农业部、商务部、国防部、能源部、健康与公共服务部、国务院、交通部、内政部、环境保护署、国家航空航天局、国家科学基金会、国际开发署,以及史密森学会等单位。

1989 年,USGCRP 以总统提案启动,组织美国科学界和政界联合对全球变化进行前期研究;1990 年,美国国会通过《全球变化研究法案》(Global Change Research Act,GCRA),该法案号召"建立一个全方位的、集成的研究计划,帮助美国和世界理解、评估、预测和响应人类活动引起的和自然发生的全球变化的进程"。以《全球变化研究法案》为依据,USGCRP 正式启动。自成立以来,USGCRP 成功地集中了美国各方面的资源、政策和力量,形成了全世界最强大的全球变化研究基础设施和持续领先的研究能力,提出了一系列核心研究领域和前沿科学问题,建立了一支在国内外有重要影响的、活跃在各个领域的科学家队伍,取得了预期的阶段性成就(申丹娜,2011)。

美国全球变化的发展经历了以下几个阶段(申丹娜,2011)。

(1)计划的前期研究阶段(1988～1989年)。在此期间,由美国总统提议,USGCRP 进入前期研究阶段,在这一阶段内,该计划更多的是强调机构间的合作和协作推动,强调 USGCRP 的整体性。

(2)计划的启动阶段(1990～2000年)。经过科技界和政界一年多的准备和联合预研究,1990年国会取得一致意见,顺利通过了《美国全球变化研究法案》。随着该法案的颁布,USGCRP 得到国会的支持,从而成为一项国家行动。法案要求,"一项综合和整体的美国研究计划,将帮助美国和世界对由人类和自然过程导致的全球变化进行理解、评估、预测和响应"。

(3)计划的转型阶段(2001～2008年)。2001年,美国总统布什启动了气候变化研究行动(Climate Change Research Initiative,CCRI),由于 CCRI 重点发展短期决策支持信息,总统要求,CCRI 需与现行的 USGCRP 紧密结合,以确保研究内容的一致性,因此在随后一年(2002年),布什当政时期政府宣布将 USGCRP 和 CCRI 一起整合成 CCSP,该计划遵守《全球变化研究法案》的要求,包括递交年度报告,由国家研究理事会科学评估,并定期出版十年战略规划等。这一行动标志着美国政府更加注重对气候变化的研究和投入,也标志着 USGCRP 得到了更多的经费支持。

(4)计划持续发展阶段(2009年至今)。自 2009 年奥巴马执政以来,在《全球变化研究法案》的指引下,奥巴马执政政府全力推动 USGCRP。2010 年,奥巴马总统以保持与《全球变化研究法案》的一致性为缘由,决定终止"气候变化科学计划"的提法,恢复"全球变化研究计划"的称号,但气候变化研究仍是核心内容。

美国政府在 USGCRP 中长期而稳定的经费投入,是其得以顺利进行的重要保障。USGCRP 颁布的 2016 财政年度预算约为 27 亿美元,较 2015 财年增长 2.23 亿美元(表 5-1)(USGCRP,2015)。2014～2016 财年,USGCRP 年度预算超过 25 亿美元(USGCRP,2015)。

表 5-1　2014～2016 财年 USGCRP 各参与机构预算情况（单位:百万美元）

机构	2014财年预算执行	2015财年预算制定	2016财年预算请求
农业部	111	94	111
商务部	300	312	331
能源部	217	214	241
健康与公共服务部	8	8	8
内政部	54	56	83
交通部	1	1	1
环境保护署	18	16	22
国家航空航天局	1426	1419	1538
国家科学基金会	313	331	341
史密森学会	8	8	8
合计	2455	2459	2682

资料来源:作者根据相关资料整理

(二)气候变化技术计划

气候变化技术计划(CCTP)以加快技术研发进度为目的,协调美国政府各部门在气候相关技术的研究、开发、示范、商业化方面的投资。CCTP 由能源部领导,还涉及农业部、商务部、国防部、内政部、国务院、交通部、环境保护署、国家科学基金会等多个部门。CCTP 愿景是在全球范围内与其他机构合作的基础上,获得能提供充足、清洁、安全和经济的能源的技术能力,促进保持经济增长的相关服务,同时减少温室气体的排放,减缓气候变化带来的危害。

2005 年 8 月和 2006 年 9 月,美国政府先后出台了《气候变化技术计划战略和规划的框架和愿景》和《气候变化技术计划战略计划》,以指导联邦政府的气候技术工作,确定工作重点。战略计划包括 6 个相互补充的目标:①减少来自能源使用和基础设施的温室气体排放量;②减少来自能源供应的温室气体排放量;③碳捕获与封存;④减少其他温室气体的排放量;⑤测度和监测温室气体排放量;⑥增强基础科学的贡献。战略计划还提出了实现这些目标的技术路线图(表 5-2)。

表 5-2　美国 21 世纪气候变化技术开发和部署路线图

总体目标	近期目标	中期目标	远期目标
目标1：通过能源终端利用和基础设施减排	（1）混合动力汽车和混合动力电动汽车 （2）智能型城市设计 （3）高性能一体化住宅 （4）高效电器装置 （5）高效锅炉和燃烧系统 （6）高温超导线材	（1）燃料电池汽车和氢燃料 （2）低排放飞机 （3）固态照明 （4）超高效采暖通风与空调 （5）智能建筑 （6）能源密集型产业部门的转型技术 （7）平衡负载的能源储存	（1）推广智能型城市设计和地区规划 （2）能源管理社区的实现 （3）工业热电联产技术 （4）超导传输和设备
目标2：能源供应	（1）煤气化联合循环技术（IGCC）商业化 （2）稳定的氢燃料电池 （3）具有成本竞争力的太阳能光伏 （4）纤维素乙醇示范与利用 （5）分布式发电系统 （6）先进的裂变反应堆和燃料循环技术	（1）未来电站项目（future-gen）的放大 （2）煤炭/生物质产氢 （3）低速风力涡轮机 （4）先进的生物炼制 （5）太阳能社区 （6）第四代核电站 （7）核聚变试验电厂的示范	（1）零排放化石能源 （2）氢和电力经济 （3）可再生能源的广泛使用 （4）生物质能和生物燃料 （5）核电的广泛使用 （6）核聚变电厂
目标3：碳捕获与封存	（1）碳封存领导人论坛和碳封存区域合作伙伴关系 （2）燃烧后捕获 （3）富氧燃烧技术 （4）提高碳氢化合物的采收率 （5）地质封存 （6）土壤保护 （7）直接排放的CO_2的有效稀释	（1）地质封存安全性验证 （2）CO_2运输基础设施 （3）土壤吸收和土地使用 （4）海洋CO_2的生物影响的处理	（1）CO_2封存成功经验的追踪记录 （2）大规模封存 （3）碳基和基于CO_2的产品和材料 （4）安全的长期海洋存储
目标4：减少其他温室气体排放	（1）甲烷市场化和回收利用 （2）精细农业 （3）先进的制冷技术 （4）汽车颗粒物排放控制技术	（1）先进的垃圾填埋气利用 （2）土壤微生物过程 （3）六氟化硫替代技术 （4）减少柴油发动机氧化亚氮排放的催化剂	（1）废弃物自动分拣、处理和循环综合管理系统 （2）零排放农业 （3）固态制冷/空调系统
目标5：测量和监测	低成本传感器和通信	（1）大规模、可靠的数据储存系统 （2）直接测量，以替代代理变量和估计值	平稳运行的综合测量和监测系统架构（传感器、指示器、数据可视化和储存、模型）

三、应对气候变化的行动与主要举措

美国政府将气候变化问题列入其工作议程已有很长的历史，特别是在参与《联合国气候变化框架公约》及其《京都议定书》的过程中。1997 年，美国克林顿当政时期政府同意通过《京都议定书》，并在随后签署《京都议定书》。然而，克林顿政府当政时期没有把《京都议定书》提交给国会批准，每年都需通过"行政命令"拨款10亿美元来保证其气候变化行动的实施，鼓励使用清洁能源、提高能源利用率和减排温室气体（王邦中，2002）。

1997年7月25日，美国参议院通过《伯瑞德-海格尔决议》（Byrd-Hagel Resolution）。该决议的核心内容是，在以下任何一种情况下，美国不得签署任何与1992年《联合国气候变化框架公约》有关的议定书或协定：①《联合国气候变化框架公约》的发展中国家缔约方不同时承诺承担限制或者减少温室气体排放义务，却要求美国等发达国家缔约方承诺承担限制或者减少温室气体排放义务；②签署该议定书或协定将会严重危害美国经济。这一决议成为影响美国布什当政时期政府的重要政策。

2001年，布什当政时期的美国政府宣布退出《京都议定书》，同时提出新的气候变化战略。这一新的气候变化战略抛开了《京都议定书》的量化减排目标（《京都议定书》规定美国要在2008～2012年使温室气体排放量比1990年减少7%），发布了以降低温室气体强度为核心的《全球气候变化行动计划》（Global Climate Change Initiative，GCCI），作为替代《京都议定书》的气候新政策。该政策的目标是，在未来10年（2002～2012年），将每百万美元GDP的温室气体排放量削减18%，即从2002年的每百万美元GDP排放183t碳下降到2012年的151t碳。这一政策的实际结果是美国温室气体排放量继续缓慢增长（曲建升等，2003）。美国政府退出《京都议定书》及其气候变化政策的调整引起了国际社会的广泛关注和强烈不满。

布什当政时期政府制定气候变化政策是以维护美国自身利益并满足其政策和外交需要为出发点。战略制定的基点主要包括三个方面：①对于全球变暖的科学认识目前尚不充分，重点寻找有关全球变暖及不确定性方面的新证据；②在气候政策方面，将在开发新技术、利用市场机制和加强碳汇三方面继续努力；③在公平和责任分担方面，将突出"效率"优先原则，按单位GDP或单位产品分配排放权。

布什在执政后期（2007年以来），对气候变化的态度发生了较为明显的转变，提出要用更大的力度发展太阳能、核能、清洁煤等技术，通过技术创新和转让来应对气候变化。布什于2007年12月19日签署的《能源自主与安全法案》（Energy Independence and Security Act）规定，到2020年，美国汽车工业必须使汽车油耗比目前降低40%，使汽车达到平均每加仑①燃油行驶35英里②的水平。

---

① 1加仑（gal）=3.785 43L。
② 1英里（mi）=1.609 344km。

这是自 1975 年以来美国国会首次通过立法提高汽车和轻卡车燃料经济标准。新能源法案还鼓励大幅增加生物燃料乙醇的使用量，使其到 2022 年达到 360 亿加仑，其中 210 亿加仑必须来自木屑和杂草制造的纤维素乙醇。

奥巴马上台后，美国政府在气候变化问题上的态度较小布什执政期间有了较大的转变，提出要在气候变化问题上发挥领导作用。在金融危机的背景下，奥巴马执政政府在发展清洁能源经济方面做出了许多重大部署，以此作为振兴经济的切入点。通过 2009 年 2 月签署的《美国经济复苏与再投资法案》，美国政府将 900 多亿美元用于清洁能源投资，以创造绿色就业，加速向能源独立的清洁经济转型，并帮助应对气候变化。2009 年 5 月 19 日，奥巴马宣布了新汽车尾气排放的严格标准，建立了第一个针对汽车燃油排放的全国性温室气体排放标准，从而推动美国汽车制造商显著地提高汽车燃油能效。该标准要求，2016 年美国汽车每加仑汽油的行驶里程需要达到 35.5 英里（相当于每升汽油行驶 15.08km），这比 2007 年通过的《能源自主与安全法案》提前了 4 年。其中，大多数轿车必须达到每加仑汽油行驶 39 英里（相当于 16.57km/L），轻型卡车必须符合每加仑汽油行驶 30 英里（相当于 12.74km/L）。该标准可节省 18 亿桶石油，并实现削减 900Mt 的温室气体排放量，相当于关闭了 194 个燃煤电厂。2009 年 12 月，在《联合国气候变化框架公约》第 15 次缔约方会议上，奥巴马提出了美国的温室气体减排目标：与 2005 年相比，到 2012 年温室气体排放量降低 3%，到 2020 年降低 17%，到 2050 年降低 83%。

2009 年，由民主党人起草的《美国清洁能源与安全法案》则将能源与温室气体减排综合考虑，在美国众议院以微弱优势获得通过，曾引起美国国内的热议和各国的广泛关注。这一法案包括上述中长期减排目标、碳排放配额与交易制度、更严格的汽车 CO_2 排放标准、可再生能源配额等主要内容，但在 2010 年美国参议院的审议中最终因为众多议员担心影响美国经济发展而遭到搁置。

美国联邦政府通过约 80 项能源政策和措施来促进终端能效提高、清洁能源开发和农业温室气体减排方面的投资，但部分可再生能源激励措施因缺乏连续性而受到诟病。为加强对机动车辆尾气排放的管制，2010 年，美国政府公布了汽车和轻型卡车的燃料经济性标准和 CO_2 排放标准，2012～2016 年，这些标准使新车车型的燃油经济性每年提高 4.3%，平均 CO_2 排放量从每千米 183g 降至 155g。未来更加严格的车辆排放标准也已拟订。奥巴马还签署了关于联邦政府可持续发展的行政令，承诺联邦政府要率先垂范，要求联邦机构制定 2020 年温室气体减排目标,提高能效,并减少车队的石油消耗量。

2010年10月14日,美国机构间气候变化适应特别工作组(Interagency Climate Change Adaptation Task Force)发布《机构间气候变化适应特别工作组进展报告:支持国家气候变化适应战略的行动建议》(Progress Report of the Interagency Climate Change Adaptation Task Force: Recommended Actions in Support of a National Climate Change Adaptation Strategy),报告向奥巴马总统陈述了联邦机构的政策与计划如何更好地为美国应对气候变化影响做准备。报告建议,联邦政府应该立即采取以下行动,以提高美国更好地认识和应对气候变化的能力(The White House Council on Environmental Quality,2010):①在整个联邦政府中提倡适应计划并将其纳入主流;②将科学集成到决策之中;③解决关键的跨部门问题;④加强领导和支持国际气候变化适应的行动;⑤协调联邦政府支持适应的能力。

2013年6月25日,美国总统奥巴马在乔治城大学演讲时,宣布了《总统气候行动计划》(The President's Climate Action Plan),旨在通过持续、负责的行动削减碳排放,应对气候变化的影响,并引领国际应对气候变化的行动。该计划基于奥巴马总统第一任期内所取得的显著进展,详细阐述了奥巴马即将在其第二任期采取的应对气候变化的一揽子举措(Executive Office of the President,2013):①部署清洁能源;②构建21世纪的运输部门;③削减家庭、企业和工厂的能源浪费;④减少其他温室气体排放;⑤领导联邦一级的行动。

2014年3月28日,美国白宫发布《气候行动计划——削减CH_4排放战略》(Climate Action Plan—Strategy to Cut Methane Emissions),概述了CH_4的排放源、削减这一强效的温室气体排放的新举措,以及政府为改进CH_4排放测量的行动,并强调以技术和产业为主导的削减CH_4排放的最佳实践(The White House,2014a)。

2014年8月,美国农业部、环境保护署和能源部联合发布的《沼气机遇路线图》(Biogas Opportunities Roadmap)指出,在美国发展可行的沼气行业可以刺激经济,并提供可靠的可再生能源来源,同时减少温室气体排放。提高沼气生产既支持了奥巴马减少甲烷排放的气候行动计划目标,也增加了能源独立和安全性。路线图确定了联邦政府增加沼气使用需要采取的行动,以实现可再生能源目标、增强经济,以及减少甲烷排放。这些行动包括:①通过现有的机构计划促进沼气的利用;②促进对沼气系统的投资;③加强沼气系统及其产品的市场;④提高沟通和协调能力(USDA et al.,2014)。

2016年2月6日,美国白宫宣布推动"创新使命"(mission innovation)发展的下一步计划，计划至2021年联邦政府对清洁能源研发投资在2016年的基础上加倍，即从64亿美元增加至128亿美元，这意味着未来五年美国清洁能源研发资助将每年增加15%（The White House，2016）。2017年美国主要机构的清洁能源预算分配如下：①DOE。DOE用于清洁能源开发的预算为58.5亿美元，占总预算的76%，主要支持清洁能源技术领域的研究、开发和示范活动；②美国国家基金会（National Science Foundation，NSF）。NSF研究预算包括5.12亿美元，主要针对一系列广泛的能源技术领域，包括不同能源之间的转换、存储和分配，以及能源材料的科学与工程；③美国国家航空航天局（National Aeronautics and Space Administration，NASA）。NASA预算包括3.48亿美元的清洁能源研究，关注领域包括变革性的飞机技术和促进节能、低碳航空运输的配置；④美国农业部（U.S. Department of Agriculture，USDA）。USDA预算包括1.06亿美元的竞争性内部研究经费，支持发展生物能源，包括可持续的森林和经济系统，以及农产品，扩大生物燃料的生产。这些投资将持续推动可再生能源部署，增加全美清洁能源的使用；⑤美国住房和城市发展部（Department of Housing and Urban Development，HUD）。HUD预算为1000万美元，将用于扩大其清洁能源研发行动，帮助促进建筑商、业主和租户采取提高能源效率、促进低碳和无碳能源使用的行动；⑥美国国际开发署（U.S. Agency for International Development，USAID）。USAID将通过全球发展实验室（Global Development Lab）和GCCI做出新的研发努力，这些行动会支持清洁能源领域的联合行动，如电动汽车或可负担的能源供给，或零能耗住宅和社区建筑。

第二节　应对气候变化国际科技合作及实施机制

一、应对气候变化国际科技合作概况

（一）参与国际和多边科技合作的情况

1. 高度重视国际气候变化研究和观测领域的合作

通过与国际合作伙伴合作，USGCRP希望有效利用现有和未来的科学能

力，更加有效地利用资源，从而实现应对全球环境变化的目标和战略优先领域。USGCRP 和由该计划支持的美国科学界具有广泛的国际联系，参与的国际活动包括：支持诸多全球环境变化研究计划，包括国际科学理事会（International Council for Science，ICSU）支持的计划；支持国际评估活动，特别是 IPCC 开展的评估；支持区域全球变化研究网络；在参与推动全球环境研究的非正式组织中发挥积极作用；参与和领导地球观测的国际协调和合作活动。USGCRP 还与美国国务院合作开展工作，特别是当涉及 IPCC 和《联合国气候变化框架公约》，以及气候变化科学和技术方面的双边安排时。与美国国务院全球变化办公室和白宫科技政策办公室（Office of Science and Technology Policy，OSTP）紧密协调，USGCRP 为 IPCC 第五次报告选拔了 170 多名美国作者。在这些专家中，许多得到了 USGCRP 的研究资助。

作为地球观测组织的创始成员国，美国积极参与地球观测组织（Group on Earth Observations，GEO）和全球气候观测系统（Global Climate Observing System，GCOS）等国际观测活动，并做出贡献。由于科学是气候变化问题决策的基础，科学家获取必要数据为决策提供扎实的科学基础，这极为重要。许多关键数据来自观测活动，这些观测活动并不是一个国家所能及的，并且科学家需要与国际伙伴合作以利用数据、场地和研究平台。USGCRP 在这方面开展国际合作的例子包括共享全球观测系统，如地面网络和卫星，因为这些系统是全球环境研究的关键部分。虽然许多国家拥有自己的能力，但是要提供完整的全球数据，就需要开发一个集成观测系统，并且在校准、算法和数据利用方面保持透明。此外，实地预测活动通常要求多国合作，使观测足够全面，包括船只和飞机等多种平台之间的数据收集。

2. 力争主导多边气候变化技术合作与对话机制

在气候变化技术合作的多边组织和对话机制中，美国政府力争发挥主导作用，由其主导和参与的多边机制众多。美国是 1974 年成立的国际能源署的创始成员国，加入了多项技术合作执行协议，其中包括"气候技术倡议"。美国能源部担任"气候技术倡议"的主席席位，并积极参与为私营机构在发展中国家寻求清洁能源投资机遇的"私营融资咨询网络"（Private Financing Advisory Network，PFAN）。

美国除了是国际热核聚变实验堆（International Thermonuclear Experimental Reactor，ITER）计划和第四代核能系统国际论坛（Generation Ⅸ International

Forum，GIF）的创始成员国外，近年来还特别发起了甲烷市场化合作伙伴关系计划、碳封存领导者论坛（Carbon Sequestration Leadership Forum，CLSF）、清洁能源部长级会议等具有影响力的多边合作机制，并成立了相应的秘书处，以加强应对气候变化的国际努力，并促进技术转移。

作为全球甲烷减排的领导者，美国国家环境保护局充当着"甲烷市场化合作伙伴关系计划"的先锋。甲烷市场化合作伙伴关系计划的合作伙伴包括30个国家政府和900多个公立机构和私营机构。2005～2008年，美国对该计划3890万美元的捐助带动了2.78美元的投资。美国国家环境保护局还通过"清洁燃料和汽车伙伴关系计划"帮助其他国家改进柴油引擎。

（二）强化美洲区域合作

由于地理位置上接近，美国与同属北美地区的加拿大和墨西哥在经济、环境等各个方面联系紧密，因此美国政府非常重视与加拿大和墨西哥的三边和双边能源和气候伙伴关系。此外，美国还努力将这种合作扩大至整个北美和南美地区，发起了"美洲气候和能源伙伴关系"。

1. 美国与加拿大的双边合作

2009年2月，美国奥巴马总统和加拿大哈帕总理宣布建立具有重大意义的美加清洁能源对话机制，旨在加强两国的清洁科技合作，减少温室气体排放，促进清洁能源发展，共同应对气候变化。该对话机制主要关注以CCS为重点的清洁能源技术的开发和部署；清洁能源研究与开发；在清洁和可再生能源生产的基础上建设更高效的电网。

2. 美国与墨西哥的双边合作

2009年4月，美国与墨西哥签订《美国和墨西哥清洁能源与气候变化双边合作框架协议》，建立了政治和技术合作及信息交流机制，把合作重点放在清洁能源、能效、气候变化适应、森林与土地使用、低碳能源技术开发和能力建设等方面。美国与墨西哥将合作开发风能和太阳能等清洁能源技术，促进可再生能源发电，并解决两国之间电力传输的问题。此外，合作项目还包括气候变化适应项目（如减少海洋和自然灾害）、关键部门的适应项目等。

3. 三边合作共建"低碳北美"

2009年8月，在美国奥巴马总统的主导下，北美领导人就气候变化和清洁能源问题发表宣言，提出了建设一个"低碳北美"的共同愿景，并承诺要采取积极行动，通过"三边合作计划"共同应对气候变化的挑战。美国、加拿大、墨西哥三国承诺加强合作，及时交流各自在应对和适应气候变化方面所取得的经验，以更好地整合国家层次、地区层次、产业部门层次应对气候变化的规划。北美三国表示，共同致力于制订用于测度、报告和检验温室气体减排量的可比方法。北美三国还承诺要加强能力和基础设施建设，促进在排放交易体系、能效标准、交通运输工具减排等众多方面的合作。此外，三国还将合作维护温室气体减排效果的可持续性，包括保护森林、湿地、耕地等吸收 CO_2 的植被，并建立用于在这一领域量化、管理和实施温室气体减排计划的适当方法学。美国还重视与加拿大和墨西哥在发展气候友好型低碳技术方面的合作，包括在北美地区建立一个智能电网，在碳捕获与封存方面开展区域合作。

2016年2月12日，加拿大、墨西哥和美国签署"气候变化和能源合作谅解备忘录"[Memorandum of Understanding (MoU) on Climate Change and Energy Collaboration]，主要涉及：①共享低碳电网发展的经验和知识；②加快推进清洁能源技术的部署，包括可再生能源创新；③为了提高能源、设备、工业和建筑（包括能源管理系统）的能源效率，强化信息交换；④通过信息交换和联合行动，推进CCS工作的部署；⑤通过三边联合行动，提高气候变化适应能力；⑥交流实践经验，寻求石油和天然气行业的温室气体（包括甲烷和黑炭）最佳减排方案（Government of Canada，2016）。

4. 发起"美洲气候和能源伙伴关系"

西半球国家在全球能源版图上具有重要地位，同时也面临着应对能源安全和气候变化的双重挑战。为了在这些问题上开展合作，在2009年第五届美洲峰会上，美国总统奥巴马邀请广大美洲国家加入"美洲气候和能源伙伴关系"。美洲气候和能源伙伴关系已经成为美国与伙伴国家加强可再生能源、能源效率、化石燃料清洁利用、能源减贫、能源基础设施、气候变化适应，以及可持续森林和土地利用等领域合作的一个灵活的平台。为了促进技术合作，鼓励投资和制定公共政策，美国政府使国家实验室、研究中心、大学和政府机构参与到与合作伙伴的合作中。

（三）美日加强清洁能源技术合作

2009年，美国能源部与日本经济产业省签署了"美日清洁能源技术行动计划"，共同出资开展合作研究。主要合作领域包括清洁能源基础研究、CCS、能效、智能电网技术和核能。基础研究的内容包括人工光合作用、应用纳米技术的能源存储和转化设备、储氢技术、燃料电池、能源相关材料的计算科学。在

CCS 的合作中，主要集中在建模、测试和数据共享、示范、模拟和监测；在能效领域主要开展电动汽车和智能电网合作，以及夏威夷-冲绳清洁能源示范；在核能领域，主要开展现有设施有效利用的合作，以及气冷堆、钠冷快堆技术开发验证等方面的研发。此外，双方目前还在稀土材料替代和回收、集热式太阳能系统和先进生物燃料的生物化学和热化学转化过程方面开展合作研究，并在亚太经合组织框架下共同倡议实施"智能社区"行动计划，开展节能建筑、清洁交通和智能供电示范。

（四）美国与欧洲的气候变化相关合作

1998 年，美国与欧盟签署了《美国与欧盟科学技术协议》，提供了美国与欧盟在众多科技领域的合作框架，其中包括气候变化、清洁能源等。在美欧峰会这种高层对话机制中，气候变化问题是重点议题。在 2006 年的美欧峰会上，两国建立了美欧气候变化、清洁能源和可持续发展领导人高层对话机制。在第一次美欧气候变化、清洁能源和可持续发展领导人高层对话中，美国和欧盟承诺要推进跨大西洋合作计划，并同意在清洁煤、CCS、节能、甲烷回收、生物燃料，以及其他可再生能源领域开展合作。在 2009 年美欧峰会上，双方还建立了美欧能源委员会。在 2011 年的美欧峰会上，美国和欧盟呼吁加强清洁能技术合作，特别要把重点放在关键能源材料、智能电网技术、氢与燃料电池技术和核聚变技术等领域。

（五）与发展中国家的气候变化合作与对外援助

1. 实施"全球气候变化行动计划"

作为美国政府的全球发展政策的一部分，奥巴马执政政府通过 GCCI 和其他与气候有关的政府项目，把气候变化因素融入相关的对外援助中，并主张这样做的目的是促进清洁能源发展和低碳增长，推动社会的可持续发展和适应能力，降低因森林砍伐和土地退化而产生的排放。在实施"全球气候变化行动计划"过程中，美国政府注重通过多边计划，开展能力建设、技术援助和咨询服务，以及大规模的投资，促进私营部门参与建设能够适应气候变化影响的基础设施，开发清洁能源，可持续地利用土地。美国政府还重视将地球观测和信息通信等科技应用于气候变化适应问题，促进发展中国家的适应能力建设。

2. 提供气候变化适应技术援助

美国政府通过国际开发署、国家航空航天局、国家海洋与大气管理局向发展中国家提供适应方面的援助，包括出版《适应气候变率与变化：发展规划指南手册》（Adapting to Climate Variability and Change: A Guidance Manual for Development Planning），为决策支持提供地球观测资料，如开展 SERVIR 项目。该项目把卫星观测数据、地面数据和预测模型相结合，以监测和预测环境变化，并提高中美地区、加勒比地区、非洲和喜马拉雅山地区对自然灾害的响应能力，在气候变化、健康、农业环境、水和天气等领域为科学决策提供信息支持。

国家海洋与大气管理局还与美国国际开发署和世界气象组织向发展中国家的区域机构"区域气候展望论坛"（Regional Climate Outlook Forum，RCOF）提供技术支持。而这些论坛是为若干发展中国家提供季节气候预报信息的主要工具。

国家海洋与大气管理局还建立可持续海洋气候观测资源共享伙伴关系。其下属的气候计划办公室与国家海洋服务中心和其他办公室合作，以加强印度洋的海洋大气观测能力及在社会经济方面的应用。通过由国家海洋与大气管理局的专家为地方决策者、预算官员、科学家和终端用户提供资源和培训，"全球综合地球观测系统新应用伙伴关系"（Partnerships for New GEOSS Applications，PANGEA）旨在增强海洋区域的能力建设。

美国国际开发署资助的"饥荒预警系统网络"则是一个实施了 20 多年的项目，该项目通过分析遥感数据和地面大气、作物、市场和贸易，以及生计，提供有关粮食安全的预警信息。该网络由多学科团队组成，包括国际开发署的管理团队、国家航空航天局、国家海洋与大气管理局、农业部及美国地质调查局的合同伙伴、负责该网络总部运行的私营合同商及国际开发署在缺乏粮食安全的发展中国家设立的办事处。该网络开展的一项独特活动就是分析气候变化对这些具体国家的影响。目前，这项行动主要关注非洲，并产生了气候变化正在如何影响东非大部的大量研究成果。

3. 进一步强化在发展中国家的影响力

奥巴马执政政府重视与发展中国家的气候变化合作，通过气候变化名义下的合作，强化其在气候谈判和清洁能源开发上的国际影响力。美国提出要促进与中国、印度、巴西、印度尼西亚、墨西哥等发展中国家的高层双边气候变化伙伴关系，加强在能源和气候变化领域的合作。2009 年以来，美国在亚洲、非洲等地广大发展中国家的布局进一步扩大。在亚洲，美国一方面向特别容易受气候变化影响的东南亚国家提供技术援助，另一方面与中国和印度大力开展清洁能源技术合作，先后合作成立了中美清洁能源联合研究中心和美印清洁能源联合研究中心。

2010年3月，美国与巴西签署气候变化合作备忘录，启动新的气候变化政策对话，对话议题包括清洁能源技术的研究、开发和部署；气候变化适应；气候变化科学研究合作；各部门的适应能力建设。该备忘录还进一步促进了双方在减少因毁林和森林退化造成的排放、可再生能源、能源效率、CCS方面的合作。

2010年11月，美国总统奥巴马与印度总理就加强清洁能源领域的合作达成了一致意见，宣布双方各投入5000万美元设立美印清洁能源联合研发中心，在太阳能、生物燃料及建筑节能技术领域增强双边合作。此外，双方还同意加强天气和收成预测的合作。

2010年11月，美国和印度尼西亚两国总统启动全面伙伴关系，加强清洁能源合作也是重要内容。美国还承诺未来3年投入1.36亿美元用于支持印度尼西亚的一系列跨机构的环境和气候活动，包括向印度尼西亚提供技术援助，如温室气体的测度和报告，以及气候变化影响的监测。其中，美国林务局与印度尼西亚合作伙伴开展林业碳汇合作和培训活动，以提高对碳动力学的认识并加强碳富集泥炭地和热带雨林的测绘和监测。美国国家航空航天局与印度尼西亚国家航空航天研究院就温室气体排放和气候变化影响的测量和监测等领域的合作事宜进行了讨论。

美国与具有较大的温室气体减排潜力和清洁能源发展潜力的发展中国家开展广泛合作。截至2014年6月，美国已经与25个发展中国家建立合作伙伴关系，以促进低碳经济增长，将其作为低排放发展战略能力建设的一部分。低排放发展战略合作伙伴关系利用美国联邦机构的专业知识，帮助各发展中国家经济部门进行温室气体减排。

美国-非洲清洁能源融资计划于2013年成立，旨在为撒哈拉以南非洲的清洁能源项目提供项目准备支持，经过1年的运行，该计划已经很好地推动了大规模的私人投资。截至2014年6月，撒哈拉以南非洲地区的超过200个清洁能源项目申请获得计划支持，已经有16个项目获得了支持，涉及坦桑尼亚的生物质能电厂、卢旺达的太阳能发电厂、埃塞俄比亚的智能电网公司。

二、应对气候变化的国际科技合作机制

气候变化问题是一个全球性问题，美国政府认为，气候变化这一全球性挑战关系到美国的软实力，美国在气候变化问题上的立场和利益争夺决定了美国在更广泛的领域里越来越重要的国际领导力。因此，美国政府不仅希望主导气候变化谈判进程，而且重视与世界各国在气候变化及相关领域的合作，特别是

与日本、加拿大、欧盟等主要发达国家和地区以及中国、印度等发展中国家积极开展清洁能源科技合作。而与广泛的国家加强各种形式的清洁能源科技合作，不但可以应对能源安全和气候变化方面的挑战，而且有助于带动各种美国清洁能源技术的出口，从而帮助美国政府实现其2010年年初提出的5年出口翻番目标。

目前，美国已经主导和参与了许多与气候变化和清洁能源相关的多边合作与对话机制，并重视与美洲国家尤其是北美邻国加拿大和墨西哥在相关问题上的协调，还与欧盟建立了气候变化、清洁能源和可持续发展领导人高层对话机制，与日本启动了"美日清洁能源技术行动计划"，与中国和印度分别建立了中美清洁能源联合研究中心和美印清洁能源联合研究中心。美国政府也把气候变化问题融入对外技术援助活动，利用本国在观测技术和气候研究等方面的优势提高那些在气候变化面前高度脆弱的发展中国家的适应能力。

（一）亚太清洁发展与气候新伙伴计划

2005年7月，中国、美国、加拿大、日本、澳大利亚、印度和韩国共同发起"亚太清洁发展与气候新伙伴计划"（New Asia-Pacific Partnership on Clean Development and Climate，APP），旨在通过各国合作，促进开发与推广清洁能源及高效能源技术；实现应对气候变化、发展经济和减少贫困、保证能源安全与减少空气污染的多赢。2006年1月12日，亚太清洁发展与气候新伙伴计划在澳大利亚悉尼正式启动。APP已制定分别针对化石能源、可再生能源和分布式供能、钢铁、铝、水泥、煤矿、发电和输电、建筑和家用电器的开发利用8个领域开展技术合作与转让的专门工作小组，在成员国之间开展包括20个旗舰项目在内的165个项目，对开展成员国之间的技术交流、鼓励共同参与、提高能效、建立技术交流机制具有重要意义，可有效提高应对气候变化的能力。

（二）主要经济体能源与气候论坛

2009年3月28日，美国倡议成立"主要经济体能源与气候论坛"（Major Economies Forum on Energy and Climate，MEF），旨在促进主要发达国家和发展中国家之间的对话，支持国际气候谈判，促进应对气候变化的合作行动。MEF现有17个成员方，分别是澳大利亚、巴西、加拿大、中国、欧盟、法国、德国、印度、印度尼西亚、意大利、日本、韩国、墨西哥、俄罗斯、南非、英国和美国，这些国家和地区的温室气体排放量占全球的80%以上。MEF为主要经济体开展能源与气候变化领域协商和低碳技术合作提供了重要平台，在推动与会各方认同全球升温不应超过2℃的科学观点，提出发达国家深度减排和发展中国家显著偏离"常规商业"情景的温室气体减排目标,强调适应气候变化的重要性,要求建立技术合作机制和应对气候变化资金筹集与使用机制等方面取得了进展,并对2009年出台的《哥本哈根协议》产生了显著影响。

(三)气候与清洁空气联盟

2012年2月16日,美国与加拿大、墨西哥、瑞典、加纳、孟加拉国及联合国环境规划署联合发起成立"气候和清洁空气联盟"(Climate and Clean Air Coalition, CCAC),共同减少对全球气候变暖有严重影响的黑炭、甲烷及氢氟碳化物的排放。联盟的秘书处设在联合国环境规划署,该署已列出16项可以减少上述3种污染物排放的措施。如果这些行动得到落实,到2050年,全球升温幅度可减少0.5℃。美国和加拿大分别出资1200万美元和300万美元,作为联盟减排项目的启动资金,并帮助其他有兴趣的国家和组织加入该项目。截至2014年6月,CCAC成员已经扩大至91个,包括40个主权国家及诸如世界银行、世界卫生组织等国际组织。CCAC目前正在积极实施十项措施以减少包括垃圾填埋场、农业、石油和天然气部门、制冷和空调、炉灶和柴油发动机等产生的短寿命温室气体排放。

(四)碳封存领导者论坛

碳封存领导者论坛(Carbon Sequestration Leadership Forum, CSLF)于2003年成立,是发达国家与发展中国家应对气候变化进行CCS技术合作的自愿协议。2014年6月,CSLF政策小组齐聚伦敦,组建了有关大型CCS项目融资、发展和数据交换的核心领导团队,美国将致力于促进大型CCS项目的全球合作,并对第二代、第三代CCS技术的发展提供支持。

(五)北美能源情报合作网

2014年12月,加拿大、墨西哥和美国联合推出了"北美能源情报合作网"(North American Cooperation on Energy Information, NACEI),以提高能源利用效率,强化信息交换,该网站的信息仅3国可开放获取。该网站提供的主要信息包括:①第一套静态和互动的北美能源基础设施地图;②北美能源前景展望;③为了促进3国间的能源贸易,开展的数据表和方法指南的比较分析报告;④3个国家官方语言的专业术语表(Government of Canada, 2016)。

三、中美应对气候变化的科技合作与实施机制

中美两国既是全球最大的经济体,同时也是最大的温室气体排放国,两国

加强气候变化合作不仅造福两国人民，而且对世界各国有利，有助于推动全球应对气候变化的多边进程。作为世界最大的能源生产国和消费国，中美两国在应对全球气候变化、发展清洁高效能源、保护环境、确保能源安全方面面临共同的挑战，拥有共同的利益。自 2007 年以来，能源和环境问题一直是双边关系中的一个重要议题。中美战略与经济对话、高层领导人互访，以及中美科技合作联合委员会、中美清洁能源务实合作战略论坛为两国在能源、环境、气候变化等共同关心的领域开展合作提供了良好的对话渠道和协商机制。在推动清洁能源技术上，中美两国具有共同的战略和经济利益，两国间能源合作呈现了不断深化的走势。从核电到太阳能、风能、页岩气、清洁煤、先进生物燃料、智能电网、电动汽车和建筑节能，数年间，两国清洁能源的合作领域也在不断扩大。

2014 年 11 月 12 日，中国与美国在北京联合发表《中美气候变化联合声明》，双方表示将继续加强在先进煤炭技术、核能、页岩气和可再生能源等方面的合作，同时，为进一步落实减排目标，双方将通过现有途径特别是中美气候变化工作组、中美清洁能源研究中心和中美战略与经济对话强化和扩大合作的范围与举措，主要包括：扩大清洁能源联合研发、推进碳捕集、利用和封存重大示范、加强关于氢氟碳化物的合作、启动气候智慧型/低碳城市倡议、推进绿色产品贸易、实地示范清洁能源。《中美气候变化联合声明》的签署不仅标志着中美在气候变化谈判方面取得重大进展，而且也将中美应对气候变化的科技合作推向新高度。

在合作机制方面，1990 年中美共同参加国际气候变化谈判是中美应对气候变化最早的合作之一。自 20 世纪 90 年代中后期开始，中美应对气候变化的合作明显加快。迄今中美双边合作的主要机制和项目包括《中美化石能技术开发与利用合作议定书》《能源效率和可再生能源技术发展与利用合作议定书》《关于清洁大气和清洁能源技术合作的意向声明》等。多边合作的主要渠道是"亚太清洁发展和气候伙伴计划""甲烷市场化合作伙伴关系计划"《联合国气候变化框架公约》和全球环境基金。

目前中美在气候变化领域的合作呈现以下特点：首先，双边合作机制不断健全。其次，多边框架下的协同与合作逐步加强。中美在气候变化领域已建立了多渠道（双边和多边、直接和间接）、多层次（政府、企业和 NGO）、多领域（气候科技、政策对话和制定、能源技术等）的合作模式。最后，与中美在气候变化领域的合作潜力和需求相比，合作的进展是有限的，存在对话多但实质性合作项目少的问题（张海滨，2007）。

第六章

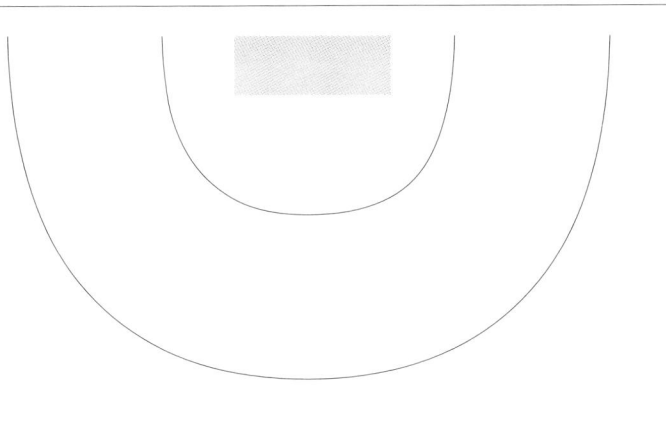

日本应对气候变化的
科技政策及国际合作机制

第一节 应对气候变化的科技政策及行动

在应对气候变化的政策上，日本一直奉行法律先行的原则，并且认为解决气候问题就必须实行低碳经济发展模式，而这一模式意味着日本推行着大刀阔斧的经济结构调整及彻底的节能减排革新。日本冷战后在气候外交上表现比较突出，其气候变化政策可分为三个主要阶段（刘秋玲，2010）。

一、不同阶段应对气候变化政策的特点

（一）《联合国气候变化框架公约》谈判时期（1990～1997年）

气候变化作为全球环境问题的典型代表，在20世纪80年代末期开始登上国际政治舞台。从1990年，气候变化框架公约政府间谈判委员会第五次会议提出《联合国气候变化框架公约》，到1994年3月2日，《联合国气候变化框架公约》生效，数年的多方谈判期内，日本在该公约制定前后积极主动地做了很多工作。早在1990年，日本就制定并颁布了"国家防止地球温暖化行动计划"，并向全世界宣告：2000年开始，日本CO_2排放总量和人均排放量可控制在1990年的该国水平上，同时公布了限制甲烷等温室气体的排放标准，以及新技术开发和国际合作为优先发展领域等。1991年，日本在东京主办发起第一届亚太环境会议，作为促进本地区环境与发展对话的重要平台，为区域各国高层环境领导者交流环境管理先进理念和介绍环境有效措施提供机会。在这次会议上讨论了亚太地区气候变化问题等环境保护的具体策略。1992年的联合国环境与发展大会上，日本政府派出了由两名前首相竹下登和海部俊树率领的113人的庞大代表团出席，充分显示了日本政府对全球气候问题的关注。在会议上代表团发言人沼田指出，在建立国际新秩序的过程中，各国必须更多地考虑全球性问题，日本希望在这方面发挥主导作用，并再次做出承诺，到2000年，日本将CO_2的排放量稳定在1990年的水平上。

这一承诺很快落实到日本国内政策上。1993年，日本制定并出台首部综合性的环境基本法——《环境基本法》，该法律主要针对环境污染、自然资源流失等问题构建了基本的法律框架。根据该法第15条规定，日本政府于次年即1994年制定了《环境基本计划》。在《环境基本计划》中，日本政府首次把应对气候变暖的对策提升到法律高度，并指出日本政府将以国际合作为基本框架，以

《联合国气候变化框架公约》中所规定的"三减"①原则为行动准则,积极应对气候变化带来的挑战。1993年,日本政府还实行了"新阳光计划",其主导思想就是实现经济增长与能源供应和环境保护之间的平衡。通过采取政府、企业和大学三者联合的方式,共同攻关,克服在能源开发方面遇到的各种难题。这一能源新战略使日本在新能源开发上占据世界领先水平,并带动了相关产业的发展。同时,日本经济企划厅还决定帮助发展中国家每年植树100公顷,争取能够吸收排放的CO_2,缓解温室效应。但在这一时期,日本应对气候变化的对策只是停留在省厅的各种措施上,真正采取法律措施来应对气候变化则是在《京都议定书》的签订前后。

(二)"京都机制"建设时期(1997~2007年)

1997年12月,《联合国气候变化框架公约》第3次缔约方会议在日本古老的城市京都召开,会上通过了《京都议定书》,该议定书的主要内容就是为附件Ⅰ国家(发达国家和经济转型国家)设定了具体的、具有法律约束力的温室气体减排义务。同时引入CDM、ET和JI三个灵活机制。

《京都议定书》为国际气候合作和减排确定了第二个框架。作为东道国,日本为了使《京都议定书》获得成功,在为期两周的谈判过程中,极力进行外交斡旋,成为推动《京都议定书》生效的主力军。为了执行《京都议定书》,日本调整和改善整个气候变化政策框架。

1998年,日本政府成立了以内阁首相为主席的全球变暖减缓对策促进中心,由内阁大臣组成,负责气候变化政策的协调与执行,主要职责就是根据《京都议定书》规定的义务,为防止全球变暖采取专门的有效的措施。

1998年10月,日本颁布了《全球气候变暖对策推进法》,明确了防止全球气候变暖的具体对策措施,是世界上第一部以防止全球气候变暖为直接目的的法律性文件。该文件试图在防止气候变暖领域镶入约束性较强的执行机制,防止地球温室化从"软约束"走向"硬约束"。该文件除了对参与主体的职责与权限予以明确划分之外,还进一步提出了抑制气候变化的具体措施,既做到了对温室气体排放量的积极调控,又充分表现了日本对全球气候变暖问题的积极立场。

1998年,日本修订了首次颁布实施于1979年的《节约能源法》,修订为《能源利用合理化法》(又称为《节约能源法》),对能源利用的新理念、新措施

---

① "三减":温室气体排放量的减少、人为活动对气候系统的危害减少,以及气候变化的减缓。

予以法律肯定。该法在日本能源管理法律体系中处于核心地位，对能源利用起指导作用。其内容共八章九十九则条文。该法规定，企业必须以每年1%的速度降低单位产出的能耗。该法由于强调发挥企业的自主能动性与规划性相结合，因而大大提升了企业的生产积极性。

2001年，日本制定了《氟利昂回收破坏法》，通过减少工业生产过程中氟化物的使用与排放来达到保护大气中臭氧层的目的，进而减少温室效应。

2002年3月，日本对《地球温室化对策推进大纲》进行了重新修订（简称《新大纲》），并进一步指出"地球温室化是与人类生存基础相关的最重要的环境问题之一"，需要在能源、教育和商业部门加强节能减排措施，这表明日本对气候变化问题严重性的认识逐步加深。

2002年6月，日本内阁会议批准了《京都议定书》，并以新大纲为基础，准备分三阶段实现《京都议定书》所规定的6%的减排目标。

在国内，2002年6月，日本颁布了《能源政策基本法》，该法提出能源领域的新规划与目标，内容涵盖了立法目的、基本制定思想、具体措施、市场机制的利用、国家义务、地方公共团体义务、事业者的义务、国民的义务、政府的报告义务、能源基本计划、国际合作的推进和能源相关知识的普及等。该法不仅定义了能源利用的相关法律要求，而且为日本参与温室气体减排的国际合作指明了方向。

在国际上，日本通过外交努力，力促美国、澳大利亚等国重返《京都议定书》、积极推动《京都议定书》的生效和落实。日本还利用其主导召开的亚太环境会议协调亚太国家在气候问题上的立场。经过国际社会的共同努力，《京都议定书》终于在2005年2月生效。

（三）"后京都机制"构筑时期（2007年至今）

目前，《京都议定书》第一承诺期即将结束，构建后京都时代国际气候制度迫在眉睫。这一阶段的日本气候外交可以分为两部分进行分析。

1. 巴厘岛会议时期

为期两周的《联合国气候变化框架公约》缔约方第13次会议和《京都议定书》缔约方第3次会议于2007年12月在印度尼西亚的巴厘岛召开。此次会议的主要目的就是为2009年年底之前的应对全球变暖谈判确立明确的议题和时间表。

会议的最终成果是达成了"巴厘路线图"，规定在2009年年底之前，达成减缓全球变暖的新协议，以接替《京都议定书》。至于2012年之后的减排机制的建设，则留给 2008 年、2009 年分别在波兰和丹麦举行的联合国气候大会解决，这一路线图的达成标志着第三个关于气候问题的国际机制的建设正式开始。在此次会议之前的 2007 年 6 月在德国海利根达姆举行的、被称为"气候峰会"的八国集团峰会上，日本首相安倍晋三表现异常活跃，特别是在气候变化问题上加紧与德国方面进行沟通。在 6 月 5 日八国峰会召开前夕日本就与欧盟就全球气温变暖问题发表了一份联合公报，称日本和欧盟"已达成一致观点，认为有必要确立一个长期目标，即在 2050 年以前让全球温室气体排放量减半甚至更多"；日本和欧盟承诺将带头发展一套应用于 2012 年以后温室气体减排的联合国架构，此架构将是公平、灵活、有效和全面的，以确保所有主要温室气体排放国都能参与。在 2007 年年底巴厘岛大会上，日本所期待的目标是制定出一个所有主要排放国都参与的框架协议，这样就可以在取得一致的基础上推进下一步谈判。目标是积极的，但是对于 2012 年之后的减排目标却只字未提，在大会上受到国际社会的批评。

福田康夫上台后，改变了安倍任内的许多政策，但是，在气候外交这一点上，福田不仅全盘接受了安倍的"美丽星球 50"构想，而且还对其内容进行了扩展。2008 年 1 月 26 日，福田在于瑞士达沃斯举行的世界经济论坛年会上演讲时表示，日本政府为了实现"美丽星球 50"构想，决定从构建"后京都议定书"框架、国际环境合作及技术创新三个方面做出努力。在谈到构建"后京都议定书"的框架时，福田强调日本计划与主要排放国家共同制定未来温室气体排放目标。同时，福田康夫认为向发展中国家提供环保援助是国际环境合作的重要组成部分，日本设立了一个投资总额为 100 亿美元的名为"美丽星球伙伴计划"的金融项目，将通过该项目与发展中国家展开减排合作。这些应对气候变化的内容，总称为"凉爽地球推进构想"。

随后，日本开展了密集的气候外交。2008 年 3 月，日本气候变化特使访问华盛顿，公开表达日本与美国行政当局在气候变化问题上的不同立场。4 月 1 日日本发布了 2008 年外交蓝皮书。此次蓝皮书的特征之一便是将全球气候变暖问题视作"针对人类生存的威胁"，呼吁各国通过日本气候对策"凉爽地球推进构想"展开国际合作。4 月，在博鳌亚洲论坛主题为"气候变化：改变我们的生活、改变我们的经济"分论坛上，日本环境省大臣鸭下一郎承诺，到 2025 年，通过构建碳定价机制将日本的碳排放量降低一半。6 月 9 日日本首相福田康夫在日本记者俱乐部发表了有关应对气候变化的"福田构想"，称将从 2008 年秋试行企业的温室气体排放量交易制度。福田康夫表示日本的温室气体减排目标是"争取到 2050 年实现与目前相比削减 60%～80%",这为日本 2008 年 7 月主导举办的以地球温暖化问题为主题的八国峰会提供了支持。6 月 13 日在大阪开幕的八国集团财长会议上,日本、美国和英国 3 国举行新闻发布会,表示愿意出资设立"气候投资基金",以帮助发展中国家应对气候变化。该基金最终筹集的资金总额约为 100 亿美元。2008 年 7 月,八国峰会如期在日本北海道洞爷湖举行,日本将此次峰会当成第二个"京都会议",不仅率先提出减排目标,而且呼吁所有国家都要承担减排义务,试图为日本在未来气候机制的建设中奠定某种领导地位。

2. 哥本哈根会议时期

巴厘岛大会将气候问题推进国际政治议程,随后是国际社会集体努力推动构建后京都框架的关键时刻,可是发自美国的金融危机席卷全球,转移了国际社会对气候变化的注意力,也深刻影响了各国的气候外交开展。金融危机的爆发使日本的气候外交渐趋保守,但是重视程度并未减轻。

2008 年 12 月,在波兹南会议上,日本的态度有所倒退,没有公布具体减排目标。对此,日本给出的解释是"我们以前的承诺超出我们的能力,当时没有考虑周全"(旬区庆治,2007)。并且,日本连同丹麦等发达国家对发展中国家提出量化要求,要求根据经济发展水平和排放总量,对发展中国家进行分类,理由是有的发展中国家的经济发展水平已经接近发达国家,有的发展中国家已是排放大国。实际上,此时正值美国总统交替之际,日本处于观望阶段,等待新任总统奥巴马气候政策的出台。2009 年年初美国提出到 2020 年相对于 2005 年减排 14% 的中期目标,随即,2009 年 6 月日本首相麻生太郎做出呼应,提出 2020 年比 2005 年削减 15% 的温室气体的中期减排目标,即在 1990 年的基础上减排 8%,这还不包括从海外购得的排放权。虽然这一数值与国际社会的普遍愿望还是有差距的,但已经超过了同期欧盟和美国的中期目标,展示了日本试图主导《京都议定书》失效后构筑全球气候变暖对策框架谈判的决心。麻生太郎还表示,日本将加强援助发展中国家应对全球变暖,积极提供节能技术。在国内,麻生太郎将发展低碳经济作为促进日本经济发展的增长点,重启太阳能鼓励政策,充分发挥节能环保领域的技术优势,打造"CO_2 低排放型社会"(黄全胜,2008)。

2009 年 9 月,日本政权再次更迭,民主党党首鸠山由纪夫就任首相。早在竞选时鸠山由纪夫就提出日本的中期减排目标是到 2020 年实现在 1990 年的基础上减排 25%。这一数值远远超过麻生当政时期政府所承诺的数字。9 月 22 日，在联合国总部纽约举行的气候变化峰会上第一次作为首相亮相的鸠山由纪夫又一次重申了竞选时的承诺。这一承诺为日本参加 2009 年年底的哥本哈根气候大会树立了良好的口碑。按照"巴厘路线图"，在 2009 年前国际社会应该就应对气候变化问题新的安排举行谈判，以期达成一份新协议，代替 2012 年即将到期的《京都议定书》。2009 年 12 月《联合国气候变化框架公约》缔约方第 15 次会议，即哥本哈根气候大会如期召开，经过马拉松式的艰难谈判，最终达成一份《哥本哈根协议》。会议期间，日本环境部部长小泽锐仁宣布，至 2012 年，日本以"鸠山行动"为名义提供 150 亿美元的快速启动资金。这是发达国家最早提出对发展中国家的资金援助，起到了表率作用，推动了会议进程。近期，日本已经以书面形式向《联合国气候变化框架公约》秘书处提交了日本的减排目标，承诺到 2020 年将在 1990 年的排放基础上减排 25%。虽然日本表示这一减排目标是有条件的，就是要以所有主要国家共同构筑公平的具有实效性的国际框架，并拥有积极的减排愿望为前提，但是其积极态度还是值得肯定的。

在全球气候问题上存在着南北矛盾，日本很清楚要想成为气候问题的"领导者"，离不开发展中国家的支持，因此也很重视对发展中国家的气候外交。占世界人口多数的广大发展中国家对发达国家提出了强烈要求，希望发达国家利用自身的先进技术和充足的资金，做出明确承诺并帮助发展中国家改进技术、实现环境优化、遏制气候变暖。一直以来，日本十分积极地推动与发展中国家的国际科技合作，积极帮助发展中国家实施环保人才培养项目，构筑人才网络，促进发展中国家的人才开发。同时积极推进与发达国家和发展中国家的多边或双边国际合作计划，推进尖端研究的基础建设和成果共享。日本还通过 ODA 政策推进对发展中国家的气候外交。ODA 是日本外交政策的一个重要组成部分。90 年代末，随着 ODA 从"开发性援助"向"战略性援助"转型，环保援助成为日本对外援助的一个重点领域。在 2002 年 8 月举行的约翰内斯堡可持续发展首脑会议上，日本提出了可持续发展环境保护倡议（environmental conservation initiative for sustainable development，EcoISD）代替原先的 ISD（贝茨，1992），并准备继续扩大以环境开发援助为主的环境合作。这一概念清楚地表明日本要通过环保 ODA 来争取外交上的主动权。2008 年 1 月日本环境省、经济产业省等气候变暖对策相关政府部门的大臣在首相官邸举行会议，决定日本将在 5 年内向发展中国家提供 1 万亿日元（约合 663 亿元人民币）的援助，用于促进其开展温室气体减排工作、制定气候适应政策等（Dauvergne，2005）。

近几年，日本的环保援助逐渐向亚洲邻国地区倾斜，尤其是中国、印度等发展中国家。以对中国的环保 ODA 为例，自 20 世纪 90 年代中期，日本向中国提供的 ODA 资金额有所下降，但是环保 ODA 的比例却大幅提高，由不到 10% 上升到 60% 以上。2008 年，日本对华 ODA 项目结束后，日本又通过"凉爽星球伙伴关系"计划，延续了与中国的气候变化国际合作。2009 年日本首相麻生太郎在对中国进行正式访问期间再次强调两国在气候能源领域合作的重要性，与中方签署《日中环境、节能综合合作计划》。计划称日本政府拟从本年度预算中拿出 50 亿日元用于中国煤炭火力发电站的设备改造和技术人员培训，期待以此次访问为契机，利用先进的环保节能技术推进与中方的合作，以此作为双方构建"战略互惠关系"的象征。日本对中国的气候外交已见成效。时任中国驻日特命全权大使的王毅曾指出：几十年来，日本在应对能源和环境问题上既有过深刻教训，也取得了巨大成功，积累了丰富经验和雄厚技术实力。在中国积极推行"科学发展观"，大力开展节能环保活动之际，中日两国在这一领域加强交流，将开辟两国互利合作的新领域，形成两国 21 世纪新的共同利益（Vietor，2004）。在中日两国政治关系面临困难的形势下，双方加强节能环保领域的合作，有助于增进两国关于中日相互依存、休戚与共的共识，合乎两国的共同利益，从而为中日关系的改善和稳定发展提供新的动力（Blij，2005）。

在国内，2010 年 5 月，日本众议院通过了《气候变暖对策基本法案》，为中长期温室气体减排制定了目标。该法在《全球气候变暖对策推进法》基础上，就立法目的、国家、地方公共团体、企业和国民的职责、基本原则、主要措施、中长期目标、基本计划、基本政策等做出详细规定，并提出到 2020 年，日本要在 1990 年的温室气体排放基础上削减 25%。

2015 年 3 月 12 日，日本内阁发布"环境能源技术革新计划政策措施"，其主要内容包括：①开发新技术，提高能源效率。②为促进节能减排政策的落实，政府制定特别折旧制度、补助金制度等多项财税优惠措施，鼓励企业开发节能技术、使用节能设备。③加强多边气候变化、能源、地球检测技术、观测数据等领域的国际合作。④制定支持新能源发展的规划与政策。筛选出包括超导输电热泵等环境能源革新技术 36 项，并提出明确的发展目标（日本内阁，2015a）。

日本政府于 2015 年 7 月 17 日正式向《联合国气候变化框架公约》秘书处

提交了国家自主贡献方案，提出到 2030 年温室气体排放比 2013 年削减 26% 的目标，包括直接减少 CO_2、CH_4、一氧化二氮、氢氟烃、全氟化碳、六氟化硫、三氟化氮的排放，还包括通过森林固碳、土地利用转变、城市绿化实现相当于 2.6% 的减排。日本在方案中还给出了作为 26% 减排目标基础的 2030 年度能源供求预测，到 2030 年度日本终端能源需求估计为 3.26 亿 L（按石油消费量换算），其中电力占到 28%。电源构成显示，核电预计在日本 2030 年能源结构中仍将占据主要地位（占比为 20%～22%），但发展预期已有所下调；日本期望大力发展可再生能源发电，预计到 2030 年占到 22%～24%，超过核电占比；但化石燃料发电仍将占据半壁江山，其中液化天然气（liquid natural gas，LNG）发电占到 27%、煤炭发电占 26%、石油发电约占 3%。其中可再生能源发电中水电占比最大，为 8.8%～9.2%，其余依次是太阳能发电 7.0%、生物质发电 3.7%～4.6%、风电 1.7%、地热发电 1.0%～1.1%（UNFCCC，2015）。

2015 年 10 月 30 日，日本政府公布的首个旨在减少气候变化对社会和经济不良影响的"适应计划"草案提出，2016～2025 年要致力于建设河湖堤防，同时开发减少水稻病虫害的技术。该草案针对农业、自然灾害、健康等 7 个领域，结合气候变化影响的重要性、紧急性和预测的可靠性等方面，就所需采取的必要措施提出建议（Ministry of the Environment，Government of Japan，2015）。

二、应对气候变化的行动与主要举措

（一）实施机构改革

1971 年，日本中央政府正式设立环境厅，各都道府县政府中也相应设立环境局，专门负责环保和公害防治事务。1998 年，日本政府成立了以内阁首相为主席的全球变暖减缓对策促进中心。该中心由内阁负责总揽各方建议和意见并加以整合，根据《京都议定书》规定的义务，负责气候变化政策的协调与执行；经济产业省和环境省分别从低碳技术和低碳消费两个角度设计制订各自的低碳发展规划。这种"一体（内阁）两翼（经济产业省和环境省）"的操作模式，为各项政策计划的提出和施行提供了保证和效率。另外，日本还建立了多层次的监督管理体系，第一层为以首相领导的国家节能领导小组，负责宏观节能政策的制定；第二层为以经济产业省及地方经济产业局为主干的节能领导机关，主要负责节能和新能源开发等工作，并起草和制定涉及节能的详细法规；第三层为节能专业机构，如日本节能中心和新能源产业技术综合开发机构（The New

Energy and Industrial Technology Development Organization，NEDO）等，负责组织、管理和推广实施（吴洁和曲如晓，2010）。

在国际层面，2001 年，日本的环境厅升格为环境省，开始在国家环境外交决策和国际环境问题谈判中扮演重要角色。日本为推进对外技术援助的顺利实施，设立了专门机构——日本国际合作署（Japanese Internation Cooperation Agency，JICA），该机构为科技援外策划、实施和跟踪管理提供了人力和物力保障，有效保证了援外项目的策划和管理工作。此外援外机构多向受援国派驻管理人员和专家，了解发展中国家的实际需求，监督项目执行，进一步提高了援助执行成效，JICA 和成立于 1999 年的日本国际合作银行（Japan Bank for International Cooperation，JBIC）融合了技术合作、ODA 贷款和赠款三大职能，实现了技术援助与其他援助机制的协同。经过不断完善，日本现已形成以外务省、环境省、通产省为核心，以 JICA 和 JBIC 为主要支持机构，其他省厅协同推进的气候外交体系（刘晨阳，2009）。具体而言，ODA 的管理体系如图 6-1 所示。

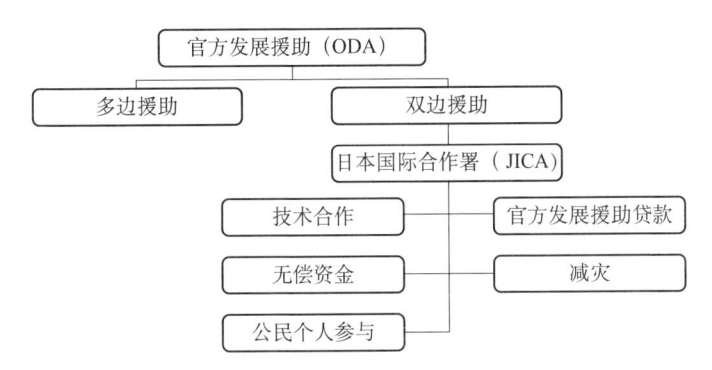

图 6-1　日本气候变化对外援助管理体系

资料来源：Kawamura，2013

（二）完善法规及政策体系

日本为保证低碳经济战略的落实，通过了一系列的法律法规和政策：《环境基本法》《全球气候变暖对策推进法》《氟利昂回收破坏法》《能源政策基本法》《节约能源法》《气候变暖对策基本法案》《促进建立循环社会基本法》《促进资源有效利用法》《促进容器与包装分类回收法》《家用电器回收法》及《绿色采购法》等。法律法规的颁布和政策的实施为低碳经济的有效推动提供了有利的依据和保证。同时，调整产业结构和节能减碳规划的有效制定，也为禁止或限制高能耗产业的扩张提供了标准。

从 20 世纪 60 年代至今，经过日本政府多年的积极探索与实践，日本已经形成了比较完善的应对气候变化的法律体系。随着这一体系的不断健全，其对日本推进节能减排目标所提供的法律性规范和制度性保障的作用也不断得到凸显。

（三）推行相关优惠财税政策

为促进节能减排政策的落实，日本政府出台了特别折旧制度、补助金制度、特别会计制度等多项财税优惠措施，鼓励企业开发节能技术、使用节能设备。在 2009 年 3 月 27 日国会通过的总额达 88.5 万亿日元的 2009 财年预算案中，对环保车、节能环保投资和中小企业的减免税规模达到 6400 亿日元，为促进产业向低碳经济转型起到了极大的推动作用。

（四）推动经济发展模式的转变

日本是世界第五大温室气体排放国，作为《京都议定书》的发起国，同时也是深受气候变化影响的国家之一，日本一直非常重视低碳经济的推进。日本不仅把低碳经济上升到国家战略的高度，而且出台了一系列的法规政策，对可再生能源及低碳技术的研发和利用有很强的激励作用，并且利用可视化技术引导消费者理性低碳消费，形成了良好的低碳经济发展模式。

1. 低碳经济国家战略的启动

从战略角度看，日本近年来不断出台重大国家政策，构建全社会的低碳理念，推进低碳经济和社会的建设。2004 年日本出台的"面向 2050 年的日本低碳社会情景"研究计划，为 2050 年实现低碳社会目标提出了具体对策。2007 年 6 月，日本内阁会议制定的《21 世纪环境立国战略》指出：为了克服地球变暖等环境危机，实现"可持续社会"的目标，需要综合推进"低碳社会""循环型社会"和"与自然和谐共生的社会"的建设。2008 年 5 月，日本政府资助的研究小组发布了《面向低碳社会的十二大行动》。2008 年 6 月，日本首相福田康夫提出了日本新的防止全球变暖的对策——"福田蓝图"，指出到 2050 年日本的温室气体排放量比目前减少 60%～80% 的目标。2008 年 7 月 29 日，内阁最终审议并通过了"低碳社会行动计划"，标志着日本低碳经济模式正式启动。2009 年 4 月，日本又公布了名为《绿色经济与社会变革》议案，将经济、革新技术、就业、消费、自然环境等一系列社会经济目标纳入考虑，制定了至 2020 年的碳排放基本目标。2009 年 9 月，新出任首相的鸠山由纪夫承诺到 2020 年将日本的温室气体排放量减少到 1990 年排放量的 25%。该中期规划大大提升了低碳经济模式的可操作性，奠定了日本构建低碳经济、低碳社会的愿景和基调。2011 年福岛核事故的发生使日本能源战略和气候政策出现重大转变，日本政府明确提出将减少对核能的依赖，强调由核能、可再生能源和化石燃料组成的能源组合是日本能源需求最可靠和稳定的来源。核电站的关闭短期内增加了天然气、石油和煤炭等化石能源的消费，加之受经济周期波动影响，一定程度上影响了日本减排目标的实施。2009 年以来，日本温室气体排放出现缓慢上升。2013 年日本温室气体排放量为 14.8 亿 t CO_2 当量，比 2012 年、2005 年和 1990 年分别增加了 1.2%、0.8% 和 10.8%，排放量基本与 2007 年排放峰值持平。为适应去核后温室气体排放新形势，日本在 2013 年华沙会议前调整了其温室气体减排目标，修正后的 2020 年目标是在 2005 年基础上减排 3.8%（相当于比 1990 年增加排放 3% 左右），而此前日本承诺的 2020 年温室气体排放量减排目标是比 1990 年减少 25%。根据日本 2015 年提交的"国家自主决定贡献"方案，其 2030 年温室气体减排目标是比 2013 年减少 26%（相当于比 1990 年减少排放 18% 左右）。同时，去核政策实施后，日本加快出台相关替代政策，提升可再生能源发展的战略地位，2012 年正式实施的全球变暖对策税（新碳税）和购电法政策，即是其推动可再生能源发展的重要政策调整。但总体而言，日本尚未形成以可再生能源加快替代化石能源的战略决心和路线图，重启核电仍是其能源和气候变化政策的重要选择之一（田成川和柴麒敏，2016）。

2. 节能方针的发展与落实

节能方面，日本起步于 20 世纪 70 年代。因为 20 世纪 60 年代日本在经济发展中过于追求超高速增长，大力发展重化工业的"重厚长大"型产业结构；而随之而来的城市化过度发展造成环境急速恶化；中东石油危机的一再出现使得日本出现了能源饥缺，制约了其经济发展速度。针对能源不足的现实需要，日本政府提出各个产业要推行包括"减、节、转"在内的"减量经营"方针，即减少人、财、物生产成本，节约能源；调整产业结构和产品结构。日本在 20 世纪 70 年代中期，单位产能的能耗量一直居高不下，但是 1976 年能耗量出现了明显的下降，80 年代中期以后，逐步出现稳定的状态，这既得益于石油价格的逐步稳定，也是由节能技术日趋稳定，发展空间逐渐缩小所致。

21 世纪以来，日本更加注重节约能源，为此，日本政府于 2005 年颁布了《京都议定书》，进一步加强了能源节约工作，以政府为主导，推动全体国民和各行各业节约能源、提高效率的新高潮,把节能提效提升到了国家能源战略的高度。

经过30多年的努力,日本通过各种节能措施,推行全国性节约能源、提高能源使用效率运动,并采取各种经济手段来扶持节能型产业,鼓励企业开发节能技术,使得日本从以重工业为主的"重厚长大"型产业结构彻底转变为高效节能的"轻薄短小"型产业结构,在一定程度上保证了日本世界第二大经济强国的持久地位。日本颁布的《节约能源法》也对新建建筑有明确的节能要求和节能标准,对场站建筑的节能发展起到推动作用。同时日本住宅金融公库颁布的《住宅建筑保温隔热标准》,要求建筑部分隔热,对所用的各种保温材料规定了最小的限度,有效地促进了公路运输场站的绿色低碳建设(葛颖和王晓强,2007)。在空调方面,日本多为集中式的变水流量与变风流量系统,在新风与排风之间设有全热交换器,空调系统的热源采用真空式锅炉,真空式锅炉的压力是处于真空状态,保证安全,一般锅炉效率都在88%左右(Christy et al., 2005)。日本汽车产业以低油耗、低排放技术著称,有很强的国际竞争力。《建筑循环利用法》要求房屋改建要循环利用所有建筑材料,催生了世界上最先进的混凝土再利用技术,既节省资源也大幅降低了碳排放。近20年来,尽管日本经济增长缓慢,但单位产出的能耗水平、资源综合利用效率和碳生产率仍得到较大提升,并基本实现了能源消费、电力消费与经济增长脱钩。2004年,日本出现能源消费总量和人均峰值(4.1t标油/人),2007年出现电力消费总量和人均峰值(8809kW·h/人),2013年日本单位GDP能耗和碳排放仅为中国的1/7。在《联合国气候变化框架公约》24个附件Ⅱ国家中,日本虽属达到碳排放峰值时间较晚的国家,但人均碳排放峰值水平低于10t(9.7t/人),远低于美国的22t/人,也低于德国的14t/人和英国的11t/人(田成川和柴麒敏,2016)。

3. 可再生能源的开发和利用

日本是世界上可再生能源发展最快的国家之一,一直十分重视能源的多样化,并在提高能源使用效率方面做出了很多努力。"福田蓝图"提出,日本太阳能发电量到2020年要达到目前的10倍,到2030年要提高到目前的40倍。2009年4月,日本政府推出"日本版绿色新政"四大计划,其中对可再生能源的具体目标是:对可再生能源的利用规模要达到世界最高水平,即从2005年的10.5%提高到2020年的20%。日本在可再生能源方面注重发展地热、风能、生物能、太阳能，尤其以太阳能开发利用为核心，提出要强化太阳能的研制、开发与利用，计划太阳能发电量 2020 年比现在增加 20 倍。为了实现这个目标，日本政府在积极推进技术开发降低太阳能发电系统成本的同时，进一步落实包括补助金在内的政府鼓励政策，强化太阳能利用居世界前列的地位（徐冬青，2009）。随着日本电力市场从 2016 年开始全面放开，由该国城市和乡镇创建并运营的电力公司应运而生。进入后福岛时代，这些市级电力公司被寄予了很高期望，为了最大程度减轻对外国能源的依赖，同时摆脱日本大型公用事业公司的区域垄断，他们正不遗余力地扩大清洁能源电力供应能力。受日本电力改革的影响，该国市级电力公司正谋求大力发展可再生能源，迄今已有 14 个城市创建了自己的清洁能源电力公司，旨在最大化利用本地资源为商业和家庭提供清洁电力。日本计划成立 1000 家以上这样的市运营电力公司，不过这些应运而生的市电公司对日本电力改革的意义大吗？其实，从国家能源规划上看，这可以看作是日本能源自给战略的一部分，在振兴城市经济的同时，还能破除当前电力区域垄断问题。2015 年 3 月，日本政府内阁会议决定了《电气事业法》修正案和《燃气事业法》修正案，规定在 2020 年 4 月将输配电业务从大型电力公司中剥离，并于 2017 年使城市燃气零售全面自由化。这直接刺激了可再生能源产业在日本的发展。事实上，如果将发、配、售电业务从大型电力公司中剥离，输电网就好似开放通道的高速公路一样可以进行自由输电，同时还有助于打破太阳能、风电的上网瓶颈，促进可再生能源产业的发展。日本政府设定了"2030 年可再生能源发电比例从 2014 财年的 11% 升至 22%～24%"的目标，日本经济产业省也透露，即将开始的财年将增加至少一倍的可再生能源补贴，从此前的 360 亿日元增至 820 亿日元（约合 6.73 亿美元）。在这样的激励下，日本多个城市开始创建自己的电力公司，旨在挑战大型公用事业电力公司的地位（王林，2016）。

4. 低碳技术的创新和推广

为了实现《京都议定书》中所规定的减排目标，日本政府不仅在全社会积极推广现有技术，而且不断加大节能减排技术领域的革新力度。

1）加大对技术创新的投入

除了强调政府在技术研究中的作用和职责以外，日本官方明确表示允许私有资本进入技术研发领域进行资金投入。日本内阁综合科技会议每年负责制定资金分配政策，环境省等机构依据该政策调配资金。

根据日本内阁 2008 年 9 月发布的数字，在科学技术相关预算中，仅单独立项的环境能源技术的开发费用就达近 100 亿日元，其中创新型太阳能发电技术的预算为 35 亿日元。日本在环境领域的投资将从 2006 年的 70 万亿日元增加到 2020 年的 120 万亿日元。2007 年 5 月，日本经济产业省提出一项新计划，决定在未来 5 年投入 2090 亿日元用于发展清洁汽车技术。此外，日本还通过各项法规和激励措施，鼓励和推动企业节能降耗，鼓励高能耗产业向国外转移。"福田蓝图"的行动计划草案写明，从 2009 年起将就 CCS 技术开始大规模验证实验，争取 2020 年前使这些技术实用化。在充分利用自然环境方面，日本于 20 世纪 90 年代提出了"与环境共生住宅"理念（Kreut, 2011），强调建筑立面设计技术、自然采光、通风技术、太阳能供电系统、分区空调系统、智能照明系统、分区热水采暖和制冷系统、水回收系统等设计与环境、气候协调的建筑是节能的重要方法。这一理念对现今日本充分合理利用自然资源、降低能耗产生了重要影响，因此日本公路运输场站在设计时特别重视屋檐、窗帘、遮阳板、挑阳台等的布局设计，利用周围自然条件，改善局部区域的微气候，实现场站的能源消耗。例如，充分利用自然风来减少空调耗能；在场站建筑物周围种花草树木，可以调节区域内的微气候，树木绿叶具有遮阳作用，减少了空调能耗。

2) 完善国家研发体系

所谓的国家研发体系主要包括 3 个主体，政府、企业及学术机构。通过对各科研机构的整合与集中管理，旨在集思广益、加强合作，进而提高技术研发的水平和效率。

目前日本已有许多能源和环境技术走在世界前列，如综合利用太阳能和隔热材料大大削减住宅耗能的环保住宅技术，利用发电时产生的废热为暖气和热水系统提供热能的热电联产系统技术，以及废水处理技术和塑料循环利用技术等，这些都是日本发展低碳经济的重要技术性优势。此外，日本还持续投资化石能源的减排技术装备，如投资燃煤电厂烟气脱硫技术装备，形成了国际领先的烟气脱硫环保产业。

5. 大力推动低碳消费

低碳消费是低碳经济的一个重要组成部分。通过消费者行为的改变，从需求方面遏制碳排放的来源。日本一方面利用先进的低碳工业和低碳技术来满足消费者行为模式转变的物质需要，另一方面，通过改变消费模式，引导理性低碳消费者去消化新生的低碳产能。日本通过加强"碳足迹""碳标识""碳补偿"等宣传认证手段，配合可视化技术，将日常低碳教育与低碳消费识别有机结合起来，更容易激发消费者的低碳消费心理。

第二节　应对气候变化国际科技合作及实施机制

一、应对气候变化的国际科技合作概况

环保产业是 21 世纪最具潜力的产业之一，市场前景非常广阔，对带动全球经济发展起着举足轻重的作用。此外，近年来环境、气候变化问题与国际贸易的关系越来越密切。一些发达国家试图利用环保方面的技术性壁垒来限制发展中国家的产品进口，甚至酝酿征收"碳调节税"，这促使广大发展中国家加强环保技术的应用，从而不断挖掘新的市场需求。鉴于此，日本采取了一系列行动力图通过气候外交加强与世界各国尤其是发展中国家在能源和环保领域的合作，以便日本环保产业能够占领更广阔的国际市场，从而为日本国民经济的可持续发展提供动力（刘晨阳，2009）。

联合国框架下的多边气候变化合作始终是日本开展气候外交的主渠道之一。1990 年，国际气候谈判正式拉开序幕，1992 年 5 月 22 日联合国政府间谈判委员会就气候变化问题达成《联合国气候变化框架公约》，并于 1992 年 6 月 4 日在巴西里约热内卢举行的联合国环境与发展大会上通过。公约要求发达国家率先采取行动应对气候变化及其不利影响，到 20 世纪末将 CO_2 和其他温室气体排放量恢复到 1990 年的水平，规定发达国家向发展中国家提供资金供给、技术转移、能力建设等援助义务。早在 1992 年联合国环境与发展大会上，日本不仅承诺限制有害气体排放，还承诺 5 年内以 ODA 的形式为环保事业提供 10 000 亿日元援助，远远超过欧盟承诺的 40 亿美元和美国承诺的 10 亿美元援助额（张玉来，2008），为日本进一步开展多边气候外交奠定了良好的基础。

将地缘因素考虑在内，为了与亚洲国家在环境和气候变化方面加强合作，日本政府于 2008 年 3 月推出了"亚洲经济及环境共同体构想"草案，提出以气

候变化合作为契机，在亚洲地区推广日本先进的节能技术，使亚洲环保市场的规模在2030年扩大到300万亿日元。此外，作为世界上最大的"排放权"购买国之一，日本将"碳排放经济"视为21世纪的巨大商机，正在积极推进亚洲"排放交易权"市场的建立。

近几年，日本在非洲和拉美地区也加大了气候外交的力度。福田康夫在2008年1月举行的达沃斯年会上决定，日本将向非洲的马达加斯加和塞内加尔提供约18亿日元的无偿资金援助，用于购买防灾、救灾及抑制温室气体排放所需的物品，资金援助还将扩展至亚洲、非洲及中南美洲的41个国家。2008年5月，日本与UNDP达成了"非洲应对气候变化伙伴关系联合框架"协议。根据协议，从2009年1月开始，作为"美丽星球促进计划"的一部分，日本将为21个非洲国家提供总额为9210万美元的资金支持，用于帮助这些国家应对气候变化所带来的影响。在拉美地区，日本政府选定墨西哥和圭亚那为应对气候变化的首批"重点支援国"。气候外交与对非外交的结合，将有利于日本扩大对非影响力，确保其在非洲的能源利益（刘晨阳，2009）。

在双边层次，日本近年来经常将环境和气候变化议题引入与对方国家的高级别会谈中，力促签署各种双边声明或协定。其中，日本尤为注重与美国、中国和欧盟的气候变化合作。日本与美国建立了气候变化高层协商机制，重点放在科技、市场机制和发展中国家问题上。2004年迄今，日本已经与中国举行了4次气候变化磋商，并且在CDM等领域签署了一系列双边协议。同时，为了制衡美国在气候变化问题上的单边主义，日本与欧盟在该领域长期保持战略合作关系。2009年5月，日本和欧盟发表联合声明，表示将携手应对气候变化，并为2009年年底哥本哈根联合国气候变化大会取得积极成果而共同努力。

二、应对气候变化的国际科技合作机制

联合国框架下的多边气候变化合作始终是日本开展气候外交的主渠道之一。八国集团峰会、东亚峰会、亚太清洁发展与气候伙伴计划[①]、亚太环境会议及其系列会议等也是日本近几年开展气候外交的重要平台。官方发展援助是一种典型的经济外交模式，是双边外交的重要组成部分，在多边外交中也受到广泛关注。作为重要的国际外交战略举措，近期，科技外交再次被日本重申。例

[①] 该计划的英文全称为 Asia-Pacific Partnership on Clean Development and Climate，参与方包括美国、中国、日本、韩国、印度和澳大利亚。

如，2015年5月8日，日本外交部官员与相关学者组成的专家咨询团正式向日本外长提交的《科技外交专家恳谈会》报告（日本内阁，2015）重申科技外交的意义，指明和平外交和经济外交是科技外交的立足点，并向日本政府提出了以下改进措施：①面对全球问题把握外交机遇。将科技优势转化为外交资源，通过科技外交解决全球问题。②发展改善与盟国、亚非新兴国家的关系。通过科技外交与盟国开展战略性共同研究；支援亚非新兴国家的科技人才培养和研发体系建设；通过ODA强化与发展中国家的合作。③尝试设置外交部长科技顾问，加强科技界在外交事务上的咨询作用。构建政府省厅、科技学者、产业界之间的合作网络，充实驻外使馆的科技力量。④注重对外宣传。在各种国际场合积极发表日本的科技外交主张，推进人才交流以构建科技外交的人才网络。

日本的气候变化相关"环境ODA"在ODA总量中的占比不断提高，由20世纪90年代初的10%上升至90年代末的30%，2002年以后保持在35%以上。凭借雄厚的资金，日本成为国际环保和气候合作领域最具影响力的国家之一。与此同时，日本政府通过政策引导和激励，使全国各个领域的环保技术水平快速提升，其废弃物处理、烟尘脱硫、太阳能发电等多项与节能减排有关的技术长期处于世界领先地位，从而为日本开展环境和气候外交增大了主动权（刘晨阳，2009）。

（一）制订援外规划或方案，设立专项行动，加大援外投入

将气候变化作为科技援外的优先领域，制订了援外规划或方案，设立了专项行动，并投入大量资金支持援外工作。日本认为应针对气候变化等全球性课题采取行动，对外推广和部署日本的环境与能源技术（孙洪，2012）。日本将气候变化科技援外作为重点领域，JICA为此制定了气候变化科技援外的三项原则，分别是促进发展中国家气候协调可持续发展，进行全面援助以满足发展中国家的不同需求，利用已有经验和科技成果发展气候合作伙伴。2008年，日本设立了"应对全球性问题的国际科技合作计划"，利用官方援助开展环境、能源等全球性问题的研究。

（二）鼓励私营部门参与气候变化科技援外，提倡公私结合

日本建立了公私部门合作体系，采取政府、私营部门和第三方机构共同参与的方式，促进气候技术向发展中国家转移。日本还设立了技术合作基金，政府、私营部门按1∶3出资，并规定官方资金只用于开展辅助性活

动，私营部门资金可直接用于投资（俎营营，2008）。日本非常重视私营部门在科技援外中的作用，认为私营部门的参与能提高援外项目的效益和可持续性，政府援外的重要目的是帮助本国企业开发海外市场。在企业参与的援外活动中，政府主要发挥引导和辅助作用，具体工作由企业自主实施。由于企业对风险和收益进行了综合权衡，因此项目实施的效果和收益往往有较大的保障。

（三）通过双边合作开展对外科技援助，针对不同国家采取差别化的合作策略

（1）优先向周边发展中国家提供气候变化技术援助。基于地缘因素的考虑，日本则向东南亚国家输出资金、技术以缓解气候变化问题。

（2）注重面向不发达国家开展气候变化技术援外。虽然不发达国家的发展水平和市场容量有限，但发达国家基于外交、政治和战略重要性等因素，选取若干不发达国家进行气候变化技术援助。其主要目的是通过技术援外向不发达国家宣扬技术软实力，在气候变化谈判等国际事务中获得不发达国家的支持等。日本政府在2008年启动了"环境和气候变化援助项目"，支持最不发达国家应对气候变化，主要支持领域包括太阳能发电、防洪管理、森林保护、地热发电、废物控制等，具体受援对象及资金分配主要由发达国家国内强势利益集团决定（张丽娟和朱培香，2008）。

（3）注重与新兴国家开展气候变化领域的合作研究。随着中国、印度、巴西等新兴经济体的发展，近年来，以美国为代表的发达国家不断加强与新兴经济体的气候变化科技合作，不仅支持科研机构间开展低碳技术联合研发和人才交流，而且鼓励本国科技型企业开拓新兴市场。

（4）援外的重点领域集中在清洁能源、适应领域与观测等。发达国家的气候变化科技援外不仅从自身技术推广和科学研究出发，而且更注重从发展中国家的实际需求和国情出发，注重减缓和适应并重，将应对气候变化与减贫、可持续发展相结合。发达国家针对不同受援国确定了不同的合作重点，但基本都集中在清洁能源、适应领域与观测等方面。在清洁能源和适应领域，主要是通过技术示范、培训和产品捐赠解决发展中国家的实际问题。在观测领域，发达国家利用卫星和信息技术，为发展中国家提供监测数据，开展联合研究，进而为发展中国家气象、农业、水利等领域的科学决策提供信息支持。

（四）积极通过多边渠道与发展中国家开展应对气候变化的技术合作

（1）积极利用国际组织等第三方平台开展气候变化科技援助。2008年，日本政府与UNDP设立了非洲适应项目（Africa Adaptation Programme，AAP），由日本政府通过与UNDP为21个非洲国家提供资金支持，帮助它们适应气候变化所带来的影响。上述基金均受到了发展中国家的欢迎。

（2）发起和主导多边气候变化科技合作计划，并吸收发展中国家参与。

三、中日应对气候变化的科技合作与实施机制

2015年6月2日，日本科技振兴机构中国综合研究交流中心（China Research and Communication Center，CRCC）发表的《日中两国的环境合作现状及未来展望》报告显示，中日环境合作虽然受两国政治关系的影响一度停滞，但由于中国出现了严重的环境问题，2007年以来日本在对华环境合作方面的资金投入、项目实施数量仍然持稳定增长的态势。日本先进的环保技术及成熟的发展理念为中国提供了很好的借鉴，中国对节能减碳技术的需求为日本企业提供了广阔的市场。中日气候友好商品贸易和低碳技术合作有利于促进中日两国经贸发展和低碳经济建设，中日CDM项目的拓展及气候友好城市的推广则有利于低碳社会的构建和可持续发展（吴洁和曲如晓，2010）。

（一）中日应对气候变化科技合作的主要领域

《京都议定书》签订后，CDM机制成为发达国家和发展中国家合作减排的最有效手段。日本在《京都议定书》中承诺在2008～2010年内将温室气体排放量减少到1990年的94%，但是依靠国内的力量仅能实现4.4%的减排量，剩余的减排量只能通过联合履行或CDM机制来实现。截至2010年2月10日，国家发改委已批准的全部CDM项目有2411个，中日CDM合作项目共351项，占所有CDM项目总数的14.56%。从减排类型来看，所有项目中新能源与可再生能源项目最多，共237个，占全部中日CDM合作项目的67.5%；其次为节能和提高能效项目，共63个，所占比例为17.9%；居第三位的是甲烷回收利用项目，共29个，所占比例为8.3%。上述三个类型共计占所有中日CDM项目合作的93.7%，其余6个类型只占6.3%（图6-2）（程永明，2009）。

此外，中日CDM项目合作的省份已经遍布中国各地，如贵州、吉林、新疆、广西、广东、湖北、四川、云南、安徽、福州等。总之，中日CDM合作项

目可以充分实现双方的互惠共赢,具有广阔的发展空间。

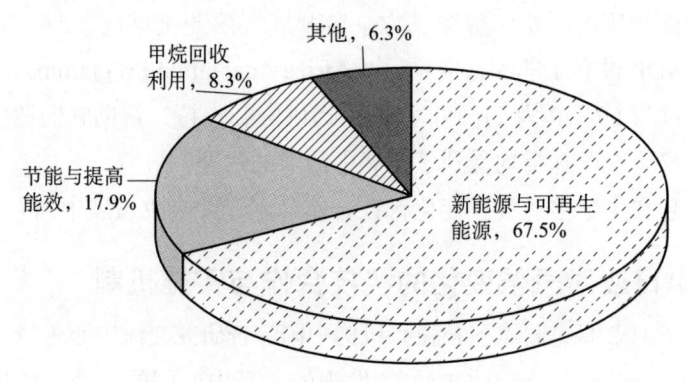

图 6-2　中日 CDM 项目类型

（其他,6.3%；甲烷回收利用,8.3%；节能与提高能效,17.9%；新能源与可再生能源,67.5%）

（二）中日应对气候变化的科技合作机制

1. 参与方

从中日合作参与方来看,中日合作的主体除两国政府外,还包括两国大学、研究机构、企业、NGO 间的合作,已经形成了政府、官民一体和非政府间的多层次合作,双边与多边并举的合作格局（表6-1）。

表 6-1　中日应对气候变化合作的主要参与方（张海滨,2009）

合作方	双边合作	多边合作
政府	中日经济高层对话机制 中日友好环境保护中心 中日政府间科技合作联合委员会	亚太清洁发展和气候伙伴计划 国际甲烷市场化合作计划 《联合国气候变化框架公约》 全球环境基金 其他包括亚太经济合作组织会议、主要经济体能源与气候变化会议和"G8+5"等
官民一体	中日节能环保综合论坛 中日环境合作综合论坛 其他（包括日本贸易振兴机构、日本新能源产业技术综合开发机构、日中经济协会在华设立的事务所）	
NGO	中日民间绿化合作委员会	

2. 合作形式

在气候变化合作形式方面,除项目合作、研讨会、共同研究等外,中日双方还启动了元首级、部长级、副部级的政策对话机制、资金合作机制和人员交流与培训机制。

1) 元首级、部长级、副部级的政策对话机制

元首级、部长级、副部级的政策对话机制是中日两国气候变化科技、经济合作的主流。通过该机制，中日共同签署了诸多在节能环保方面的战略合作政策、计划、声明等（表6-2）。

表6-2　中日关于应对气候变化合作的主要双边协定

合作协定名称	级别	与气候变化有关的主要内容
《中日两国政府关于进一步加强气候变化科学技术合作的联合声明》（2007年）	部级	双方表明一种政治意愿，即进一步加强科学技术合作，共同为解决气候变化问题做出贡献。文件规定了一系列具体的技术合作措施
《关于进一步加强中日环境保护合作的联合声明》（2007年）	部级	在《联合国气候变化框架公约》及其《京都议定书》的框架下，双方再次表明将根据"共同但有区别的责任"原则通过国际合作就解决气候变化问题做出努力的政治决心。双方将积极参与按上述公约和议定书的原则和规定构建2012年后有效框架的进程。双方将加强在亚太清洁发展与气候伙伴计划下的合作与协商，推动务实合作，并继续开展《京都议定书》下CDM项目方面的合作
《中日两国政府关于推动环境能源领域合作的联合公报》（2007年）	部级	双方重申《中国政府和日本政府关于进一步加强环境保护合作的联合声明》所阐述的关于气候变化的立场，高度重视气候变化问题，愿积极展开合作。考虑到技术在应对气候变化、节能减排和保护环境方面的重要作用，双方愿进一步加强在技术转让方面的合作
《中日关于全面推进战略互惠关系的联合声明》（2008年）	元首级	在能源和环境领域开展合作是我们对子孙后代和国际社会的义务，基于这一认识，要特别加强在这一领域的合作。双方将在《联合国气候变化框架公约》框架下，根据"共同但有区别的责任及各自能力"的原则，按照巴厘路线图积极参与构建2012年之后有实效应对气候变化的国际框架。双方确认能源安全、环境保护、贫困、传染病等全球性问题是双方面临的共同挑战，双方将从战略高度开展有效合作，共同为推动解决上述问题做出应有贡献
《中日两国政府关于气候变化的联合声明》（2008年）	部级	建立应对气候变化的伙伴关系，以进一步加强两国在应对气候变化领域的合作，加深对话与交流，推动开展务实合作，把两国战略互惠关系落到实际行动中。联合声明对中日气候变化合作的重点领域、合作方式和资金问题做了具体说明
《中日两国政府关于加强交流与合作的联合新闻公报》（2008年）	部级	具体充实两国战略互惠关系，涵盖了两国70项具体合作项目，其中20多项与节能和环保相关
《关于继续加强节能环保领域合作的备忘录》（2008年）	部级	双方将继续开展通过捕集和封存煤炭火力发电厂产生的CO_2，提高石油采收率方面的实证研究，继续开展钢铁、水泥领域的节能环境诊断。双方认为，"中日节能环保商务示范项目"进展顺利，日本将与中国地方政府共同努力，进一步推进该项目，加强项目挖掘和成果普及

资料来源：张海滨，2009

2007年4月12日进行的中日第一次部长级能源政策对话上，双方共同签署了《关于加强两国在能源领域合作的联合声明》，并发表《中日关于全面推进战略互惠关系的联合声明》，为中日关系的发展指明了方向。2008年5月中日共同发表《中日两国加强交流与合作联合新闻公报》，在70项交流合作项目中，节能方面就占到了10项以上。2009年第四届中日环保论坛上，两国签署了42个节能环保项目，前三届签署的项目总数才34项。中日关于低碳经济下的交流合作的步伐加快，节能减碳已成为中日关系的新主题。

2）资金合作机制

中日之间的资金合作开始于1979年，日本向中国提供了日元贷款和无偿援助项目，其中环保能源领域的合作占了较大的比例，截至目前，日本政府已累计向中国政府承诺提供日元贷款协议金额为33 164.86亿日元。

3）人员交流与培训机制

近年来中国国家科技部与JICA多次开展合作，对我国地方CDM的主管官员和技术人员进行系统的CDM培训。此外，2008～2011年，日本在能源和环境领域为中国开展总计1万人的培训工程。2008～2012年，日本每年邀请约50名包括气候变化领域科研人员在内的青年科研人员进行短期访日（张海滨，2009）。

（三）中日双边合作案例分析

中日双边合作从20世纪80年代开始，最初为铁路、港湾、水力发电等基础设施的整备，是以帮助中国向现代化发展为中心而实施的。进入90年代后，中国经济的飞速发展对环境造成了负面影响，也对日本造成了严重的威胁，于是，日本把援助重点转向了环保领域（气候变化是其重要组成部分）。经过几十年的努力，以环境为核心领域的中日双边合作建立了日趋完善的机制，参与主体越来越多样化，合作内容日趋全面并不断升级。但纵观两国合作的机制和内容，我们发现，在环境治理方面中国对日本产生了较强的依赖性，从而使得双边合作呈现出较为明显的不对称性。

1. 合作机制的不对称性

中日主要的双边合作机制有以下几个：中日环境合作联合委员会、中日环保合作综合论坛、中日友好环境保护中心。

1）中日环境合作联合委员会

1994年中日两国政府签订了《中日环境保护合作协定》，根据此协定成立了中日环境合作联合委员会，每年定期召开会议，协调并促进两国间在环境领域的交流与合作，并确定和组织实施具体的项目（李娜和高勇，2004）。中日环境合作联合委员会中的不对称性主要体现在决策过程的不对称性。在会议决策过程中，从原则上来讲，双方是按双赢的理念，在调查研究的基础上，对业已具备条件和有突出问题的领域展开合作。但实际上，由于日方是援助方，具体的合作项目和领域都是日方占主导优势。当然，由于中国的酸雨、大气污染、沙尘暴等问题十分突出，对日本也造成了不容忽视的威胁，所以这些问题在决策中是优先被考虑和实施的。但这种表面上看似合理和双赢的合作是建立在日方主导的、符合其利益的基础上的，一旦双方意见出现分歧，抑或双方探讨的领域和项目与日方无直接利害关系，或日方付出的代价过大，这种决策就很有可能破产。

2）中日环境合作综合论坛

中日环境合作综合论坛是中日环境合作联合委员会的补充机制，成立于1996年。其主要作用是为了扩展双方的参与主体，让地方政府、企业、民间团体、研究机构等参与者就双边与多边的环境问题交换意见，探讨潜在的合作可能性，从而更加有效地促进两国中央及地方政府、产业界、学术界在环境保护领域的交流与对话。由此可见，这是一个政府主导，多方参与的合作机制。在这个平台上，两国地方政府、学术界、企业界和民间人士能够参与两国的环境保护合作活动，进行技术交流与转让合作。地方政府和民间合作虽然在资金数量和技术等级上不如中央政府之间的环境合作，但它们是中央政府级环境合作的很好补充，并使这种合作逐渐向基层深入（高莹，2008）。中日友好城市（如大连市与北九州市）、日本的工业组织（如日本产业机械工会和经济联合团体等）、研究机构（如日本学术振兴会、中国环境研究会等学术机构和团体），还有日本的许多在华企业（如川崎重工、西原集团、三菱电机、三菱重工、ORGANO、JFE集团、东丽等）都在中国进行环保植树、设备援助、生物技术研究等活动。在个人层面，最著名的当属"沙漠之父"远山正瑛教授。1991年，凭着满腔热忱和自身的威望，远山号召日本国民每周省下一顿午餐钱来中国植树，为恩格贝的建设做出了极大的贡献。但日本地方政府和大型企业集团多在日本政府的指导下同中国展开合作，有的产业团体本隶属于日本政府的某个部门，如日本产业机械工会，这些大型企业和产业团体的动作都是为日本国家战略和利益服务的，而日本传统文化中的集团性和狭隘的民族主义更加剧了这一趋势。

3）中日友好环境保护中心

中日友好环境保护中心是日本对华无偿援助资金和中国政府资金合作建立的中国国家重点环保项目。该中心从无到有、从小到大，日本在技术和资金方面发挥了关键作用。到2006年，日本共向该中心提供了2.3629亿日元的仪器和设备，中心多次派遣中方人员去日本研修和学习，双方在环境政策和技术合作领域展开了多项合作。目前，该中心是国家环境保护部直属综合科研单位，为环保部提供专业性服务，也是我国开展对外环境交流与合作的重要窗口。中心拥有高素质的人才队伍和先进的科研手段，为环保部提供高水平技术支持，并为社会提供优质高效的服务，在中国环境保护事业的发展中发挥着越来越重要的作用。这一项目从开始到发挥作用都有日本的影子，从名称我们就可以窥其一斑。日本政府用本国的设备、技术和资金，还有人员来帮助中日中心做一系列的环境工作。毋庸置疑，日本政府的意志通过设备、技术、资金的配备和方向、人员的使用都在具体的合作中得以体现。

2. 合作方式和内容层面的不对称性

中日两国在低碳（新能源开发和节约）技术开发与转让、节能减排等领域，以资金援助、技术转移、研究调查、人员培训、提供设备等方式进行合作。合作的领域越来越广阔、形式越来越灵活，双方在环境领域的相互依赖越来越深。但从合作方式和内容的层面看，双边合作也存在明显的不对称性。

1）日方在对华ODA中掌握着战略主导权

日本对华ODA在中日环境合作中发挥了关键性的作用。对华ODA从经济到基础设施，再到环境和社会领域的转向，足见日本政府对华战略意图的转移，这一做法是出于现实主义的考虑，日本担心经济日益强大的中国会利用日本经济援助转而发展自身的军事力量（余维海，2006a）。日本对华官方援助包括无偿资金援助、技术合作和日元贷款，当然援助用于什么项目、以何种方式实施，日本掌握着话语权。

2）谨慎的技术转移

技术合作是双方环境合作中的一个至关重要的环节。由于日本掌握着世界领先的环保技术和低碳技术，同时中国严峻的环境威胁对这些技术有着迫切的需求。从20世纪90年代开始，双方就开始进行技术合作，尤其是技术转让项目的合作。技术合作中的不对称性表现在两方面：一是，技术供求的不对称性。

中国希望日本能够多转让一些适用和尖端的环境技术，主要包括：①防止大气污染装置，如燃煤锅炉和发电站的排烟脱硫（硝）技术、硫氧化物的活性炭处理技术等；②节能减排的低碳技术；③垃圾处理装置——城市垃圾燃烧技术、工厂废弃物燃烧技术等。中国对这些技术的需求旺盛，但现实的技术转让并不如中方所愿。参与环境技术合作的多是日本大型企业，一方面，他们出于利益最大化的原则，在转让费上要价过高；另一方面，日本认为"中国最需要的不是精尖技术，而是一些基础的环保技术"（余维海，2006b）。日方还认为双方共同研究和开发适合中国的环保技术（如城市垃圾焚烧技术）是很有必要的，而不是从日本引进这些技术。二是，日本向中国进行技术的控制性转让。总体上，中日技术转移与合作出于政治战略的考虑，日本政府在对华高技术出口政策方面不透明、管制严格、手续烦琐，造成日本企业对华高技术出口顾虑重重（范拓源，2009），日本向中国转让技术也是在周密计划的基础上有条件地进行控制性转让，根据中国国内技术的开发水平转移技术，以确保两国产业梯度的差异。从日本的技术出口看，2008年，日本向中国大陆的出口额为173亿日元，而对韩国、泰国、中国台湾、新加坡、马来西亚的出口额分别达531亿日元、362亿日元、300亿日元、265亿日元、217亿日元，都远远高出中国大陆（范拓源，2008）。

3）慷慨的调查研究和人员培训合作

在双边环境合作中，开展最多的是调查研究和人员培训项目。双方合作实施项目之前，首先要进行开发调查或基础调查。从日本引进技术和设备时，也需要中方技术人员熟悉具体的操作和规范。以对华ODA合作为例，双方技术合作项目为16个（几乎都是一般性技术项目），调查和培训项目则多达26个，无偿资金合作项目则只有7个。双方在调查研究和人员培训方面的磋商同资金合作与技术合作相比，在数量和决策速度上都远超过后者。一方面合作项目几乎都需要调研和培训，更重要的是这方面的合作技术含量较低，日方没有多少顾虑，所以显得很慷慨（陈玉平，2011）。

综上所述，在中日三大双边合作机制中，中国扮演着受援者的角色，处于相对被动的地位，而日本则凭借雄厚的资金、先进的技术及丰富的经验，在环境外交的战略指导下掌握着双边合作的主导权。在这些机制的指导下，双方在合作领域和内容方面有着一个显著的特点，即日方在资金合作和技术合作方面一直很谨慎。他们向中国转让的多为一般性技术，资金支持也逐渐萎缩。这样一来，中国亟须解决的许多环境问题因为技术和资金的缘故而不得不搁浅。因此，在环保能力和环境外交意图两个层次来看，中国明显是处于被动地位的，中日双方在环境领域的相互依赖程度越深，这种不对称性也就越明显。所以，日本在主客观上都有可能以环境援助和技术支持作为对华外交的筹码，在双边关系的其他领域同中国博弈，遏制和弱化中国的全面发展。当前中日环境合作的不对称性，我们也可以称为不对等性。从表面和短时期的角度看，这种不对称性或许对中国不会有多大的威胁，但如果这种关系持续下去，真正的威胁即将发生在低碳时代。

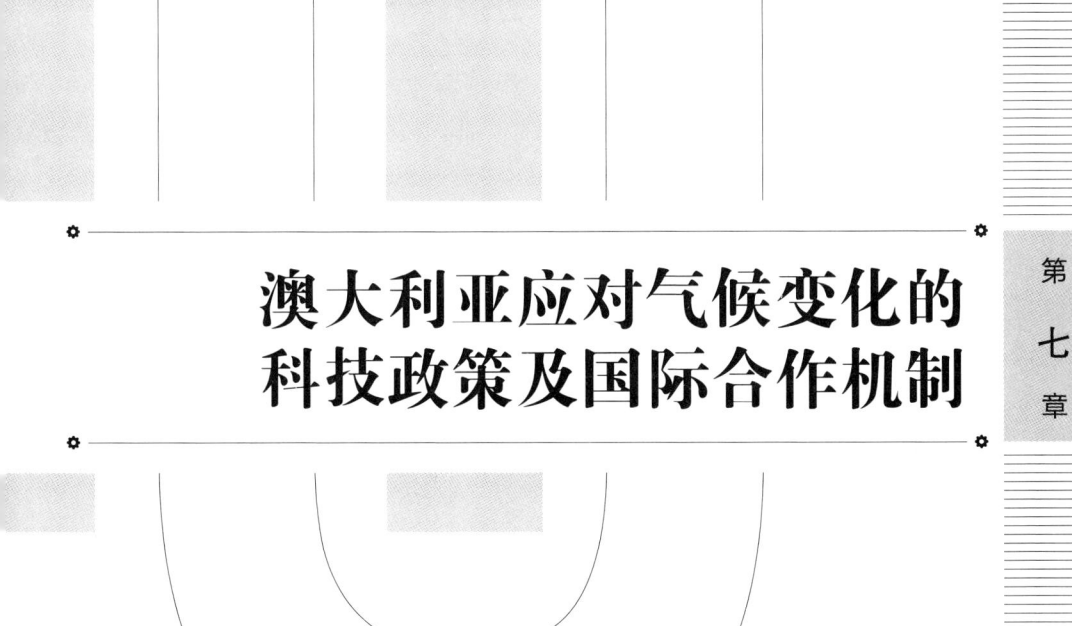

第七章 澳大利亚应对气候变化的科技政策及国际合作机制

第一节 应对气候变化的科技政策及行动

一、不同时期应对气候变化政策的特点

气候变化是一个长期性、全球性的问题，应对这一长期问题需要稳定而灵活的政策手段。纵观过去 20 多年里澳大利亚减排政策的实施情况会发现，该国的气候行动承诺并不连贯，且缺乏方向性（Parliament of Australia，2013）。澳大利亚曾一度担任全球气候行动的先驱，如建立全球第一个专门负责削减温室气体排放的政府机构，在全球气候条约创立之初就签订通过，以及推出新颖而先进的陆地碳抵消计划。但有时候澳大利亚在应对气候变化方面也会不尽如人意，如反复成立并解散气候变化政府机构，在最后一刻才批准全球气候条约，以及立法废除国家排放交易机制等。澳大利亚不同政党在不同时期对气候变化持截然不同的态度，最终深刻影响着该国气候政策的制定与实施。

（一）1988～1996 年：气候行动的领跑者

从 20 世纪 80 年代后期，国际社会开始日益关注全球气候变暖现象，并相继制定了一系列减少温室气体排放的国际立法。20 世纪 80 年代后期至 90 年代前期，澳大利亚曾是国际气候变化事务的引领者之一。

1988 年 6 月 27～30 日，全球各国决策者及科学家共同参加在加拿大多伦多召开的主题为"变化中的大气：全球安全的含义"的国际会议，大会提出到 2005 年全球各国排放比 1988 年减少 20% 的"多伦多目标"。此次会议首次将全球变暖作为政治问题来看待，呼吁各国政府紧急行动起来，制定大气层保护行动计划。多伦多会议之后，全球气候变暖问题迅速被列入国际政治议程。1990 年澳大利亚政府批准"多伦多目标"，同意该国到 2005 年在不损害经济发展的条件下排放量比 1988 年减少 20%，这一举动使澳大利亚在应对气候变化和促成各国重视该问题上发挥了领头羊作用。

1992 年 5 月 9 日联合国政府间谈判委员会就气候变化问题达成《联合国气候变化框架公约》，并于 1992 年 6 月 4 日在巴西里约热内卢举行的联合国环境与发展大会（地球首脑会议）上通过。《联合国气候变化框架公约》是世界上第一个为全面控制 CO_2 等温室气体排放，以应对全球气候变暖给人类经济和社会带来不利影响的国际公约。澳大利亚率先签署并批准《联合国气候变化框

架公约》。

1992年12月,澳大利亚发布《国家温室气体应对战略》(The National Greenhouse Response Strategy, NGRS),作为一种机制审计和促进国家限制温室气体排放以实现《联合国气候变化框架公约》承诺的方案。该战略依赖那些对澳大利亚经济和贸易竞争性没有影响的行动。战略采取的行动包括成立国家温室气体顾问小组(National Greenhouse Advisory Panel)。

1995年3月,澳大利亚制定《温室气体21C:可持续未来行动计划》(Greenhouse 21C: A Plan of Action for A Sustainable Future),推出其他一些削减温室气体的措施补充NGRS。其中一项行动为"温室气体挑战"(greenhouse challenge)计划,动员大公司和工业部门采取自愿行动削减温室气体排放。

(二)1996~2007年:气候行动中的滞后者

20世纪90年代中后期至2007年,澳大利亚政坛对气候变化问题充满争议,这一时段内澳大利亚政府对待气候变化的态度较为消极,最终使澳大利亚在全球应对气候变化行动中沦为落后者。

1998年,澳大利亚政府以制定全球统一的减排目标会损害澳大利亚工业和减少就业机会为由拒绝批准《京都议定书》,但仍然按照《京都议定书》的承诺目标推动国内实施各项温室气体减排措施,出台了一系列温室气体减排的政策与措施,成为各部门各地区拟定各项温室气体减排政策措施的法定依据(李伟和何建坤,2008)。其中包括1998年成立澳大利亚温室气体办公室(Australia Greenhouse Office, AGO),使澳大利亚成为第一个成立专门负责削减温室气体排放政府机构的国家。

1997年,澳大利亚发布《保护未来:澳大利亚应对气候变化》(Safeguarding the Future: Australia's Response to Climate Change)声明,宣布采取一系列的削减温室气体措施。其中包括2001年推出的《强制性可再生能源目标》(Mandatory Renewable Energy Target, MRET)计划,该计划的目的是为电力零售商和其他大型电力卖家强加法律义务,使其在2010年前可再生能源或者特定废弃物发电份额提高2%,旨在到2010年可再生能源电力达到9500GW(李化,2011)。在《强制性可再生能源目标》推动下,澳大利亚可再生能源特别是风电和太阳能热水得到了有史以来的最快发展。

1998年,澳大利亚政府发布《国家温室气体战略》(National Greenhouse Strategy, NGS)取代NGRS,提出澳政府将在全球削减温室气体排放的努力中发挥积极主动的作用。NGS 的目标是限制净温室气体排放以实现国际承诺，加深对温室气体问题的研究和理解，为适应气候变化奠定基础。

2004 年，澳政府制定能源白皮书《澳大利亚未来能源安全》（Securing Australia's Energy Future），重新确定气候变化战略，白皮书提出了可再生能源计划，包括燃油消费税的改革计划及自主研发等。白皮书重申，批准《京都议定书》不符合澳大利亚的国家利益，但是有望使澳实现其减排目标。

（三）2007 年至今：气候政策环境变化不定

2007 年之后，澳大利亚政府的气候行动变得两极分化不定，气候变化成为政治问题。2007 年的澳大利亚大选甚至被称为全世界第一个被气候变化决定结果的大选，之后几年内两大执政党（工党和自由党）的气候政策频繁发生变化（Forino et al., 2014）。

2007 年 12 月工党领袖陆克文出任澳大利亚总理，上任之日立即在巴厘岛召开的联合国气候变化大会上签署了《京都议定书》，希望重回气候变化国际事务引领者行列。同年成立气候变化与水资源部，制定《澳大利亚气候变化政策》（Australia's Climate Change Policy）与《2007 国家温室气体和能源报告法案》（National Greenhouse and Energy Reporting Bill 2007）。

2008 年陆克文政府公布《碳污染减排方案：澳大利亚的低污染未来》（Carbon Pollution Reduction Scheme: Australia's Low Pollution Future）白皮书，提出在 2020 年之前减排至低于 2000 年水平的 5%～15% 并制定实现这些目标的主要途径——澳大利亚温室气体排放交易机制计划，但该方案未获得议会通过（Australian Government, 2008）。2009 年 8 月澳大利亚议会通过应对《气候变化法案》，设定"可再生能源目标"（renewable energy target，RET），确定了到 2020 年可再生能源将占电力需求的 20%。最终由于搁置碳交易提案和计划对澳洲采矿业征收"超额利润税"问题导致陆克文声望下跌，最终于 2010 年辞职。

吉拉德担任总理期间，2011 年 11 月澳大利亚议会通过了《清洁能源法案》（The Clean Energy Act）（Australian Government, 2011），这标志着吉拉德领导的工党政府倡导的清洁能源政策正式成为法律，法案的通过被认为是澳大利亚应对气候变化的一个重要里程碑。法案确立了澳大利亚将通过实施碳税来减少碳排放污染、迈向清洁能源未来的发展方向，内容包括碳价格机制，以及在降低污染的同时保护就业与竞争力和促进经济增长的各项支持机制，同时政府将通过税制改革和增加收入对家庭进行资助。澳大利亚碳税立法计划于 2012 年 7 月

1日实行碳价格机制，其中2012～2015年是固定价格阶段，相当于碳税；2015年后碳价则由市场决定，采用浮动价格，并与欧盟碳市场对接。2012年7月1日备受争议的碳税在澳大利亚正式开始实施。2012年吉拉德政府成立独立的法定机构——气候变化管理局（Climate Change Authority），该机构开展气候变化研究，针对排放交易机制的关键问题为政府提出咨询建议，定期评审气候变化措施并报告澳大利亚国家减排目标的进展（Australian Government，2013）。

2013年陆克文重新上台后澳大利亚提前取消碳税，将碳排放交易计划提前一年即2014年7月1日开始实施。2013年9月自由党-国家党联盟领袖阿博特上台以后在气候变化和清洁能源领域开展了一系列的改革，废除了该国气候政策的大部分核心工具，导致澳大利亚气候变化政策的环境形势急剧恶化，澳在气候行动方面远远落后于其他国家。首先，新政府于2014年7月通过投票废除碳排放税法案，取消原定于2015年开始逐步建立碳排放交易机制的计划，推出"直接行动计划"（direct action plan）来实现减排目标，这一计划的核心是减排基金（Emission Reduction Fund，ERF）（马晓舫，2014）。其次，解散气候委员会（Climate Commission），该委员会的工作将由环境部（Environment Department）进行。在公众的强烈呼吁下，解散的气候委员会在群众募资支持下以气候理事会（Climate Council）的形式恢复运行。上述气候政策的重大转变导致目前澳大利亚气候政策前景不明，外界认为该国正在偏离实现国家减排目标的轨迹。

2015年8月11日，澳大利亚总理阿博特宣布，到2030年，澳大利亚人均温室气体排放量与2005年相比将会下降至少50%，每单位GDP的排放量将下降64%。到2030年，澳大利亚温室气体排放量与2005年相比将减少26%～28%（Department of the Environment，2015a）。

2015年12月2日，澳大利亚政府发布《国家气候顺应和适应战略》（National Climate Resilience and Adaptation Strategy），列举出澳大利亚管理气候风险的方式，识别出一系列开展有效的适应实践和构建弹性的指导原则，概述了政府未来的愿景。未来适应优先领域包括：沿海地区，城市和建筑环境，农业、林业和渔业，水资源，自然生态系统，健康和幸福，灾害风险管理，具备弹性、安全的地区（Department of the Environment，2015b）。

二、应对气候变化政策实施体制与机制

澳大利亚具备比较完整的气候变化政策的执行框架体系，目前政府应对气候变化的行动受工业、创新、气候变化、科学、研究和高等教育部（Department of Industry, Innovation, Climate Change, Science, Research and Tertiary Education, DIICCSRTE)的总体协调, DIICCSRTE 负责气候变化政策制定和提供建议,以联邦其他机构及各级政府合作实施国家应对气候变化的方案。

近年来由于不同执政党对气候变化所持的态度变化不定,澳大利亚气候变化政策执行体系的机构变迁比较频繁。1998年澳大利亚成立AGO,作为全球第一个专门负责削减温室气体排放的独立政府机构,AGO为政府提供解决温室气体问题的全套方案,包括鼓励可再生能源使用和提高能源效率,为开展温室气体研究投入大量资源,监测澳大利亚实现《京都议定书》目标的进展,通过国家碳核算体系研究澳大利亚对温室气体的排放,调研国家排放交易体系的可行性以及鼓励行业、企业和社区使用温室气体排放量较低的交通工具(Howard,1997)。2004年,AGO被并入环境与遗产部(Department of the Environment and Heritage),管理澳大利亚应对气候变化并向公众提供政府批准的信息。

2007年该机构的工作被新成立的气候变化部(Department of Climate Change,DCC)代替,2010年后者又解散并成立了气候变化与能源效率部(Department of Climate Change and Energy Efficiency,DCCEE)。2013年3月26日澳大利亚DCCEE被撤销,与气候变化有关的业务职能被转移到新的产业、创新与气候变化部(Department of Industrial, Innovation and Climate Change)。原来的气候变化与能源效率部将继续提供关于气候变化和能源效率的信息,直到新的部门安排到位为止。

2010年澳大利亚大选后成立了多党气候变化委员会(Multi-Party Climate Change Committee,MPCCC),总理任委员会主席,其他成员包括副总理、DCCEE部长和议会的独立成员,MPCCC还有一个包括4名成员的专家咨询小组。

澳大利亚虽然成立专门机构负责国家气候变化具体事务,但是重要事项需向联邦政务会议汇报,并且受到国会、内阁总理及国家审计署等部门和地方政府的制约,在科学依据等问题上还要与专门委员会、环境部、农业与资源经济研究局(Australian Bureau of Agricultural and Resource Economics,ABARE)、联邦科学与工业研究组织(Commonwealth Scientific and Industrial Research Organization,CSIRO)等机构合作和共享信息。按照1998年、2004年国家温室气体排放战略的要求,各级政府都要承担相应责任,设计政策,推动实施,进行监测和报告。通过广泛动员各种社会力量,实施政府主导的、政府和私营部门联合推动的,以及个人自发的项目来实现气候政策的目标(丁丁和戴东宝,2010)。

澳大利亚政府以能源部门为主要管理温室气体减排的部门，推动了一系列温室气体减排措施。澳大利亚一直积极推动各项全国性温室气体减排的政策与措施，这一系列政策构成了澳大利亚应对温室气体减排的政策基础，成为各部门、各地区拟定各项温室气体减排政策措施的法定依据（李伟和何建坤，2008）。

为削减温室气体排放，澳大利亚政府推出多种类型的措施，其中包括：①自愿措施，如通过"绿色能源计划"（Green Power Program）开展可再生能源购买；②监管措施，如最低性能标准、建筑规范和限制开荒等；③交易机制，如碳定价机制、可再生能源目标（Renewable Energy Targets，RET）和低碳农业倡议（Carbon Farming Initiative）等；④各种政府资助计划，如澳大利亚可再生能源机构（Australian Renewable Energy Agency，ARENA）和政府计划的减排基金提供的资助。

第二节　应对气候变化国际科技合作及实施机制

一、应对气候变化的科技合作战略部署

（一）应对气候变化的相关科技布局

澳大利亚高度重视自身对气候变化的研究能力，其对于气候变化科学的研究水平得到世界公认，对气候变化影响机制深刻、科学的理解帮助澳大利亚更好地应对气候变化的冲击。澳大利亚政府每年花费6000万澳元用于温室气体研究，主要关注南半球，为本国和本地区气候变化的可能影响做准备。澳大利亚长期持续组织实施澳大利亚气候变化科学计划（Australian Climate Change Science Program，ACCSP），为南半球的气候变化研究做出了贡献，并制定了指导未来10年科研工作的《国家气候变化科学框架》。

澳大利亚更加强调适应。即使全球温室气体排放显著降低，由于大气中已经存在大量温室气体，气候变化仍然可能发生。有鉴于此，澳大利亚在适应气候变化所需的知识和工具方面加大了投入。政府斥资1.26亿澳元建立一个新的

气候变化适应研究中心，以帮助受到较大影响的地区和部门、企业和地方政府更好地理解气候变化和做出正确回应。此外，澳大利亚政府委员会国家适应框架（The Council of Australian Governments National Adaptation Framework）引导各级政府努力帮助易受影响的地区和部门，如农业、渔业、林业、海岸居住区、基础设施和旅游业，以适应不可避免的气候变化。政府投资4400万澳元于国家气候适应旗舰项目，由CSIRO负责提供气候变化信息的工作。

此外，澳大利亚非常重视鼓励清洁能源生产与低碳排放技术的创新。2010年7月23日，澳大利亚总理吉拉德宣布，为了应对气候变化，澳政府决定在今后10年内投入10亿澳元创建全国可再生能源市场，同时投入1亿澳元资助可再生能源技术的研发。2011年通过的《清洁能源法案》中的资金投入计划主要包括：在工业上，每年约有92亿澳元用于就业和保护参与交易的高排放企业的竞争性。为了鼓励居民、商业、社区、政府、建筑和交通提高能效，政府提供12亿澳元的清洁能源项目，这是在原有的基础上增加新的资金来源，直接促进能效和减少制造工业的碳排放，以及支持低碳技术的研发。在钢业转型计划方面，投入3亿澳元的资金，支持帮助工业转型到清洁能源未来的计划中。13亿澳元的煤炭就业计划将帮助煤炭工业采用减碳技术，使那些碳排放大的煤矿减少碳排放。约130亿澳元投入清洁能源项目，包括通过清洁能源金融公司进行的投资（侯艳丽和杨富强，2011）。澳大利亚还通过2亿澳元（约1.8亿美元）的"国际森林碳计划"参与国际减缓气候变化的努力，为降低发展中国家森林采伐和森林退化造成的温室气体排放提供支持（丁丁和戴东宝，2010）。

（二）开展应对气候变化科技合作的主体力量

在气候变化研究领域，澳大利亚CSIRO、澳大利亚气象局（Bureau of Meteorology）实力雄厚。前者与气候变化相关的科研活动主要集中在食品、健康、能源研究集团，环境研究集团和制造、材料与矿产研究集团中。该机构先后发起多个与气候变化相关的国家旗舰计划，主要包括：能源转型旗舰计划、气候适应性旗舰计划、可持续农业旗舰计划等。澳大利亚气象局是澳大利亚气候研究计划的重要承担单位之一，其在天气与气候研究、海洋监测和大气成分分析等重要领域开展工作。

为加强在气候变化研究领域的机构合作，澳大利亚成立了相关的联合研究机构，主要包括澳大利亚天气与气候研究中心、南极气候与生态系统合作研究中心、温室气体技术合作研究中心、气候系统科学卓越研究中心、大气气候研究联盟、国家气候变化适应研究机构以及维多利亚有机太阳能电池联盟等。

此外，澳大利亚的各大高校一直积极参与气候变化研究，如澳大利亚国立大学和墨尔本大学等。诸如昆士兰州气候变化卓越研究中心、南澳大利亚地热研究卓越研究中心等地方性的卓越研究中心也在气候变化研究领域具有较强的研究实力。

二、应对气候变化的国际科技合作机制

澳大利亚历来致力于通过多边、地区和双边合作，开展气候变化融资和技术合作。DIICCSRTE 与澳大利亚国际发展署（Australian Agency for International Development，AusAID）紧密合作管理对发展中国家的气候融资和技术合作，2013 年 10 月 AusAID 被整合之后其职能由外交贸易部（Department of Foreign Affairs and Trade）取代。技术、交通、林业、农业、废弃物管理和能力建设领域的气候变化项目受到其他一些管理部门和研究中心的管理，其中包括可持续发展、环境、水资源、人口与社区部（Department of the Sustainability，Environment，Water，Population and Communities）、农林渔业部（Department of Agriculture，Fisheries and Forestry）、资源、能源和旅游部（Department of Resources，Energy and Tourism）、CSIRO、地球科学局（Geoscience Australia）、气象局，以及澳大利亚国际农业研究中心（Australian Centre for International Agricultural Research）。

澳大利亚开展气候变化科技合作的优先事项包括：①支持发展中国家的能力建设并帮助改善这些国家气候政策和措施的制定和实施，支持最脆弱的国家尤其是亚太地区的国家减缓和适应气候变化；②为私营企业投资创造有利环境；③促进没有采取市场手段减排的地区实现经济转型，如通过低排放技术研究、开发和示范（research，development and demonstration，RD&D）。

（一）国际科技合作概况

澳大利亚政府支持本国科学家在国际性的观测计划，尤其是那些涉及澳大利亚区域的观测计划中发挥先导作用。

澳大利亚科学家们参加了许多国际科学委员会，澳大利亚的气候变化科学家们对全球气候变化研究做了许多贡献。例如，澳大利亚科学家对 IPCC 报告做出了很大贡献，许多澳大利亚科学家在历次 IPCC 评估报告中担任作者和评审。

ACCSP 为澳大利亚与其他国家的双边和多边合作关系提供资金支持。例如，

ACCSP 促进澳大利亚研究人员通过澳大利亚科学院加入了国际地圈生物圈计划（International Geosphere-Biosphere Program，IGBP）和世界气候研究计划（World Climate Research Programme，WCRP），支持 IGBP 全球碳项目位于澳大利亚的国际项目办公室。此外，发展"澳大利亚气候和地球系统模拟器"（Australian Community Climate and Earth System Simulator，ACCESS）这个模型的一个主要目的是促进国际合作，以更加有效地认识和理解全球气候系统。

澳大利亚研究人员通过参与 WCRP 为国际气候研究做贡献，并在南极气候研究科学委员会及其分委员会中发挥突出作用。

澳大利亚参与国际能源效率合作伙伴关系（International Partnership for Energy Efficiency Cooperation），通过识别和促进节能收益高的政策和项目的实施，领导全球能源效率的发展。

（二）多边科技合作

在《联合国气候变化框架公约》下，澳大利亚通过《联合国气候变化框架公约》技术转移专家组（Expert Group on Technology Transfer，EGTT）为《联合国气候变化框架公约》提供技术问题的战略性建议，并促进《联合国气候变化框架公约》缔约方之间的技术信息交流。澳大利亚积极参与补充和促进《联合国气候变化框架公约》议程进展的气候变化高级别会议，包括 G20 集团会议和主要经济体清洁能源与气候问题论坛。

澳大利亚参与了许多减排技术与政策方面的国际计划与交流机制，包括亚太清洁发展与气候伙伴关系计划、碳封存领导人论坛、甲烷市场化伙伴计划和全球碳捕获与封存研究院（Global Carbon Capture and Storage Institute，GCCSI）等。其中全球碳捕获与封存研究院由澳大利亚政府赞助成立和管理，致力于推动和加速全球 CCS 项目的发展。

澳大利亚的技术合作计划也有一部分通过多边组织如全球环境基金、世界银行开和最不发达国家基金等展开，如为世界银行的"清洁技术基金"提供资助。

澳大利亚是清洁能源部长级会议清洁能源解决方案中心（Clean Energy Ministerial Clean Energy Solution Centre）的主要合作伙伴，该机构是提供清洁能源政策报告、数据和工具、互动专家援助和培训论坛的交流中心。

澳大利亚开展多边合作支持国际碳市场的发展。例如，通过世界银行"市场准备伙伴"（Partnership for Market Readiness，PMR）计划与其他国家合作支持国内碳市场的发展，参与亚太碳市场圆桌会议（Asia Pacific Carbon Market Roundtable,

APCMR）共享对建立国内碳市场环境完整性至关重要的设计要素。

（三）双边科技合作

澳大利亚积极与全球其他国家开展双边气候变化科技合作，促进有效应对全球气候变化。

在澳大利亚DCC的双边合作伙伴关系计划下，澳大利亚与中国、南非、新西兰、欧盟、英国、印度尼西亚、日本、韩国、肯尼亚、巴布亚新几内亚和美国有合作关系，签订了正式合作文件，澳大利亚定期与其他国家进行信息交流。

对于澳大利亚近邻的发展中国家，澳大利亚通过单边协议起带头作用，通过区域协议初步与印度尼西亚和巴布亚新几内亚达成合作关系，帮助这些国家设置国家减排目标起到示范作用。

澳大利亚通过多种机制为合作国家提供实质性的支持，如管理基金机制。

澳大利亚DCC与AusAID共同围绕发展中国家的气候适应问题提供对外发展援助。

在ACCSP的支持下，ACCESS项目团队与英国气象局、韩国气象局等机构都有合作。

澳大利亚定期与其他运行或计划开展碳排放交易国家的行政管辖区，如韩国、日本和美国加利福尼亚州，进行技术信息交流，分享澳大利亚在碳市场发展中的专业技术和经验。其中尤其值得一提的是，澳大利亚通过澳中气候变化伙伴关系支持了以下一系列的活动：①在澳大利亚DCCEE和国家发改委的支持下，2009年在澳大利亚国立大学举办澳中气候变化论坛（Australia-China Climate Change Forum，ACCFF），聚集两国知名学者、决策者和业务专家，交流讨论气候变化带来的挑战和机遇，以及两国应对气候变化的立场和策略，最终强调在可再生能源研究领域和分析利用市场机制进行低碳社会转型方面开展更多合作，确定两国需要加强在传统非化石燃料发电方面的合作研究，并提议两国针对能源研究成立双边协议；②2011年和2013年分别举办澳中气候变化论坛，重点探讨碳市场的发展问题（详见下文案例）（Australian Government，2013）；③2013年澳大利亚总理吉拉德宣布与中国合作成立碳交易专家小组，推动务实合作项目的实施，分享碳市场相关信息和经验；④两国针对制定经济有效的市场机制，在经济模型和政策分析领域开展技术合作。

案例：澳中排放交易体系合作

澳大利亚于2012年7月1日开始实施排放交易机制，中国从2013年开始建立碳交易试点，两国在相关领域开展了大量合作，先后举办过3次针对设计碳交易体系的技术研讨会。第一次研讨会于2012年7月在中国北京举行，第二次于2013年3月在澳大利亚堪培拉举行，第三次于2013年7月在中国北京举行。

研讨会的举办促进了两国针对碳市场发展的信息和经验展开双向交流。两国专家讨论的焦点包括制定中国碳交易所涉及的复杂的政策和技术问题，包括排放上限设定、覆盖范围、排放量的测定、报告和核实、数据质量及管理安排等。澳大利亚通过本国碳交易的实施，已经在相关要素的设计和执行方面积累了大量经验。

通过研讨会的交流学习，中国专家确定了设计和实施中国国家范围内和试点型交易计划的政策选择和关键原则。

三、中澳应对气候变化的科技合作与实施机制

（一）合作现状

早在20世纪60年代中国和澳大利亚尚未建立外交关系时，两国的科技交流已然起步。1980年中澳两国政府签订《中澳科技合作协定》，近年来两国的合作更是处于加速态势。澳大利亚人均碳排放量列世界之首，中国已取代美国成为全球碳排放量最多的国家，两国共同关注气候变化。中澳两国合作减缓温室气体 CO_2 排放量责无旁贷。

在气候变化合作方面，两国自2003年先后签订《中澳气候变化双边联合声明》《中澳气候变化合作谅解备忘录》《中澳关于气候变化与能源问题的联合声明》等，不断调整和拓展两国气候变化合作的方向和重点领域。

根据2004年签订的《中澳气候变化合作谅解备忘录》，中澳两国5年内在气候变化的科学、政策和措施、影响和适应、国家温室气体清单和测量、技术合作、能力建设和提高公众意识、可再生能源和能源效率8个领域开展合作（张莉，2004）。备忘录宣布中澳两国2004～2006年间进行双边合作的第一轮项目包括：气候变化和农业排放建模、碳核算、温室气体和土地管理、地表过程对区域和全球气候变化的影响。

2005年，中澳两国同意在双边合作伙伴关系下开展以下领域的合作：可再生能源、排放建模和农业。此外，还初步达成在煤矿甲烷问题上开展合作的意向。

2006年澳大利亚环境与遗产部在对《中澳气候变化双边联合声明》签订以后两国气候变化合作方面取得的进展和成果进行总结回顾以后，针对未来2～3

年两国合作的优先领域包括能力建设、可再生能源技术、能源效率、甲烷捕获与使用、气候变化与农业、土地利用、土地利用变化及森林（Land use，land use change and forestry，LULUCF），以及气候变化科学提出建议。

2007年两国发表《中华人民共和国与澳大利亚联邦关于气候变化和能源问题的联合声明》，成立"澳中清洁煤技术联合协调小组"（Australia-China Joint Coordination Group on Clean Coal Technologies，JCG）。

2008年两国签订《中澳关于进一步密切在气候变化方面合作联合声明》，将清洁发电技术合作作为中澳更加密切气候变化合作的初步领域。同年，中国科技部与昆士兰州签署了科技合作谅解备忘录，双方一致同意将减缓和应对气候变化作为优先合作领域之一，并宣布了2008年昆士兰-中国气候变化研究经费计划。该项研究经费计划旨在让昆士兰州和中国的研究人员和其他专业人士共同合作，加强协作关系，以增加对气候变化及其影响、缓解和适应方式的了解和相关知识。

2011年签订的《中澳科学与研究基金管理谅解备忘录》将新能源作为优先合作领域之一。

（二）实施机制

1. 召开中澳气候变化峰会

在双边政府的推动下，两国气候变化的主管领导、有关政府机构负责人、研究组织负责人及环保和节能企业相关人士参与大会，围绕两国气候变化的政策走势、应对气候变化的重要手段、亚太森林恢复和可持续管理网络的建立、亚太清洁发展和气候伙伴计划的实施、减排温室气体的技术、装备和产品的应用合作、CCS技术的交流、CDM的规范推广、中澳CDM的合作前景和绿色节能建筑的技术应用展开了交流讨论。

2. 举行中澳气候变化部长级对话

2008年4月，陆克文总理访华期间，两国发表《关于进一步密切在气候变化方面合作的联合声明》，宣布建立该对话机制，加深互相了解和指导双边气候合作。从2009开始至今中澳气候变化部长级对话共举行过6次，部长们就两国面临的全球气候谈判形式及需要采取的行动展开交流，最后确定未来两国气候变化合作的重点领域。

3. 开展中澳气候变化合作伙伴项目

2007年，在澳大利亚温室气体办公室双边气候变化伙伴关系计划的资助下，中国科学院大气物理研究所与澳大利亚 CSIRO 合作研究中澳两国之间气候和降雨的联系，目的是改善对澳大利亚和东亚季风系统互相作用的理解。

2008 年，澳大利亚政府宣布资助以下研究：中国科学院、国家电网与 BP 太阳能公司等联合对将山东威海开发为世界上最大的太阳能城市进行可行性研究，资助金额为 21.2 万澳元；中国林业科学院与澳大利亚 CSIRO、澳大利亚国立大学等合作开展澳大利亚国家碳计量系统在中国的试点项目，资助金额为 52.5 万澳元。在 APP 框架下，中澳共同出资建立了"水泥最佳范例中心"等（Parliament of Australia，2008）。

4. 举办中澳气候变化研讨会

2010 年 8 月 3～4 日，中澳气候变化与城市化研讨会在上海举办。来自两国高等院校、科研院所的专家学者就"气候变化对城市社会的影响"展开主题研讨。此次活动交流了气候变化领域的研究成果，建立了联系渠道，有利于增强中澳学者在气候变化方面的合作研究，增进对气候变化影响的认识（孔江涛，2010）。

2011 年 5 月 31 日，国际科技合作项目"中国和澳大利亚的降水与气候变化"学术研讨会在中国科学院大气物理研究所召开。此次研讨会旨在总结项目执行期间取得的成果，讨论未来的可能合作方向，制定下一步工作计划。

2012 年 11 月 6～7 日，中国 21 世纪议程管理中心与澳大利亚格里菲斯大学在广州成功举办"中澳适应气候变化科技合作研讨会"（华政，2013）。双方专家围绕农业、水资源、生物多样性、人体健康、海岸带、城市规划和极端气候事件等议题展开了深入交流和研讨。最后，双方一致同意将围绕适应气候变化研究平台、人员交流和研究项目等方面开展进一步合作。

2013 年 5 月 2～4 日，"第二届中澳适应气候变化领导力专家对话研讨会"在澳大利亚布里斯班成功举办，来自中国科学院、中国社会科学院和中国农业科学院的相关专家与格里菲斯大学应对气候变化项目组及学校其他相关学科专家共同展开对话。会议交流内容包括：两国在适应气候变化领域科技工作的部署和未来适应的优先选项；如何完善以气候变化科学研究为基础的适应政策制定；以城市规划和农业生态两个领域作为案例分享双方在该领域的研究成果，初步讨论这两个领域内的可能合作项目及资金来源渠道；城市规划和农业生态等。

2013 年 3 月 6～7 日，"季风系统及气候变化对水资源的影响"中澳联合项目（CAS-CSIRO）研讨会在澳大利亚堪培拉 CSIRO 分部顺利召开。专家组就气候变化与东北粮食产量预测、澳大利亚北部降水的年代际变率、气候变化对水资源的影响及其适应性、东亚夏季风的年代际变化对气溶胶时空分布的影响、水文模型的发展及其适用性、极端气象水文灾害事件的检测方法与特征分析、末次盛冰期与上新世中期的气候模拟、南北半球相互作用、Hadley 环流对变暖的响应等多个方面集中进行了深入探讨。与会各方对今后研究重点、合作方式、学生交流等方面进行了详细讨论，最终制定了详尽可行的合作方案和进程表。

5. 成立JCG

中澳两国于 2007 年 1 月建立 JCG。2007 年澳大利亚政府为 JCG 拨款 1200 万澳元，2008 年 4 月又获得澳大利亚国家低排放煤炭基金 2000 万澳元的资助。

中澳两国在该工作组框架内开展了以下项目：①中国华能集团公司及其西安热工研究院与澳 CSIRO 合作在华能北京热电厂进行燃烧后 CO_2 捕集研究；②中国哈电集团与澳 HRL 公司 400MW 整体干燥气化联合循环技术（Integrated Drying and Gasification Combined Cycle，IDGCC）示范电站项目；③双方定期组织洁净煤技术合作研讨会；④中国与澳大利亚的大学和科研机构为支持煤炭科研、技能开发及项目交流进行的合作安排（国务院公报，2007）。

6. 其他机制

两国企业也加入清洁能源等领域的合作队伍中来。例如，中国神华集团国华能源投资有限公司与澳大利亚瑞丰可再生能源公司合作开发风能等。2013 年 4 月，中国神华集团与澳大利亚塔州水电集团签署了《可再生能源开发战略合作协议》，积极应对全球气候变化。根据协议，到 2020 年，神华计划投资 16 亿澳元在澳大利亚建设总容量为 700MW 的风电场（ANU and CICIR，2012）。

澳大利亚政府计划至 2015 年通过各种渠道共为中国资助 9460 万美元开展气候变化和水资源项目（表 7-1）（Parliament of Australia，2008）。中澳两国多年来的气候变化科技合作成果斐然，特别是在低排放技术、适应和改善气候变化的科学理解方面。2005 年两国启动了 4 个减排合作项目，2006 年启动了 11 个减排合作项目。一些关键领域的成果显著，如澳中两国工程人员联合建造了能够捕获 CO_2 并将其储存起来的火力发电站；越来越多的新南威尔士大学毕业的学生介入了中国光伏行业，中国的光伏企业每年均选派部分骨干前往新南威尔士大学进修。

表 7-1 中澳气候变化合作相关基金

合作时间（年份）	活动经费（万澳元）	项目
2008~2015	2000	澳大利亚国家清洁煤炭基金
2006~2011	4392	亚太清洁发展与气候新伙伴计划
2004~2009	565	双边气候变化合作伙伴项目
2007~2012	2500	中澳环境发展项目

第三篇
气候变化国际科技合作态势分析

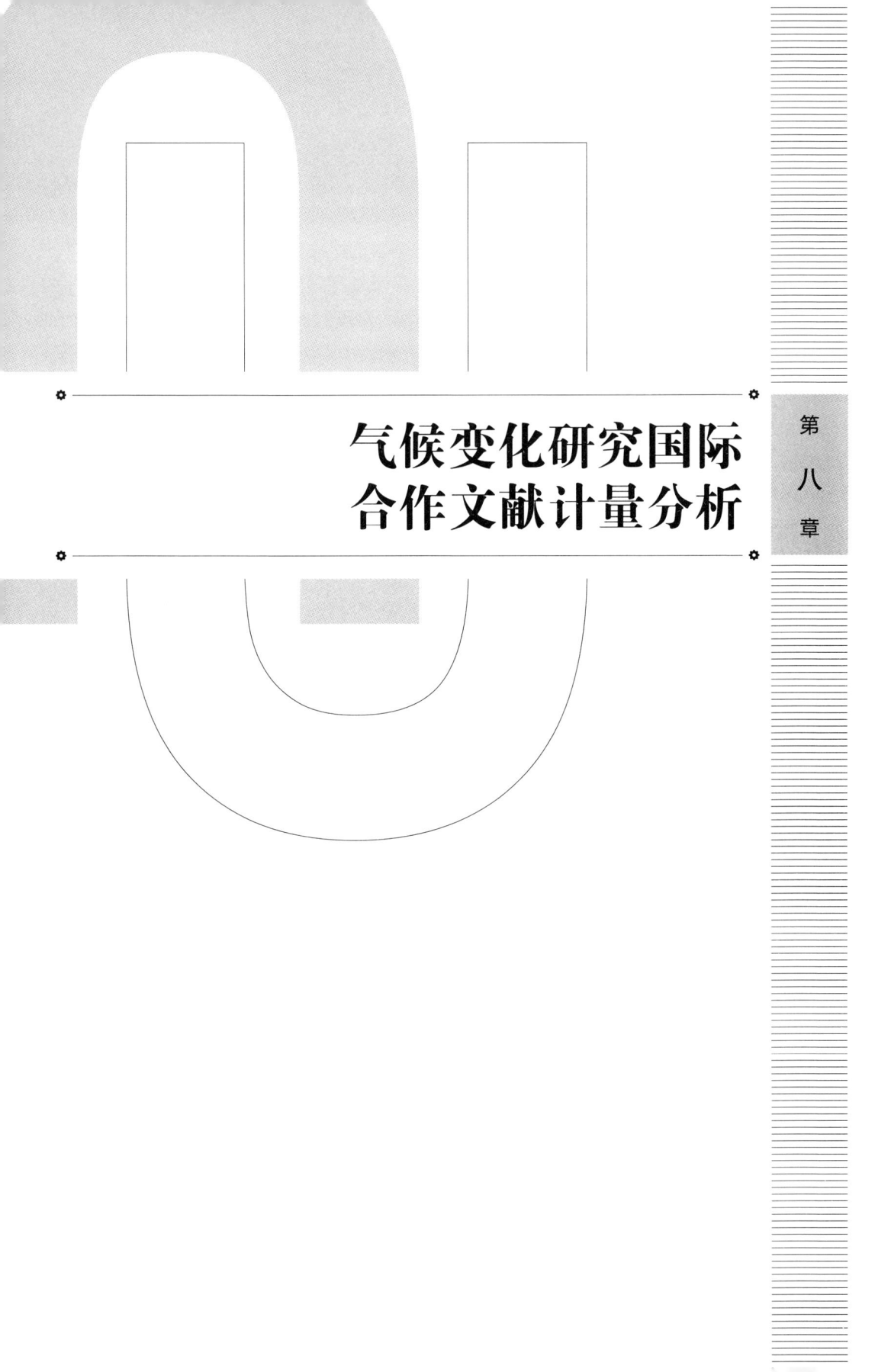

气候变化研究国际合作文献计量分析

第八章

论文作为科学研究活动的重要产物,为揭示特定领域的发展现状提供了重要依据。通过对近十多年来及近 3 年（2012～2014 年）气候变化领域研究论文的统计分析,系统展示气候变化领域科学研究发展趋势及主要国家和地区研究及合作现状。数据来源为 Web of Science 平台 ISI 论文数据库（文献类型选择"article""proceedings paper"和"review"）。

第一节　气候变化研究发展趋势及总体合作态势

一、气候变化研究发展趋势

分析表明,自 2001 年以来,随着气候变化问题日益受到关注,国际气候变化相关研究持续升温,特别是从 2006 年开始,气候变化研究快速扩展,论文年均增幅达 17.3%。2001～2014 年,气候变化相关研究论文累计产出接近 4 万篇,表明该领域的研究十分活跃。近 3 年,即 2012～2014 年,气候变化研究年均论文产出超过 5000 篇,为历史最高水平（图 8-1）。

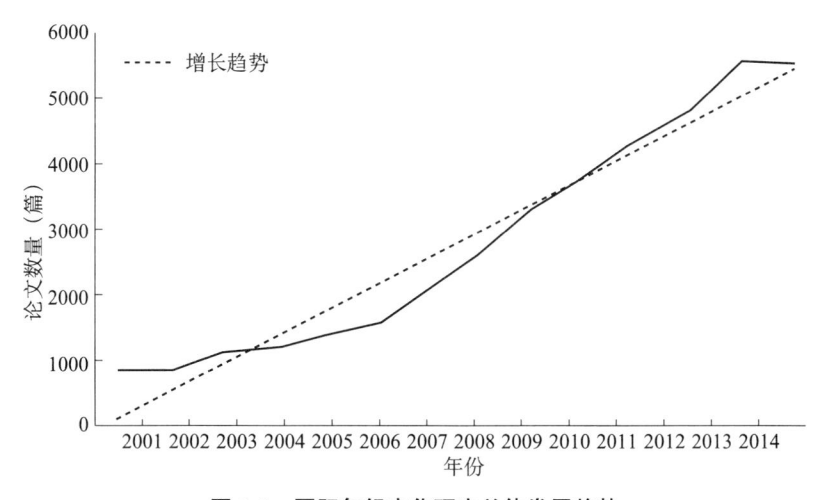

图 8-1　国际气候变化研究总体发展趋势

二、气候变化研究总体合作态势

近 3 年（2012～2014 年）气候变化国际论文总发文量为 15 906 篇,从年度发文趋势来看，呈稳步上升态势（图 8-2）。在全部论文中，国际合作论文共 5460 篇，国际合作论文比例超过 1/3，其中两国合作论文比例为 22.2%，3 国及以上合作论文比例为 12.1%（图 8-3）。

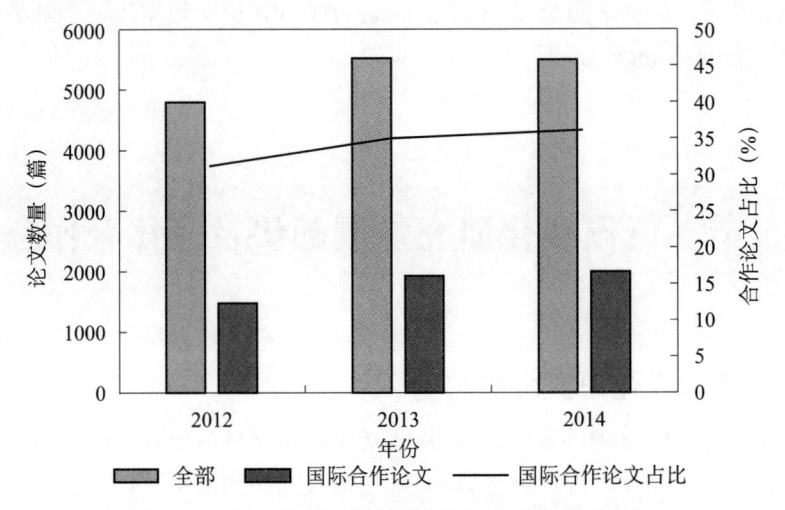

图 8-2　2012～2014 年气候变化国际论文发文趋势

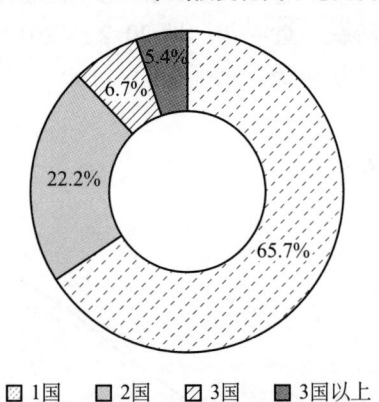

图 8-3　2012～2014 年气候变化国际合作论文发文比例

2012～2014 年，国际合作论文发文量快速增长，平均增幅为 16.5%，其中 3 国及以上合作论文增幅达 19.2%。表明气候变化研究国际合作日趋频繁，多国合作不断加强（图 8-4）。

国际气候变化科研合作所关注的主要领域包括环境科学、生态学、气象与大气科学、地学交叉科学、多学科交叉科学、生物多样性保护、自然地理学、水资源、海洋及淡水生物学，以及能源与燃料（图 8-5）。其中环境科学、生态学和气象与大气科学合作研究占比超过 2/3。

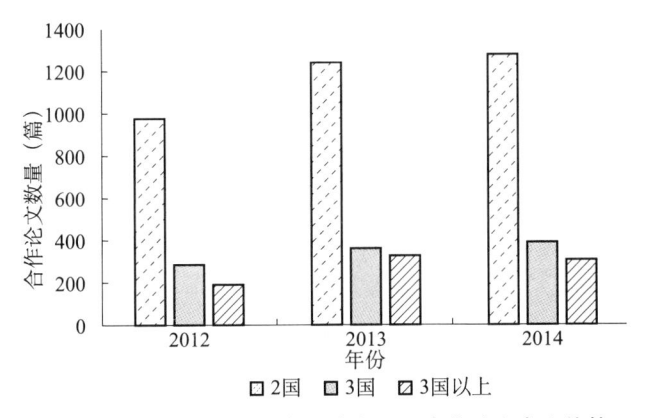

图 8-4　2012～2014 年气候变化国际合作论文发文趋势

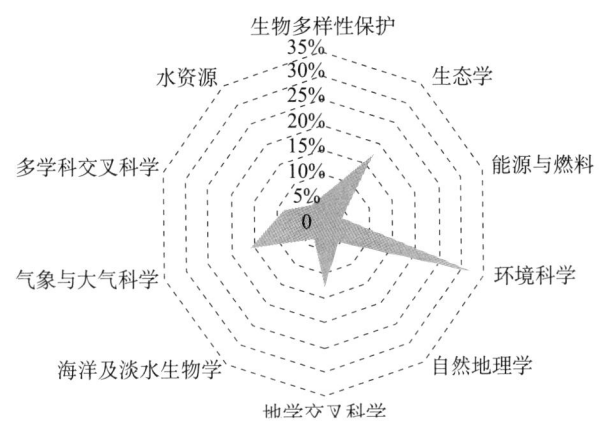

图 8-5　气候变化国际合作主要领域

第二节　主要国家和地区及我国合作态势分析

一、欧盟

(一) 合作网络分析

欧盟[①]在气候变化领域所开展的国际合作十分活跃，为近 3 年开展国际合作最多的地区，合作国家总数达 125 个，遍及全球。其开展合作的主要国家包

---

① 截至 2012 年，27 成员国，下同。

括：美国、澳大利亚、加拿大、中国、瑞士、挪威、日本、巴西、南非和新西兰（图 8-6）。

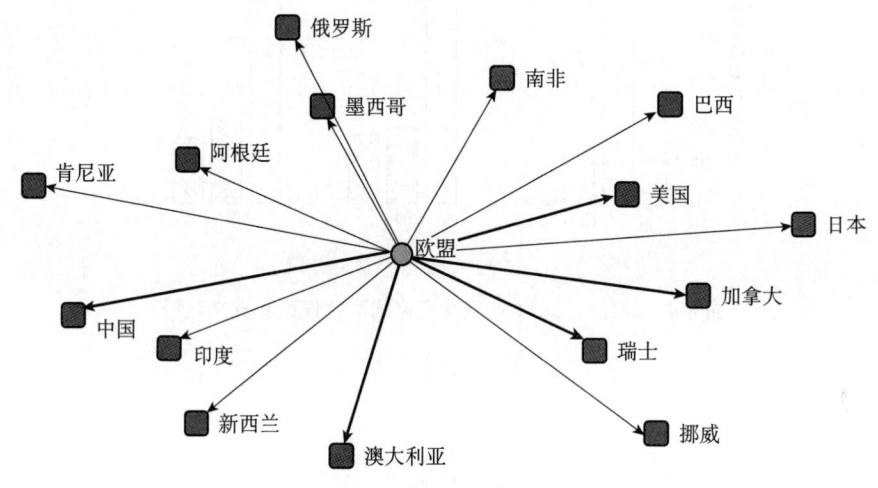

图 8-6 欧盟气候变化研究国际合作网络

（二）主要合作领域及研究方向

欧盟同其他国家在气候变化方面的科研合作所聚焦的领域包括：环境科学与生态学（44.0%）、气象学与大气科学（16.2%）、地质学（14.3%）、生物多样性及其保护（6.5%），以及工程学（6.2%）（图 8-7）。

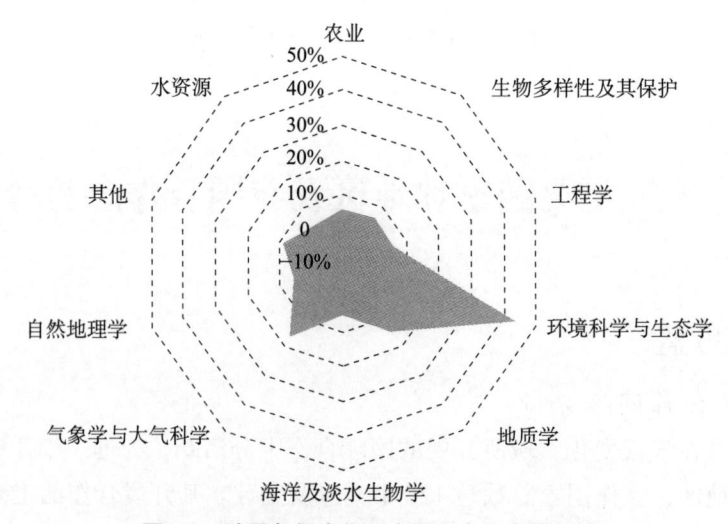

图 8-7 欧盟气候变化研究国际合作主要领域

欧盟气候变化国际合作重点关注的研究主题依次为：全球变化（global change）、气候变化适应（adaptation）、气温变化（temperature）、生物多样性（biodiversity）、生命周期评估方法（life cycle assessment）、干旱（drought）、气候变化的不确定性（uncertainty）、粮食安全（food security）、遥感监测（remote sensing）（图 8-8）。

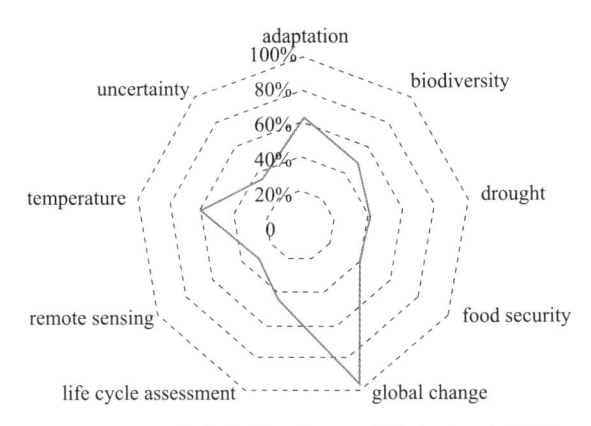

图 8-8 欧盟气候变化研究国际合作主要研究主题

（三）活跃研究机构

在气候变化领域，欧盟开展国际合作研究的活跃机构主要来自英国、德国、法国、丹麦、荷兰、瑞典、西班牙、奥地利和芬兰，活跃研究机构数量的具体分布如图 8-9 所示。

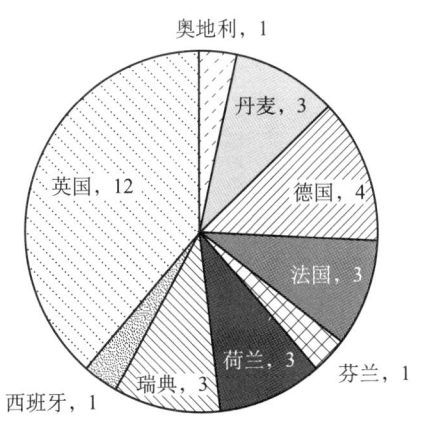

图 8-9 欧盟气候变化研究国际合作活跃机构分布
图中数字表示活跃机构数量

欧盟开展气候变化研究国际合作较多的科研机构包括：法国国家科研中心、德国亥姆霍兹研究中心、西班牙国家研究理事会、德国马普学会、英国牛津大学、丹麦哥本哈根大学、德国波茨坦气候影响研究所、荷兰瓦赫宁恩大学、丹麦奥尔胡斯大学、英国雷丁大学和荷兰乌得勒支大学（表8-1）。

表 8-1 欧盟气候变化研究国际合作活跃机构及其主要合作对象

排序	机构	合作发文数量（篇）	主要国际合作机构
1	法国国家科研中心	194	德国马普学会、美国国家大气研究中心、西班牙国家研究理事会、英国爱丁堡大学、中国科学院、美国国家海洋与大气管理局
2	德国亥姆霍兹研究中心	146	中国科学院、法国国家科研中心、瑞士联邦理工学院、瑞典斯德哥尔摩大学、英国雷丁大学
3	西班牙国家研究理事会	144	西澳大利亚大学、葡萄牙埃武拉大学、法国国家科研中心、丹麦哥本哈根大学
4	德国马普学会	139	英国气象局哈德利中心、法国国家科研中心、美国国家大气研究中心、日本国立环境研究所、荷兰乌得勒支大学、英国生态与水文研究中心、英国埃克塞特大学、奥地利国际应用系统分析研究所、中国科学院、挪威奥斯陆大学
5	英国牛津大学	122	澳大利亚詹姆斯库克大学、挪威卑尔根大学、南非开普敦大学、瑞典农业科学大学
6	丹麦哥本哈根大学	115	西班牙国家研究理事会、葡萄牙埃武拉大学、瑞典隆德大学、芬兰赫尔辛基大学
7	德国波茨坦气候影响研究所	109	奥地利国际应用系统分析研究所、荷兰瓦赫宁恩大学、荷兰乌得勒支大学、澳大利亚墨尔本大学、日本国立环境研究所、瑞士联邦理工学院、荷兰环境评估署、英国气象局哈德利中心、美国西北太平洋国家实验室
8	荷兰瓦赫宁恩农业大学	106	奥地利国际应用系统分析研究所、德国波茨坦气候影响研究所、澳大利亚CSIRO
9	丹麦奥尔胡斯大学	99	荷兰乌得勒支大学、瑞典隆德大学、挪威特罗姆瑟大学
10	英国雷丁大学	87	美国国家大气研究中心、中国科学院、德国亥姆霍兹研究中心、德国波茨坦气候影响研究所、美国国家海洋与大气管理局
11	荷兰乌得勒支大学	87	德国波茨坦气候影响研究所、德国马普学会、法国国家科研中心、德国波恩大学、英国东英吉利大学、奥地利国际应用系统分析研究所

上述机构中，德国波茨坦气候影响研究所、英国牛津大学、法国国家科研中心、德国马普学会和西班牙国家研究理事会等机构同各主要国家科研机构有较为广泛的合作。与上述机构开展合作较多的机构如表 8-1 所列。除欧洲研究机构外，欧盟开展气候变化研究国际合作较多的科研机构还与美国、中国和日本

等国的科研机构有较为频繁的合作，如美国国家大气研究中心、中国科学院和日本国立环境研究所。

二、美国

（一）合作网络分析

美国作为气候变化研究的引领国家，其在该领域开展的国际合作也十分广泛，在近3年气候变化国际合作研究主要国家和地区中仅次于欧盟，排名第2，合作国家和地区达到115个。合作最为密切的国家和地区为欧盟，其次包括中国、澳大利亚、加拿大、瑞士、日本和挪威。此外，美国同巴西、新西兰、印度、南非，以及其他亚洲、南美国家的合作也较为频繁（图8-10）。

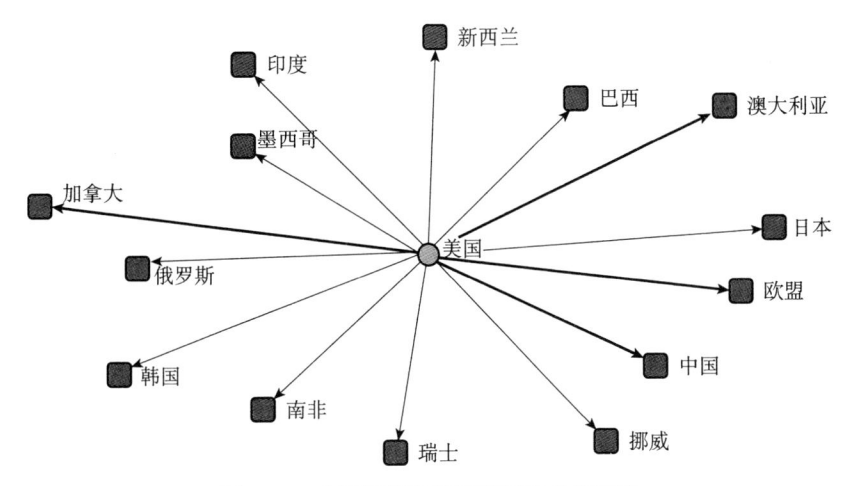

图8-10 美国气候变化研究国际合作网络

（二）主要合作领域及研究方向

美国同主要合作国家所开展的气候变化相关研究主要集中于以下领域：环境科学与生态学（40.7%）、气象学与大气科学（19.0%）、地质学（14.4%）、生物多样性及其保护（6.5%），以及工程学（5.0%）（图8-11）。

从具体的研究方向来看，美国所开展的气候变化国际合作研究主要关注的方向包括：全球变化（global change）、气温变化（temperature）、气候变化适应（adaptation）、遥感监测（remote sensing）、干旱（drought）、粮食安全（food security）、降水（precipitation）、气候变化的不确定性（uncertainty）、北极地区的气候变化问题（Arctic），以及气候变率（climate variability）研究（图8-12）。

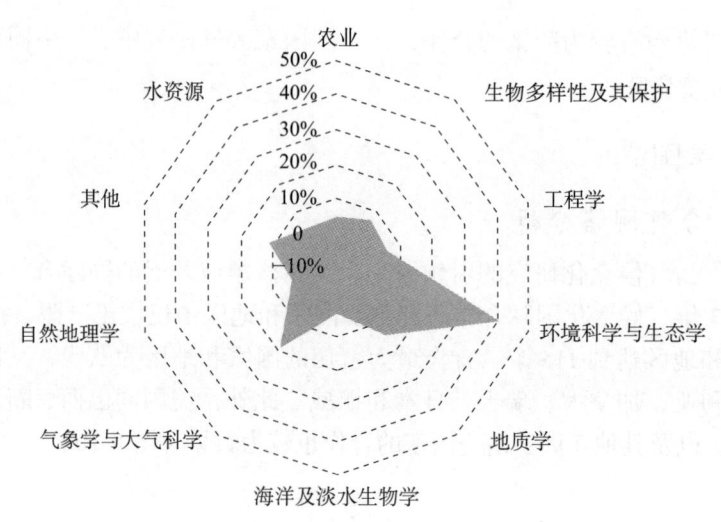

图 8-11 美国气候变化研究国际合作主要领域

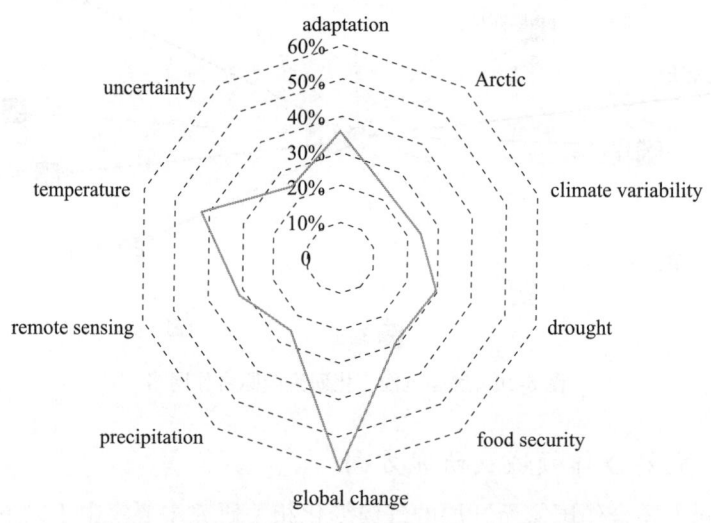

图 8-12 美国气候变化研究国际合作主要研究主题

（三）活跃研究机构

美国开展气候变化国际合作研究较为活跃的科研机构主要有：美国国家大气研究中心、美国国家海洋与大气管理局、哥伦比亚大学、加利福尼亚大学伯克利分校、科罗拉多大学、美国国家航空航天局、普林斯顿大学、马里兰大学、加利福尼亚大学圣迭戈分校和华盛顿大学（表8-2）。

上述主要研究机构同欧盟主要国家，以及中国、澳大利亚、日本和加拿

表 8-2 美国气候变化研究国际合作活跃机构及其主要合作对象

排序	机构	合作发文数量（篇）	主要国际合作机构
1	美国国家大气研究中心	117	德国马普学会、英国气象局哈德利中心、法国国家科研中心、英国爱丁堡大学、加拿大环境部、澳大利亚CSIRO、日本海洋地球科学与技术局
2	美国国家海洋与大气管理局	112	澳大利亚CSIRO、法国国家科研中心、加拿大环境部、新西兰国家水与大气研究中心、英国雷丁大学、英国气象局哈德利中心
3	哥伦比亚大学	103	中国科学院、英国利兹大学、日本国立环境研究所、法国国家科研中心
4	加利福尼亚大学伯克利分校	102	清华大学、中国科学院、法国国家科研中心、加拿大英属哥伦比亚大学
5	科罗拉多大学	97	法国国家科研中心、澳大利亚CSIRO、德国马普学会、加拿大环境部
6	美国国家航空航天局	81	德国马普学会、日本国立环境研究所、英国气象局哈德利中心、法国国家科研中心、英国爱丁堡大学、挪威奥斯陆国际气候与能源研究中心
7	普林斯顿大学	79	北京大学、中国科学院、法国国家科研中心、德国马普学会
8	马里兰大学	79	中国科学院、北京师范大学、瑞典隆德大学
9	加利福尼亚大学圣迭戈分校	73	中国海洋大学、澳大利亚CSIRO、加拿大英属哥伦比亚大学
10	华盛顿大学	73	中国海洋大学、澳大利亚CSIRO

大等国的科研机构均有较密切合作，如德国马普学会、法国国家科研中心、中国科学院、澳大利亚CSIRO、日本海洋地球科学与技术局、加拿大环境部等（表8-2）。

三、日本

（一）合作网络分析

日本在气候变化研究方面的国际合作不及欧盟和美国活跃，在近3年气候变化国际合作研究主要国家和地区中位列第7位，合作国家总数为68个，合作的主要目标国家和地区为美国和欧盟，其次为中国、澳大利亚和加拿大，再次为挪威、韩国、瑞士、印度和俄罗斯。除上述国家和地区外，日本还与亚洲其他国家及南美主要国家有较多的合作（图8-13）。

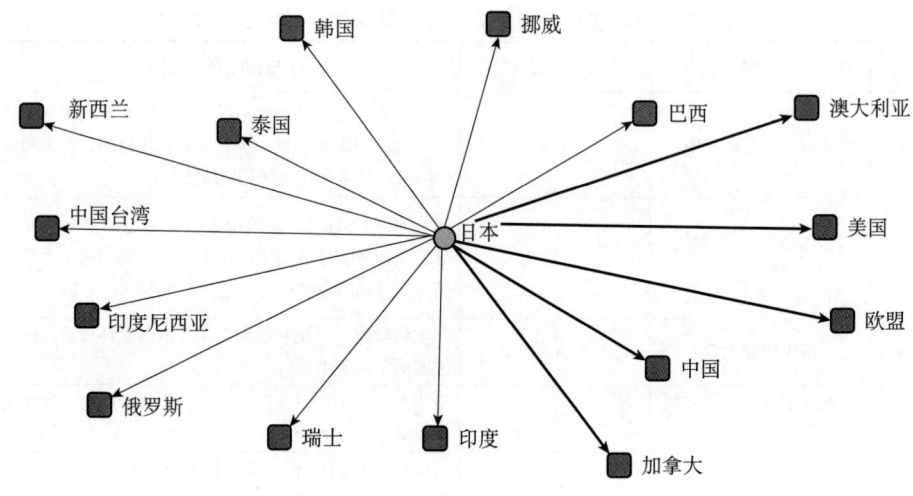

图 8-13 日本气候变化研究国际合作网络

(二) 主要合作领域及研究方向

日本气候变化研究国际合作所关注的领域主要包括环境科学与生态学（33.6%）、气象学与大气科学（27.9%）、地质学（16.8%），以及工程学（8.1%）、农业（7.9%）、水资源（5.7%）等领域。此外，与欧盟和美国相比，日本还较多地关注能源与燃料、商业与经济学和植物学领域的相关研究（图8-14）。

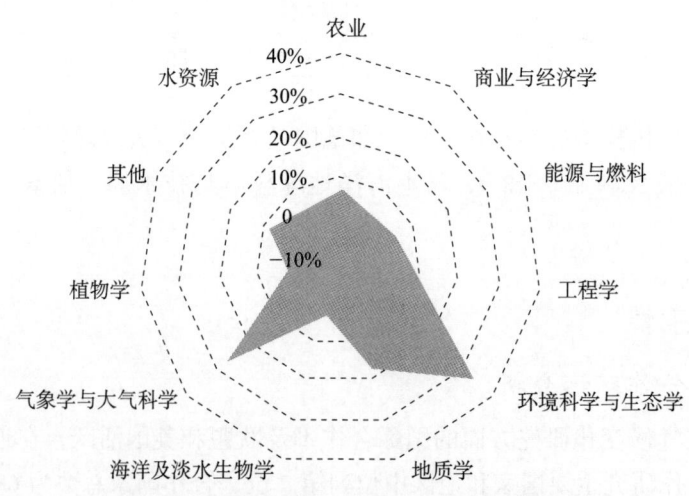

图 8-14 日本气候变化研究国际合作主要领域

从具体合作的研究方向来看（图8-15），日本气候变化研究国际合作最为集中的方向分别为：气候变化的不确定性（uncertainty）、气温变化（temperature）、碳循环（carbon cycle）、气候变化适应（adaptation）、气候变化模型（climate model）及其比较（model intercomparison）、遥感监测（remote sensing）、世界气候研究计划耦合模式比较计划第五阶段研究（CMIP5）和环境评估（environmental assessment）。同时，分析结果显示，日本气候变化国际合作研究较为关注的研究区域为东亚地区和日本本国。

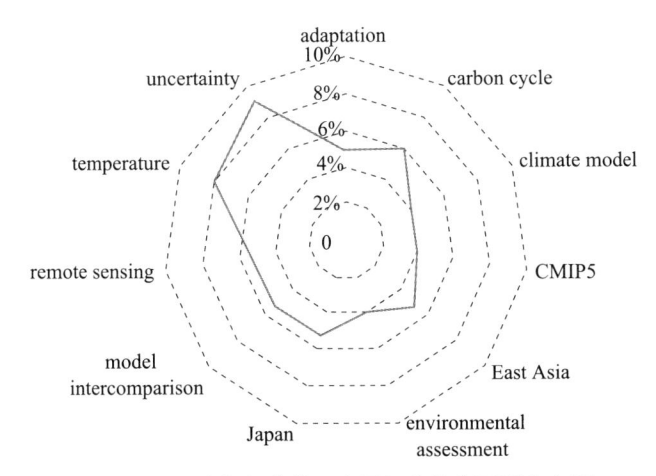

图 8-15　日本气候变化研究国际合作主要研究主题

（三）活跃研究机构

开展气候变化研究国际合作较为活跃的日本科研机构主要有日本国立环境研究所、东京大学、日本海洋地球科学与技术局、北海道大学、日本气象研究所和名古屋大学等（表 8-3）。

表 8-3　日本气候变化研究国际合作活跃机构及其主要合作对象

排序	机构	合作发文数量（篇）	主要国际合作机构
1	日本国立环境研究所	71	中国科学院、德国马普学会、德国波茨坦气候影响研究所、英国气象局哈德利中心、英国生态与水文中心、美国国家航空航天局、法国国家科研中心、美国国家大气研究中心、美国哥伦比亚大学
2	东京大学	67	中国科学院、德国马普学会、英国气象局哈德利中心、德国波茨坦气候影响研究所、英国雷丁大学
3	日本海洋地球科学与技术局	36	美国国家大气研究中心、美国夏威夷马诺大学、英国气象局哈德利中心
4	北海道大学	34	中国科学院、俄罗斯科学院
5	日本气象研究所	25	美国夏威夷马诺大学、美国国家大气研究中心、美国国家海洋与大气管理局

续表

排序	机构	合作发文数量（篇）	主要国际合作机构
6	名古屋大学	21	美国国家大气研究中心、美国国家海洋与大气管理局、挪威奥斯陆国际气候与能源研究中心
7	京都大学	18	马来西亚马来亚大学
8	日本东北大学	17	美国加利福尼亚大学戴维斯分校、中国科学院、美国怀俄明大学
9	九州大学	14	美国国家大气研究中心、美国国家海洋与大气管理局、美国国家航空航天局
10	东京工业大学	14	澳大利亚CSIRO、荷兰阿姆斯特丹自由大学

日本主要科研机构开展国际合作的目标机构主要来自美国、欧盟主要国家、德国和英国，如美国国家大气研究中心、美国国家海洋与大气管理局、德国马普学会、德国波茨坦气候影响研究所、英国气象局哈德利中心等。此外，与日本科研机构同中国科学院、法国国家科研中心、俄罗斯科学院，以及澳大利亚CSIRO等主要国家的国立研究机构也有较多的合作（表8-3）。

四、澳大利亚

（一）合作网络分析

在气候变化研究方面，澳大利亚是开展国际合作较为活跃的国家，在近3年气候变化国际合作研究主要国家和地区中位列第4，其合作国家总数为85个，覆盖世界主要地区。其合作的首要目标国家和地区为欧盟和美国，其次是中国和加拿大，再次为日本、瑞士、新西兰、巴西、南非、挪威、印度和肯尼亚（图8-16）。

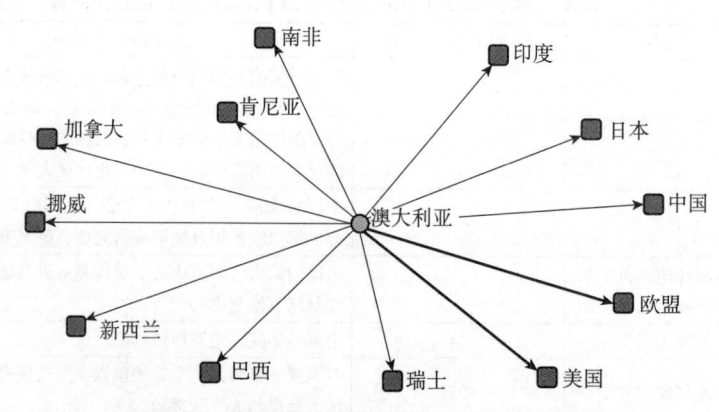

图 8-16　澳大利亚气候变化研究国际合作网络

（二）主要合作领域及研究方向

环境科学与生态学领域是澳大利亚气候变化国际合作研究重点关注的领域，合作研究占比接近 50%，其次为气象学与大气科学和地质学，所占比例均在 15% 左右。除上述领域外，澳大利亚气候变化国际合作研究还较为关注生物多样性及其保护、农业、海洋及淡水生物学、水资源和工程学等领域（图 8-17）。

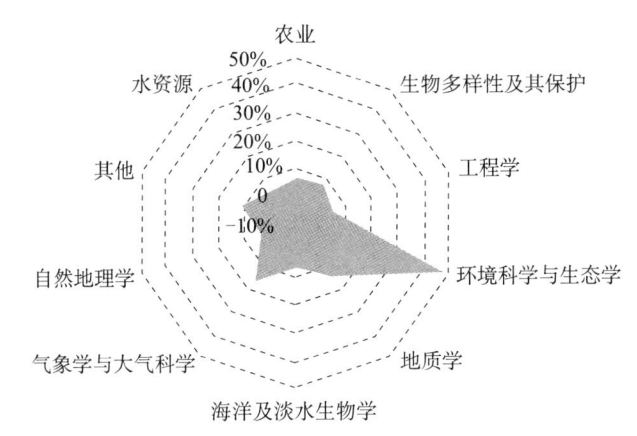

图 8-17 澳大利亚气候变化研究国际合作主要领域

在具体研究方向上，澳大利亚气候变化国际合作研究主要集中于全球变化（global change）、气候变化适应（adaptation）、生物多样性（biodiversity）、气温变化（temperature）、气候变化恢复力（resilience）、气候变化不确定性（uncertainty）、气候变化减缓（mitigation）等主题方向。此外，与其他国家和地区相比，澳大利亚还更关注可持续发展（sustainability）研究。从研究目标区域看，澳大利亚也较为关注本地区的气候变化问题（图 8-18）。

（三）活跃研究机构

澳大利亚气候变化国际合作研究最为活跃的科研机构是以澳大利亚 CSIRO 为代表的国立研究机构，其合作研究占比达 18.8%，其次为澳大利亚各主要高校，主要包括詹姆斯库克大学、澳大利亚国立大学、新南威尔士大学、墨尔本大学、昆士兰大学、西澳大利亚大学、麦考瑞大学、塔斯马尼亚大学和悉尼大学（表 8-4）。

澳大利亚 CSIRO 同中国、美国、德国、英国等国的国立研究机构合作较为密切，主要包括中国科学院、美国国家海洋与大气管理局、美国国家大气研究中心、德国马普学会和英国气象局哈德利中心。各高校则同主要国家的高校合

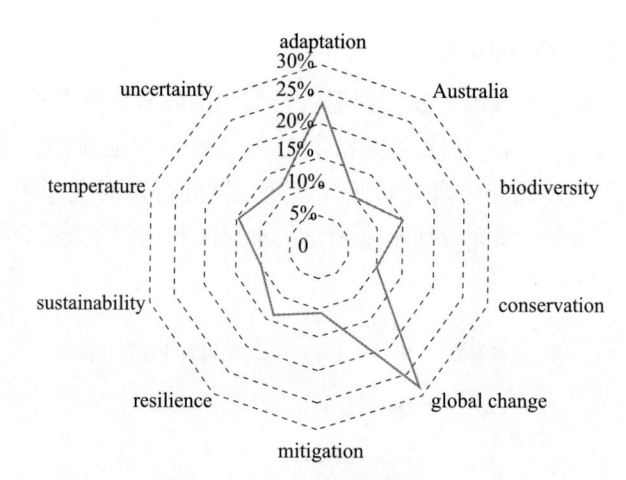

图 8-18 澳大利亚气候变化研究国际合作主要研究主题

表 8-4 澳大利亚气候变化研究国际合作活跃机构及其主要合作对象

排序	机构	合作发文数量（篇）	主要国际合作机构
1	澳大利亚CSIRO	160	中国科学院、美国国家海洋与大气管理局、美国国家大气研究中心、德国马普学会、美国科罗拉多大学、英国气象局哈德利中心
2	詹姆斯库克大学	85	英国牛津大学、英国埃克塞特大学、英国利兹大学
3	澳大利亚国立大学	78	英国南安普顿大学、法国国家科研中心、荷兰阿姆斯特丹自由大学
4	新南威尔士大学	74	美国国家海洋与大气管理局、中国科学院、美国加利福尼亚大学戴维斯分校
5	墨尔本大学	73	德国波茨坦气候影响研究所、瑞士联邦理工学院、丹麦哥本哈根大学、丹麦奥尔胡斯大学、英国埃克塞特大学
6	昆士兰大学	71	英国埃克塞特大学、英国普利茅斯大学
7	西澳大利亚大学	68	西班牙国家研究理事会、沙特阿卜杜勒阿齐兹国王大学
8	麦考瑞大学	49	英国伦敦大学帝国理工学院、英国布里斯托大学、英国埃克塞特大学、英国雷丁大学
9	塔斯马尼亚大学	49	美国田纳西大学、法国国家科研中心、荷兰瓦赫宁恩大学、加拿大英属哥伦比亚大学、英国南安普顿大学、英国气象局哈德利中心
10	悉尼大学	48	新西兰奥塔哥大学、美国农业部、美国怀俄明大学

作较为密切，特别是英国的高校，如英国牛津大学、英国埃克塞特大学、英国利兹大学等，同澳大利亚高校在气候变化研究方面的合作较为频繁的科研机构包括美国国家海洋与大气管理局、中国科学院、法国国家科研中心、英国气象局哈德利中心等（表 8-4）。

五、中国

（一）合作网络分析

中国近年来在气候变化研究方面开展的国际合作日益增强，气候变化合作研究总量仅次于美国，位列第3，合作国家总数达到75个，遍及主要国家和地区。美国是中国在气候变化领域还在研究合作的首要国家，合作占比超过50%，其次是欧盟，合作比例为35.8%，再次为澳大利亚和加拿大，分别占到14.1%和10.9%。日本则是中国在亚洲地区的主要合作方，合作比例为9.1%。除上述国家外，中国还与北欧主要国家瑞士、挪威，以及印度、韩国等亚洲国家有一定的合作（图8-19）。

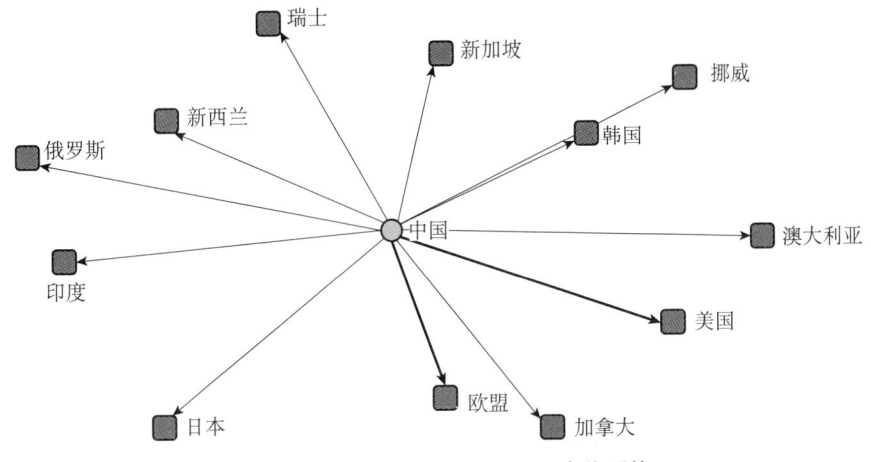

图8-19 中国气候变化研究国际合作网络

（二）主要合作领域及研究方向

中国同其他国家开展的气候变化研究合作主要集中于以下领域（图8-20）：环境科学与生态学（33.5%）、气象学与大气科学（18.0%）、地质学（17.2%）、农业（9.2%）、工程学（8.0%）、水资源（6.3%）、自然地理学（5.4%）。

中国近年来在气候变化方面的国际合作研究重点关注的方向包括全球变暖潜力（global warming potential）、遥感观测（remote sensing）、干旱（drought）、气温变化（temperature）、气候变率（climate variability），以及降水（precipitation）等（图8-21）。分析显示，中国气候变化研究国际合作首要关注的地区为中国本国，在特征研究点方面，重点关注青藏高原。同时，分析还显示，中国气候变化研究国际合作较为关注美国国家基金会MODIS数据的应用。

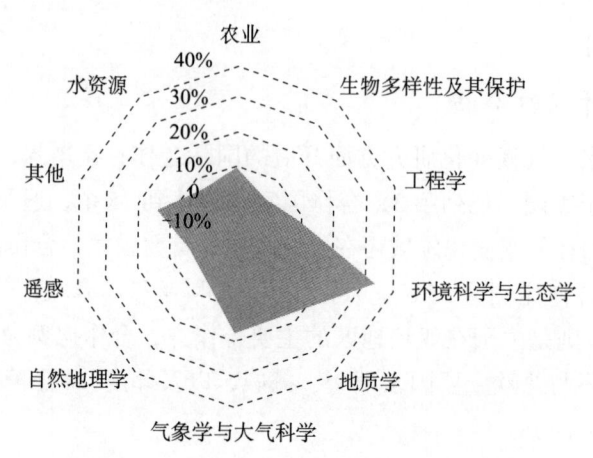

图 8-20　中国气候变化研究国际合作主要领域

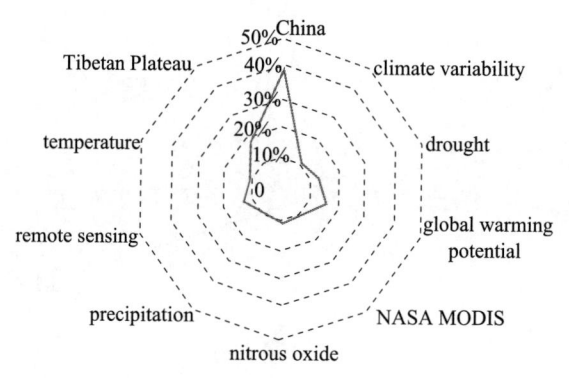

图 8-21　中国气候变化研究国际合作主要研究主题

（三）活跃研究机构

在中国，开展气候变化研究国际合作最活跃的科研机构为中国科学院，其开展的国际合作研究占中国全部合作研究的 42.3%，具有明显的主导优势。其次为北京大学和北京师范大学，合作研究占比均为 7.6%。其他开展气候变化研究国际合作较多的机构还包括清华大学、兰州大学、南京信息工程大学、浙江大学、南京大学、中国海洋大学和中国气象局（表 8-5）。

中国上述主要科研机构在气候变化方面的国际合作研究主要的合作单位来自美国，以高校为主，如俄克拉荷马大学、马里兰大学、加利福尼亚大学伯克利分校、科罗拉多大学等，其次为以美国国家大气研究中心为代表的国立科研机构。除美国科研机构外，中国主要机构与日本、德国、澳大利亚、法国等国的合作方均以国立科研机构为主，包括日本国立环境研究所、日本海洋地球科

表 8-5　中国气候变化研究国际合作活跃机构及其主要合作对象

排序	机构	合作发文数量（篇）	主要国际合作机构
1	中国科学院	418	日本国立环境研究所、澳大利亚CSIRO、美国俄克拉荷马大学、美国马里兰大学、德国亥姆霍兹研究中心、美国加利福尼亚大学伯克利分校、法国国家科研中心、德国马普学会、日本东京大学、美国波士顿大学、世界农林中心
2	北京师范大学	75	美国马里兰大学、加拿大环境部、美国国家大气研究中心、美国加利福尼亚大学伯克利分校、日本海洋地球科学与技术局
3	北京大学	75	法国国家科研中心、德国马普学会、美国普林斯顿大学、美国国家大气研究中心、美国威斯康星大学、美国波士顿大学、美国科罗拉多大学
4	清华大学	44	美国加利福尼亚大学伯克利分校、美国俄克拉荷马大学、丹麦科技大学、美国德克萨斯大学奥斯汀分校、美国佐治亚理工学院
5	兰州大学	35	美国科罗拉多大学、美国华盛顿大学、美国加利福尼亚大学圣迭戈分校、美国耶鲁大学、美国科罗拉多州立大学
6	南京信息工程大学	29	美国夏威夷马诺大学、纽约州立大学奥尔巴尼分校、美国托莱多大学
7	浙江大学	28	美国卡内基科学研究所、美国田纳西大学
8	南京大学	27	加拿大魁北克大学
9	中国气象局	25	澳大利亚CSIRO、英国气象局哈德利中心、国际理论物理中心
10	中国海洋大学	25	美国加利福尼亚大学圣迭戈分校、美国夏威夷马诺大学

学与技术局、德国马普学会、德国亥姆霍兹研究中心、澳大利亚CSIRO及法国国家科研中心等（表8-5）。

分析结果表明，欧盟、美国、日本、澳大利亚等主要国家和地区都比较重视气候变化研究方面的国际合作，无论从合作区域还是合作领域和研究方向上看，均呈现出合作范围日益扩大、合作领域和方向不断多样化的趋势。在合作国家和地区方面，上述主要国家同其他发达国家和地区之间均有十分密切和频繁的合作，同时与南美、亚洲和非洲等地区的发展中国家的合作也在不断加强；就合作的领域和方向而言，各主要国家除共同关注环境科学与生态学、气象学与大气科学及地质学等领域相关研究外，还呈现出各自特色和倾向：欧盟和美国更关注生物多样性及其保护和工程学，日本关注工程学和农业，澳大利亚则倾向于生物多样性及其保护、农业，以及海洋及淡水生物学。除共同关心全球变化、气温及气候变化适应问题外，欧盟还特别重视生命周期评估和干旱问题，美国更为关注遥感监测和粮食安全，日本较为关注碳循环及气候变化模拟，澳大利亚则更关心气候变化恢复及其不确定性问题。

尽管中国在气候变化研究方面的国际合作在不断拓展，但目前还主要限于同上述主要国家和地区，以及除日本以外的亚洲其他主要国家之间的合作，与其他国家和地区之间的合作还有待加强。在国际合作研究领域方面，相比欧盟、美国、日本、澳大利亚等主要国家和地区，合作研究领域还有待进一步拓展；在具体研究方向上，中国的国际合作研究对目前国际普遍关注的气候变化适应和减缓问题关注度不足。此外，中国的国际合作研究还主要局限于对本地区的气候变化相关问题的研究，相比上述主要国家和地区，特别是欧盟和美国，在全球尺度的气候变化相关研究方面可能有待加强。

第九章 国际应对气候变化专利技术研发态势分析

专利申请活动是科技发展和技术研发现状的重要反映。通过对 2001 年以来专利申请总体趋势，以及近 3 年即 2012～2014 年气候变化相关技术专利进行分析，揭示该领域技术研发总体态势以及主要国家和地区及我国的研发与合作情况。数据来源为 Web of Science 平台德温特创新索引数据库（Derwent Innovations Index，DII）。

第一节 专利申请总体态势

自 2001 年以来，国际应对气候变化的专利申请呈持续增长态势，特别是自 2008 年以来，专利申请以年均 16.5% 的增幅快速增长，截至 2014 年，气候变化相关专利申请总量已超过 12 万项（按专利族统计，下同）。

近 3 年即 2012～2014 年国际应对气候变化相关技术专利申请总量达 6.7 万项，尽管从专利申请的年度分布来看，2014 年国际应对气候变化相关技术专利申请略有回落（如图 9-1 所示，因专利申请存在时滞，2014 年数据可能不全，仅供参考），但总体仍保持快速增长之势，专利申请活动表现十分活跃。

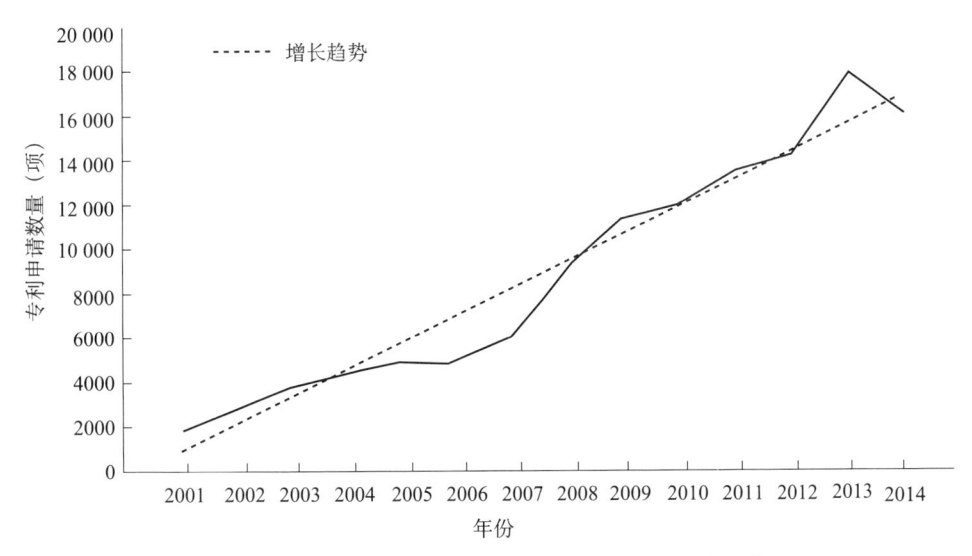

图 9-1 国际应对气候变化相关技术专利申请总体趋势

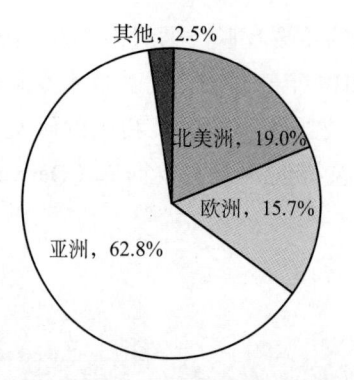

图 9-2　2012～2014 年国际应对气候变化相关技术专利申请地区分布

从区域来看，专利申请最活跃的地区为亚洲，近 3 年应对气候变化相关技术专利申请超过 4 万项，占国际专利申请总量的 62.8%；其次为北美地区，专利申请量接近 1.3 万项，占比为 19.0%；欧洲专利申请占比为 15.7%；世界其他地区，包括大洋洲、南美洲和非洲地区专利申请有限，专利申请占比约为 2.5%（图 9-2）。

第二节　专利申请总体技术布局

近 3 年，国际应对气候变化相关专利技术研发主要集中于电学［主要包括电气设备半导体器件（H01L）、燃料电池（H01M）、电能存储与转换（H02J）、光伏发电等（H02S）］、热能生产与利用（F24J）、机械工程［主要为发动机设计制造（F03B、F03G）］、汽车制造［主要为电动汽车（B60L）］和天然气生产（C10L）等领域（图 9-3）。

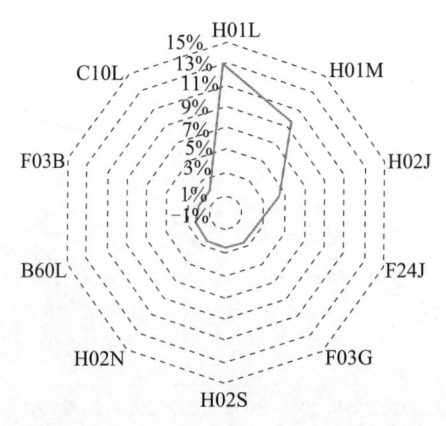

图 9-3　国际应对气候变化相关技术专利主要技术领域

第三节 主要国家和地区及我国专利申请态势

一、欧盟

（一）专利申请概况

作为应对气候变化相关技术研发较为活跃的地区，欧盟地区近3年专利申请规模（按同族专利统计，下同）稳定增长，相关专利申请总数超过8000件，在主要专利申请受理国家和地区中位列第5。同时，欧盟地区专利申请所占国际专利申请的比例维持在14%左右的较高水平（图9-4），表明欧盟地区专利申请热度不减。

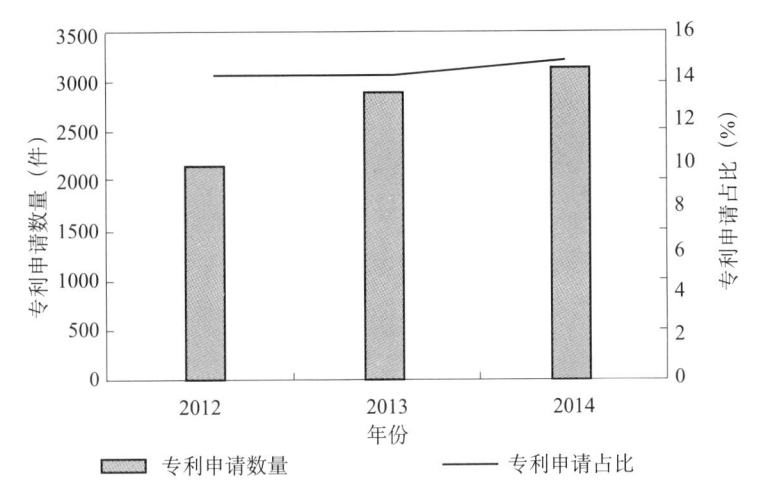

图9-4 欧盟地区专利申请情况

（二）专利布局

1. 专利技术保护区域

图9-5显示了除在欧盟地区以外，欧盟应对气候变化相关技术专利同时申请在其他国家和地区获得专利权保护的布局情况（图中WO为世界知识产权组织，下同）。除欧盟地区外，欧盟国家专利布局的主要目标国家和地区包括韩国、加拿大、美国、中国、日本及PCT（专利合作条约）专利成员国家（地区）。

2. 专利申请主要技术领域

2012～2014年，欧盟地区所受理的应对气候变化相关技术的专利申请主要集中于以下技术领域（图9-6）：①电气元件设计制造（H01L、H01M），主要包括太阳能设备半导体元器件及燃料电池；②热能生产与利用（F24J），主要为太阳能集热设施；③电力系统（H02J、H02N、H02S），主要包括电能存储与转换、太阳能光伏发电系统；④机械动力装置（F03B、F03G），主要为潮汐能和太阳能发动机；⑤节能建筑（E04D），主要为建筑物太阳能收集装置。

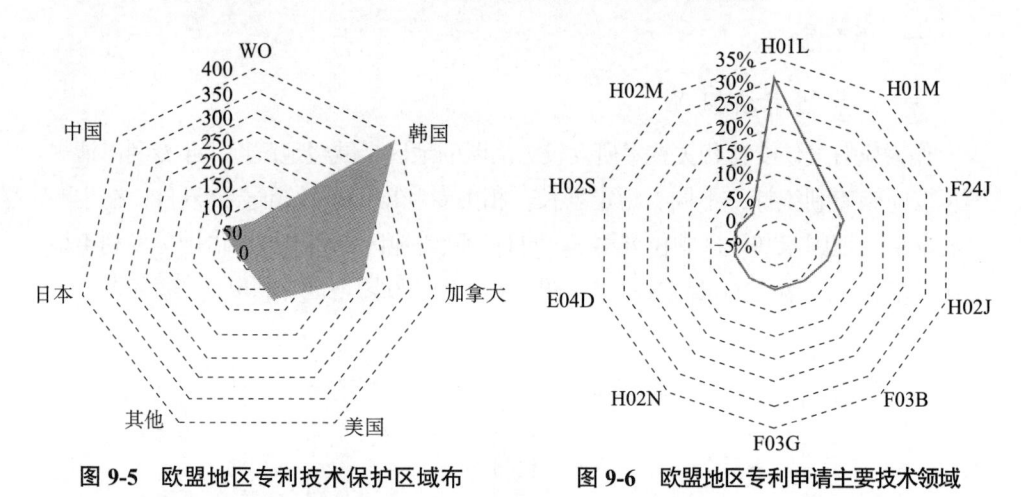

图 9-5　欧盟地区专利技术保护区域布局（除欧盟地区以外）

图 9-6　欧盟地区专利申请主要技术领域

3. 专利申请重点主题方向

通过专利文本聚类分析，能够从微观层面更为细致地揭示专利申请的技术布局。结果表明，近 3 年来，欧盟有关应对气候变化技术的专利申请的重点主题方向包括：①光学半导体材料，即半导体衬底材料和有机半导体材料（图 9-7，主题 1）；②薄膜燃料电池及燃料电池电极（图 9-7，主题 2）；③太阳能光伏发电装置、太阳能电池和太阳能收集装置（图 9-7，主题 3）；④热能转换（图 9-7，主题 4）；⑤水力、潮汐能及风力发电技术（图 9-7，主题 5）；⑥生物燃料合成（图 9-7，主题 6）；⑦清洁排放控制技术（图 9-7，主题 7）。

4. 主要机构专利权人

从专利权人的具体分布来看，欧盟地区在应对气候变化相关专利技术研发方面的主要优势机构均来自欧盟国家，主要集中于德国、法国和英国三大科技强国，以企业、科研机构和政府部门为主，主要包括法国原子能委员会、德国西门子集团、博世集团、艾思玛太阳能技术股份公司、法国国家科研中心、德国弗朗霍夫学会、戴姆勒股份公司、法国阿科玛公司、圣戈班集团和英国智能能源公司（表 9-1）。上述机构的专利申请占到欧盟地区专利申请总量的 11.9%。

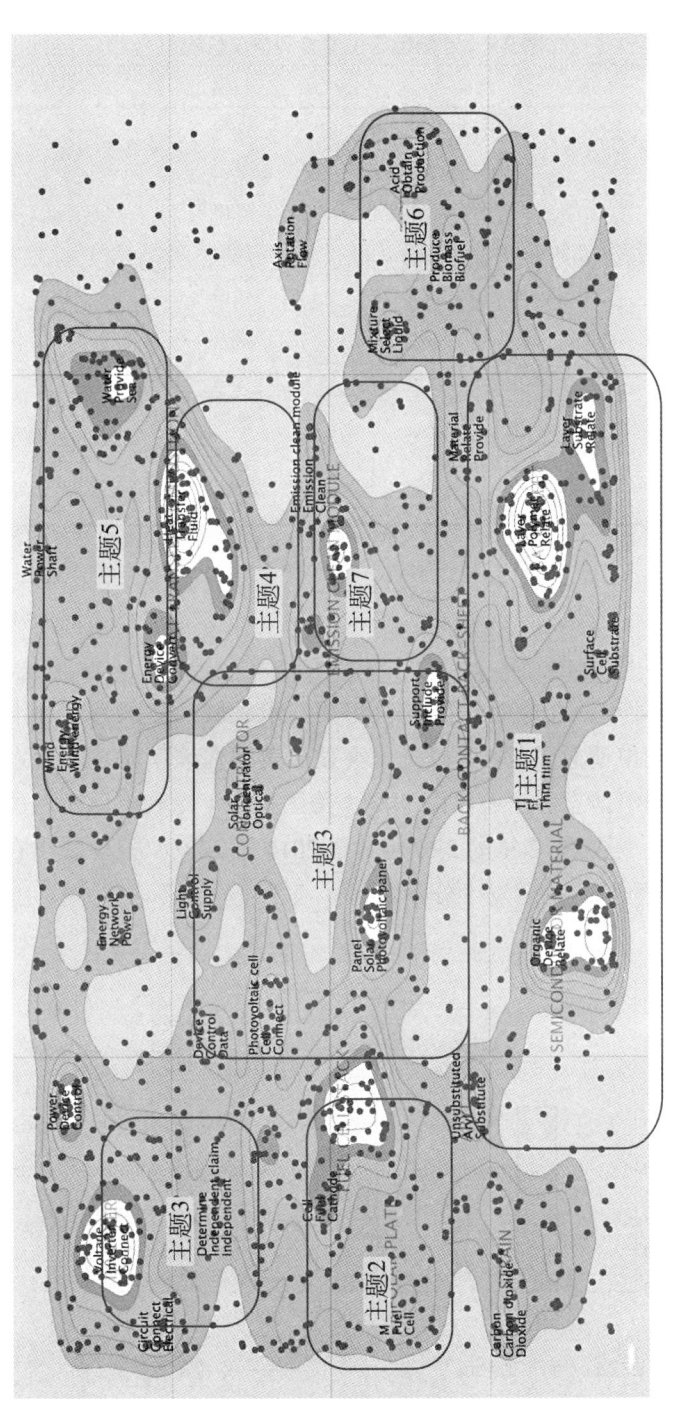

图 9-7 欧盟地区专利申请主要技术主题

表 9-1　欧盟地区主要专利申请机构

排序	机构	国别	专利申请数量（件）
1	法国原子能委员会	法国	241
2	西门子集团	德国	140
3	博世集团	德国	130
4	艾思玛太阳能技术股份公司	德国	85
5	法国国家科研中心	法国	89
6	弗朗霍夫学会	德国	78
7	戴姆勒股份公司	德国	68
8	阿科玛公司	法国	55
9	圣戈班集团	法国	52
10	智能能源公司	英国	42

二、美国

（一）专利申请概况

2012～2014 年，在应对气候变化相关技术领域，美国为专利申请第二大国，占国际专利申请总量的 1/5 以上，突显出美国在该领域技术研发的重要地位。从年度专利申请态势来看（图 9-8），美国近 3 年专利申请所占国际份额呈现持续上升之势（从 2012 年的 29.2% 升至 2014 年 33.0%），反映出在美国应对气候变化相关专利技术的研发十分活跃。

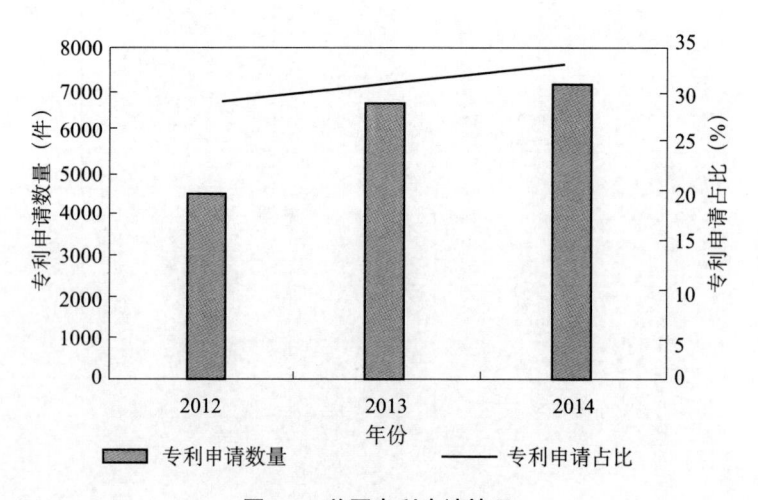

图 9-8　美国专利申请情况

(二)专利布局

1. 专利技术保护区域

分析表明,美国应对气候变化相关技术专利除优先申请在本国的保护以外,还广泛在其他国家和地区进行布局(图9-9),主要目标国家和地区包括韩国、加拿大、中国、日本和欧盟,此外,在澳大利亚及印度、菲律宾等其他亚洲国家也有所布局。

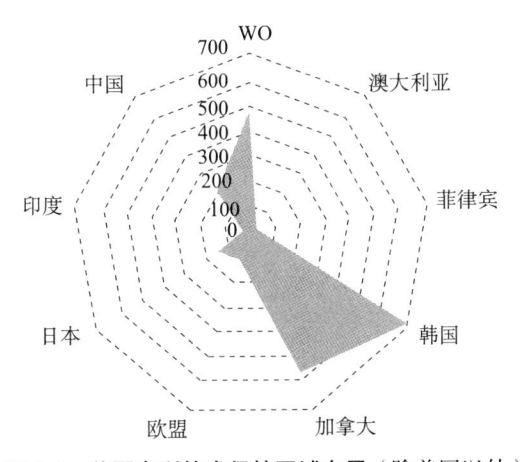

图 9-9 美国专利技术保护区域布局(除美国以外)

2. 专利申请主要技术领域

2012~2014年美国所受理的应对气候变化相关技术专利申请所关注的领域主要为(图9-10):①电气元件设计制造(H01L、H01M),主要为光学半导

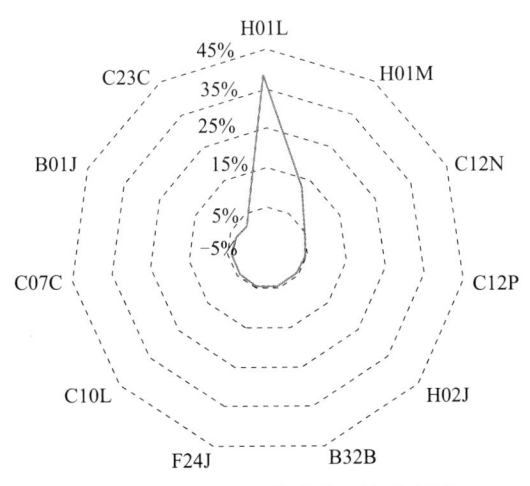

图 9-10 美国专利申请主要技术领域

体元器件及燃料电池；②生物化学和有机化学（C12N、C12P、C07C），主要为生物燃料制备；③电力系统（H02J），主要为电能存储与转换；④热能生产与利用（F24J），主要为太阳能集热设施；⑤石油化工（C10L），主要为天然气处理及利用；⑥污染物处理（B01J），主要为污染物处理的化学方法。

3. 专利申请重点主题方向

专利文本聚类分析结果显示，2012～2014年，美国相关专利申请的主要主题方向包括：①光学及太阳能设备半导体材料，包括光吸收材料、导电材料、半导体衬底材料和有机半导体材料（图9-11，主题1）；②电能转换与存储系统，包括光伏电力转换与存储设备（图9-11，主题2）；③燃料电池及其电极（图9-11，主题3）；④太阳能收集及利用（图9-11，主题4）；⑤生物柴油等生物燃料制备，原料包括微生物、藻类及大豆（图9-11，主题5）；⑥热能利用（图9-11，主题6）；⑦CO_2排放控制（图9-11，主题7）。

4. 主要机构专利权人

分析结果显示，在美国市场，应对气候变化相关技术的研发活跃机构以美国本国机构为主导，主要来自企业，包括杜邦公司、通用电气公司、IBM公司、第一太阳能公司、通用汽车公司、加利福尼亚大学、康宁公司、3M公司和霍尼韦尔公司，此外，德国化工巨头巴斯夫公司也具有引领优势（表9-2）。上述机构专利申请量占美国专利申请总量的9.1%。

表9-2 美国主要专利申请机构

排序	机构	国别	专利申请数量（件）
1	杜邦公司	美国	235
2	通用电气公司	美国	234
3	IBM公司	美国	212
4	第一太阳能公司	美国	186
5	通用汽车公司	美国	119
6	加利福尼亚大学	美国	83
7	康宁公司	美国	82
8	3M公司	美国	81
9	巴斯夫公司	德国	79
10	霍尼韦尔公司	美国	69

资料来源：作者根据相关资料整理

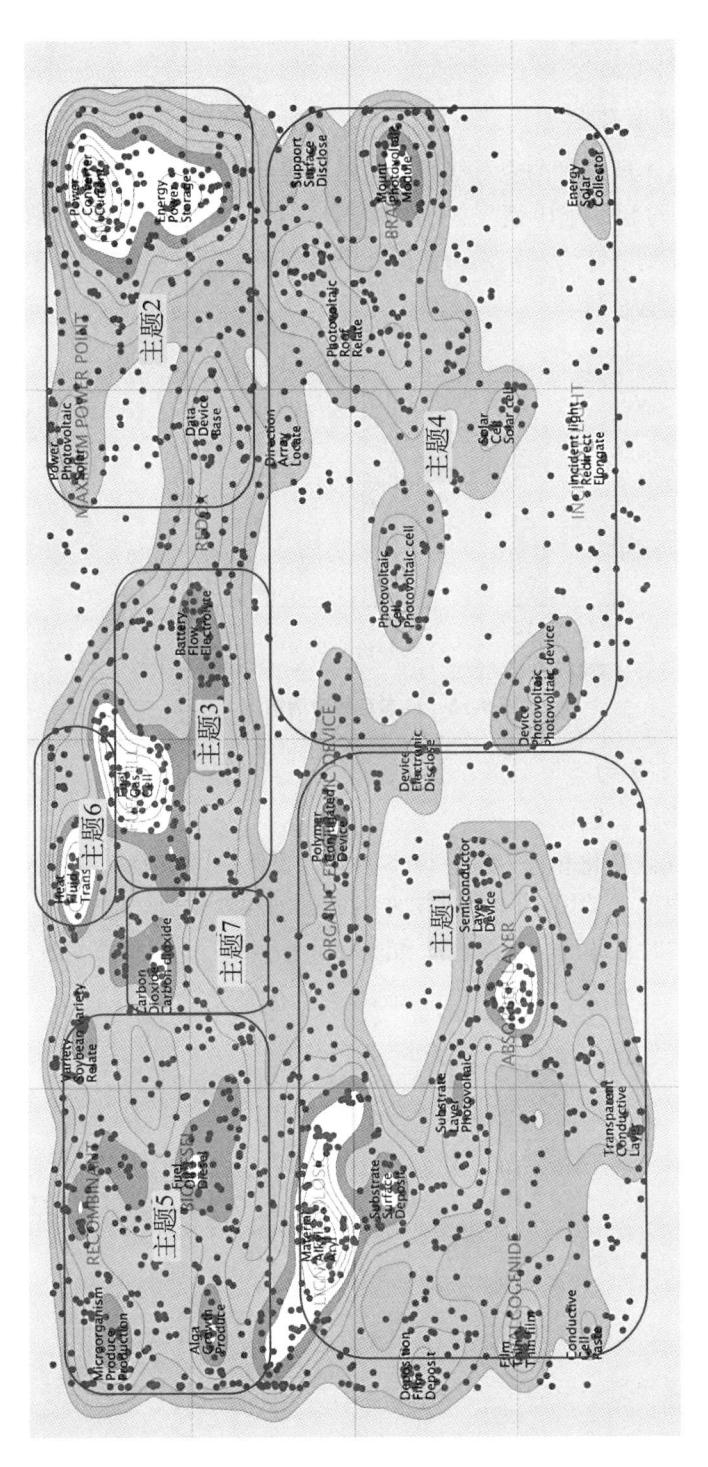

图 9-11 美国专利申请主要技术主题

三、日本

(一) 专利申请概况

近3年，日本所受理的应对气候变化相关技术专利申请量位居全球第3，截至2014年，其同族专利申请规模为5000件以上。从年度专利申请趋势来看（图9-12），日本近3年专利申请所占国际份额相对稳定，保持在24.0%左右。

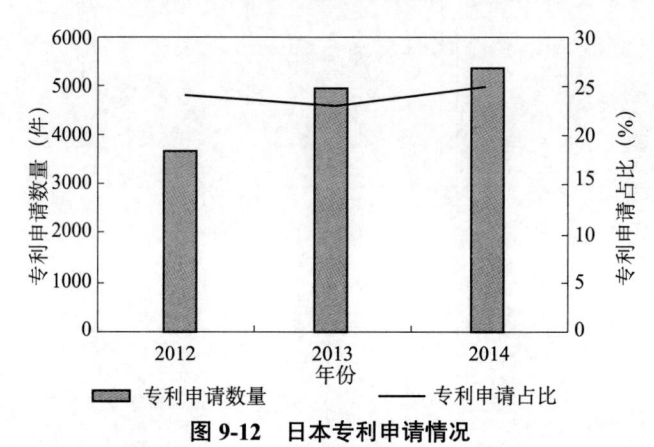

图 9-12 日本专利申请情况

(二) 专利布局

1. 专利技术保护区域

日本应对气候变化相关专利除以本国为首要保护区域外，还积极寻求在韩国、加拿大、中国、美国，以及PCT专利成员国和欧盟地区的保护，除上述国家和地区外，同时在印度、中国台湾和澳大利亚也有一定的布局（图9-13）。

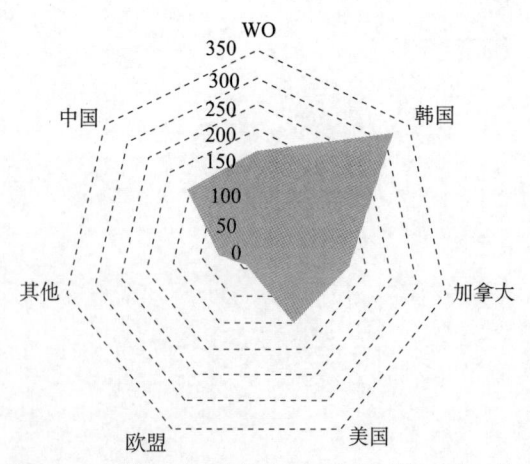

图 9-13 日本专利技术保护区域布局（除日本以外）

2. 专利申请主要技术领域

近3年，日本应对气候变化相关技术专利申请主要聚焦以下领域（图9-14）：①电气元件设计制造（H01M、H01L），主要涉及燃料电池开发、光学半导体元件设计；②电力系统（H02J、H01B），主要涉及电能存储与转换、电力传输介质开发；③汽车制造，重点关注电动汽车动力系统；④污染物处理（B01J），主要为污染物处理的化学方法。

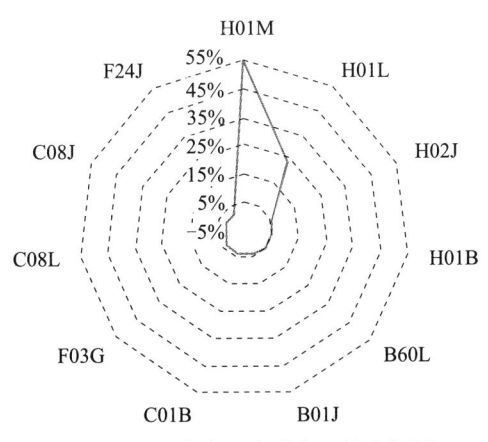

图9-14 日本专利申请主要技术领域

3. 专利申请重点主题方向

分析结果显示，近3年，日本应对气候变化的专利技术主要聚焦以下主题：①燃料电池及燃料电池电极材料（图9-15，主题1）；②太阳能光伏设施及光伏发电系统（图9-15，主题2）；③供电系统（图9-15，主题3）；④废热利用（图9-15，主题4）；⑤水力发电（图9-15，主题5）；⑥生物燃料（图9-15，主题6）。同时，结果显示，有关燃料电池及太阳能光伏设施的专利申请在日本的相关专利申请中占据主导地位。

4. 主要机构专利权人

在日本，应对气候变化的专利技术研发明显呈现由日本企业统领的格局，其中汽车制造和电子电器企业优势明显，专利申请量排名前10位的机构分别为：丰田汽车、本田汽车、松下集团、日产汽车、夏普公司、日立集团、三菱电机、京瓷公司、东芝公司和三菱重工（表9-3）。上述企业的专利申请占到日本专利申请总量的39.0%。

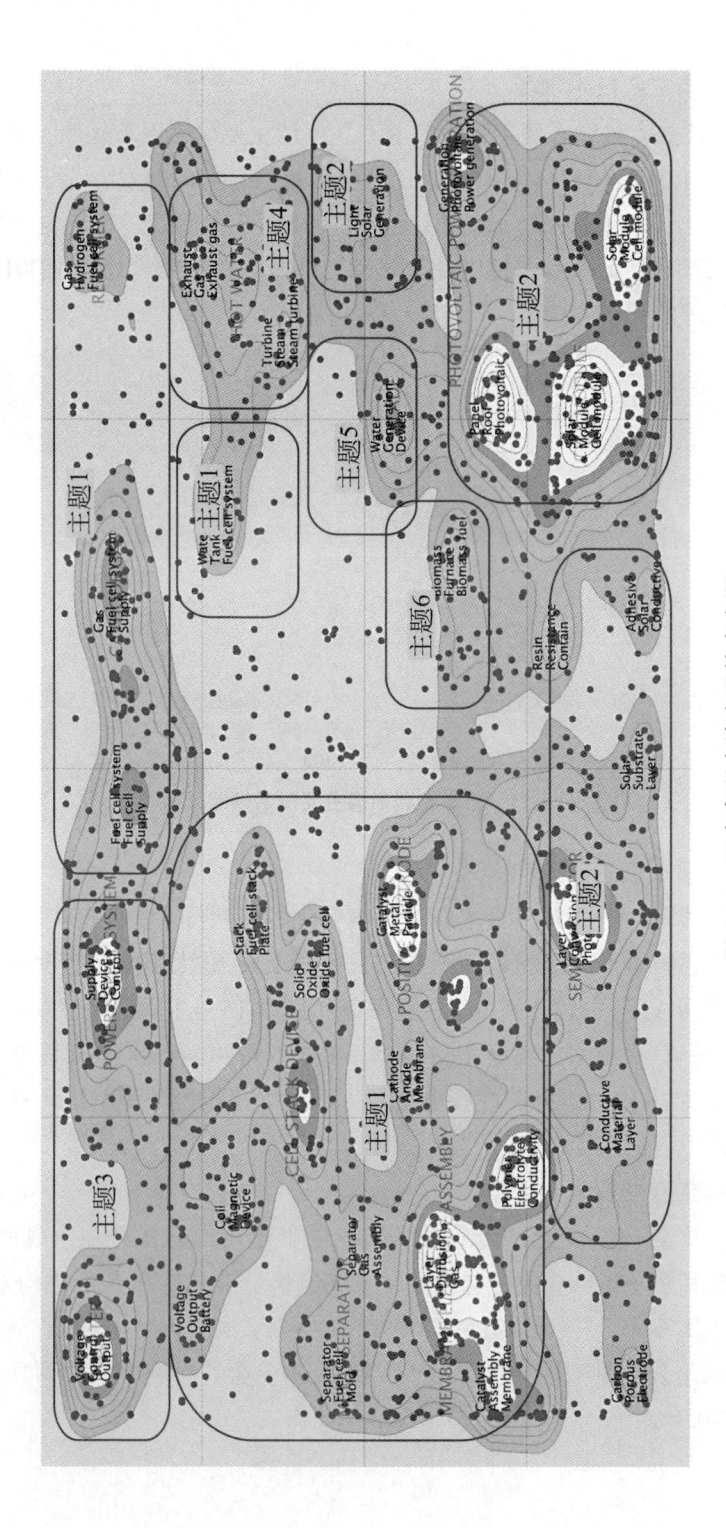

图 9-15 日本专利申请主要技术主题

表 9-3 日本主要专利申请机构

排序	机构	国别	专利申请数量（件）
1	丰田汽车	日本	843
2	本田汽车	日本	629
3	松下集团	日本	529
4	日产汽车	日本	276
5	夏普公司	日本	270
6	日立集团	日本	237
7	三菱电机	日本	223
8	京瓷公司	日本	208
9	东芝公司	日本	142
10	三菱重工	日本	137

四、澳大利亚

（一）专利申请概况

在应对气候变化相关技术领域，澳大利亚研发强度不高，2014年其气候变化相关同族专利量为804件，同领先国家之间存在明显差距。尽管其专利申请规模有限，但专利申请国际占比呈持续上升态势，从2012年的3.0%升至2014年的3.8%（图9-16），同时结合其目前专利申请水平，说明在澳大利亚应对气候变化相关技术的研发前景广阔。

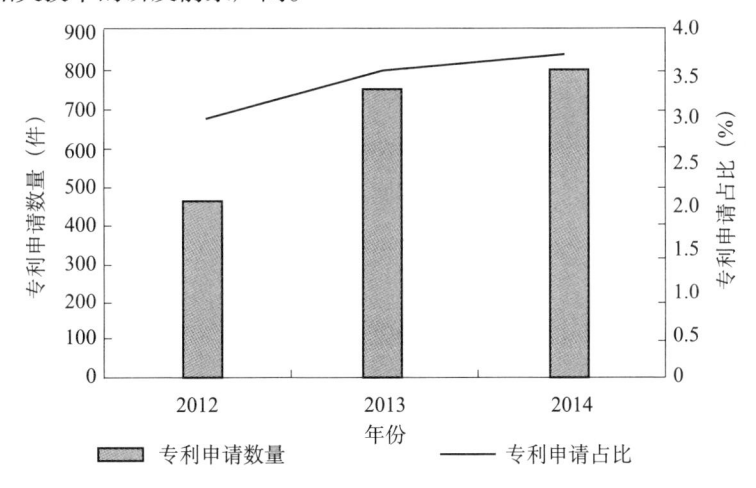

图 9-16 澳大利亚专利申请情况

（二）专利布局

1. 专利技术保护区域

分析结果显示，在应对气候变化相关专利技术保护区域布局方面，澳大利亚专利首选的保护区域为北美和亚洲，主要包括加拿大、美国、韩国、中国和日本，同时也十分重视在 PCT 专利成员国的布局（图 9-17）。

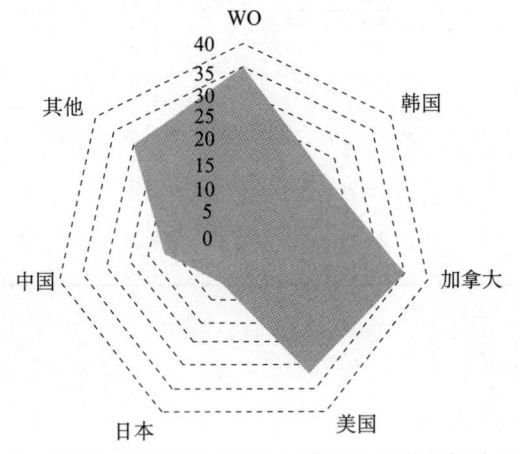

图 9-17　澳大利亚专利技术保护区域布局（除澳大利亚以外）

2. 专利申请主要技术领域

近 3 年，澳大利亚有关应对气候变化技术的专利申请集中于以下领域（图 9-18）：①电气元件设计制造（H01L、H01M），主要包括光学半导体元器件及燃料电池；②热能生产与利用（F24J），主要为太阳能集热设施；③机械动力装置（F03G、F03B、F03D），主要为太阳能、潮汐能和风力发动机；④生物化学，主要为生物燃料制备；⑤石油化工，主要为天然气处理与利用；⑥分析测试仪器，主要为光学分析测试装置。

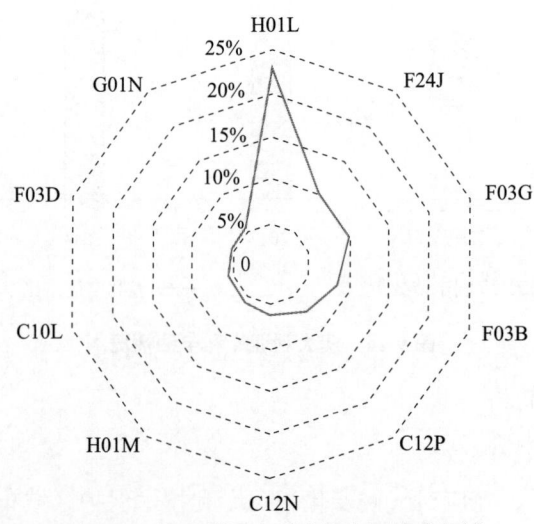

图 9-18　澳大利亚专利申请主要技术领域

3. 专利申请重点主题方向

分析结果表明，澳大利亚应对气候变化相关技术的专利申请明显集中于太阳能利用装置（特别是建筑物太阳能收集利用设施）（图 9-19，主题 1），除此以外，相关技术主题还包括：节能技术（图 9-19，主题 2）、能源转换与利用（图 9-19，主题 3）、发动机等动力装置（图 9-19，主题 4）、褐煤等化石燃料处理（图 9-19，主题 5）。

4. 主要机构专利权人

分析结果显示，澳大利亚应对气候变化相关技术的专利申请相对分散，绝大部分专利权人专利申请不足 3 件，同时专利权人的国别分布相比其他国家和地区更具多元化特征，机构类型主要以企业、科研机构和高校为主。主要专利申请机构包括：澳大利亚 CSIRO、BT Imaging 公司、丹麦托普索公司、澳大利亚新南创新有限公司、日本三菱重工、澳大利亚昆士兰大学、纽卡斯尔创新公司、RayGen 资源公司、STAR 8 太阳能公司、美国 Xyleco 公司和芬兰 AW-Energy 公司（表 9-4）。

表 9-4 澳大利亚主要专利申请机构

排序	机构	国别	专利申请数量（件）
1	CSIRO	澳大利亚	8
2	BT Imaging公司	澳大利亚	7
3	托普索公司	丹麦	6
4	新南创新有限公司	澳大利亚	5
5	三菱重工	日本	4
6	Xyleco公司	美国	3
7	昆士兰大学	澳大利亚	3
8	AW-Energy公司	芬兰	3
9	纽卡斯尔创新公司	澳大利亚	3
10	RayGen资源公司	澳大利亚	3
	STAR 8太阳能公司	澳大利亚	3

五、中国

（一）专利申请概况

2012～2014 年，在应对气候变化相关技术领域，中国专利申请持续引领世界，并且累计专利申请量已经占到国际专利申请总量的 40.2%，同时，近 3 年中

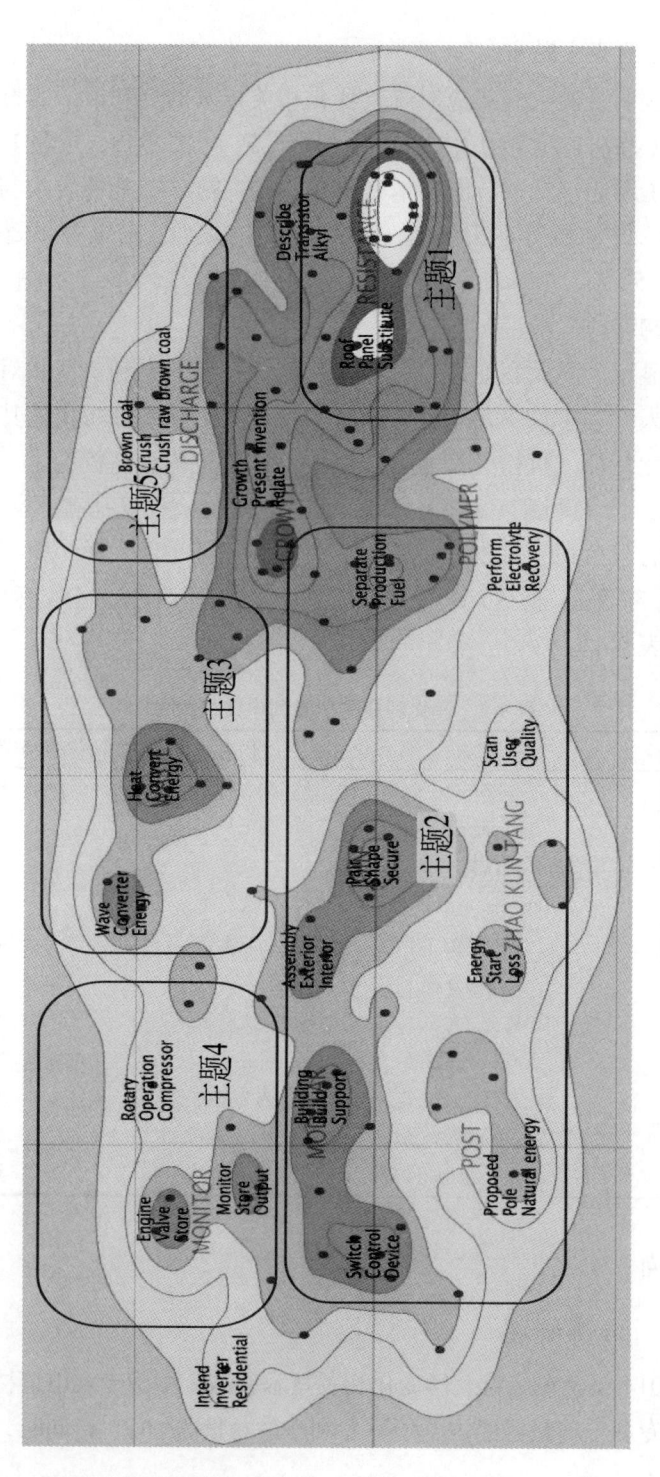

图 9-19 澳大利亚专利申请主要技术主题

国专利申请的年均国际份额已超过55%（图9-20）。显然，目前中国已成为全球应对气候变化相关技术研发最为活跃的地区。

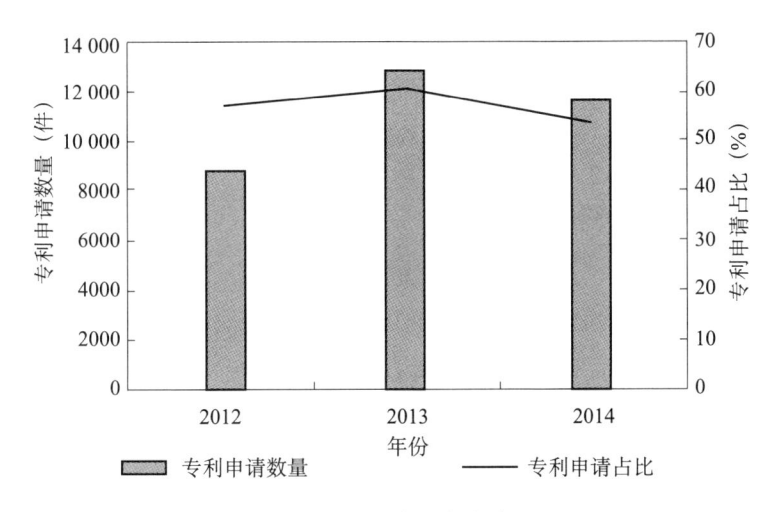

图 9-20　中国专利申请情况

（二）专利布局

1. 专利技术保护区域

分析结果表明，中国专利申请所寻求的目标保护区域明显倾向于PCT专利成员国、美国和日本，其次为韩国、欧盟和加拿大，除此以外，对印度、中国台湾和澳大利亚等国家和地区也有所关注（图9-21）。

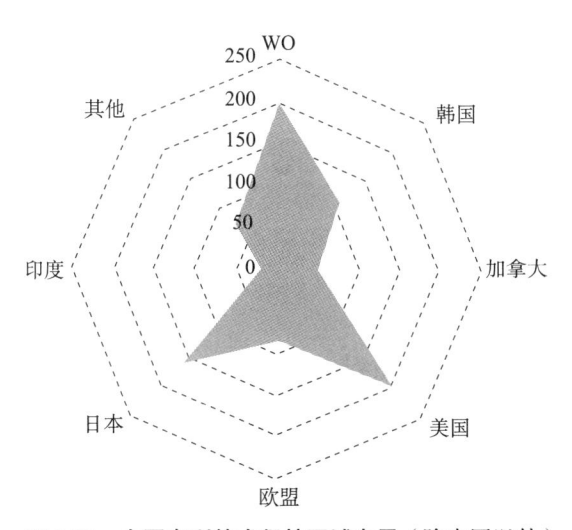

图 9-21　中国专利技术保护区域布局（除中国以外）

2. 专利申请主要技术领域

2012～2014年，中国所受理的应对气候变化相关技术的专利申请主要分布于以下领域（图9-22）：①电力系统（H02J），主要为电能存储与转换、太阳能光伏发电系统、电力转换与控制装置；②电气元件设计制造（H01L、H01M），主要包括光学半导体元器件及燃料电池；③机械动力装置（F03G），主要为太阳能发动机；④汽车制造，主要为新能源汽车及其动力装置；⑤废水处理，主要为太阳能及生物污水处理技术等。

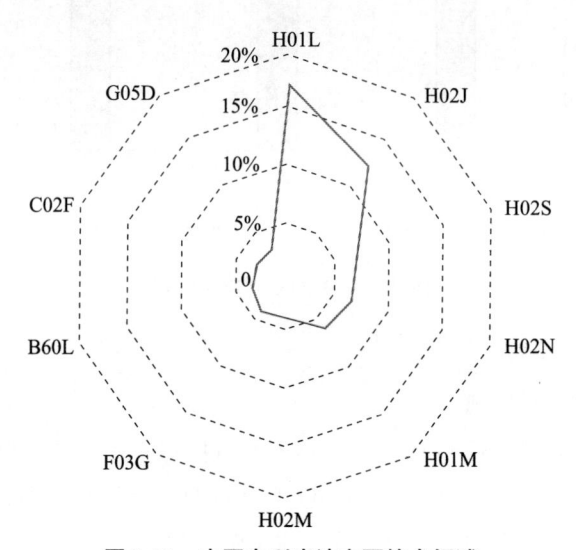

图9-22 中国专利申请主要技术领域

3. 专利申请重点主题方向

专利文本聚类分析结果显示，2012～2014年，中国有关应对气候变化的技术专利申请主题主要集中于以下方向：①太阳能光伏器件（图9-23，主题1）；②光伏发电及其控制系统（图9-23，主题2）；③电力、热力等驱动的机械动力装置（图9-23，主题3）；④生物燃料制备（图9-23，主题4）；⑤节能照明装置（图9-23，主题5）；⑥电动汽车动力装置（图9-23，主题6）。

4. 主要机构专利权人

在中国，应对气候变化相关技术主要专利权人均来自国内，央企和私营企业具有引领优势，其次为科研机构和高校。主要专利申请机构包括：国家电网公司、中国科学院、英利集团、无锡同春新能源科技有限公司、成都聚合科技有限公司、常州天合光能有限公司、华北电力大学、清华大学、西安大宇电子

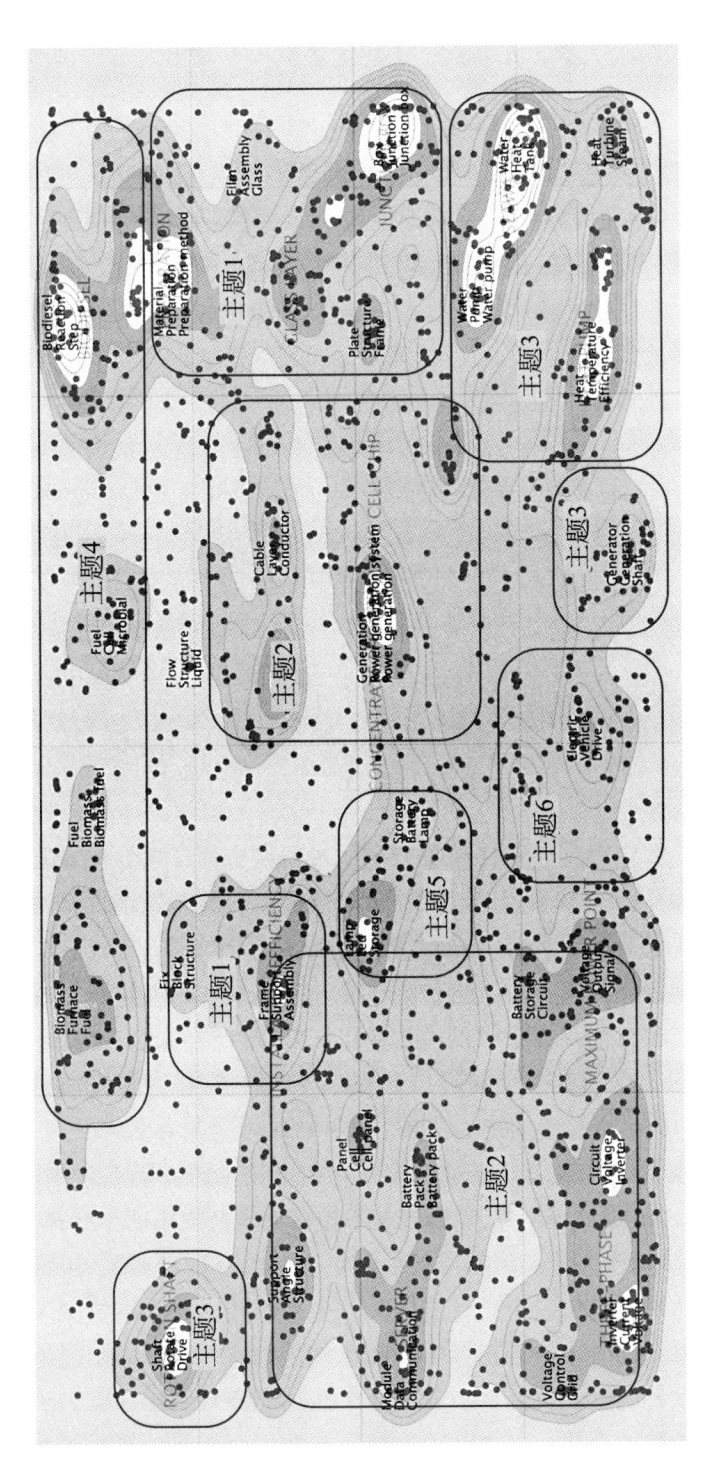

图 9-23 中国专利申请主要技术主题

科技有限公司和东南大学（表 9-5）。上述优势机构专利申请占中国专利申请总量的 9.4%。

表 9-5 中国主要专利申请机构

排序	机构	国别	专利申请数量（件）
1	国家电网公司	中国	434
2	中国科学院	中国	307
3	英利集团	中国	264
4	无锡同春新能源科技有限公司	中国	249
5	成都聚合科技有限公司	中国	130
6	常州天合光能有限公司	中国	110
7	华北电力大学	中国	109
8	清华大学	中国	104
9	西安大宇电子科技有限公司	中国	102
10	东南大学	中国	88

第四节 专利技术研发国际合作分析

分析表明，在应对气候变化相关专利技术研发方面，主要国家和地区及中国所开展的合作均限于本国范围，均极少开展国际合作，这不仅是由专利技术本身的排他性和独占性的特点所致，同时也反映了目前在应对气候变化方面，广泛开展国与国之间的直接技术合作尚存在壁垒的现实，而这也是在应对气候变化技术知识产权方面存在争议的主要原因。知识产权的收益性决定了在专利技术研发方面，合作不具有学术研究开放、共享的特点，而在极具敏感性的、竞争日趋激烈的应对气候变化技术领域，这种情况可能尤为突显。

综合分析来看，近年来，应对气候变化相关技术研发仍然为国际所关注，专利申请活动十分活跃。国际热点研发技术包括光学及太阳能半导体器件制造、燃料电池制造、电能存储与转换、光伏发电、热能生产与利用、可再生能源发动机制造、电动汽车动力装置设计和天然气生产等技术。各主要国家在研发布局上均各有侧重，同时也体现出各自的技术优势和特色，除太阳能半导体器件和燃料电池研发普遍受到关注外，欧盟更关注热能高效利用，美国十分重视生物乙醇等生物燃料的合成，日本在电动汽车制造方面优势独显，澳大利亚则注重可再生能源发动机研发。

在专利技术研发主体方面，除欧盟呈现出政府研发部门、企业和科研机构并举的特点外，美国、日本和澳大利亚均表现为企业主导的格局，特别是日本，企业在应对气候变化相关专利技术研发方面具有绝对的统领优势。

近年来，中国虽然在专利申请量上明显领先，但同主要国家和地区相比，中国在应对气候变化相关专利技术研发方面，优势主要集中于相关电子元器件制造、电能存储与转换等传统应用领域，在燃料电池、新能源汽车、可再生能源动力设备等国际较为关注的新兴技术领域的技术研发占比相对较低。此外，分析还显示，中国近年来在太阳能光伏发电领域的国际比较优势较为突出，这同当前中国光伏发电行业蓬勃兴起的现状相吻合。

分析表明，较之其他领域，中国在应对气候变化相关技术领域的研发，企业的主导作用有所显现，这一方面同该领域技术应用特征显著有关，同时也是近年来为应对气候变化挑战，中国积极采取行动（如控制行业污染物及碳排放标准、推动行业技术转型升级等）的结果。

第四篇
应对气候变化国际科技合作政策建议

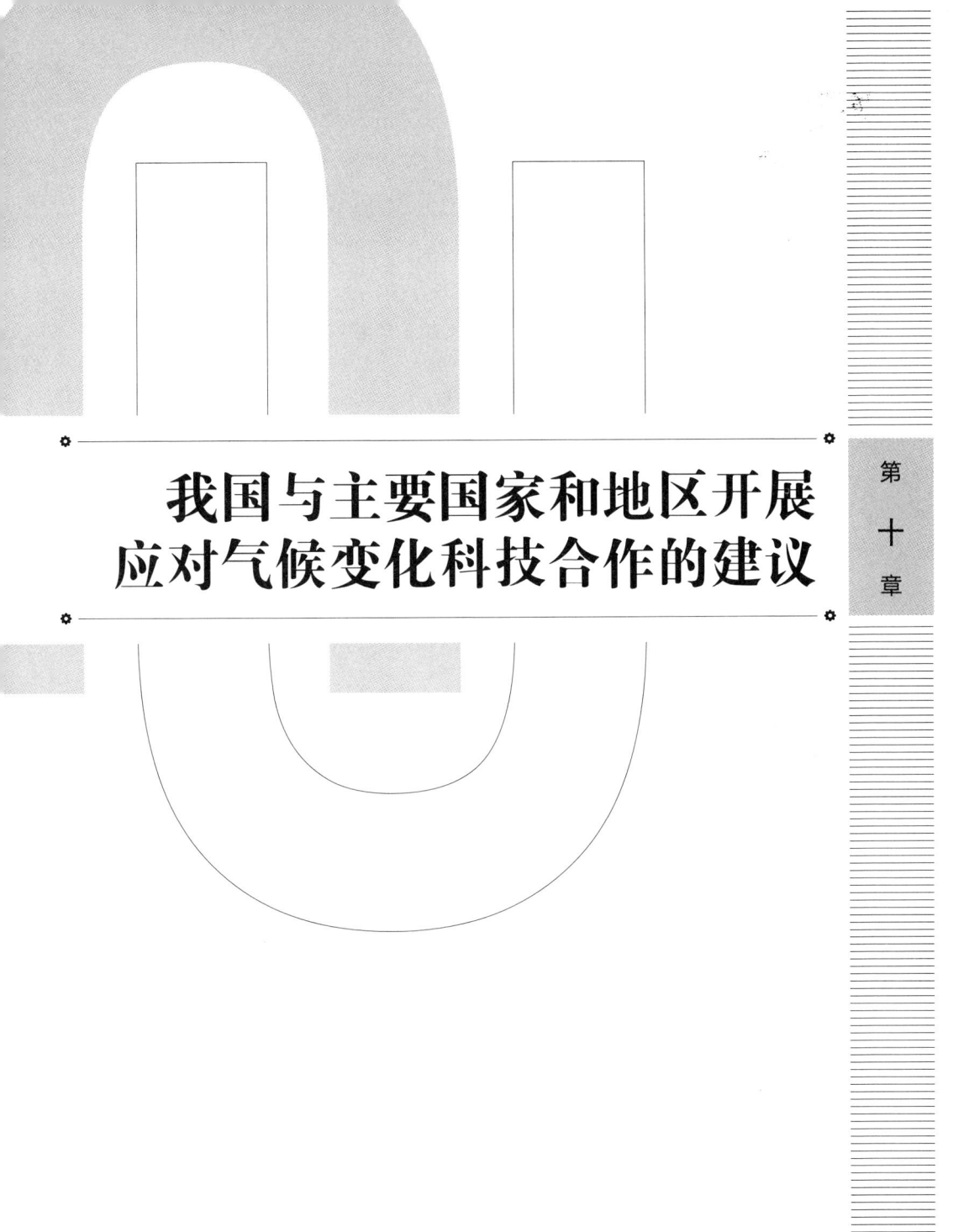

第十章 我国与主要国家和地区开展应对气候变化科技合作的建议

第一节 中欧合作

当前中欧气候合作取得了一些成就和进展，但不可否认的是这些合作中仍然存在着一些制约因素，从而对中欧气候合作的发展形成挑战。中欧双方应充分利用现存的多层次对话机制，进一步加强中欧气候变化科技合作。

一、扩大和加强重点领域合作

（一）加强在欧盟优势领域的合作

应积极同欧盟在其气候变化相关研究优势领域，如环境科学与生态学、生物多样性及其保护、工程学、农业等领域开展研发合作，并针对目前气候变化相关热点问题，如气候变化适应、气候变化减缓及粮食安全等问题深入沟通与交流。

近年来，欧盟众多世界一流的研究机构，如法国国家科研中心、德国亥姆霍兹研究中心、西班牙国家研究理事会、德国马普学会、英国牛津大学、丹麦哥本哈根大学、德国波茨坦气候影响研究所、荷兰瓦赫宁恩大学等在气候变化相关研究方面十分活跃，中国相关科研机构应关注上述欧盟优势机构的研发动向，并加强同其之间的学术交流。

在应对气候变化相关技术研发和关键技术引进方面，我国应当重点在热能转换与利用、水力、潮汐能、风力发电技术及污染物排放控制等技术领域，加强与欧盟技术优势国家法国、德国和英国的交流与合作，鼓励我国相关科研单位同上述欧盟主要国家重要研发机构，如法国原子能委员会、法国国家科研中心、德国西门子集团、德国弗朗霍夫学会、英国智能能源公司等开展技术交流和合作研发。

（二）深化碳交易体系的交流合作

EU ETS 的实施经验证明，通过市场化的交易手段可以推动温室气体的减排，同时推动一些技术的创新。中国目前建立的碳交易试点借鉴了欧盟的很多经验和做法。在建立全国碳市场时仍存在一些特殊的挑战，必须进一步学习欧盟经验，解决地区之间发展不平衡、碳交易体系法律约束力、监测报告核证机制、市场风险控制、碳交易收益的使用方法等相关问题。

（三）拓展中欧气候合作形式

欧盟与发达国家的气候合作一度以 CDM 为主。中欧合作中，应关注合作形式的新发展，通过经贸合作为气候合作奠定坚实的经济科技基础（刘红霞，2011）。

此外，中国也可以通过为企业提供财政支持、信贷津贴等方式鼓励其积极引进欧盟国家减排技术，同时适当放宽参与减排技术合作项目的外资的准入标准（孔凡伟，2011）。

二、建立以政府为主导的合作监督机制

为了确保中欧合作机制的有效性，必须建立以政府为主导的监督机制，建立区域气候监测网络，成立公共信息平台，为中欧双方提供信息服务、政策咨询和项目评估等。加强中欧双方监测工作的合作，及时、准确地掌握环境质量和变化趋势，实现信息共享，为气候合作提供有效依据，并且围绕是否合乎条约问题进一步举行谈判，建设促进性和强制性的监督、执行、核查机制（杨璐，2014）。

应该不断完善中欧气候合作机制，明确中欧气候合作的共同利益并制定合作的预期目标。在此基础上，必须坚持求同存异的立场，坚持公平有效的原则，做出切实有效的合作计划，促使发达国家实现向发展中国家提供资金支持和技术转让的承诺。

三、加强和扩大合作的质量和范围

中国需要加快促进中欧在科研项目合作领域的脚步，设计合理的政策框架体系，加强人才培训与交流，推动双方官员、访问学者、专家、高校等之间的相互交流与对话，制定交流计划培养方案。

中欧也要不断构建气候合作的一些联络形式与合作平台，如建立中欧气候合作论坛，增强双方的气候合作理论研究能力。

同时，中欧双方可以设置气候合作活动交流中心，定期举行跨国培训班，促进应对气候变化科技的交流与学习，提升应对气候变化的能力（杨璐，2014）。

第二节 中美合作

一、巩固优先领域的已有合作

根据中美双方前期合作基础，建议中美通过现有合作途径特别是中美气候变化工作组、中美清洁能源研究中心和中美战略与经济对话等加强和扩大两国合作的优先领域，主要涉及清洁能源研发、碳捕获、利用和封存、削减氢氟碳化物、低碳城市倡议等领域。

（一）扩大清洁能源联合研发

继续支持中美清洁能源研究中心，包括继续为建筑能效、清洁汽车和先进煤炭技术三大现有研究领域提供资金支持，并开辟关于能源与水相联系的新研究领域。

（二）推进碳捕集、利用和封存重大示范

中美已选定由陕西延长石油（集团）有限责任公司运行的位于中国陕西省延安榆林地区的项目场址，建立一个重大碳捕集新项目，以深入研究和监测利用工业排放 CO_2 进行碳封存，并就向深盐水层注入 CO_2 以获得淡水的提高采水率新试验项目进行合作。

（三）加强关于氢氟碳化物的合作

以习主席与奥巴马总统在安纳伯格庄园就氢氟碳化物这种强效温室气体达成的历史性共识为基础，中美两国将在开始削减具有高全球增温潜势的氢氟碳化物方面加强双边合作。2015年7月，美国制定完成了通过"重要新替代品政策"（Significant New Alternatives Policy，SNAP）减少氢氟碳化物使用和排放的重大新举措，并承诺在2016年继续采取新行动减少氢氟碳化物的使用和排放。中国将继续支持并加快削减氢氟碳化物行动，包括到2020年有效控制三氟甲烷（HFC-23）排放。

（四）启动气候智慧型/低碳城市倡议

为了解决正在发展的城镇化和日益增大的城市温室气体排放问题，并认识到地方领导人采取重大气候行动的潜力，中美两国在气候变化工作组下建立了

一个关于气候智慧型／低碳城市的新倡议。2015年9月15～16日，中美两国在洛杉矶举行了第一届中美气候智慧型／低碳城市峰会，两国在此领域领先的城市分享了各自的最佳实践，并展示城市层面在减少碳排放和构建适应能力方面的领导力。来自中美两国的24个省、州、市、郡签署了中美气候领导宣言及宣言中所列的气候行动，包括中国省市发起的率先达峰倡议和美国州、郡、市提出的中长期温室气体减排目标。

二、扩大重点及热点领域的合作

美国作为国际气候变化相关研究引领国家，在环境科学、生态保护、气象学与大气科学、地质学、工程学等领域的优势明显，中国今后应积极推动与美国在上述重点领域的科研合作，扩大人员交流学习。同时，在全球变化监测、生物多样性保护、遥感技术开发与应用等热点领域，美国拥有强大的技术和基础设施优势，中国可以同美国在上述领域开展更广泛的交流，以促进国内相关技术的研发。

近年来，基于其实力和雄厚的研究基础，以美国国家大气研究中心、美国国家海洋与大气管理局、美国国家航空航天局，以及美国加利福尼亚大学、科罗拉多大学、普林斯顿大学、马里兰大学等为代表的美国国立研究机构和高校在气候变化相关研究领域表现出突出的引领优势，以中国科学院、北京师范大学、北京大学、清华大学为代表的中国优势科研单位应加强与美国主要优势机构的合作与交流。

在应对气候变化关键技术领域，如可再生能源利用设施关键元器件开发、生物燃料合成、电能转换与存储等技术领域，美国拥有大量的专利，我国应当在上述领域积极与美国开展研发合作

三、加强政府主导的合作框架建设

政府主导可以直接快速地推动中美气候合作，政府之间的协商和合作应当存在不同的层次。鉴于气候问题的严峻性、重要性和复杂性，气候变化问题应当列为未来所有中美峰会的必谈议题（亚洲协会美中关系研究中心和皮尤全球气候变化中心，2009）。除了领导人峰会确定双方合作的框架、原则、指导方针之外，还应当定期举行双方高层领导委员会和技术专家委员会。高层领导委员会主要确定双方合作的优先领域；共同合作的技术项目和清单；协商制定促进双方合作的优惠政策和措施，以及双方关注的其他问题。技术专家委员会在高

层领导委员会的指导下就合作的项目和领域制订具体的行动计划和方案，负责指导实施和监督，提出推进合作的建议等。

四、强化中美气候变化工作组的作用

中美两国将基于强有力的双边合作倡议来支持实现富有雄心的国内行动，并通过中美气候变化工作组进一步深化和加强这些努力，中美气候变化工作组是促进建设性中美气候变化对话合作的首要机制。在中美气候变化工作组各合作倡议下，中美在载重汽车和其他汽车、智能电网、碳捕集利用和封存、建筑和工业能效、温室气体数据收集和管理、气候变化和林业、工业锅炉能效和燃料转换等方面取得了良好的合作进展，并将继续共同推动关于绿色港口和船舶、零排放汽车的工作并加强关于HFCs的政策对话与合作，继续为现有合作倡议投入大量精力和资源。今后中美双方应进一步强化中美气候变化工作组的作用，将中美双方在气候变化重要领域的合作推向更高层次和水平。

五、充分发挥市场的机制和作用

尽管更紧密的中美合作必须从两国政府开始，但成功与否还取决于各自带动私营资本参与的能力（亚洲协会美中关系研究中心和皮尤全球气候变化中心，2009）。两国政府在建立法规环境方面的作用尤其重要，可以采用税收优惠、补贴、立法和科研等一系列政策工具，鼓励对低碳技术的大规模私人投资和商业利用，推动企业、金融机构、科研院所的广泛参与，应当促进两国地方与地方之间的合作，这样才能有效推动技术的进步，保证资金来源和克服关键的障碍。

六、加强联合技术开发

由于单方面的技术转让存在很多障碍，技术转让费用也常常太过高昂，可以考虑更多的共同开发技术。中美两国在应对气候变化挑战方面具有互补优势：美国擅长技术创新，中国擅长创新技术的生产部署。中美两国在低碳技术方面的创新将汇集美国的研究、部署、商业模式，以及中国的制造业优势和巨大的市场规模。中美两国在低碳技术方面的合作，将允许美国企业重塑全球供应链和全球分工，快速降低低碳技术成本，迅速扩展低碳技术和产品的全球市场。两国之间的技术合作在帮助促进能源技术和克服全球变化上有巨大潜力（李侃如和戴维·桑德罗，2009）。

七、推动建立中美清洁能源研究与发展联合基金

中美清洁能源联合研究中心是中美清洁能源两边合作的成功范例。尽管目前全面评价中美清洁能源联合研究中心的作用还为时尚早，但是它却为中美气候变化科技合作提供了良好的示范模型。中美清洁能源联合研究中心具有两大最具创新的特点：中美两国的参与者共享资金投入责任，以及有关知识产权管理的协议。中美清洁能源联合研究中心开创的这两大特点可以扩展并形成一个新的工作机制，即中美清洁能源研究与发展联合基金，支持中美两国及与其他国家合作开展的低碳研发活动（Center for American Progress，2014）。

第三节 中日合作

日本先进的节能减碳技术及成熟的发展理念为中国提供了很好的借鉴，中国低碳经济建设对节能环保技术的迫切需求为日本能源及环保技术企业的海外扩张提供了广阔的市场。中日在气候变化科技方面的合作有利于促进中日两国经贸、社会和环境的可持续发展。尽管中日两国在政治、经济、文化等领域存在分歧和摩擦，但气候变化领域的友好合作、共同发展始终是中日关系的主题。

一、加强优先领域基础研究合作

日本在环境科学、大气科学、工程学、能源与燃料等领域的基础研究具有国际领先优势，中国应当在上述领域的基础研究方面同日本建立进一步的合作与交流关系。广泛开展与日本国立环境研究所、日本海洋地球科学与技术局、日本气象研究所，以及东京大学、北海道大学、名古屋大学、京都大学等日本优势研究机构和高校在上述领域，以及气候变化适应、全球碳循环、气候变化模型构建等热点问题和日本优势研究方向的学术交流，促进我国相关基础研究实力的提升。

二、在日本优势技术领域深化双方的合作

日本先进的节能减碳技术及成熟的发展理念为中国提供了很好的借鉴，同时，中国低碳经济建设对节能环保技术的迫切需求为日本能源及环保技术企业的海外扩张提供了广阔的市场。

（一）气候友好型技术领域

气候友好型技术是指提高能源效率的技术、减少非碳能源成本的技术，以及减少 CCS 成本的技术（吴洁和曲如晓，2010）。日本掌握着世界领先的气候友好技术，中国亟须加强同日本在相关领域的合作，主要包括：①防止大气污染装置，如燃煤锅炉和发电站的排烟脱硫（硝）技术、硫氧化物的活性炭处理技术等。②节能减排的低碳技术，包括高效天然气火力发电、环保住宅、环保汽车、高效燃煤发电技术、CCS 技术、新型太阳能发电、先进的核能发电技术、超导高效输送电技术、革新型材料和生产技术加工技术、革新型制铁工艺、电子电力技术、氢的生成和储运技术等（Golombek and Hoel, 2009）。③垃圾处理装置——城市垃圾燃烧技术、工厂废弃物燃烧技术等。

建议我国在持续中日共同研究和开发适合中国的环保技术（如城市垃圾焚烧技术）的同时，在气候变化合作领域，达成气候友好型技术进出口的优惠措施，这将在一定程度上增加贸易所得，降低减排成本。并且，我国应综合考量国际气候变化技术定价，在转让费用合理的情况下，不惜重金从全球范围内（不局限于日本）引进节能与提高能效技术、甲烷回收利用技术、燃料替代、垃圾焚烧发电技术、氟氯烃化合物及 NO_2 降解技术等气候友好型技术，寻求中国全面快速发展。

（二）气候友好商品制造技术领域

目前国际组织尚未形成对气候友好商品的统一定义，但是普遍认为气候友好商品即为有利于减少温室气体排放和环境保护的商品。中日两国在气候友好商品上具有较大的互补性。日本在高效太阳能电池片、节能型住宅建筑、节能式信息设备系统等众多低碳商品上具有比较优势；而中国在玻璃纤维制席、钢铁制塔楼及格构杆等气候友好商品上具有竞争优势（吴洁和曲如晓，2010）。因此中日两国应通过贸易手段，合理减少知识产权贸易壁垒、技术性贸易壁垒等，降低气候友好商品的进出口关税，以促进两国气候友好商品的贸易，推动中日气候友好商品的贸易自由化。

三、强化中日两国多元化的合作机制

为了解决气候变暖问题，世界各国召开了多次会议以寻求国际共同解决措施，包括从 1997 年的《京都议定书》、2007 年的"巴厘路线图"决议，到 2008

《联合国气候变化框架公约》，以及 2010 年的坎昆会议等。中日两国政府应该在《联合国气候变化框架公约》的框架下，遵循"共同但有区别的责任"原则，按照"巴厘路线图"，遵守坎昆会议的决议，共同为构建更加公平、有效的国际气候变化应对机制而努力。

环境问题无国界。日本在帮助中国解决沙尘暴、酸雨、$PM_{2.5}$ 等环境问题的同时，也能够保护日本的生态环境不受侵害，确保本国民众的健康和福祉。中国已经形成了巨大的环境产业，但中国仍缺乏解决环境问题的技术、人才和管理经验，而日本在此方面具有优势，日中环境合作具有较好前景。因此，中日两国应加强信息交流与多层次的合作，除加强中日两国间政府合作外，应尽力促成两国大学、研究机构、企业、NGO 间的合作，使两国人民及时了解中国的环境需求和日本的技术输出情况，提高日本技术在中国市场的认知度。

四、构建中日韩亚洲环境管理框架，拓展对等的三边合作机制

中日韩作为东亚具有重要影响力的邻国，应该在彼此的互动、合作中共同发展，形成带动亚洲多国发展的中心。在环境问题上，中日韩三国有着共同的利益需求和合作愿景，可以成为推动全亚洲合作的起点。建议将中日环境合作联合委员会、中日环保合作综合论坛、中日友好环境保护中心 3 项主要的中日双边合作机制发展为三边合作机制，在我国发展规划的宏观调控下，明确合作的内容和发展的方向，坚持"利益对等"的理念，维护三边合作过程中平等的话语权，针对我国存在突出问题的领域展开合作。

五、发挥多边合作机制的作用，降低减排成本

鉴于多边合作机制的特点，中日两国在加强区域合作推动东亚地区气候友好合作机制的同时，中国还应利用联合国系统等国际组织的资源和平台与其他国家开展气候变化领域的三方或多方合作，向国际组织派驻职员，参与国际组织气候变化援外行动的策划，保持稳定的国家立场，坚持"共同但有区别的责任"原则，积极参与国际气候合作机制的建立并为建立更加公平、有效的国际气候变化应对机制和技术推广机制（崔学勤，2008）而努力，力求最大限度地降低减排成本，实现国际社会的利益共赢（Buchner et al.，2005；Buchner and Carraro，2006）。

第四节 中澳合作

一、扩大相关重要领域的学术交流与技术研发合作

（一）加强相关重要领域的学术交流

近年来，澳大利亚在环境科学、生态学、生物多样性保护、海洋及淡水生物学，以及水资源等领域的研究成绩斐然，中国应当在上述领域加强与澳大利亚的合作与交流。针对澳大利亚 CSIRO 及澳大利亚高校在气候变化相关研究领域十分活跃的特点，中国相关科研机构应当同澳大利亚 CSIRO，以及詹姆斯库克大学、澳大利亚国立大学、新南威尔士大学、墨尔本大学、昆士兰大学、西澳大利亚大学等澳大利亚代表性优势科研机构和著名高校建立稳定的学术合作机制。

中澳两国均重视气候变化科学研究，需进一步加强交流合作，深化对气候变化关键科学问题的认识，及时掌握国际气候变化领域的研究与技术创新的最新动态，帮助实现中国应对气候变化的制度创新和相关政策发展，提高地方层次及相关部门应对气候变化的能力，提升科研机构对气候变化的理解和研究能力。

（二）扩大双方在关键技术领域的技术合作与共享

1. 清洁能源技术领域

澳大利亚拥有先进的清洁能源技术，风能和太阳能科技处于国际领先地位。中国目前在可再生能源利用方面还处于较低水平，未来需要在以下领域与澳大利亚展开充分合作：①加强产学研合作。鼓励中澳两方的高校合作建立清洁能源产学研联盟的合作，鼓励更多企业到澳大利亚设立研发中心，或与澳方开展技术合作。②加快光伏产业技术合作。中澳光伏产业融合程度目前仍处于初级阶段，今后升级潜力巨大。在光伏产业合作中，中国在技术研发、行业标准和可再生能源目标制定方面需要继续向澳方学习，而澳大利亚则需在技术商业化、施政优先顺序和政府战略投资方面多向中方借鉴经验。③参与澳大利亚新能源领域的项目建设。为实现可再生能源目标，澳政府明确今后一段时期将在清洁能源领域投资 1000 亿澳元，并推出了风电、大型太阳能项目等系列投资计划。

我国企业可考虑积极参与澳新能源项目的开发和建设。

2. 清洁煤技术领域

煤炭是澳大利亚和中国最主要的能源资源。因此，中澳双方可以在清洁煤技术领域进一步深入开展合作，在此过程中主要学习和借鉴澳大利亚在洁净煤开发、利用和推广中的经验，高起点、高标准地引进先进技术与管理模式，并组织消化、吸收和再创新。

支持优势企业积极参与境外资产并购和项目开发建设，加强与境外制造企业和研发机构的合作，充分利用境外资源和市场，提高我国煤炭清洁高效利用技术、装备和产品的国际竞争力。鼓励在国外建设大型煤炭清洁高效利用商业化项目，带动我国技术服务、重大装备、人才劳务向国际市场输出，丰富合作层次，提升合作水平（国家能源局，2015）。

二、建立更紧密的气候变化政策对话机制

继续延续目前采取的召开中澳气候变化峰会与年度部长级会议的模式，加强双方在气候变化方面的经常性政策对话、合作和协调，提高澳大利亚政府对中澳科技合作重要性的认识，确保中澳气候变化科技合作的可持续发展。可以参照中美气候合作建立中澳气候变化工作组，由主管部长担任工作组组长，每年举行数次会谈，与相关部门就两国气候变化合作事项进行深入磋商。

此外，需要密切关注未来澳大利亚减排政策的前景，以便我国政府与合作企业能及时制定应对政策和措施，消除澳大利亚政策变化可能对我国造成的潜在不利影响。

三、扩大和深化双方在碳定价机制方面的合作

过去几年中澳两国在碳市场领域开展了大量合作交流，目前澳大利亚取消碳税，但不排除加入国际碳市场。中国已明确2017年建立全国性碳市场的建设目标。澳大利亚在碳税和碳交易体系领域已有过实践经验，中国可以在碳定价领域与澳大利亚展开合作，学习澳大利亚在碳定价制度制定及实施过程中的经验，避免重蹈澳大利亚碳定价制度半途而废对国家政策稳定和低碳投资环境产生损害的老路，不断完善我国的相关机制和体制建设。

参考文献

贝茨 . 1992. 气候危机、温室效应和我们的对策 . 苗润生，成志勤译 . 北京：中国环境科学出版社 .

薄燕，陈志敏 . 2009. 全球气候变化治理中的中国与欧盟 . 现代国际关系，2：48-50.

陈刚 . 2008. 京都议定书和国际气候合作 . 北京：新华出版社 .

陈宏生 . 2009. 欧盟能源技术研发计划及特点 . 全球科技经济瞭望，24（10）：28-34

陈济，张晓华 . 2013. 澳大利亚新政局下的碳税困境 . http：//www. ncsc. org. cn/article/yxcg/yjgd/201404/20140400000862. shtml [2015-04-23].

陈新伟 . 2012. 欧盟气候变化政策研究 . 北京：外交学院博士学位论文 .

陈新伟，赵怀普 . 2011. 欧盟气候变化政策的演变 . 国际展望，1：61-74.

陈玉平 . 2011 中日环境合作中的非对称性研究 . 武汉：华中师范大学硕士学位论文 .

程永明 . 2009. 中日 CDM 项目合作：现状及对策 . 国际经济合作，（6）：65-69.

崔学勤 . 2008. 中国应对气候变化的国际合作研究 . 才智，（18）：242-244.

丁丁，戴东宝 . 2010. 澳大利亚气候变化政策回顾及近期动向 . 世界环境，（09）：55-57.

丁金光 . 2007. 国际环境外交 . 北京：中国社会科学出版社 .

丁金光 . 2016. 巴黎气候变化大会与中国的贡献 . 公共外交季刊，（1）：41-49.

董敏杰，李钢 . 2010. 应对气候变化：国际谈判历程及主要经济体的态度与政策 . 中国人口·资源与环境，20（6）：13-21.

范拓源 . 2008. 中日技术转移与合作研究 . 科学学研究，（3）：546-555.

范拓源 . 2009. 资源禀赋视角下的中日国际技术转移研究 . 科技进步与对策，（10）：12-17.

傅聪 . 2010. 欧盟应对气候变化治理研究 . 北京：中国社会科学院：26-27.

高翔 . 2016.《巴黎协定》与国际减缓气候变化合作模式的变迁 . 气候变化研究进展，（02）：83-91.

高莹 . 2008. 中日环境合作研究 . 青岛：青岛大学硕士学位论文 .

葛颖，王晓强 . 2007. 日本的节能政策法规简介 . 世界标准信息，（9）：46-48.

谷德近 . 2008. 多边环境协定的资金机制 . 北京：法律出版社 .

顾钢,李钊. 2009. 欧盟明确气候保护援助资金. http://finance.huagu.com/gj/20091214/97127.html [2015-04-28].

国家能源局. 2015. 煤炭清洁高效利用行动计划（2015—2020年）. http://zfxxgk.nea.gov.cn/auto85/201505/t20150505_1917.htm[2015-04-27].

国务院公报. 2007. 中华人民共和国与澳大利亚联邦关于气候变化和能源问题的联合声明.（30）:44

何英. 2009. 中国能源报. 清洁能源竞赛 欧盟起跑领先. http://paper.people.com.cn/zgnyb/html/2009-05/04/content_244901.htm [2015-04-28].

侯艳丽,杨富强. 2011. 他山之石:澳大利亚清洁能源未来计划. http://news.sina.com.cn/green/2011-12-06/093223582833.shtml [2015-04-23].

华政. 2013. 中国21世纪议程管理中心与澳大利亚格里菲斯大学共同举办"中-澳适应气候变化科技合作研讨会". http://news.xinhuanet.com/politics/2012-11/20/c_123973389.htm[2015-04-23].

黄梦华. 2010. 欧盟可再生能源政策研究. 中国商界,（8）:1-3

黄全胜. 2008. 环境外交综论. 北京:中国环境科学出版社.

黄锐. 2015. 发展中国家官员:南南合作对应对气候变化意义重大. http://news.xinhuanet.com/world/2015-12/07/c_1117384394.htm. [2016-04-25].

孔凡伟. 2011. 中国与欧盟应对气候变化的合作:成就与挑战. 新视野,（1）:94-96.

孔江涛. 2010. 我中心参加中澳气候变化与城市化研讨会. http://www.cstec.org.cn/zh/news/detail.aspx?id=930 [2015-04-23].

李布. 2010. 中国经济导报. 善用"无形之手"——从欧盟经验看我国碳排放交易体系建设. http://www.ceh.com.cn/ceh/llpd/2010/1/26/58974.shtml [2015-04-28].

李化. 2011. 澳大利亚新能源发展:法律、政策及其启示. 理论月刊,（12）:147-149.

李慧明. 2016.《巴黎协定》与全球气候治理体系的转型. 国际展望,（2）:1-22.

李侃如,戴维·桑德罗. 2009. 克服中美气候变化合作的障碍. https://www.brookings.edu/wp-content/uploads/2016/06/01_climate_change_cn.pdf [2016-08-22].

李娜,高勇. 2004. 从环境问题的国际化看中日环境合作与交流. 东北亚地区和平与发展第十一次国际会议论文集.

李伟,何建坤. 2008. 澳大利亚气候变化政策的解读与评价. 当代亚太,（01）:108-123.

刘晨阳. 2009. 日本气候外交战略探析. 现代国际关系,（10）:40-44.

刘红霞. 2011. 中国与欧盟气候合作机制探析——基于新地区主义的视角. 上海:上海师范大

学硕士学位论文.

刘华. 2013. 欧盟气候变化多层治理机制——兼论与国际气候变化治理机制的比较. 教学与研究，（5）：47-55

刘秋玲. 2010. 日本气候外交及其对我国的启示. 青岛：青岛大学硕士学位论文.

马晓舫. 2014. 澳大利亚废除碳税　碳政策前景不定. http：//env. people. com. cn/n/2014/0722/c1010-25317455. html [2015-04-23].

彭峰，陈力. 2011. 欧盟可再生能源指令（Directive 2009/28/EC）评述. 中国环境法治，2：162-170.

祁悦. 2014. 中国在应对气候变化国际合作中的定位. 世界环境，（6）：31-32.

气候变化科技政策课题组. 2012. 主要发达国家及国际组织气候变化科技政策概览. 北京：科学技术文献出版社：209-237.

秦大河，Stocker T. 2014.. IPCC 第五次评估报告第一工作组报告的亮点结论. 气候变化研究进展，10（1）：1-6.

曲建升，孙成权，张志强，等 2003. 美国温室气体减排政策变化及其分析. 科学新闻，（9）：32.

日本. 1998. 中华人民共和国政府和日本国政府面向二十一世纪环境合作联合公报. http：//www. 110. com/fagui/law_12930. html[2015-9-21].

日本内阁. 2015a. 環境エネルギー技術革新計画」関連施策の取組状況. http://www8.cao.go.jp/cstp/gaiyo/yusikisha/20150312.html[2015-03-12].

日本内阁. 2015b. 科学技術外交のあり方に関する有識者懇談会」の報告書の提出（結果）. http://www. mofa. go. jp/mofaj/press/release/press4_002096. html [2015-05-08].

日本政府. 2015. 日本政府の対中環境協力の現状及び今後の展望. http://www.spc.jst.go.jp/investigation/downloads/r_201503_04.pdf [2015-06-21].

邵冰. 2011. 国际气候博弈：日本的政策与立场. 东北亚研究，（1）：49-52.

申丹娜. 2011. 美国实施全球变化研究计划的协作机制及其启示. 气候变化研究进展，7（6）：449-454.

沈永平，王国亚. 2013. IPCC 第一工作组第五次评估报告对全球气候变化认知的最新科学要点. 冰川冻土，35（5）：1068-1074.

苏伟. 2007. 中国代表团关于加强公约实施议题的发言. http//www. doc88. com/p-997218573452. html [2016-04-25].

孙洪. 2012. 主要发达国家及国际组织气候变化科技政策概览. 北京：科学技术文献出版社.

田成川，柴麒敏. 2016. 日本建设低碳社会的经验及借鉴. 宏观经济管理，(1)：89-92.

田慧芳. 2015. 国际气候治理机制的演变趋势与中国责任. 经济纵横，(12)：99-105.

王邦中. 2002. 美国气候变化政策初探. http：//www. ccchina. gov. cn/Detail. aspx?newsId=28464&TId=62[2016-08-22].

王扣，付鑫金. 2012. 全球气候变化联盟. 咨询参考. http：//www. gisti-thinkbank. ac. cn/new. asp?id=1020 [2015-04-28].

王林. 2016. 日本14个城市创建清洁能源电力公司. 能源研究与利用，1(1)：20-21.

王伟男. 2009. 欧盟应对气候变化的基本经验及其对中国的借鉴意义. 上海：上海社会科学院博士学位论文.

王伟男. 2010. 应对气候变化：欧盟的政策与行动. http：//wenku. baidu. com/view/e81deb1fa8114431b90dd812. html [2015-04-28].

王之佳. 2003. 对话与合作：全球环境问题和中国环境外交. 北京：中国环境科学出版社.

韦倩. 2013. 应对全球气候变化问题的国际合作：基于经济学的视角. 学海，(2)：142-148.

吴洁，曲如晓. 2010. 低碳经济下中日贸易促进和气候合作战略研究. 贵州财经学院学报，(3)：80-86.

伍艳. 2011. 论联合国气候变化框架公约下的资金机制. 国际论坛，13(1)：20-26.

肖兰兰. 2014. 浅议中国参与国际气候合作的历程、态度及动因. 理论月刊，(8)：147-151.

辛秉清，李昕，陈雄，等. 2014. 发达国家应对气候变化科技援外策略研究及启示. 中国科技论坛，(1)：155-160.

徐冬青. 2009. 发达国家发展低碳经济的做法与经验借鉴. 世界经济与政治论坛，(6)：112-116.

薛彦平. 2013. 欧盟气候变化政策的实施与问题. http：//ies. cass. cn/wz/yjcg/ozkj/201304/t20130410_2458498. shtml[2015-04-28].

旬区庆治. 2007. 环境政治国际比较. 济南：山东大学出版社.

亚历山大·基斯. 2000. 国际环境法. 张若思译. 北京：法律出版社.

亚洲协会美中关系研究中心，皮尤全球气候变化中心. 2009. 共同的挑战，协作应对——中美能源与气候变化合作路线图. http：//www. c2es. org/docUploads/US-China-Roadmap-Chin-Feb09. pdf [2016-08-22].

杨金林，陈立宏. 2010. 国外应对气候变化的财政政策及其经验借鉴. 环境经济，(6)：32-43.

杨璐. 2014. 中欧气候变化合作中的问题及展望. 金田，(322)：307-308.

杨晓娟. 2014. 欧盟国际气候谈判立场与策略研究. 北京：外交学院硕士学位论文.

余维海. 2006a. 中日环保合作的现状、问题和前景. 日本问题研究, 3: 20-24.

余维海. 2006b. 中日环境合作评述. 日本研究,（3）: 45.

臧扬扬. 2010. 欧盟及其主要国家应对气候变化的政策与立法概述. 南京工业大学学报（社会科学版）, 9（3）: 51-58.

曾静静, 曲建升. 2012. 欧盟航空碳税及其国际影响. 地球科学进展, 8: 292-296.

曾静静, 曲建升. 2013. 欧盟气候变化适应政策行动及其启示. 世界地理研究, 22（4）: 117-126.

张海滨. 2007. 中美应对气候变化合作：现状与未来. 国际经济评论,（2）: 52-53.

张海滨. 2009. 应对气候变化：中日合作与中美合作比较研究. 世界经济与政治,（1）: 38-48.

张丽娟, 朱培香. 2008. 美国对非洲援助的政策与效应评价. 世界经济与政治,（1）: 51-60.

张莉. 2004. 中澳两国政府签署气候变化合作谅解备忘录. http://www.people.com.cn/GB/huanbao/1072/2716343.html [2015-04-23].

张敏. 2011. 探析中欧能源合作政策、机制与方式. 全球科技经济瞭望, 26（3）: 26-34.

张玉来. 2008. 试析日本的环保外交. 国际问题研究,（3）: 21-23.

赵刚. 2010. 科技应对气候变化：国际经验与中国对策. 中国科技财富, 9: 14-18.

郑国光. 2008. 积极参与国际合作, 为保护全球气候作出新贡献. 求是,（5）: 57-59.

中国科学院大气物理研究所. 2013. "季风系统及气候变化对水资源的影响"中澳联合项目（CAS-CSIRO）2013 年度研讨会在澳大利亚堪培拉顺利召开. http://www.iap.ac.cn/xwzx/kyjz/201303/t20130314_3792904.html [2015-04-23].

中国日报. 2011. 欧盟拟拨款 32 亿欧元资助新环保项目. http://www.chinadaily.com.cn/hqcj/xfly/2011-12-14/content_4670038.html[2015-04-28].

中华人民共和国商务部. 2012. 清洁能源：中澳经贸合作的新增长点. http://www.mofcom.gov.cn/aarticle/i/dxfw/nbgz/201212/20121208475854.html[2015-04-23].

中华人民共和国外交部. 2006. 中欧气候变化伙伴关系滚动工作计划. http://www.fmprc.gov.cn/web/ziliao_674904/tytj_674911/zcwj_674915/t283033.shtml [2015-04-28].

中华人民共和国驻欧盟使团. 2013. 欧盟着手制定 2030 年气候变化和能源政策框架. http://www.fmprc.gov.cn/ce/cebe/chn/omdt/t1026836.htm[2015-04-28].

周剑, 何建坤. 2008. 陆克文政府气候变化与能源政策评析——兼论其对中国的启示. 世界经济与政治,（8）: 33-41.

庄贵阳. 2006. 欧盟温室气体排放贸易机制及其对中国的启示. 欧洲研究,（3）: 68-88

俎营营. 2008. CDM 机制下技术转移的荷兰模式与日本模式比较. 技术经济与管理研究,（5）:

31-33.

ANU, CICIR. 2012. Australia and China: A Joint Report on the Bilateral Relationship. http: //ciw. anu. edu. au/joint_report/CIWCICIRJointReport-Australia_and_China-Feb2012. pdf. [2015-04-23].

Australian Government. 2008. Carbon Pollution Reduction Scheme: Australia's Low Pollution Future. http: //www. climatechange. gov. au/publications/cprs/white-paper/cprs-whitepaper. aspx. [2015-04-23].

Australian Government. 2011. Clean Energy Bill 2011. http: //www. climatechange. gov. au/government/submissions/closed-consultations/clean-energy-legislative-package/clean-energy-bill-2011. aspx[2015-04-23].

Australian Government. 2013. Australia's Sixth National Communication on Climate Change—A Report under the United Nations Framework Convention on Climate Change. https: //unfccc. int/files/national_reports/annex_i_natcom_/application/pdf/aus_nc6. pdf [2015-04-23].

Blij H D. 2005. Why Geography Matters: Three Challenges Facing Ameriea: Climate Change, the Rise of China, and Global Terrorism. Oxford: Oxford University Press.

Buchner B, Carraro C, Cersosimo I, et al. 2005. Back to Kyoto? US participation and the linkage between R&D and climate cooperation. The coupling of climate and economic dynamics. https: //www. researchgate. net/profile/Carlo_Carraro/publication/4753717_Back_to_Kyoto_US_Participation_and_the_Linkage_Between_RD_and_Climate_Cooperation/links/02bfe513de1a60287a000000. pdf?origin=publication_detail[2015-03-02].

Buchner B, Carraro C. 2006. US. China and the economics of climate negotiations. International Environmental Agreements: Politics, Law and Economics, 6 (1): 63-89.

Center for American Progress. 2014. Exploring the Frontiers of U. S. -China Strategic Cooperation: Energy and Climate Change. https: //cdn. americanprogress. org/wp-content/uploads/2014/11/ChinaReport-Energy-FINAL. pdf [2016-08-22].

Churchill R R, Ulfstein G. 2000. Autonomous institutional arrangements in multilateral environmental agreements: a little noticed phenomenon in international law. The American Journal of International Law, 94: 623.

Climate Change Authority. 2015. Chapter 6 Australia's progress to date in reducing emissions. http: //www. climatechangeauthority. gov. au/reviews/targets-and-progress-review/part-b/chapter-6-australia%E2%80%99s-progress-date-reducing-emissions[2015-04-23].

Climate Policy Initiative. 2013. The Policy Climate. http: //climatepolicyinitiative. org/publication/the-policy-climate/. [2015-04-28].

Dauvergne P. 2005. Handbook of Global Environmental Polities. Northampton: Edward Elgar Publishing.

Department of the Environment. 2015a. Australia's 2030 Emissions Reduction Target. http：//www. environment. gov. au/climate-change/publications/factsheet-australias-2030-emissions-reduciton-target[2015-08-11].

Department of the Environment. 2015b. National Climate Resilience and Adaptation Strategy. http：//www. environment. gov. au/climate-change/adaptation/strategy[2015-12-02].

EEA. 2015. National Monitoring, Reporting and Evaluation of Climate Change Adaptation in Europe. http：//www. eea. europa. eu/publications/national-monitoring-reporting-and-evaluation [2015-12-02].

Eide E B. 2014. Effective Multilateralism：Europe, Regional Security, and A Revitalised UN. London：EU Foreign Policy Centre.

European Commission. 2009. On Investing in the Development of Low Carbon Technologies（SET-Plan）—A Technology Roadmap. http：//ec. europa. eu/energy/technology/set_plan/set_ plan_ en. htm [2015-04-28].

European Commission. 2011. A Roadmap for Moving to a Competitive Low Carbon Economy in 2050. http：//europa. eu/rapid/pressReleasesAction. do?reference=IP/11/272&format=HTML&aged=0&language=EN&guiLanguage=fr [2015-04-28].

European Commission. 2012a. Single European Sky. http：//ec. europa. eu/transport/modes/air/single_european_sky/[2015-04-28].

European Commission. 2012b. Sixth Framework Programme（FP6）. http：//cordis. europa. eu/fp6[2015-04-28].

European Commission. 2013. Seventh Framework Programme（FP7）. http：//cordis. europa. eu/fp7/home_en. html[2015-04-28].

European Commission. 2015a. Climate change cooperation with non-EU countries. http：//ec. europa. eu/clima/policies/international/cooperation/index_en. htm[2015-04-28].

European Commission. 2015b. Commission awards 26 action grants in first year of LIFE climate action projects. http：//ec. europa. eu/clima/news/articles/news_2015112503_en. htm. [2015-11-25].

European Council. 2014. 2030 Framework for Climate and Energy Policies. http：//ec. europa. eu/clima/policies/2030/index_en. htm[2015-04-28].

European Environment Agency（EEA）. 2014. Why did greenhouse gas emissions decrease in the EU between 1990 and 2012? http：//www. eea. europa. eu/publications/why-are-greenhouse-gases-decreasing[2015-04-28].

European Environment Agency. 2013 . EEA greenhouse gas - data viewer. http：//www. eea. europa. eu/data-and-maps/data/data-viewers/greenhouse-gases-viewer[2015-04-28].

European Environment Agency. 2015. Annual European Union greenhouse gas inventory 1990—2012 and inventory report 2014. http：//www. eea. europa. eu/publications/european-union-greenhouse-gas-inventory-2014[2015-05-28].

Executive Office of the President. 2013. The President's Climate Action Plan. http：//www. whitehouse. gov/sites/default/files/image/president27sclimateactionplan. pdf [2016-08-22].

Fitzmaurice M A, Redgwell C. 2000. Environmental non-compliance procedures and international law. Netherlands Yearbook of International Law, 31：35-65.

Forino G, von Meding J, Brewer G, et al. 2014. Disaster risk reduction and climate change adaptation policy in Australia. Procedia Economics and Finance, 13：473-482.

Golombek R, Hoel M. 2009. International cooperation on climate-Friendly technologies. Environment and Resource Economics, 49（4）：473-490.

Government of Canada. 2016. North American Cooperation on Energy. http：//news. gc. ca/web/article-en. do?nid=1033769&tp=930 [2016-08-22].

Grubb M, Laing T, Counsell T, et al. 2011. Global carbon mechanisms：lessons and implications. Climatic Change, 104（3）：539-573.

IETA. 2013. Introduction and Experience Sharing of Phase Ⅰ, Ⅱ and Ⅲ allocation plan of EU ETS. http：//www. ieta. org/assets/BPMR/Guangdong/03. hansjoachim_ziesing. pdf [2015-04-28].

Jeon C M, Amekudzi A A. 2005. Addressing sustainability in transportation systems：definitions, indicators, and metrics. Journal of Infrastucture Systems, 11（1）：31-50.

Kawamura M. 2013. JICA's Experience of Technology Transfe. http：//www. ap- net. org/documents/seminar/21st/07_Kawamura_JICA. pdf [2015-03-11].

Kreut T. 2011. Prospects for producing low carbon transportation fuels from captured CO_2 in a climate constrained world. Energy Procedia,（4）：2121-2128.

Ministry of the Environment（MOEJ）, Government of Japan . 2015. Japanese government releases draft adaptation plan . http：//japan. iclei. org/en/news-and-events/news-details/article/japanese-government-releases-draft-adaptation-plan. html[2015-10-30].

NCCARF. 2015. NCCARF Phase 2 Project Plan. https：//www. nccarf. edu. au/sites/default/files/attached_files/Project%20Plan%20Approved%20Dec%2014. pdf [2015-07-13].

Parliament of Australia. 2008. Australia and China working together to tackle climate change. http：//parlinfo. aph. gov. au/parlInfo/search/display/display. w3p;query=Source：%22PRIME%20MINISTER%22%20Author_Phrase：%22wong, %20sen%20penny%22;rec=14 [2015-04-23].

Parliament of Australia. 2011. Australia and Europe strengthen collaboration on carbon markets. http：//

parlinfo. aph. gov. au/parlInfo/search/display/display. w3p;query=Id%3A%22media%2Fpress-rel%2F1279294%22[2015-04-23].

Parliament of Australia. 2013. Australian climate change policy：a chronology. http：//www. aph. gov. au/About_Parliament/Parliamentary_Departments/Parliamentary_Library/pubs/rp/rp1314/ClimateChange-Timeline[2015-04-23].

The White House Council on Environmental Quality. 2010. Progress Report of the Interagency Climate Change Adaptation Task Force：Recommended Actions in Support of A National Climate Change Adaptation Strategy. http：//www. whitehouse. gov/sites/default/files/microsites/ceq/Interagency-Climate-Change-Adaptation-Progress-Report. pdf [2016-08-22].

The White House. 2014a. Climate Action Plan—Strategy to Cut Methane Emissions. http：//www. whitehouse. gov/sites/default/files/strategy_to_reduce_methane_emissions_2014-03-28_final. pdf [2016-08-22].

The White House. 2014b. President Obama's Climate Action Plan Progress Report：Cutting Carbon Pollution，Protecting American Communities，and Leading Internationally. https：//www. whitehouse. gov/sites/default/files/docs/cap_progress_report_update_062514_final. pdf. [2016-08-22].

The White House. 2016. FACT SHEET：President's Budget Proposal to Advance Mission Innovation. https：//www. whitehouse. gov/the-press-office/2016/02/06/fact-sheet-presidents-budget-proposal-advance-mission-innovation[2016-08-22].

Townshend T，Fankhauser S，Aybar R，et al. 2013. Globe International Climate Legislation Study. 3rd Ed. http：//www. globeinternational. org/images/climate-study/Chinese-Edition. pdf. [2013-04-11].

UNFCCC. 2012. Guidelines under Articles 5，7 and 8：Methodological Issues，Reporting and Review under the Kyoto Protocol. http：//unfccc. int/national_reports/accounting_reporting_and_review_under_the_kyoto_protocol/items/1029. php[2015-07-12].

UNFCCC. 2015.Submission of Japan's Intended Nationally Determined Contribution（INDC）. http：//www4. unfccc. int/submissions/INDC/Published%20Documents/Japan/1/20150717_Japan's%20INDC. pdf [2015-07-17].

USDA，DOE，EPA. 2014. Biogas Opportunities Roadmap. http：//energy. gov/sites/prod/files/2014/08/f18/Biogas%20Opportunities%20Roadmap%208-1-14_0. pdf [2016-08-22].

USGCRP. 2015. Our Changing Planet. The U. S. Climate Change Science Program for FY 2016. https：//downloads. globalchange. gov/ocp/ocp2016/Our-Changing-Planet_FY-2016_full. pdf [2016-08-22].

Vietor D G. 2004. Climate Change：Debating on America's Policy Options. http：//www. docin. com/p-258738780. html[2015-01-17].